PRÉCIS DE GRAMMAIRE
ITALIENNE

Odette ULYSSE
Agrégée de l'Université
Professeur au Lycée Marcel Pagnol de Marseille

Georges ULYSSE
Ancien élève de l'École Normale Supérieure de Saint-Cloud
Professeur à l'Université d'Aix-Marseille

HACHETTE
Éducation

REMERCIEMENTS

Notre reconnaissance va tout particulièrement à Matilde Grimaldi-Amodei, lectrice à l'Université de Provence, dont l'aide patiente et attentive nous a été précieuse, et nous remercions le Prof. Giancarlo Mazzacurati de l'Université de Naples, et M. Alvaro Rocchetti, Professeur à l'Université de Paris-Sorbonne Nouvelle, ainsi que M. Diego Scarca, lecteur à l'Université de Provence, qui ont bien voulu répondre à nos questions chaque fois que nous les avons consultés.

Couverture : Georges Amalric.
Tableau de Giacomo Balla : « Mercurio passa davanti al sole », 1914.
Avec l'aimable autorisation de Luce et Elica Balla.

© HACHETTE Livre, 1988, 43, quai de Grenelle, 75905 Paris Cedex 15
www.hachette-education.com

ISBN 978-2-01-011821-0

PRÉFACE

A l'occasion de cette nouvelle édition, le **Précis de Grammaire Italienne** de S. Camugli et de G. Ulysse a été revu, corrigé, entièrement remanié, pour offrir un instrument de travail moderne et efficace à tous ceux qui veulent comprendre, lire, parler et écrire l'italien contemporain.

Cette refonte a tenu compte :
- des besoins manifestés par nos collègues, leurs élèves et ceux qui utilisent individuellement cette grammaire italienne
- de l'évolution de la langue
- des travaux conduits en Italie (enquêtes linguistiques, dictionnaires de fréquence, publications universitaires et scolaires...) et en France dans les Universités (notamment par Jacqueline Brunet et Alvaro Rocchetti) et par les centres de recherche pédagogique (officiels, comme les C.R.D.P... ou dus à l'initiative de professeurs d'italien, comme c'est le cas pour le C.I.R.R.M.I.).

L'exposé des faits grammaticaux est simple, méthodique et rationnel. La couleur constitue un attrait supplémentaire et améliore la présentation. L'explication n'est donnée que lorsque c'est indispensable : la plupart du temps, les exemples suffisent par eux-mêmes à éclairer l'utilisateur sur la spécificité des formes et des constructions italiennes par rapport à celles du français. Les exemples sont très nombreux et tirés de la langue courante, orale et écrite ; les archaïsmes ont été bannis. On apprend une langue en retenant et en imitant les exemples, et on comprend le système linguistique en réfléchissant sur ces exemples, notamment, comme nous y invitent les instructions ministérielles, dans une perspective contrastive par rapport au français.

L'accent tonique, qui constitue un indéniable obstacle à l'apprentissage de l'italien, a été indiqué systématiquement pour tous les mots, y compris dans les exercices.

Les causes d'erreurs fréquentes pour les francophones sont signalées par un   ou regroupées dans le chapitre « Difficultés et pièges ».

Les exercices ont été entièrement changés pour les rendre plus simples, mieux en rapport avec l'exposé grammatical, et conformes à ceux que doivent affronter les candidats au Brevet des collèges et au Baccalauréat. Ils ont tous été expérimentés dans différentes classes, à plusieurs niveaux. Pour répondre à la demande de nombreux utilisateurs, un corrigé est proposé pour une partie d'entre eux indiqués par un ©.

L'Index a été particulièrement développé pour faciliter l'utilisation de cet outil de travail qui devrait accompagner tout italianiste pendant la durée de ses études.

LA PRONONCIATION

DANS CET OUVRAGE, LA VOYELLE ACCENTUÉE EST SOULIGNÉE LORSQUE L'ACCENT NE TOMBE NI SUR L'AVANT-DERNIÈRE NI SUR LA DERNIÈRE SYLLABE DU MOT.

L'alphabet

1. L'alphabet italien comprend 21 lettres :

a	[a]	h	[acca]	q	[cou]
b	[bi]	i	[i]	r	[èrré]
c	[tchi]	l	[èllé]	s	[èssé]
d	[di]	m	[èmmé]	t	[ti]
e	[è]	n	[ènné]	u	[ou]
f	[èffé]	o	[o]	v	[vou] ou [vi]
g	[dji]	p	[pi]	z	[dzèta]

la T. V. [la tivou] *la télé*   **la RAI** [la ra-i] *la radiodiffusion italienne*

2. Les lettres n'appartenant pas à l'alphabet italien :

Les lettres **j** [i lungo], **k** [cappa], **w** [doppia vi] ou [doppia vou], **x** [iksé], **y** [ipsilon] ou [i greco] se trouvent essentiellement dans les mots d'origine étrangère.

J : On trouve cette lettre à la place de **i** (et elle se prononce [i]) :
— dans certains textes archaïques : **notajo** pour **notaio** *notaire*, **noja** pour **noia** *ennui*, etc.
— dans certains noms géographiques : **Jugoslavia** (et **Iugoslavia**), **jugoslavo** (et **iugoslavo**).
— dans des mots empruntés au latin : **Juventus** ou **Juve** (équipe de football de Turin), **juventino** *supporter de la Juventus.*

Pour les mots étrangers tels que **jumbo-jet, judo, juke-box, jazz, jeans, jogging,** on suit la prononciation du pays d'origine : [dj-].

K : La lettre **k** se trouve dans :
— des termes géographiques : **Kuwait, Pakistan, Tokio, Irak.**
— des noms propres : **Ciaikowski.**
— des noms communs : **whisky, racket, play back, marketing, khmer.**
— des abréviations : **km** (chilometro), **kmq** (chilometro quadro), **kg** (chilogrammo).
On emploie indifféremment : **folklore** et **folclore, kerosene** et **cherosene,** etc.

W : La lettre **w** se rencontre dans des mots d'origine étrangère : **western, wagneriano, week end,** etc.
La ragazza del West. *La fille de l'Ouest.* (opéra de Puccini)

X : En règle générale, la lettre **x** du français se retrouve sous la forme :
— **ss** : **Alessandro, sesso, sintassi, convesso, afflusso, riflessione**
— ou **s** : **esempio** *exemple*, **esame** *examen*, **espresso** *express*.
Mais on dit : **taxi** [taksi], désormais plus courant que **tassì**, et on a conservé quelques formes savantes : **bauxite, uxoricidio, xenofobia**...

Y : Le **y** n'existe pas en italien sauf dans quelques mots d'origine étrangère : **yoga, yacht, yen, yogurt,** (ou **yoghurt**, à côté de **iogurt**), **pony** *poney*...

Les voyelles

1. La prononciation des voyelles :

A, I, O se prononcent comme en français :
  Italia, madre, mare
  ministro, vino
  odore, fiore, motore

⚠ **U** se prononce [ou] : **muro, duro, Luca**, même après **g** : **guerra** [gou-erra], **guarire** [gou-a-riré], ou **q** : **qualità** [kou-a-lita], **quando** [kou-an-do].

E n'est jamais muet, même en fin de mot :
  vedo [védo] *je vois*, **vedere** [védéré] *voir*

> **EN ITALIEN TOUTES LES LETTRES SE PRONONCENT :**
> **aeronautica** [a-é-ro-na-ou-ti-ca]

2. L'ouverture des voyelles **e** et **o** :

Les voyelles **e** et **o** peuvent être fermées (comme dans les mots français *été*, *rose* et *pauvre*) ou ouvertes (comme dans les mots français *père* et *porte*).

E est fermé :
— devant les consonnes **p, t, z** redoublées :
  ceppo [tcéppo] *bûche*   **pieno zeppo** *bondé*
  sigaretta *cigarette*   **tetto** *toit*
  giovinezza [djiovinéttsa] *jeunesse*   **bellezza** [bélléttsa] *beauté*
— dans les suffixes **-mento** (substantifs) *et* **-mente** (adverbes) :
  momento *moment*   **brevemente** *brièvement*
  parlamento *parlement*   **largamente** *largement*
— dans les finales en **-esa, -ese, -eccio, -eto, -evole** :
  difesa [diféza] *défense*
  francese [frantchézé] *français*
  mangereccio [mandgéréttchio] *comestible*
  oliveto *oliveraie*
  notevole *considérable*
— dans certaines formes verbales de la 2ᵉ conjugaison :
  passé simple : **credei** *je crus*, **credesti** *tu crus*...
  imparfait de l'indicatif : **credevo** *je croyais*...
  imparfait du subjonctif : **che io credessi** *que je crusse*...
— dans les monosyllabes : **me** *moi*   **te** *toi*   **se** *soi*

E est ouvert :
— dans les gérondifs ou adjectifs en **-endo**, **-ento**, **-ente** :
partendo *en partant* **competente** *compétent*
violento *violent* **corrente** *courant*
— dans les suffixes **-enza**, **-ello** et **-ella** :
pazienza [patsièntsa] *patience* **fratello** *frère*
violenza [violèntsa] *violence* **sorella** *sœur*

> **N.B.**
> Le **e** de **cappello** *chapeau* est ouvert, alors que celui de **capello** *cheveu* est fermé.

— dans la diphtongue **ie** :
piede *pied* **viene** *il vient*

> **N.B.**
> L'ouverture ou la fermeture du **e** permet de distinguer des homonymes de sens différent :
> **venti** [vénti] *vingt* **pesca** [péska] *pêche* (aux poissons)
> **venti** [vènti] *vents* **pesca** [pèska] *pêche* (fruit)

O est fermé :
— dans les finales en **-ore**, **-one**, **-zione**, **-oso** :
colore *couleur* **popolazione** [popolatsioné] *population*
portone *portail* **nuvoloso** *nuageux*
— dans les pronoms personnels et démonstratifs suivants :
noi *nous* **loro** *eux* ou *elles*
voi *vous* **costoro, coloro** *ces gens-là*
— dans les passés simples en **-osi**, **-ose**, **-osero** :
risposi *je répondis*, **rispose** *il répondit*, **risposero** *ils répondirent*

O est ouvert :
— dans les suffixes **-olo**, **-otto**, **-occio** :
figliolo [filʸolo] *fils* **poliziotto** [politsiòtto] *policier*
vignaiolo *vigneron* **grassoccio** [grassòttchio] *grassouillet*
— dans la diphtongue **uo** :
fuoco *feu* **cuoco** *cuisinier*
— à la troisième personne du passé simple des verbes en **-are** :
cantò *il chanta* **pagò** *il paya*
— à la première personne du futur :
tornerò *je reviendrai* **partirò** *je partirai*

> **N.B.**
> L'ouverture ou la fermeture du **o** permet de distinguer des homonymes de sens différent :
> **colto** [kòlto] *cueilli* **corso** [kòrso] *Corse*
> **colto** [kólto] *cultivé* **corso** [kórso] *couru, cours*

3. Les diphtongues :

Dans les diphtongues, chaque voyelle se prononce séparément, selon le son qui lui est propre :
poi [pó-i] *puis* **lui** [lou-i] *lui*
auto [a-outo] *auto* **vuoto** [vou-òto] *vide*
circuito [tchircou-i-to] *circuit* **nuotare** [nou-otaré] *nager*

L'accent tonique peut porter sur la première ou la deuxième voyelle :
idraulico *plombier* **aula** *salle de cours*
paura *peur* **baule** *malle*
feudo *fief* **reuma** *rhumatisme*
Andreuccio (diminutif d'**Andrea**) **reuccio** *roitelet*

On peut rencontrer des groupes de trois et même de quatre voyelles :

cuoio [cou-o-io] *cuir*
Aiuto ! [a-i-outo] *Au secours !*
muoio [mou-o-i-o] *je meurs*

> **N.B.**
> On trouve aussi le groupe **-iuo-** (dans lequel le **u** s'entend peu) dans **giuoco** *jeu*, **figliuolo** *fils*, **aiuola** *plate-bande*, à côté des formes **gioco, figliolo, aiola**.

4. Les voyelles suivies de **m** et de **n** :

⚠ Les nasales n'existent pas en italien.
Après les voyelles **a, e, i, o, u**, les consonnes **m** et **n** se prononcent séparément sans rien modifier au son des voyelles :

tamburo [ta-mbouro] *tambour*
tempo [tè-mpo] *temps*
timpano [ti-mpano] *tympan*
tomba [to-mba] *tombe*
rum [roum] *rhum*

canto [ka-nto] *chant*
cento [tcè-nto] *cent*
cinto [tchi-nto] *ceint*
conto [ko-nto] *compte*
riassunto [riassounto] *résumé*

Les consonnes

1. La prononciation de **C** et de **G** :

CA, CO, CU, GA, GO, GU :

— **c** et **g** ont un son guttural devant **a, o,** et **u** : [ka, ko, kou, ga, go, gou]

casa [kasa] *maison*
coltello [koltèllo] *couteau*
curare [kouraré] *soigner*

galleria [galléria] *galerie, tunnel*
lago [lago] *lac*
gusto [gousto] *goût*

⚠ — **gu** suivi d'une voyelle conserve le son [gou] :
lingua [lingoua] *langue*   **sangue** [sangoué] *sang*   **guidare** [gouidaré] *conduire*

CE, CI, GE, GI :

Devant **e** et **i**, le **c** se prononce [tch] : **ce** [tché] **ci** [tchi]
le **g** se prononce [dj] : **ge** [djé] **gi** [dji]

celebre [tchèlébré] *célèbre*
Cina [tchina] *Chine*

gente [djènté] *gens*
regista [rédjista] *metteur en scène*

CIA, CIO, CIU, GIA, GIO, GIU :

Lorsqu'on intercale un **i** entre les consonnes **c** et **g** et les voyelles **a, o, u,** on obtient un son chuintant. Le **i** ne s'entend guère [1] :

cia [tcha] **cio** [tcho] **ciu** [tchou]
guancia [gouantcha] *joue*
bacio [batcho] *baiser*
acciuga [attchouga] *anchois*

gia [dja] **gio** [djo] **giu** [djou]
giardino [djardino] *jardin*
Giovanni [djovanni] *Jean*
giudicare [djoudicaré] *juger*

CHE, CHI, GHE, GHI :

Lorsqu'on intercale un **h** entre les consonnes **c** et **g** et les voyelles **i** et **e**, on obtient le son guttural correspondant au son des mots français *queue, quitter, guerre, guide* :

che [ké] **chi** [ki]
forchetta [forkétta] *fourchette*
chimica [kimika] *chimie*

ghe [gué] **ghi** [gui]
margherita [marguérita] *marguerite*
ghirlanda [guirlanda] *guirlande*

---

1. Sauf lorsque le **i** est accentué : **bugia** [boudj-i-a] *mensonge*, **Lucia** [loutch-i-a] *Lucie*.

2. La prononciation du groupe **SC** :

SCA, SCO, SCU, SCHI, SCHE se prononcent [ska, sko, skou, ski, ské] :
scarpa [skarpa] *soulier*   **disco** [disko] *disque*   **dischi** [diski] *disques*
scatola [skatola] *boîte*   **scusare** [skouzaré] *excuser* **schermo** [skermo] *écran*

SCE et **SCI** se prononcent [ché] et [chi] :
scena [chèna] *scène*   **scivolare** [chivolaré] *glisser*

> **N.B.**
> Il y a une nette différence de prononciation entre
> **acceso** [attchéso] *allumé*   et   **ascesa** [achésa] *ascension,*
> **cena** [tchèna] *dîner*   et   **scena** [chèna] *scène,*
> **acciuga** [attchiouga] *anchois*   et   **asciuga** [achouga] *il essuie,* etc.

SCIA, SCIO, SCIU/SCHIA, SCHIO, SCHIU :

Le fait que s'intercale un **i** entre le groupe **sc** et les voyelles **a, o, u** suffit à transformer le son guttural [sca, sco, scou] en son chuintant [cha, cho, chou] :
lasciare [lacharé] *laisser*   **coscia** [còcha] *cuisse*
sciopero [chòpero] *grève*   **sciupare** [chouparé] *abîmer*

Cependant, si on introduit un **h** avant la voyelle, on retrouve le son dur :
rischi [riski] *risques*   **fischiare** [fiskiaré] *siffler*
schema [skèma] *schéma*   **schiuma** [skiouma] *mousse, écume*

3. La prononciation de **GLI** :

Le groupe **gli** se prononce [lʸi] très mouillé (entre le son de *quille* et celui de *million*) :
gli [lʸi] **glia** [lʸia] **glie** [lʸié] **glio** [lʸio] **gliu** [lʸiou]
famiglia [familʸia] *famille*   **figlio** [filʸio] *fils, enfant*
togliere [tòlʸiéré] *enlever*   **tagliuzzare** [talʸiouttsaré] *taillader*

Dans quelques rares exceptions, **gli** n'est pas mouillé et se prononce comme en français : **negligere** [néglidjéré] *négliger,* **glicine** [glitchiné] *glycine,* **glicerina** [glitchérina] *glycérine,* **anglicano** [anglikano] *anglican,* **geroglifico** [djéroglifiko] *hiéroglyphe.*

4. La prononciation de **LL** :

⚠ Les deux **l** ne sont jamais mouillés en italien (comme ils le sont dans *briller*) :
villa *villa*   **palla** *balle*
camomilla *camomille*   **scintillare** *scintiller*

On ne peut donc confondre **brilla** [bri-la] *il brille* avec **briglia** [brilʸa] *bride* et **strillare** [stril-lare] *crier, hurler* avec **strigliare** [strilʸaré] *étriller.*

5. La prononciation de **GN** :

Ces deux lettres se prononcent toujours comme dans les mots français *agneau* et *campagne* :
agnello   **campagna**
stagnante   **diagnosi**
Le français prononce [stag-nant] et [diag-nostic].

6. La prononciation des consonnes **R, S, Z** :

R : On fait rouler le **r** — notamment quand il est double — en faisant vibrer le bout de la langue contre le palais :
ora *heure*   **birra** *bière*
giorno *jour*   **Roma** *Rome*

S : Le son du **s** peut être dur ou doux [1] :

borsa [bórsa, son dur] *bourse, sac*   **tesoro** [tézòro, son doux] *trésor*

Z : Le son du **z** peut également être dur [-ts] ou doux [-dz] :

tazza [tattsa, son dur] *tasse*   **zanzara** [dzandzara, son doux] *moustique*
razzismo [rattsismo, son dur] *racisme*   **orizzonte** [oridzónté, son doux] *horizon*

— Il est dur dans les désinences **-enza, -ezza, -zione, -izia** :

prudenza [proudèntsa] *prudence*   **azione** [atsióné] *action*
bellezza [bélléttsa] *beauté*   **amicizia** [amitchitsia] *amitié*

et, en général, quand il est précédé d'une consonne :

forza [fòrtsa] *force*   **calzatura** [caltsatoura] *chaussure*
canzone [cantsóné] *chanson*   **alzarsi** [altsarsi] *se lever*

Mais les exceptions sont nombreuses :

orzo [òrdzo] *orge*   **romanzo** [romandzo] *roman,* etc.

— Il est doux quand il correspond en français à un **s** doux ou à un **z** :

organizzare [organiddzaré] *organiser*   **zero** [dzèro] *zéro*

> **N.B.**
> • La désinence **-zione** correspond généralement à la désinence française *-tion* :
> **organizzazione** *organisation*   **realizzazione** *réalisation*
>
> • **Ti** suivi d'une voyelle ne se prononce jamais [si] comme dans les mots français *national, patient, démocratie,* etc. En italien **natio** *natal* se prononce [natio], **calpestio** *piétinement* se prononce [calpestio], etc.

7. La prononciation des consonnes doubles :

Les consonnes doubles se prononcent fortement en italien :

terra *terre*   **dimmi** *dis-moi*   **faccia** *visage*   **donna** *femme*
azzurro *bleu*   **caffè** *café*   **dramma** *drame*   **maggio** *mai*

Une mauvaise prononciation peut être une source de confusion :

nonno *grand-père*   **nono** *neuvième*
sette *sept*   **sete** *soif*
cappello *chapeau*   **capello** *cheveu*
caddi *je tombai*   **cadi** *tu tombes*

> **N.B.**
> Ne pas confondre le futur et le conditionnel à la première personne du pluriel :
> au futur un seul **m** : **saremo** *nous serons,* **avremo** *nous aurons,* etc.
> au conditionnel deux **m** : **saremmo** *nous serions,* **avremmo** *nous aurions,* etc.

Une orthographe simplifiée

1. La lettre **H**

On ne trouve pas de **h** au début des mots italiens :

ora *heure*   **onore** *honneur*   **orribile** *horrible*

sauf à quatre personnes de l'indicatif présent du verbe **avere** *avoir* :

ho *j'ai,* **hai** *tu as,* **ha** *il a,* **hanno** *ils ont*

et dans des mots d'origine étrangère : **hostess, handicap, happy end,** etc.

---

1. Les Toscans (et certains speakers) donnent un son dur au **s** placé entre deux voyelles : **casa** *maison* est prononcé comme le mot **cassa** *caisse,* et **cosa** *chose* est prononcé [còssa].

Les mots d'origine grecque ont été simplifiés :
   ch : cristiano, cronaca, cronometro
   ph : telefono, farmacista, filosofo, frase
   th : teoria, tesi, mito

2. La lettre **Y** :

Sauf exceptions (cf. p. 6), le **y** a disparu au profit du **i** :

lirico *lyrique*	**mito** *mythe*	**tipo** *type*
fisico *physicien*	**psicologo** *psychologue*	**ciclo** *cycle*
analisi *analyse*	**sintesi** *synthèse*	**ritmo** *rythme*

3. Les consonnes assimilées ou supprimées :

Lorsque deux consonnes se suivent, il y a assimilation :
   ct →**tt** : **atto** *acte,* **ottobre** *octobre*
   pt →**tt** : **accettare** *accepter,* **settembre** *septembre*
   bs →**ss** : **assoluto** *absolu,* **assente** *absent,* **osservare** *observer*
   mn →**nn** : **condannare** *condamner,* **dannazione** *damnation*
   dm →**mm** : **ammirare** *admirer,* **amministrazione** *administration*

Les groupes de consonnes se sont simplifiés :
   istante *instant*   **costruzione** *construction*   **contare** *compter*

4. Plusieurs mots français et italiens se ressemblent mais n'ont pas le même nombre de consonnes : c'est la source de fautes courantes. En voici quelques exemples :

Deux consonnes en français, une en italien :

chiffre (masc.)	**cifra** (fém.)	*comme*	**come**
personne	**persona**	*communauté*	**comunità**
personnalité	**personalità**	*communisme*	**comunismo**
personnage	**personaggio**	*communiste*	**comunista**
ordonner	**ordinare**	*commencer*	**cominciare**
salle	**sala**	*commune* (fém.)	**comune** (masc.), etc.

Une consonne en français, deux en italien :

abandon	**abbandono**	*imaginer*	**immaginare**
abondant	**abbondante**	*imagination*	**immaginazione**
adversaire	**avversario**	*maritime*	**marittimo**
agression	**aggressione**	*mécanique*	**meccanico**
Apennins	**appennini**	*mécanisme*	**meccanismo**
argile, argileux	**argilla, argilloso**	*passage*	**passaggio**
avantage	**vantaggio**	*passager*	**passeggero**
aventure	**avventura**	*paysage*	**paesaggio**
avis	**avviso**	*protéger*	**proteggere**
avocat	**avvocato**	*Providence*	**Provvidenza**
azur (bleu)	**azzurro**	*public*	**pubblico**
bateau	**battello**	*publicité*	**pubblicità**
café	**caffè**	*publier*	**pubblicare**
citadin (ou *citoyen*)	**cittadino**	*république*	**repubblica**
cité (*ville*)	**città**	*représentation*	**rappresentazione**
comédie	**commedia**	*représenter*	**rappresentare**
drame	**dramma**	*riche, richesse*	**ricco, ricchezza**
féminin	**femminile**	*sage, sagesse*	**saggio, saggezza**
groupe	**gruppo**	*trace*	**traccia**
image	**immagine**	*voyage*	**viaggio** etc.

L'accent tonique

Bien placer l'accent tonique constitue la principale difficulté de la prononciation de l'italien car il est rarement écrit.

Les mots français sont accentués sur la dernière syllabe (sauf, évidemment, si le mot se termine par un e muet) : acc*ent*, prononciat*ion*, t*a*ble, téléph*o*ne.

Par contre, en italien, l'accent tonique peut porter :
— sur la dernière syllabe,
— sur l'avant-dernière syllabe,
— sur la troisième syllabe avant la fin (antépénultième),
— voire sur la quatrième ou la cinquième syllabe avant la fin.

1. Mots accentués sur la dernière syllabe :

Ils sont peu nombreux et l'accent est obligatoirement marqué à l'écrit :
    novità *nouveauté*   **specialità** *spécialité*
    città *ville*   **virtù** *vertu*

On les appelle « **parole tronche** » (*mots tronqués* ou *oxytons*) car ils ont perdu une syllabe par rapport à leur forme étymologique ou à des formes archaïques :
    città (< « *cittade* »)   **virtù** (< « *virtude* »)

Certains adverbes et conjonctions sont également accentués sur la dernière syllabe :
— conjonctions : **perché** *pourquoi, parce que,* **poiché** *puisque,* **benché** *bien que,* **purché** *pourvu que,* etc. (cf. § 127).
— adverbes : **laggiù** *là-bas,* **lassù** *là-haut,* etc. (cf. § 140).

2. Mots accentués sur l'avant-dernière syllabe :

Ce sont les plus nombreux. On les appelle « **parole piane** » (*paroxytons*) :
    libro *livre*   **quaderno** *cahier*

3. Mots accentués sur l'antépénultième :

⚠ On les appelle « **parole sdrucciole** [1] » (*proparoxytons*). Ils déroutent les Français.
    musica *musique*   **America** *Amérique*   **tecnica** *technique*
    telefono *téléphone*   **pubblico** *public*   **oceano** *océan*
    macchina *voiture*   **cinema** *cinéma*   **Napoli** *Naples,* etc.

N.B.
- Certains suffixes sont « **sdruccioli** » :
- -**issimo** : **bellissimo** *très beau*   **carissimo** *très cher*
- -**abile** : **realizzabile** *réalisable*   **impermeabile** *imperméable*
- -**ibile** : **leggibile** *lisible*   **terribile** *terrible*
- -**evole** : **socievole** *sociable*   **confortevole** *confortable*
- -**udine** : **abitudine** *habitude*   **sollecitudine** *sollicitude*
- -**esimo** : **ventesimo** *vingtième*   **cattolicesimo** *catholicisme*

- Sont « **sdruccioli** » les mots terminés par les suffixes :
- -**dromo** : **aerodromo** *aérodrome*   **ippodromo** *hippodrome*
- -**filo** : **francofilo** *francophile*   **anglofilo** *anglophile*
- -**fobo** : **francofobo** *francophobe*   **anglofobo** *anglophobe*
- -**grafo** : **geografo** *géographe*   **paragrafo** *paragraphe*
- -**logo** : **dialogo** *dialogue*   **sociologo** *sociologue*
- -**metro** : **centimetro** *centimètre*   **chilometro** *kilomètre*

---

1. **Sdrucciolare** *glisser,* **parola sdrucciola** *mot* « *glissant* ». **Sdrucciola** est un mot « **sdrucciolo** ».

4. Mots accentués sur la quatrième syllabe avant la fin :

On les appelle « **parole bisdrucciole** ». Il s'agit de formes verbales :
    di̱temelo *dites-le-moi*   **tele̱fonano** *ils téléphonent* [1]

5. Importance de l'accent tonique :

L'accentuation permet de distinguer des mots qui ont la même orthographe mais des sens différents [2] :

pa̱rlo *je parle*	**parlò** *il parla*
ri̱pete *il répète*	**ripeté** *il répéta*
a̱ncora *ancre*	**anco̱ra** *encore*
su̱bito *tout de suite*	**subi̱to** *subi*
pri̱ncipi *princes*	**princi̱pi** *principes*
no̱cciolo *noyau*	**nocciolo** *noisetier*

L'élision et l'apocope

1. L'élision (**l'elisione**) :

L'élision de la voyelle finale d'un mot devant une voyelle est très fréquente, qu'il s'agisse d'un adjectif, d'un verbe ou d'un adverbe :
    quest'uomo (questo) *cet homme*   **Dov'è ? (dove)** *Où est-ce ? Où est-il ?*

2. L'apocope (**il troncamento**) :

L'élocution courante, plutôt rapide, a tendance à faire tomber certaines voyelles finales. L'orthographe a consacré cet usage mais l'apocope reste facultative.
Les voyelles **e** et **o** tombent souvent à la fin d'un mot quand elles sont précédées d'une consonne liquide ou nasale (**l**, **m**, et surtout **n** et **r** [3]) :
    Il signor Direttore *Monsieur le Directeur*
    Son (sono) contento. *Je suis content.*

Le d euphonique [4]

Pour éviter un hiatus parfois désagréable à l'oreille, on ajoute assez souvent un **d** à la préposition **a** ou aux conjonctions **e** et **o** placées devant une autre voyelle. Ce n'est pas obligatoire.
    Andrà ad abitare ad Ancona. *Il ira habiter à Ancône.*
    ad est *à l'est,* **ad o̱vest** *à l'ouest*

---

1. On peut même trouver des mots encore plus « glissants » : **tele̱fonamelo** *téléphone-le-moi* ; **indi̱camelo** *indique-le-moi.*
2. Pour éviter le risque de confusion dans certains contextes, on marque parfois l'accent : **balía** *autorité* (mot ancien qu'on retrouve dans l'expression **essere in balía a** *être la proie de*) et **ba̱lia** *nourrice,* **pri̱ncipi** *princes* et **princi̱pi** *principes,* **sú̱bito** *tout de suite* et **subi̱to** *subi.*
L'accent orthographique sur certains mots évite tout ambiguïté : **Da' a Giovanni questa le̱ttera e non tornare da me se non ti dà la risposta che aspetto.** *Donne cette lettre à Jean et ne reviens pas chez moi s'il ne te donne pas la réponse que j'attends.*
3. Quand **l** et **n** sont doubles, l'apocope s'étend à l'une des consonnes :
Saran (saranno) tornati a casa. *Ils ont dû rentrer chez eux.*
L'apocope se fait plus volontiers devant une consonne (**Son venuto a salutarvi.** *Je suis venu vous dire bonjour.*) que devant une voyelle (**Devo andare a Roma.** *Je dois aller à Rome.*).
4. On peut aussi trouver un **i** euphonique devant un mot commençant par **s** impur (cf. p. 17, note 1) pour éviter la rencontre d'un groupe de consonnes difficiles à prononcer. **Vive in Isvi̱zzera** (pour **Vive in Svizzera**). *Il vit en Suisse.* **L'ha fatto per ischerzo** (pour **L'ha fatto per scherzo, per scherzare**). *Il l'a fait pour plaisanter.*
L'emploi de ce **i** euphonique est de plus en plus rare, notamment à l'écrit.

La césure des mots

En fin de ligne, l'italien coupe en général les mots comme en français :
fran-cese (ou **france-se**) *fran-çais*   **il sole bril-la** *le soleil bril-le*

⚠ Mais, dans le groupe **s** + consonne, le français coupe après le **s** : *recons-truction, corres-pondance*, alors que l'italien fait passer le **s** à la ligne suivante avec la syllabe qui suit : **rico-struzione, corri-spondenza**.

La ponctuation

Les signes de ponctuation sont :

.	**il punto** *le point,* **il punto fermo** *le point final*	
;	**il punto e virgola** *le point-virgule*	
:	**i due punti** *les deux points*	
,	**la virgola** *la virgule*	
…	**i puntini (di sospensione)** *les points de suspension*	
« »	**le virgolette** *les guillemets*	
?	**il punto interrogativo** *le point d'interrogation*	
!	**il punto esclamativo** *le point d'exclamation*	
( )	**la parentesi** *la parenthèse*	
[ ]	**la parentesi quadra** *le crochet*	
-	**la lineetta** *le trait d'union*	
—	**il trattino** *le tiret*	
à ù ì ò	**l'accento** *l'accent*	
l' s' d'	**l'apostrofo** *l'apostrophe*	

N.B.

a capo *à la ligne*
a pié di pagina, in calce alla pagina *en bas de page*
il paragrafo *le paragraphe*
il comma *l'alinéa*
il margine *la marge*
in margine *en marge*
cfr *cf.*

EXERCICES EXERCICESEXERCICESEXE

1 Épelez les mots suivants :

nome - chitarra - jazz - cognome - esercizio - jogging - grammatica - audiovisivo - taxista - Italia - elenco telefonico - whisky - Francia - pronto ! - scozzese

2 Vous devez répondre par téléphone à une demande de renseignements : donnez (en épelant pour éviter toute erreur) vos nom, prénom, adresse, lieu de naissance.

3 Lisez les mots suivants :

la città - il cittadino - il municipio - il sindaco - il quartiere - la questura - il vigile - l'autobus - il filobus - la macchina - il marciapiede - il crocicchio - il semaforo - il traffico - la striscia pedonale - il cinema.

4 Lisez les mots suivants :

A. qualità - quantità - liquido - quarantacinque - cinquantaquattro - tranquillità - squadra (équipe) - acqua - acquistare (acheter) - quadro (tableau) - Pasqua (Pâques) - acquerello (aquarelle) - acquedotto (aqueduc) - chiunque (quiconque) - questo (ce) - qui, qua (ici).

B. guidare (conduire) - sangue (sang) - linguistica - seguire (suivre) - guardare (regarder) - sguardo (regard) - guerra - guerriglia (guérilla).

C. chilometro - cuoco (cuisinier) - cuocere (cuire) - chiave (clé) - bicchiere (verre) - dischi (disques) - cucchiaio (cuiller) - stanchezza (fatigue) - stanco (fatigué) - stanchi (fatigués) - stanche (fatiguées) - ricchezza (richesse) - pacchetto (paquet) - gli occhiali (les lunettes) - occhio (œil) - forchetta (fourchette) - fischiare (siffler) - chimica (chimie) - chiudere (fermer) - barche (barques) - chiglia (quille) - perché (parce que, pour que, pourquoi) - qualche (quelque, quelques) - giacca (veste).

D. aranciata (orangeade) - specialità - la mancia (le pourboire) - doccia (douche) - la faccia (le visage) - medico (médecin) - medicina (cuisine) - cioccolato - curare (soigner) - carne (viande) - chicchirichì (cocorico) - cerchio (cercle) - circuito.

E. spiaggia (plage) - mangiare - giardino - giallo (jaune) - giornale - giovedì (jeudi) - grigio (gris) - gli ingorghi (les embouteillages) - pomeriggio (après-midi) - pioggia (pluie) - oggi (aujourd'hui) - maggio (mai) - valigia (valise) - gioiello (bijou) - gioielliere (bijoutier) - lungo (long) - lunghezza (longueur) - l'archeologo - gli archeologi - lo psicologo - gli psicologi - ghiacciaio (glacier) - il sociologo - i sociologi.

F. la scelta (le choix) - scegliere (choisir) - la scusa - lo scherzo (la plaisanterie) - la pastasciutta (les pâtes) - pesce (poisson) - pesciolino (petit poisson) - pescaiolo (poissonnier) - fascino (charme) - lo sciopero (la grève) - scienza - lo scienziato (le savant) - lo schema - lo schermo (l'écran) - sciocco (sot) - sciocchezza (sottise) - gli sciocchi (les sots) - lo scoiattolo (l'écureuil) - la sciagura (le malheur, l'accident) - schiacciare (écraser) - lo scimpanzé - prosciutto (jambon).

G. portafoglio - portabagagli - meglio (mieux) - migliore (meilleur) - figlio (fils) - luglio (juillet) - glicerina - il giglio (le lis) - cogliere (cueillir) - aglio (ail) - voglio (je veux) - vogliamo (nous voulons) - fogliame (feuillage) - paglia (paille) - il pagliaio (la meule de paille) - coniglio (lapin) - negligente - la tovaglia (nappe) - glandola (glande).

H. nuotare (nager) - vuoto (vide) - Europa - europeo (européen) - il cosmonauta (le cosmonaute) - il baule (la malle) - l'augurio (le souhait) - augurare (souhaiter) - il bue (le bœuf) - i buoi (les bœufs) - il suo (son) - i suoi (ses) - il mio (mon) - i miei (mes) - l'uovo le uova (l'œuf les œufs) - risuolare (ressemeler) - cuoio (cuir) - autorità - l'aula (la salle de cours) - l'Austria (l'Autriche) - austriaco (autrichien) - i reumatismi - farmaceutico - l'inquietudine - l'audacia - inesauribile (inépuisable) - poi (puis) - l'acciaio (l'acier) - l'acciaieria (l'aciérie) - il rasoio (le rasoir) - il vignaiolo (le vigneron).

I. la scarpa (la chaussure) - la sciarpa (le foulard) - lo scialle (le châle) - la Cina (la Chine) - la china (la pente) - il bacio (le baiser) - il baco da seta (le ver à soie) - la faccia (le visage) - la fascia (la bande) - l'acciuga (l'anchois) - asciugare (sécher) - la scimmia (le singe) - scemo (stupide) - lo schema (le schéma) - la cucina (la cuisine) - la cugina (la cousine) - il cuscino (le coussin) - il cugino (le cousin) - il giro (le tour) - il ghiro (le loir) - la cena (le souper) - la scena (la scène) - la schiena (le dos) - il tacchino (le dindon) - il taccuino (le carnet) - l'arcivescovo (l'archevêque) - l'architetto (l'architecte) - la schiuma (l'écume) - sciupare (abîmer, gâcher) - la gara (la compétition) - la giara (la jarre) - la panca (le banc) - la pancia (le ventre) - chi (qui, celui qui) - qui (ici) - di cui (dont) - a cui (à qui, auquel).

5 Lisez :

La nebbia agl'irti colli
piovigginando sale
e sotto il maestrale
urla e biancheggia il mare.
　　　　Giosuè Carducci, *San Martino.*

C'è una voce nella mia vita
che avverto nel punto che muore
voce stanca, voce smarrita
col tremito del batticuore.
　　　　Giovanni Pascoli, *La voce.*

Etna ! chi mai potrà danzare meglio di me
e dondolarsi sulla tua bocca fiera
che mugghia a mille metri sotto i miei piedi ?
Ecco io scendo e m'immergo nel tuo fiato solfidrico
tra i globi colossali dei tuoi fumi rossigni,
e odo il pesante rimbombo echeggiante del tuo stomaco vasto che frana
sordamente come una capitale sotterranea.
Invano la rabbia carbonosa della terra
vorrebbe respingermi in cielo !
Tengo ben strette fra le dita le leve...
　　　　F.T. Marinetti. *L'aviatore futurista parla con suo padre, il vulcano.*

Aspro è l'esilio,
e la ricerca che chiudevo in te
d'armonia oggi si muta
in ansia precoce di morire ;
e ogni amore è schermo alla tristezza
tacito passo nel buio
dove mi hai posto
amaro pane a rompere.
　　　　S. Quasimodo, *Vento a Tindari.*

Glauco, un fanciullo dalla chioma
　　　　　　　　　　　　bionda
dal bel vestito di marinaretto,
e dall'occhio sereno, con gioconda
voce mi disse, nel natio dialetto :
Umberto, ma perché senza un diletto
tu consumi la vita, e par nasconda
un dolore o un mistero ogni tuo detto ?
Perché non vieni con me sulla sponda
del mare, che in sue azzurre onde
　　　　　　　　　　　　c'invita ?
　　　　U. Saba, *Il Canzoniere.*

Qui, nella campagna romana,
tra le mozze, allegre case arabe
e i tuguri, la quotidiana
voce della rondine non cala,
dal cielo alla contrada umana,
a stordirla d'animale festa.
　　　　P.P. Pasolini, *L'umile Italia.*

Volti al travaglio
come una qualsiasi
fibra creata
perché ci lamentiamo noi ?
　　　　G. Ungaretti, *L'allegria*

Clof, clop, cloch,
cloffete,
cloppete
clocchete,
È giù,
nel cortile
la povera
fontana
malata ;
che spasimo !
sentirla
tossire !
Tossisce,
tossisce,
un poco
si tace...
di nuovo
tossisce
　　　A. Palazzeschi, *La fontana malata.*

Tri tri tri
fru fru fru
uhi uhi uhi
ihu ihu ihu
Il poeta si diverte,
pazzamente,
smisuratamente.
Non lo state a insolentire,
lasciatelo divertire
poveretto,
queste piccole corbellerie
sono il suo diletto.
Lasciate pure che si sbizzarrisca,
anzi, è bene che non lo finisca,
il divertimento gli costerà caro :
gli daranno del somaro.
　　　A. Palazzeschi, *Lasciatemi divertire*

L'ARTICLE

I. L'ARTICLE INDÉFINI

1 Formes de l'article indéfini

MASCULIN			FÉMININ		
UN	**biglietto**	*un billet*	UNA	**città**	*une ville*
	aereo	*un avion*		**strada**	*une route*
UNO	**scenario**	*un décor*	UN'	**autostrada**	*une autoroute*
	zoccolo	*un sabot*		**ora**	*une heure*

2 Emploi de l'article indéfini

1. Au masculin on emploie :

■ **UN** devant les mots commençant par une voyelle ou par une consonne autre que **s** impur[1], **z, gn, ps, x** ou **i** suivi d'une autre voyelle : **un elicottero** *un hélicoptère*, **un autobus** *un autobus*, **un alunno** *un élève*, **un paragrafo** *un paragraphe*, etc.

■ **UNO** devant les mots commençant par **s** impur, **z, gn, ps, x**[2] ou **i** suivi d'une autre voyelle : **uno scolaro** *un écolier*, **uno sciopero** *une grève*, **uno zaino** *un sac à dos*, **uno gnomo** *un gnome*, **uno psicologo** *un psychologue*, **uno xilofono** *un xylophone*, **uno iato** *un hiatus*, etc.

uno s pettacolo	*un spectacle*	un b ello spettacolo	*un beau spectacle*
uno s tudente	*un étudiant*	un b ravo studente	*un bon étudiant*

---

1. On dit que **s** est « impur » lorsqu'il est suivi d'une consonne : **lo stivale** *la botte*, **lo strumento** *l'instrument*, **lo studio** *l'étude*, **lo sport** *le sport*, **lo scià** *le shah*, **lo scoppio** *l'explosion*, **lo slogan** *le slogan*, etc.
2. Les mots commençant par **gn, ps** ou **x** sont très rares en italien. Cela explique certaines hésitations dans le choix de l'article : on peut rencontrer **un pneumatico** ou **uno pneumatico** *un pneumatique*, etc.

2. Au féminin on emploie :

■ **UNA** devant les mots commençant par une consonne quelle qu'elle soit : **una valigia** *une valise*, **una registrazione** *un enregistrement*, **una stazione** *une gare*, **una zuppa** *une soupe*, etc.

■ **UN'** devant les mots commençant par une voyelle : **un'analisi** *une analyse*, **un'europea** *une européenne*, **un'epoca** *une époque*, etc.

> **N.B.**
> • Dans la langue courante, on trouve assez souvent la forme **una** au lieu de **un'** devant une voyelle : **una impresa** *une entreprise*, **una elezione**, etc.
> La forme **un'** est préférable.
>
> • Il ne faut pas confondre l'article féminin **un'** (avec l'apostrophe) et l'article masculin **un** (sans apostrophe).

UN masculin		**UN'** féminin	
un autobus	*un autobus*	**un'automobile**	*une automobile*
un ideale	*un idéal*	**un'idea**	*une idée*
un uccello	*un oiseau*	**un'uccelliera**	*une volière*

> • En italien on n'emploie pas l'article indéfini devant **mezzo** *demi* :
>
> **Ti aspetto da mezz'ora.** *Je t'attends depuis une demi-heure.*
> **Ho comprato mezzo chilo di carote** [1]. *J'ai acheté un demi-kilo de carottes.*

3 Pluriel de l'article indéfini

1. L'article indéfini italien n'a pas de pluriel. On peut recourir à l'article contracté formé de la préposition **di** et de l'article défini (cf. § 7), mais son emploi est facultatif :

Prestami libri ou **dei libri divertenti.** *Prête-moi des livres amusants.*
Ci sono difficoltà ou **delle difficoltà.** *Il y a des difficultés.*

On ne l'emploie pas après les prépositions **in** ou **da** :

I mobili hanno viaggiato in contenitori. *Les meubles ont voyagé dans des conteneurs.*
È stato aiutato da vicini di casa. *Il a été aidé par des voisins.*

Mais on peut le trouver avec les autres prépositions :

Siamo partiti con amici ou **con degli amici.** *Nous sommes partis avec des amis.*

On ne l'emploie jamais dans les phrases négatives :
Non voglio fiori. *Je ne veux pas de fleurs.*

2. On peut également recourir aux adjectifs indéfinis **alcuni** (masc.), **alcune** (fém.), **parecchi** (masc.), **parecchie** (fém.), **certi** (masc.), **certe** (fém.), **vari** (masc.), **varie** (fém.) et **qualche** qui, lui, est toujours suivi du singulier :

All'ultimo momento sono sorte difficoltà.
All'ultimo momento sono sorte delle (alcune, parecchie, certe, varie) difficoltà.
All'ultimo momento è sorta qualche difficoltà.
Au dernier moment des difficultés ont surgi.

Hanno proposto soluzioni.
Hanno proposto delle (alcune, parecchie, certe, varie) soluzioni.
Hanno proposto qualche soluzione.
Ils ont proposé des solutions.

---

1. **Ho comprato un mezzo chilo di carote** signifie : *J'ai acheté environ un demi-kilo de carottes.*

II. L'ARTICLE DÉFINI

4 Formes de l'article défini

MASCULIN				FÉMININ		
SINGULIER		PLURIEL		SINGULIER		PLURIEL
IL passaporto	*le passeport*	**I** passaporti		**macchina**	*la voiture*	**macchine**
LO sportivo	*le sportif*	sportivi		**LA** statua	*la statue*	statue
zio	*l'oncle*	**GLI** zii		zia	*la tante*	**LE** zie
L' elicottero	*l'hélicoptère*	elicotteri		**L'** edizione	*l'édition*	edizioni
aeroporto	*l'aéroport*	aeroporti		allusione	*l'allusion*	allusioni

5 Emploi de l'article défini

1. Au masculin on emploie :

■ **IL** (pluriel **I**) devant une consonne autre que **s** impur, **z**, **gn**, **ps**, **x** ou **i** suivi d'une voyelle : **il capitolo** *le chapitre*, **il riassunto** *le résumé*, etc.

⚠ ■ **LO** (pluriel **GLI**) devant **s** impur, **z**, **gn**, **ps**, **x** ou **i** suivi d'une voyelle : **lo stagno** *l'étang*, **lo sceneggiatore** *le scénariste*, **lo svizzero** *le Suisse*, **lo zelo** *le zèle*, **lo pseudonimo** *le pseudonyme*, **gli gnocchi** *les gnocchi*, **lo xenofobo**, **lo iettatore** *le jeteur de sorts*, etc.

■ **L'** (pluriel **GLI**) devant une voyelle : **l'uomo** *l'homme*, **l'imputato** *l'accusé*, etc.

> **N.B.**
> • **Il dio** *le dieu* fait **gli dei** *les dieux* :
> **gli dei della mitologia greca** *les dieux de la mythologie grecque*
>
> • Avec les noms d'origine étrangère commençant par **y**, on emploie l'article **lo** :
> **lo yoga, lo yogurt**.
>
> • On dit par ailleurs **il jumbo jet, il jazz**, etc., puisque **j** est prononcé [dj].
>
> • De même, à cause de la prononciation [ch], on dit **lo champagne, lo chef** *le « chef »* (cuisinier), **lo shampoo**, etc.
>
> • Citons pour mémoire les expressions courantes : **per lo più** *la plupart du temps*, **per lo meno** *au moins*, dans lesquelles la forme archaïque **lo** se trouve à la place de **il**.

2. Au féminin singulier, on emploie **LA** devant les mots commençant par une consonne quelle qu'elle soit, et **L'** devant les mots commençant par une voyelle.
Au féminin pluriel, on emploie **LE** dans tous les cas [1].

---

1. La forme **l'** pour **le** devant le pluriel des noms féminins commençant par **e** n'est plus guère employée : **l'europea** → **le europee** *les européennes*, **l'ebrea** → **le ebree** *les juives*, etc.
De même on ne rencontre plus la forme **gl'** pour **gli** devant les noms masculins commençant par un **i** : **gli imbianchini** *les peintres en bâtiment*, **gli idraulici** *les plombiers*, etc.

6 Emplois particuliers de l'article défini _____

L'emploi de l'article défini est le même en italien et en français sauf dans les cas suivants :

1. On l'emploie avec les noms de famille, surtout s'il s'agit de personnages célèbres :

Il Machiavelli scrisse il *Principe* nel 1513.
Machiavel écrivit le Prince en 1513.
Ho letto il *Decamerone* del Boccaccio.
J'ai lu le Décaméron de Boccace.
Ho a casa tutti i dischi della Callas [1].
J'ai chez moi tous les disques de la Callas.
Le opere dello Chateaubriand sono state tradotte in italiano.
Les œuvres de Chateaubriand ont été traduites en italien.

N.B.

• Cet emploi n'est pas systématique : on parle **dei Canti di Leopardi** (ou **del Leopardi**), **delle commedie di Goldoni** (ou **del Goldoni**), **delle novelle di Pirandello** (ou **del Pirandello**), etc.

• Pour les auteurs féminins, on donne le prénom : **Elsa Morante, Matilde Serao,** ou l'on emploie l'article : **la Morante, la Serao.**

• On n'emploie pas non plus l'article si le nom du personnage célèbre est en réalité un prénom : **Dante** (pour **Dante Alighieri,** mais on dira l'**Alighieri**), **Michelangelo** (pour **Michelangelo Buonarroti,** mais on dira **il Buonarroti**), **Leonardo da Vinci, Raffaello,** etc.

Mais, comme en français, on l'emploiera pour désigner une œuvre :

Il Dante che è appena uscito in libreria ha una bella copertina.
Le Dante qui vient de sortir en librairie a une belle couverture.

• On n'emploie pas l'article avec les noms grecs ou latins : **Omero, Aristotele, Cicerone, Virgilio, Catullo, Plauto, Terenzio,** etc.

• On ne met jamais l'article devant les noms de musiciens : **Albinoni, Vivaldi, Verdi.**

2. On l'emploie assez couramment devant les noms de famille s'il s'agit de collègues ou de camarades de classe et devant les noms d'entreprises :

la Fiat
Dov'è la Bianconi ?   *Où est Bianconi ?*

et dans le langage journalistique ou administratif :

Ieri sera alle ore 18, in via Manzoni, Vittorio Rossi, 34 anni, è stato travolto da un autobus. Prognosi riservata per il Rossi che è stato ricoverato in ospedale.
Hier soir à 18 heures, rue Manzoni, M. Vittorio Rossi, 34 ans, a été renversé par un autobus. Pronostic réservé pour M. Rossi qui a été hospitalisé.

3. On l'emploie dans la langue courante avec les prénoms féminins :

Dov'è la Giovanna ? *Où est Jeanne ?*
Perché la Luisa non viene mai ? *Pourquoi Louise ne vient-elle jamais ?*

4. On l'emploie devant les mots **signore, signora, signorina** *Monsieur, Madame, Mademoiselle* :

Le presento la signora Bianchi. *Je vous présente Madame Bianchi.*
Sono il signor Martini. *Je suis Monsieur Martini.*
Come sta la signorina Ranieri ? *Comment va Mademoiselle Ranieri ?*

Lorsque le mot **signor** ou **signora** est suivi d'un titre, on met l'article devant **signore** ou **signora** et non pas devant le titre, comme en français :

Ho già telefonato al signor Direttore. *J'ai déjà téléphoné à Monsieur le Directeur.*
Telefoni alla signora Direttrice. *Téléphonez à Madame la Directrice.*

_____

1. Dans ce cas, le français imite l'exemple italien. Il en est de même lorsqu'on parle de l'Arioste, du Tasse, du Tintoret, etc.

Mais on n'utilise pas l'article lorsqu'on s'adresse à ces personnes :

Buongiorno, Signor Direttore. *Bonjour, Monsieur le Directeur.*
Buona sera, Signora Direttrice. *Bonsoir, Madame la Directrice.*
Arrivederci, Signor Franchi. *Au revoir, Monsieur Franchi.*

⚠ Contrairement au français, on ne trouve pas l'article devant **re** *roi* et **papa** *pape* :

Nel 1929, papa Pio XI firmò con Mussolini i Patti Lateranensi.
En 1929, le pape Pie XI signa avec Mussolini les Accords du Latran.

Re Vittorio Emanuele III abdicò nel 1945.
Le roi Victor Emmanuel III abdiqua en 1945.

5. En règle générale, l'article défini est employé devant les adjectifs possessifs (cf. § 31) :

Ho smarrito le loro chiavi. *J'ai égaré leurs clés.*
Non conosco il suo indirizzo. *Je ne connais pas son adresse.*

Mais si, en français, l'adjectif possessif renvoie au sujet de la phrase, il est traduit par l'article défini (cf. § 35) :

È uscito con i figli. *Il est sorti avec ses enfants.*
Non parte mai senza il cane. *Il ne part jamais sans son chien.*

N.B.
• cf. 45,2 (on utilise l'article défini avec les pourcentages).
• Pour dire l'heure, l'italien emploie l'article défini là où le français soit utilise l'article indéfini, soit l'omet :

È l'una.	**Sono le dieci.**	**Sono le sei e un quarto.**
Il est une heure.	*Il est dix heures.*	*Il est six heures et quart.*

• On omet l'article défini dans certaines expressions prépositionnelles courantes :

A : a casa *à la maison,* **a teatro** *au théâtre,* **invitare a pranzo, a cena** *inviter à déjeuner, à dîner,* **andare a letto** *aller au lit,* **a sud di** *au sud de,* **a nord di** *au nord de,* **ad est** *à l'est,* **ad ovest** *à l'ouest,* **a pagina...** *à la page...,* **a Natale** *à la Noël,* **a mano** *à la main,* **a macchina** *à la machine,* **giocare a dama, a scacchi, a carte, a tennis, a golf,** *jouer aux dames, aux échecs, aux cartes, au tennis, au golf,* **scritto a penna** *écrit à la plume (au stylo, à l'encre),* **a matita** *au crayon,* **a galla** *à la surface,* **a bacchetta** *à la baguette,* **a disposizione di** *à la disposition de,* **a differenza di** *à la différence de,* etc.

DI : a portata di mano *à portée de la main,* **è malato di nervi** *il est malade des nerfs,* **di corsa** *à la course, en courant, au pas de course,* **di moda** *à la mode,* etc.
Mais on dit : **la lotta di classe** *la lutte des classes* et **la guerra dei cento anni** *la guerre de Cent ans.*

DA : tornare da scuola, da casa *revenir de l'école, de la maison (de chez soi).*

IN : in casa *à la maison,* **in montagna** *à la montagne,* **in campagna** *à la campagne,* **in riva a** *au bord de,* **in cima a** *au sommet de,* **in treno** *en train (dans le train),* **in mano** *dans la main,* **in testa** *dans la tête,* **in braccio** *dans les bras,* **in tasca** *dans la poche,* **in mente** *dans l'esprit, dans la mémoire,* **in punta di piedi** *sur la pointe des pieds,* **in tavola** *à table (sur la table),* **in fondo a** *au fond de,* **in seno a** *au sein de,* **a pié di** *au pied de,* **in città** *en ville,* **in centro** *au centre (dans le centre),* **in piazza** *sur la place,* **in chiesa** *à l'église,* **in banca** *à la banque,* **in albergo** *à l'hôtel,* **in questura** *au commissariat de police,* **in libreria** *en librairie (dans la librairie),* **in biblioteca** *à la bibliothèque,* **in ufficio** *au bureau,* **in segreteria** *au secrétariat,* **in ospedale** *à l'hôpital,* **in discoteca** *à la discothèque,* **in negozio** *dans le magasin,* **in cucina** *à la cuisine,* **in camera** *dans la chambre,* **in letto** *dans le lit,* **in terrazza** *sur la terrasse,* **in giardino** *dans le jardin,* **in mattinata** *dans la matinée,* **in serata** *dans la soirée,* **in giornata** *dans la journée,* etc.

CON : toccare con mano *toucher du doigt.*

SU : su consiglio del medico *sur les conseils du médecin.*

PER : prendere per mano *prendre par la main.*

III. LES ARTICLES CONTRACTÉS

7 Formation des articles contractés

Il existe en français des articles contractés composés d'une préposition et d'un article :

au (à + le), pluriel aux (à + les)
du (de + le), pluriel des (de + les)

En italien ces formes sont plus nombreuses car la plupart des prépositions [1] se combinent avec les articles pour former ce qu'on appelle des **preposizioni articolate.**

	ARTICLES							
	MASCULIN					FÉMININ		
	singulier			pluriel		singulier		pluriel
PRÉPOSITIONS	IL	LO	L'	I	GLI	LA	L'	LE
A	al	allo	all'	ai	agli	alla	all'	alle
DI	del	dello	dell'	dei	degli	della	dell'	delle
DA	dal	dallo	dall'	dai	dagli	dalla	dall'	dalle
IN	nel	nello	nell'	nei	negli	nella	nell'	nelle
SU	sul	sullo	sull'	sui	sugli	sulla	sull'	sulle
CON	col			coi				

8 Emploi des articles contractés

1. L'emploi des articles contractés est obligatoire avec les prépositions **A, DI, DA, SU** et **IN** (sauf les exceptions du § 6,5 N.B)

rivolgersi al custode s'adresser au gardien
Guai ai vinti ! Malheur aux vaincus !
rivolgersi allo sportello numero 5 s'adresser au guichet n° 5
scrivere alla zia écrire à sa tante
rispondere alle domande répondre aux questions
la durata degli studi la durée des études
È caduto dal tetto. Il est tombé du toit.

2. Les formes contractées de **CON** sont de moins en moins employées sauf **col** et **coi** :
È passato col rosso (= con il rosso). Il est passé au rouge.
un uomo coi (= con i) capelli grigi un homme aux cheveux gris

---

1. Les expressions utilisant une forme contractée de **PER** sont archaïques : **camminare pei campi** marcher à travers champs.
On dit couramment : **camminare per i campi, sfilare per le vie della città** défiler dans les rues de la ville, **passeggiare per la città** se promener en ville, **andare in giro per i negozi** faire du shopping (cf. § 174).

⚠ **3.** La principale difficulté est d'ordre orthographique : la consonne **L** est doublée devant les mots masculins ou féminins commençant par une voyelle.

Pensi già al ritorno ?
Tu penses déjà au retour ?

Ti aspetterò all' aeroporto.
Je t'attendrai à l'aéroport.

Telefona all' amica di Dino.
Téléphone à l'amie de Dino.

il figlio del farmacista
le fils du pharmacien

la figlia dell' artigiano
la fille de l'artisan

i figli dell' operaia
les enfants de l'ouvrière

È scritto sul muro.
C'est écrit sur le mur.

È inciso sull' albero.
C'est gravé dans l'arbre.

È un libro sull' Italia.
C'est un livre sur l'Italie.

Torna dal cinema.
Il revient du cinéma.

Scende dall' aereo.
Il descend d'avion.

Torna dall' Asia.
Il revient d'Asie.

De même pour **nel** et **nell'** : **nel capitolo** **nell' articolo** **nell' arte romanica**
dans le chapitre *dans l'article* *dans l'art roman*

N.B.
• On emploie l'article contracté devant certains noms de pays :
nel Belgio *en Belgique,* **nel Lussemburgo** *au Luxembourg,* **nel Brasile** *au Brésil,* **nel Veneto** *en Vénétie,* **nei Paesi Bassi** *aux Pays-Bas,* **nel Medio Oriente** *au Moyen-Orient,* **negli Stati Uniti** *aux États-Unis,* **negli USA** *aux U.S.A.,* etc.

On l'omet devant d'autres :
in America *en Amérique,* **in Africa** *en Afrique,* **in Asia** *en Asie,* **in Europa** *en Europe,* **in Inghilterra** *en Angleterre,* **in Gran Bretagna** *en Grande-Bretagne,* **in Russia** *en Russie,* **in Austria** *en Autriche,* **in Francia** *en France,* **in Portogallo** *au Portugal,* **in Giappone** *au Japon,* **in Perù** *au Pérou,* etc.

• Il n'y a pas de contraction dans les deux cas suivants :
Il porto di Le Havre *le port du Havre,* **l'assedio di La Rochelle** *le siège de la Rochelle.*

9 L'article partitif

1. L'article partitif italien résulte de la contraction de la préposition **DI** et de l'article défini : **del, dei, dello, dell', degli, della, dell', delle.**

2. On l'emploie moins souvent qu'en français.

■ Dans les phrases affirmatives sa présence n'est pas obligatoire :
Dammi burro e marmellata ou **dammi del burro e della marmellata.**
Donne-moi du beurre et de la confiture.

C'è lavoro ou **c'è del lavoro.** *Il y a du travail.*

■ On ne l'emploie pas :
— dans les phrases négatives :
Non mi presta mai libri recenti. *Il ne me prête jamais de livres récents.*
Qui non si trovano giornali inglesi. *Ici on ne trouve pas de journaux anglais.*
Non c'è più lavoro. *Il n'y a plus de travail.*
Non c'è speranza. *Il n'y a pas d'espoir.*

— après un adverbe de quantité :
Come fare per guadagnare molto denaro ?
Comment faire pour gagner beaucoup d'argent ?

Occorre molta fortuna. *Il faut beaucoup de chance.*

— après les prépositions **in** ou **da** :
sciogliere la compressa in acqua *dissoudre le comprimé dans de l'eau*

On peut le trouver avec les autres prépositions, mais il vaut mieux l'omettre :
Scrive su (della) carta profumata. *Il écrit sur du papier parfumé.*

1 Mettez l'article indéfini puis défini devant les mots suivants, d'abord au singulier puis au pluriel : ©

Exemple : vestito → un vestito, il vestito/dei vestiti, i vestiti.

cappello - berretto - berretta - giacca - giubbotto - smoking - abito da sera - fazzoletto - occhiello - scarpa - stivale - zoccolo - calzino - camicia - scialle - anello - soprabito - impermeabile - ombrello - gonna.

2 Barrez les articles qui ne conviennent pas : ©

(il, la, l') inizio - (il, lo, l') strumento - (i, lo, il) zio - (l', lo, la) affare - (la, lo, il) strano invito - (il, gli, i) vecchi zii - (la, il, l') arrivo - (lo, il) grave scandalo - (la, il, l') americana - (lo, l', il) shampoo - (il, gli, i) studenti - (il, la, l') americano - (il, lo, l') yogurt - (lo, il, l') incidente stradale - (il, lo, l') spettacolo - (la, il, l') intervento - (la, le, l') agenzia - (lo, il) lungo spettacolo.

3 Traduisez : ©

1. Je suis Madame Rossi. **2.** J'ai rendez-vous (ho un appuntamento) avec Madame Grimaldi. **3.** Bonsoir, Monsieur le Directeur. **4.** A demain, Madame la Directrice. **5.** Je dois rencontrer Monsieur le Proviseur (Preside). **6.** Les syndicats (sindacati) ne sont pas d'accord avec les propositions (proposte) de Monsieur le Ministre. **7.** Il n'est pas encore huit heures. Il n'est que six heures et demie. **8.** Il est à la maison depuis une demi-heure. **9.** Achète un demi-kilo de cerises (ciliegia) pour le déjeuner (pranzo). **10.** J'ai une maison au sud de Lyon (Lione).

4 Traduisez : ©

1. Milan est au nord de Florence. **2.** Le Rhône (Rodano) est à l'ouest de Marseille (Marsiglia). **3.** Strasbourg (Strasburgo) est à l'est de Paris (Parigi). **4.** Je n'irai pas au théâtre demain, je préfère aller au cinéma. **5.** Je ne sais jouer ni aux échecs ni aux dames. **6.** Il joue au tennis depuis (da) dix ans. **7.** D'habitude (di solito) nous passons nos vacances à la montagne, cette année nous irons au bord de la mer. **8.** Elle est entrée sur la pointe des pieds et a surpris tous ses amis. **9.** Si tu veux, je peux te conduire (portare) au centre. **10.** N'écris ni au crayon ni au stylo. Tape (battere) le texte à la machine.

5 Mettez l'article contracté qui convient au singulier puis au pluriel : ©

Exemple : Non parla mai (a) vicino → Non parla mai al vicino/ai vicini.

1. Telefona (a) sorella. **2.** È la grammatica (di) studente greco. **3.** Non parla mai (a) vicina. **4.** Non appartiene (a) scolara bruna. **5.** Penso (a) partita di calcio. **6.** È stato bocciato (a) esame. **7.** Informati (su) tariffa. **8.** Perché non ti informi (su) prezzo ? **9.** Insisterò (su) errore commesso. **10.** Guarda (in) altra tasca.

6 Même exercice : ©

1. Il piccione si mette (su) statua. **2.** Non ho letto niente (su) spettacolo. **3.** Ha parlato (di) elemento essenziale. **4.** Conosco il risultato (di) indagine (enquête). **5.** È lo zaino (di) sciatore svizzero. **6.** È il cane (di) cliente spagnola. **7.** È il figlio (di) cliente biondo. **8.** Insisterò (su) idea di Pietro. **9.** Non c'è niente (in) scatola (boîte). **10.** È la valigia (di) ingegnere.

7 Même exercice : ©

1. Il problema è stato risolto (da) specialista che abbiamo consultato. **2.** È stato aiutato (da) vigile del fuoco (pompier). **3.** È stata invitata (da) nipotina (petite-fille). **4.** Tutto dipende (da) scelta (choix) iniziale. **5.** Non ho trovato niente (in) borsa (sac). **6.** L'orologio (montre) si trovava (in) cassetto (tiroir). **7.** La soluzione si trova (in) esempio citato precedentemente. **8.** Metti la macchina (in) spazio (espace) previsto. **9.** Il regalo è stato portato (da) amica di mia madre. **10.** La camera è occupata (da) invitato di mio padre.

8 Traduisez : ©

1. Il n'y a pas de problème. **2.** Donne-moi du pain, du vin et du fromage. **3.** Le pape Pie VII a été emprisonné (imprigionato) par Napoléon. **4.** N'oublie pas tes clés comme hier. **5.** Il ne part jamais sans son chat (gatto). **6.** Je suis passé au vert. **7.** Il est allé aux États-Unis. **8.** C'est une étude (studio) sur la lutte des classes. **9.** Personne n'a entendu le S.O.S. lancé par ce bateau (la nave). **10.** Les héros (eroe) donnent de bons exemples.

LE NOM

10 Genre des noms

1. Les noms italiens ont la plupart du temps le même genre que les noms français correspondants. Toutefois les exceptions sont assez nombreuses, entraînant des erreurs.

Voici quelques noms usuels n'ayant pas le même genre dans les deux langues :

- noms féminins en italien, masculins en français :

l'**aria**	*l'air*	la **coppia**	*le couple*
la **guida**	*le guide* (personne et livre)	la **sabbia**	*le sable*
l'**arte**	*l'art*	la **modella**	*le modèle* (mode)
la **calma**	*le calme*	la **guardia**	*le garde*
la **fronte**	*le front* (partie du corps [1])	l'**uniforme**	*l'uniforme*
l'**orchestra**	*l'orchestre*	la **cifra**	*le chiffre*
la **sera**	*le soir*	la **tariffa**	*le tarif*
la **domenica**	*le dimanche*	la **bistecca**	*le beefsteak*
la **soglia**	*le seuil*	la **funicolare**	*le funiculaire*
la **sorte**	*le sort*	la **Linguadoca**	*le Languedoc*, etc.

- noms masculins en italien, féminins en français :

il **mare**	*la mer*	l'**ambiente**	*l'ambiance*
il **limite**	*la limite*	il **comune**	*la commune*
il **metodo**	*la méthode*	il **foglio** [2]	*la feuille (de papier)*
l'**intervento**	*l'intervention*	gli **annali**	*les annales*
l'**affare**	*l'affaire*	il **margine**	*la marge*
il **tentativo**	*la tentative*	l'**aneddoto**	*l'anecdote*
l'**equivoco**	*l'équivoque*	il **pianeta**	*la planète*
il **periodo**	*la période*	il **mosaico**	*la mosaïque*
gli **archivi**	*les archives*	il **grappolo**	*la grappe*
l'**allarme**	*l'alarme*	l'**enigma**	*l'énigme*
il **panico**	*la panique*	il **dente**	*la dent*
il **vetro**	*la vitre*	l'**olio**	*l'huile*
l'**attacco**	*l'attaque*	l'**invito**	*l'invitation*
il **pedale**	*la pédale*	il **contralto**	*la contralto*
il **telecomando**	*la télécommande*	il **soprano**	*la soprano*
il **minuto**	*la minute*	i **Pirenei**	*les Pyrénées*
il **secondo**	*la seconde*	il **Mediterraneo**	*la Méditerranée*, etc.

N.B.
- Dans les listes qui précèdent les mots se ressemblent dans les deux langues. Mais cette différence de genre est également source d'erreur pour des mots comme :

la **scelta** *le choix*	il **significato** *la signification*	lo **studio** *l'étude*
la **poltrona** *le fauteuil*	l'**estate** *l'été*	la **primavera** *le printemps*
il **gelato** *la glace* (à déguster)	il **ghiaccio** *la glace* (eau glacée)	la **scarpa** *le soulier*
lo **stivale** *la botte*	la **sfida** *le défi*	la **spia** *l'espion*

---

1. *Le front* (guerre) se dit **il fronte**. De même ont un sens différent **la fine** *la fin* et **il fine** *le but*.
2. **La foglia** *la feuille d'arbre*.

l'aiuto *l'aide*	**il debito** *la dette*	**l'affetto** *l'affection*
l'obbligo *l'obligation* (morale)	**il labbro** *la lèvre*	**la cipolla** *l'oignon*
la nave *le navire*	**l'aquila** *l'aigle*	**la lepre** *le lièvre*
la volpe *le renard*	**la zanzara** *le moustique*	**la cornice** *le cadre*
l'orologio *la montre*	**il negoziato** *la négociation*	**il cucchiaio** *la cuillère*
la ginestra *le genêt*	**la quercia** *le chêne*	**la matita** *le crayon*, etc.

• Certains mots ont une forme masculine et une forme féminine. Les dictionnaires indiquent l'emploi le plus courant. Par ailleurs, on utilise indifféremment **l'orecchio** et **l'orecchia** *l'oreille*, **il cioccolato** et **la cioccolata** *le chocolat*, etc.

La différence de genre correspond souvent à une différence de sens : **la tavola** *la table* ou *la planche*, **il tavolo** *la table de travail* ; **un buco** *un trou* dans un sens général (**fare un buco nel parabrezza** *faire un trou dans le parebrise*), **una buca** *un trou* (de golf, sur la route, etc.) ; **una nuvola** *un nuage* (dans le ciel), **un nuvolo** *un nuage* au sens figuré (**un nuvolo di polvere** *un nuage de poussière)* ; **un berretto** *une casquette*, **una berretta** *un bonnet* ; **la fonte** *la source*, mais **il fonte battesimale** *les fonts baptismaux* ; **una cerchia d'amici** *un cercle d'amis* mais **sedersi in cerchio** *s'asseoir en cercle* ; **il soffitto** *le plafond*, **la soffitta** *le grenier* ; **la scala** *l'escalier* et *l'échelle*, **lo scalo** *l'escale* ; **la cera** *la cire*, **il cero** *le cierge* ; **la legna** *le bois de chauffage*, **il legno** *le bois de construction* ; **la frutta** *le dessert*, **il frutto** *le fruit* au sens propre (**il frutto dell'albero**) ou figuré (**il frutto del lavoro),** etc.

• Le nom désignant un arbre fruitier est en général masculin tandis que le nom féminin désigne le fruit : **il melo** *le pommier*, **la mela** *la pomme* ; **il susino** *le prunier*, **la susina** *la prune* ; **il nocciolo** *le noisetier*, **la nocciola** *la noisette* ; **il mandorlo** *l'amandier*, **la mandorla** *l'amande*, etc. Mais on dit indifféremment **l'arancio** et **l'arancia** pour *l'orange*.

En revanche les mots **fico, dattero, limone** et **mandarino** traduisent à la fois *figuier* et *figue*, *dattier* et *datte*, *citronnier* et *citron*, *mandarinier* et *mandarine*.

2. Tous les noms se terminant par **-o** sont masculins :

il racconto *le récit*	**il romanzo** *le roman*	**lo studio** *l'étude*

Une exception importante : **la mano** *la main* [1].

⚠ **3.** Les noms italiens se terminant par **-ore** sont masculins (sauf **la folgore** *la foudre*). C'est une cause d'erreur fréquente pour les Français :

il colore *la couleur*	**il dolore** *la douleur*	**l'errore** *l'erreur*
il fiore *la fleur*	**il sapore** *la saveur*	**il tenore** *la teneur*
il valore *la valeur*	**il vapore** *la vapeur*	**l'ardore** *l'ardeur*, etc.

4. Les noms se terminant par **-a** sont en majorité féminins :

la pagina *la page*	**l'opera** *l'œuvre*	**la casa** *la maison*

Mais beaucoup de noms masculins se terminent aussi par **-a** :

il problema *le problème*	**il sistema** *le système*	**il tema** *le thème*
il programma *le programme*	**il clima** *le climat*	**il panorama** *le panorama*
il poeta *le poète*	**il dramma** *le drame*	**il diploma** *le diplôme*, etc.

Certains noms se terminant par **-a** sont masculins ou féminins selon qu'ils désignent des hommes ou des femmes : **un collega** et **una collega, un atleta** et **un'atleta, un ipocrita** et **un'ipocrita,** etc.

---

1. **Eco** *écho* est masculin ou féminin au singulier, masculin au pluriel : **l'eco lontano** ou **lontana** *l'écho lointain*, **gli echi della battaglia** *les échos de la bataille.*
Les mots comme **la radio, l'auto, la foto** sont en réalité des abréviations.

5. Les noms se terminant par **-ista** sont féminins ou masculins selon qu'ils désignent des femmes ou des hommes : **artista, automobilista, ciclista, dentista, giornalista, pianista, specialista,** etc.

> **il turista italiano** *le touriste italien*   **la turista italiana** *la touriste italienne*

6. Les noms de ville sont féminins :

> **La vecchia Milano è pittoresca.** *Le vieux Milan est pittoresque.*
> **Penso alla Parigi della mia infanzia.** *Je pense au Paris de mon enfance.*

Quelques rares exceptions : **il Cairo** *le Caire,* **il Pireo** *le Pirée* (port d'Athènes).

7. Les noms se terminant par **-e** peuvent être masculins ou féminins :

il padre *le père*	**la madre** *la mère*
il francese *le Français*	**la francese** *la Française*
l'inglese *l'Anglais*	**l'inglese** *l'Anglaise*
il paese *le pays*	**la regione** *la région*
il dente *la dent*	**la nave** *le bateau,* etc.

En cas de difficulté, l'article ou l'adjectif permet de reconnaître le genre :

> **il cantante** (masc.) *le chanteur*
> **la cantante** (fém.) *la chanteuse*
> **un ambiente simpatico** (masc.) *une ambiance sympathique*
> **l'arte moderna** (fém.) *l'art moderne*

8. Certains mots empruntés à l'anglais sont féminins :

> **la gang, la gag, la hall, la hit parade, la leadership, la suspense,** etc.

9. On trouve les formes : **la strofa** et **la strofe, lo sparviere** et **lo sparviero** *l'épervier,* **il condottiere** et **il condottiero,** etc.

11 *Formation du féminin* _____

1. La plupart des noms masculins qui se terminent par **-o** ou par **-e** font leur féminin en **-a** :

ragazzo/ragazza *garçon/fille*	**cameriere/cameriera** *serveur (-euse)*
gatto/gatta *chat(-te)*	**padrone/padrona** *patron(-ne)*
operaio/operaia *ouvrier(-ère)*	**signore/signora** *monsieur/madame*
impiegato/impiegata *employé(-e)*	**infermiere/infermiera** *infirmier(-ère)*

Mais : **il cliente** et **la cliente, il concorrente** et **la concorrente,** etc.

2. Certains noms masculins font leur féminin en **-essa** :

professore/professoressa *professeur*	**duca/duchessa** *duc/duchesse*
principe/principessa *prince(-sse)*	**studente/studentessa** *étudiant(-e)*
leone/leonessa *lion(-ne)*	**avvocato/avvocatessa** *avocat(-e)*

3. Les noms masculins qui se terminent par **-tore** font leur féminin en **-trice** [1] :

traduttore/traduttrice *traducteur(-trice)*	**lettore/lettrice** *lecteur(-trice)*
attore/attrice *acteur(-trice)*	**autore/autrice** *auteur*
scrittore/scrittrice *écrivain*	**pittore/pittrice** *peintre*

_____

1. **Traditore** a deux féminins : **traditrice** et **traditora.** **Cacciatore** *chasseur* a pour féminin **cacciatrice.** Mais vous commanderez **un pollo alla cacciatora** *un poulet chasseur* (**la cacciatora** est aussi *la veste de chasse*) et on dit : **alla traditora** *en traître.*

4. Comme en français, beaucoup de noms ont une forme différente au masculin et au féminin :

uomo/donna *homme/femme*
eroe/eroina *héros/héroïne*
re/regina *roi/reine*
dio/dea *dieu/déesse*
stregone/strega *sorcier/sorcière*
genero/nuora *gendre/bru*

fratello/sorella *frère/sœur*
marito/moglie *mari/femme*
cane/cagna *chien/chienne*
porco/scrofa *cochon/truie*
gallo/gallina *coq/poule*
scapolo/zitella *vieux garçon/vieille fille*

12 *Formation du pluriel*

	SINGULIER	PLURIEL	
M A S C	italian-O frances-E problem-A automobilist-A	italian-I frances-I problem-I automobilist-I	O↘ E→I A↗
F É M	italian-A automobilist-A frances-E	italian-E automobilist-E frances-I	A↘ A↗E E→I

1. Les noms masculins font leur pluriel en **-i**.

⚠ **2.** Les noms féminins en **-a** font leur pluriel en **-e**.
Les noms féminins en **-e** font leur pluriel en **-i**.
Attention, le nom féminin **mano** fait son pluriel en **-i** : **la mano → le mani** *les mains*.

3. Pluriels irréguliers :

l'uomo → **gli uomini** *les hommes*
l'ala → **le ali** *les ailes*
il dio → **gli dei** *les dieux*
l'arma → **le armi** *les armes*, etc. (cf. §18)

4. Certains noms sont employés au singulier en italien alors qu'ils sont employés au pluriel en français et inversement :
il fidanzamento *les fiançailles*, **il pianto** *les pleurs*, **la matematica** *les mathématiques*, **ai miei tempi** *de mon temps*, **dare le proprie dimissioni** *donner sa démission*, etc.

5. **Figli**, pluriel de **figlio**, a le sens de *fils* ou d'*enfants* :

Come si chiamano i suoi figli ?
Comment s'appellent vos enfants ?

Mio figlio si chiama Francesco e mia figlia si chiama Francesca.
Mon fils s'appelle François et ma fille s'appelle Françoise.

Ho tre figli : un maschio e due femmine.
J'ai trois enfants, un garçon et deux filles.

13 Noms invariables

1. Les noms accentués sur la dernière syllabe :

la città	→ le città *les villes*	il caffè	→ i caffè *les cafés*
il tabù	→ i tabù *les tabous*	l'attività	→ le attività *les activités*

2. Les monosyllabes :

il tè	→ i tè *les thés*	il re	→ i re *les rois*
la gru	→ le gru *les grues*		

3. Les noms qui se terminent par une consonne :

l'alcool	→ gli alcool *les alcools*	il camion	→ i camion *les camions*
lo sport	→ gli sport *les sports*	il gas	→ i gas *les gaz*

N.B.
Les mots empruntés à une langue étrangère font parfois leur pluriel en **s** :

il film	→ i film ou i films
il computer	→ i computer ou i computers *les ordinateurs*
il dépliant	→ i dépliant ou i dépliants, etc.

On préférera le pluriel sans **s**.

4. Les noms qui se terminent par **-i** :

l'analisi	→ le analisi *les analyses*	la tesi	→ le tesi *les thèses*
la metropoli	→ le metropoli *les métropoles*		

nella migliore delle ipotesi *dans la meilleure des hypothèses*

5. Les noms qui se terminent par **-ie** :

la specie	→ le specie *les espèces*	la serie	→ le serie *les séries*
la congerie	→ le congerie *les congères*		

Exceptions : **la moglie** *l'épouse* fait **le mogli** au pluriel, et **la superficie** fait **le superficie** et de plus en plus couramment **le superfici**, comme **l'effigie** fait **le effigi**.

6. Quelques noms en **-a** :

il gorilla	→ i gorilla	il paria	→ i paria
il delta	→ i delta	il vaglia	→ i vaglia *les mandats*
il sosia	→ i sosia	il boia	→ i boia *les bourreaux*
il boa	→ i boa		

7. Les noms résultant d'une abréviation :

la radio	→ le radio	la foto → le foto	il cinema → i cinema

Mais **chilo (chilogrammo)** et **etto (ettogrammo** *hectogramme)* font **chili** et **etti**.

14 Le pluriel des noms composés

1. Les noms composés d'un verbe et d'un nom

■ Lorsque le verbe est suivi d'un nom déjà au pluriel, le nom composé reste invariable :

il portamonete (verbe **portare**/nom **moneta**) → i portamonete *les porte-monnaies*
l'accendisigari (verbe **accendere**/nom **sigaro**) → gli accendisigari *les briquets*
il cavatappi (verbe **cavare**/nom **tappo**) → i cavatappi *les tire-bouchons*
il portachiavi (verbe **portare**/nom **chiave**) → i portachiavi *les porte-clés*

■ Lorsque le verbe est suivi d'un nom masculin singulier, ce dernier se met au pluriel :

il grattacielo	→ i grattacieli	*les gratte-ciel*
il parafango	→ i parafanghi	*les garde-boue*
il tergicristallo	→ i tergicristalli	*les essuie-glace*

Exception : **il portasapone** → **i portasapone** *les porte-savons.*

■ Lorsque le verbe est suivi d'un nom féminin singulier, ce dernier reste invariable :

il portavoce	→ i portavoce	*les porte-parole*
il cacciavite	→ i cacciavite	*les tournevis*

2. Les noms composés de deux noms

■ Seul le deuxième nom se met au pluriel :

il pescecane	→ i pescecani	*les requins*
il cavolfiore	→ i cavolfiori	*les choux-fleurs*
l'arcobaleno	→ gli arcobaleni	*les arcs-en-ciel*
la ferrovia	→ le ferrovie	*les chemins de fer*

■ Les noms composés avec **capo** *chef* :
Dans certains cas, le mot **capo** ne varie pas :

il capolavoro	→i capolavori	(rarissime : **i capilavori**) *les chefs-d'œuvre*
il capoluogo	→i capoluoghi	*les chefs-lieux*
il capogiro	→i capogiri	*les vertiges*

Dans d'autres, seul le mot **capo** se met au pluriel :

il capostazione	→ i capistazione	*les chefs de gare*
il capofamiglia	→ i capifamiglia	*les chefs de famille*
il capoufficio	→ i capiufficio	*les chefs de bureau*

3. Les noms composés d'un nom et d'un adjectif
Les deux se mettent au pluriel :

la cassaforte	→ le casseforti	*les coffres-forts*
la piazzaforte	→ le piazzeforti	*les places fortes*

Exceptions :

il pellerossa	→i pellirosse	(ou **i pellerossa**) *les peaux-rouges*
il palcoscenico	→i paloscenici	*la scène (théâtre)*

4. Les noms composés d'un adjectif et d'un nom
Seul le nom se met au pluriel :

l'altoparlante	→ gli altoparlanti	*les haut-parleurs*
il bassorilievo	→ i bassorilievi	*les bas-reliefs*

15 Pluriel des noms en « -io »

1. Lorsque le **i** de **-io** n'est pas accentué, le pluriel ne comporte qu'un seul **i** :

l'episodio	→ gli episodi	*les épisodes*
il giudizio	→ i giudizi	*les jugements*
il personaggio	→ i personaggi	*les personnages*
il foglio	→ i fogli	*les feuilles (de papier)*

N.B.
• **il tempio** *le temple* fait au pluriel **i templi** pour éviter toute confusion avec **i tempi**, pluriel de **il tempo** *le temps.*

• Lorsqu'il y a risque de confusion, on écrit l'accent tonique : **i prìncipi**, pluriel de **il principe** *le prince*, à distinguer de **i principi**, pluriel de **il princìpio** *le début* ou *le principe*.

2. Lorsque le **i** de **-io** est accentué, on conserve deux **i** au pluriel :

il mormorio → **i mormorii** *les murmures*
lo zio → **gli zii** *les oncles*
il pendio → **i pendii** *les pentes*

Gli zii di Sicilia. Les oncles de Sicile. (roman de L. Sciascia)

16 Pluriel des noms en « -ca » ou « -ga », « -co » ou « -go »

1. Les noms en -ca ou -ga

■ Les noms féminins font leur pluriel en **-che** ou **-ghe** :

la manica →**le maniche** *les manches* **la fuga** →**le fughe** *les fuites*
la formica →**le formiche** *les fourmis* **la sega** →**le seghe** *les scies*

■ Les noms masculins font leur pluriel en **-chi** ou **-ghi** :

il duca →**i duchi** *les ducs*
il monarca →**i monarchi** *les monarques*
il collega →**i colleghi** *les collègues*

N.B.
Attention aux noms qui ont la même forme au masculin et au féminin :

Masculin	Féminin
caro collega *cher collègue* **cari colleghi** *chers collègues*	**cara collega** *chère collègue* **care colleghe** *chères collègues*
Exception :	
il belga *le Belge* **i belgi** *les Belges*	**la belga** *la Belge* **le belghe** *les Belges*

2. Les noms en -co ou -go

■ S'ils sont « **piani** », ils font leur pluriel en **-chi** ou **-ghi** :

l'arco →**gli archi** *les arcs* **l'ingorgo** →**gli ingorghi** *les embouteillages*
il videogioco →**i videogiochi** *les jeux vidéo* **il lago** →**i laghi** *les lacs*

Quatre exceptions :

amico→**amici**   **nemico**→**nemici**   **greco**→**greci**   **porco**→**porci** [1]

■ La majorité des mots « **sdruccioli** » font leur pluriel en **-ci** ou **-gi** :

il medico →**i medici** *les médecins*
il sindaco →**i sindaci** *les maires*
il mosaico →**i mosaici** *les mosaïques*
l'asparago →**gli asparagi** *les asperges*

Mais les pluriels en **-chi** et **-ghi** sont assez nombreux :

il dialogo →**i dialoghi** **il carico** →**i carichi** *les chargements*
il prologo →**i prologhi** **l'incarico** →**gli incarichi** *les charges*
il catalogo →**i cataloghi** **lo scarico** →**gli scarichi** *les décharges*
il profugo →**i profughi** *les réfugiés* **il valico** →**i valichi** *les cols*
il naufrago →**i naufraghi** [2] *les naufragés* *(de montagne)*
il lastrico →**i lastrichi** *les dalles* **il rammarico** →**i rammarichi** *les regrets*

1. Mais l'adjectif **sporco** *sale* fait **sporchi** au pluriel.
2. **Naufragio** *naufrage* fait évidemment **naufragi** au pluriel.

N.B.

• On hésite parfois entre deux formes :

stomaco→stomachi et stomaci
sarcofago→sarcofaghi et sarcofagi

On préférera le pluriel en **-gi** pour les mots en **-ologo** : il sociologo→i sociologi, lo psicologo→gli psicologi, l'archeologo→gli archeologi, il teologo→i teologi, etc.

• Le mot **mago** *mage, magicien* donne **maghi** pour traduire *magiciens* et **magi** dans les expressions **i re magi** *les Rois Mages*, **l'adorazione dei magi** *l'Adoration des Rois Mages*.

17 Pluriel des noms féminins en « -cia » et « -gia »

1. Lorsque le **i** est accentué, on le conserve au pluriel :

la farmacia →le farmacie *les pharmacies*
la bugia →le bugie *les mensonges*

2. Lorsque le **i** n'est pas accentué, il tend à disparaître (et quand on le trouve encore sous la forme écrite, on ne l'entend pas).

On le supprime lorsque le groupe **-cia** ou **-gia** est précédé d'une consonne :

la provincia→le province *les provinces*   la pioggia →le piogge *les pluies*
la boccia →le bocce *les boules*   la spiaggia →le spiagge *les plages*

En général, on le conserve quand le groupe **-cia** ou **-gia** est précédé d'une voyelle :

la camicia →le camicie [1] *les chemises*   la ciliegia →le ciliegie *les cerises*
l'audacia →le audacie *les audaces*   la valigia →le valigie *les valises*

Mais cet emploi est loin d'être unanimement respecté, d'autant plus que **valigie** et **valige** par exemple ont la même prononciation.

3. Les mots en **-scia** suivent la même évolution que les mots en **-cia** :

la scia →le scie *les sillages*
la striscia pedonale →le strisce pedonali *les passages pour piétons*
l'angoscia →le angosce *les angoisses*

18 Pluriels irréguliers

1. Formes très différentes entre le singulier et le pluriel

l'uomo→gli uomini *les hommes*, il bue→i buoi *les bœufs*, il dio→gli dei *les dieux*
Gli dei falsi e bugiardi. (Dante) *Les dieux faux et menteurs.*

⚠ **2.** Noms masculins au singulier ayant un pluriel féminin en **-a**

il paio → le paia *les paires*
il centinaio → le centinaia *les centaines*
il migliaio → le migliaia *les milliers*
l'uovo → le uova *les œufs*
il riso → le risa *les rires*
il miglio → le miglia *les milles (marins)*
il dito → le dita *les doigts*

---

1. A ne pas confondre avec **il camice** *la blouse*.

3. Noms masculins au singulier ayant un pluriel masculin en **-i** et un pluriel féminin en **-a**

■ Parfois, on peut les employer indifféremment :

il vestigio	→ i vestigi	ou	**le vestigia** *les vestiges*
il grido	→ i gridi	ou	**le grida** *les cris*
l'urlo	→ gli urli	ou	**le urla** *les hurlements*
lo strido	→ gli stridi	ou	**le strida** *les cris perçants*
il ginocchio	→ i ginocchi [1]	ou	**le ginocchia** *les genoux*
il sopracciglio	→ i sopraccigli [1]	ou	**le sopracciglia** *les sourcils*

■ Dans d'autres cas, le pluriel féminin en **-a** est surtout employé pour désigner un ensemble :

un paio di lenzuola
une paire de draps

lenzuoli di terital
des draps en tergal

le ossa del cranio
les os du crâne

Non dare ossi al cane.
Ne donne pas d'os au chien.

■ Enfin il peut y avoir des nuances, voire des différences importantes, entre le pluriel masculin et le pluriel féminin :

il braccio	→ {	i bracci della croce	*les bras de la croix*
		le braccia del pugilista	*les bras du boxeur*
il budello	→ {	i budelli della miniera	*les boyaux de la mine*
		le budella del cane sventrato	*les boyaux du chien éventré*
il calcagno	→ {	Era seduto sui calcagni.	*Il était accroupi sur ses talons.*
		avere qualcuno alle calcagna	*avoir quelqu'un sur ses talons*
il cervello	→ {	i cervelli dell'operazione	*les cerveaux de l'opération*
		farsi saltare le cervella	*se faire sauter la cervelle*
il ciglio	→ {	i cigli della strada	*les bords de la route*
		le lunghe ciglia della diva	*les longs cils de la star*
il corno	→ {	i corni dell'orchestra	*les cors de l'orchestre*
		le corna del bue	*les cornes du bœuf*
il filo	→ {	i fili del telefono	*les fils du téléphone*
		le fila dell'intreccio	*les fils de l'intrigue*
il fondamento	→ {	i fondamenti della teoria	*les fondements de la théorie*
		Le fondamenta sono terminate.	*Les fondations sont achevées.*
il gesto	→ {	i gesti violenti	*les gestes violents*
		le gesta degli eroi	*les exploits des héros*
il labbro	→ {	i labbri di una ferita	*les lèvres d'une blessure*
		le labbra vermiglie	*les lèvres vermeilles*
il membro	→ {	i membri del sodalizio	*les membres de l'association*
		Si è rotto le membra.	*Il s'est cassé les membres.*
il muro	→ {	i muri della casa	*les murs de la maison*
		le mura della città	*les remparts de la ville*

---

1. Ces formes sont moins courantes.

1 Donnez le féminin : ©

attore - cane - padrone - imperatore - fratello - giornalista - re - signore - dottore - eroe - marito - cantante - artista - padre - studente - duca - gallo - autore.

2 Donnez le masculin : ©

signora - troia - poetessa - madre - eroina - insegnante - cliente - scrofa - scrittrice - lettrice - strega - dea - donna - cagna - regina - studentessa - gallina - duchessa.

3 Même exercice en plaçant l'article indéfini puis défini :

Exemple : una signora → un signore, la signora → il signore.

4 Même exercice au pluriel :

Exemple : una signora → delle signore, un signore → dei signori ;
la signora → le signore, il signore → i signori.

5 Traduisez : ©

1. la pomme et le pommier. 2. la prune et le prunier. 3. la figue et le figuier. 4. l'amande et l'amandier. 5. l'orange et l'oranger. 6. la datte et le dattier. 7. la cerise et le cerisier. 8. la poire et le poirier. 9. l'olive et l'olivier. 10. le citron et le citronnier.

6 Mettez au pluriel : ©

insetto - lombrico - ragno - formica (fourmi) - baco da seta - ragnatela - formicaio - farfalla - scorpione - ape (abeille) - scarabeo - cicala - alveare (masc.) - mosca - pulce - vespa - zanzara - pidocchio - bruco - ronzio - scarafaggio - cavalletta - ala - insetticida.

7 Même exercice en plaçant l'article défini devant les noms au singulier puis au pluriel :

Exemple : insetto → l'insetto, gli insetti.

8 Mettez l'article indéfini puis défini devant les noms suivants :

Exemple : ingorgo → un ingorgo, l'ingorgo.

ingorgo (embouteillage) - scienza - scandalo - specchio (miroir) - hostess - yen - psicoanalisi - spettacolo - oliva - aeroporto - stile - ulivo (olivier) - incendio - elezione - invito (invitation) - italiana - italiano - gentile invito.

9 Faites le même exercice en mettant les articles et les noms au pluriel :

Exemple : ingorgo → un ingorgo, degli ingorghi / l'ingorgo, gli ingorghi.

10 Mettez au singulier les phrases ou expressions suivantes : ©

1. le grida delle vittime. 2. i videodischi ed i videogiochi. 3. i fogli bianchi degli album. 4. le foglie verdi degli alberi. 5. i personaggi principali dei romanzi. 6. le tracce di polvere (poussière) ed i gocci d'olio. 7. i principali premi letterari. 8. i giornalisti occidentali e le giornaliste asiatiche. 9. i visi solcati (sillonné) da rughe (rides) verticali. 10. le indagini scientifiche sono durate a lungo (longtemps).

11 Même exercice :

1. Le dimostrazioni (manifestations) creano grossi ingorghi (embouteillage). 2. Sono entrato nei migliori negozi. 3. Parlate dei vostri problemi familiari. 4. Le buche scavate dal gelo devono essere riparate. 5. I problemi economici sono gravi. 6. Ecco degli esempi tipici. 7. Gli scioperi selvaggi hanno sorpreso le popolazioni. 8. Hanno fatto lunghi viaggi in aereo e sono molto stanchi. 9. Hanno sempre dato consigli utili agli amici. 10. Mettono due cucchiai di zucchero (sucre) nei loro caffè.

12 Mettez au pluriel les expressions suivantes : ©

il migliaio di spettatori - il dito rotto - la foto divertente - il paio di scarpe - la mano sporca - la radio libera - il centinaio di vittime - l'ala ferita - l'uovo fresco - il dio dell'antichità greca - il braccio del fiume

- il bue nella stalla - l'uomo moderno - il braccio muscoloso - il membro dell'associazione - l'arma nucleare - il fondamento del tempio - il membro malato - il riso del bambino - il fondamento della teoria - l'analisi chimica.

13 Traduisez : ©

1. Je n'entends (sentire) plus les pleurs de ton fils. 2. De son temps on trouvait du travail. 3. Ces parcs protègent (proteggere) de nombreuses espèces d'animaux. 4. Il n'y a que trois cinémas dans cette ville. 5. Le dentiste a trouvé deux caries. 6. Les radios locales passent (mettere in onda) des disques récents. 7. Il a tourné (girare) deux films sur des tribus africaines. 8. Les compagnies aériennes ont baissé (diminuire) leurs tarifs. 9. Les diplomates (diplomatico) et les otages ont été libérés. 10. Les athlètes soviétiques sont très musclées.

14 Traduisez : ©

1. Les banques régionales sont dynamiques. 2. Les programmes radiophoniques ne changent pas souvent (spesso). 3. Les arts martiaux (marziale) sont à la mode. 4. Des études récentes ont montré que les remparts datent du (dal) dixième siècle. 5. Les épisodes comiques sont nombreux dans cette pièce (commedia). 6. Les hommes politiques sont accompagnés de leur femme lorsqu'ils vont à l'étranger (estero). 7. Psychologues et psychiatres soignent (curare) les névroses. 8. Ces mots (parola) provoquèrent des applaudissements (applauso) et des hurlements. 9. Les adieux furent longs et pathétiques (patetico). 10. De longs convois (convoglio) attendent sur les voies (binario) désertes.

15 Donnez les substantifs qui correspondent aux verbes suivants (tous ces noms se trouvent dans le chapitre) : ©

limitare (limiter) - significare (signifier) - calmare (calmer) - studiare (étudier) - intervenire (intervenir) - aiutare (aider) - tentare (tenter) - spiare (espionner) - ordinare (commander) - obbligare (obliger) - oliare (huiler) - sfidare (défier) - addentare (saisir avec les dents) - negoziare (négocier) - invitare (inviter) - incorniciare (encadrer) - scegliere (choisir) - disegnare (dessiner) - gelare (geler) - raccontare (raconter).

16 Même exercice :

cantare (chanter) - fuggire (s'enfuir) - insegnare (enseigner) - segare (scier) - tradurre (traduire) - dialogare (dialoguer) - dipingere (peindre) - mormorare (murmurer) - leggere (lire) - ronzare (bourdonner) - scrivere (écrire) - valicare (franchir) - regnare (régner) - caricare (charger) - piangere (pleurer) - rammaricarsi (regretter) - analizzare (analyser) - naufragare (faire naufrage) - giudicare (juger) - impaginare (mettre en pages).

L'ADJECTIF

3

I. LES ADJECTIFS QUALIFICATIFS

19 Genre des adjectifs qualificatifs

Les terminaisons des adjectifs qualificatifs sont les mêmes que celles des substantifs : **-o**, **-e** et plus rarement **-a** [1] au masculin, **-a, -e** au féminin.

Cela ne signifie pas pour autant que les terminaisons du substantif et de l'adjectif qui s'y rapporte soient toujours les mêmes :

MASCULIN	Nom	Adj.	FÉMININ	Nom	Adj.
un ragazz-O italian-O	O	O	una ragazz-A italian-A	A	A
un padr-E frances-E	E	E	una madr-E ingles-E	E	E
un giornalist-A ottimist-A	A	A	una giornalist-A pessimist-A	A	A
mais :					
uno student-E american-O	E	O	una studentess-A giappones-E	A	E
un ragazz-O intelligent-E	O	E	una man-O sporc-A	O	A

---

1. Exemples d'adjectifs dont le masculin et le féminin sont en **-a** au singulier : **realista, surrealista, futurista, progressista, comunista, socialista, fascista, gollista, maoista, femminista, sexista, egoista, altruista,** etc. : **un pittore realista, un quadro realistico.**

20 Formation du féminin _____

MASCULIN	FÉMININ	
bell-O divertent-E	bell-A divertent-E	O → A E → E

1. Les adjectifs qui se terminent par **-o** font leur féminin en **-a**.

⚠ 2. Les adjectifs qui se terminent par **-e** ont la même forme au masculin et au féminin.

21 Formation du pluriel _____

	SINGULIER	PLURIEL	
M A S C	alt-O divertent-E	a l t - I divertent-I	O ⟍ E ⟋ I
F É M	alt-A divertent-E	alt-E divertent-I	A → E E → I

1. Tous les adjectifs masculins font leur pluriel en **-i** :
   un cantante italiano → **dei cantanti italiani** *des chanteurs italiens*
   un gioco piacevole → **dei giochi piacevoli** *des jeux agréables*

2. Les adjectifs féminins en **-a** font leur pluriel en **-e** :
   una cantante italiana → **delle cantanti italiane** *des chanteuses italiennes*

⚠ Les adjectifs féminins en **-e** font leur pluriel en **-i** :
   una cosa piacevole → **delle cose piacevoli** *des choses agréables*

22 Accord des adjectifs _____

1. L'adjectif s'accorde avec le nom qu'il qualifie :
   la grammatica italiana *la grammaire italienne*   **le parole italiane** *les mots italiens*
   il verbo regolare *le verbe régulier*   **i verbi irregolari** *les verbes irréguliers*

   N.B.
   Brava Giovanna ! *Bravo, Jeanne !*   **Zitti ragazzi !** *Taisez-vous, les enfants !*
   Attente signorine ! *Attention, mesdemoiselles !*

2. Accord de **mezzo** :
   Dans certains cas, l'accord se fait en italien alors qu'il ne se fait pas en français :
   L'ho aspettato mezza giornata. *Je l'ai attendu une demi-journée.*
   On dit indifféremment :
   L'ho aspettato un'ora e mezzo ou **un'ora e mezza.** *Je l'ai attendu une heure et demie.*

3. Le pluriel des adjectifs composés
   En général, le deuxième adjectif varie au pluriel :
   il metodo audiovisivo → **i metodi audiovisivi** *les méthodes audio-visuelles*
   la stoffa grigioverde → **le stoffe grigioverdi** *les étoffes gris-vert*

Mais les exceptions sont nombreuses et il est prudent de consulter un dictionnaire : **verdesmeraldo** *vert-émeraude* est invariable [1].

23 *Remarques sur le pluriel*

1. Les adjectifs se terminant par **-io** ou **-ia** :

⚠ ▪ Les adjectifs masculins en **-io** forment leur pluriel comme les noms (cf. § 15) :
— Si le **i** est accentué, on a une terminaison en **-ii** au pluriel :
    il paese natío   → **i paesi natíi** *les pays natals*
— Si le **i** n'est pas accentué, il disparaît au pluriel :
    un vestito ampio   → **vestiti ampi** *des robes larges*
    un animale sobrio   → **animali sobri** *des animaux sobres*

▪ Les adjectifs féminins en **-ia** conservent au pluriel le **i** de **-ia**, qu'il soit accentué ou non :
    la città natía   → **le città natíe** *les villes natales*
    una ragazza temeraria → **ragazze temerarie** *des jeunes filles téméraires*

2. Les adjectifs masculins en **-co** forment leur pluriel de la même manière que les substantifs (cf. § 16) :

▪ Les adjectifs « **piani** » font leur pluriel en **-chi** :
    il ricco italiano   → **i ricchi italiani** *les riches Italiens*
    l'antico palazzo   → **gli antichi palazzi** *les palais anciens*

Exceptions : **amico, nemico, greco** → **amici, nemici, greci.**

▪ La plupart des adjectifs « **sdruccioli** » font leur pluriel en **-ci** :
    il magnifico ritratto → **i magnifici ritratti** *les magnifiques portraits*
    il fatto storico   → **i fatti storici** *les faits historiques*

Les exceptions sont peu nombreuses :
    carico → **carichi** *chargé*
    glauco → **glauchi** *glauque*
    rauco → **rauchi** *rauque*

3. Les adjectifs masculins en **-go** font leur pluriel en **-ghi** :
    l'obiettivo analogo   → **gli obiettivi analoghi** *les objectifs analogues*
    il figlio prodigo   → **i figli prodighi** *les fils prodigues*

4. Les adjectifs féminins en **-ca** ou **-ga** font leur pluriel en **-che** ou **-ghe** :
    la scoperta archeologica → **le scoperte archeologiche** *les découvertes archéologiques*
    la ricca negoziante   → **le ricche negozianti** *les riches marchandes*

24 *Adjectifs invariables*

1. Quelques adjectifs de couleur : **blu, lilla, viola, arancione, granata, marrone** [2], **rosa.**
    Portale un mazzo di rose rosa. *Apporte-lui un bouquet de roses roses.*

---

1. **Pantaloni verde bottiglia** *des pantalons vert bouteille.* Cf. aussi § 24, les adjectifs invariables.
De même sont invariables les adjectifs composés avec **anti** : **sistemi antifurto** *systèmes anti-vol,* **fari antinebbia** *phares anti-brouillard,* **missili anticarro** *missiles antichars.*

2. On rencontre aussi **marroni** :
Bisognerà risuolare le scarpe marrone/marroni. *Il faudra ressemeler les souliers marrons.*
Ajoutons les couleurs **salmone** *saumon* et **nocciola** *noisette :* **occhi nocciola** (ou **color nocciola**) *des yeux noisette.*

Sont également invariables tous les adjectifs de couleur lorsqu'ils sont suivis d'un adjectif : **grigio chiaro** *gris clair,* **verde scuro** *vert foncé,* **rosso acceso** *rouge vif,* etc.
   una giacchetta rosso acceso *une veste rouge vif*

2. Les adjectifs **pari** *pair,* **impari** et **dispari** *impair :*
   Il 2 e l'8 sono numeri pari. *Le 2 et le 8 sont des nombres pairs.*
   Gioco sempre i numeri dispari. *Je joue toujours les numéros impairs.*

3. Quelques adjectifs d'origine étrangère : **pop, rococò, snob,** etc.

25 *Buono, bello, grande, santo*

La forme de ces quatre adjectifs varie selon le genre et la première lettre du mot qu'ils précèdent :

1. BUONO

	SINGULIER	PLURIEL
M A S C	il buon pranzo il buon aperitivo il buono strumento	i buoni pranzi i buoni aperitivi i buoni strumenti
F É M	la buona sorpresa la buon'azione la buona stagione	le buone sorprese le buone azioni le buone stagioni

Au singulier, **buono** suit les mêmes variations que l'article **uno,** et **buona** celles de l'article **una.**

> **N.B.**
> • Quand l'adjectif est placé après le nom, on emploie la forme non élidée :
> **Il pane è buono.** *Le pain est bon.*   **Ho trovato un buon pane.** *J'ai trouvé un bon pain.*
> **L'aperitivo è buono.** *L'apéritif est bon.*   **Dammi un buon aperitivo.** *Donne-moi un bon apéritif.*
> **L'aria è buona.** *L'air est bon.*   **Qui si respira buon'aria.** *Ici on respire du bon air.*
> • On rencontre de plus en plus souvent **buona** (au lieu de **buon'**) devant un nom féminin commençant par une voyelle : **buona idea, buona aria, buona opera, buona amica,** etc.

2. BELLO

	SINGULIER	PLURIEL
M A S C	il bel ritratto il bell'uomo il bello spettacolo	i bei ritratti i begli uomini i begli spettacoli
F É M	la bella riproduzione la bell'immagine la bella statua	le belle riproduzioni le belle immagini le belle statue

Bello, placé devant le nom, suit les variations de l'article contracté **del** (cf. § 7).

⚠ Quand il est placé après, on retrouve les formes **bello, bella, belli, belle**.

Guarda che bei ritratti ! Hai ragione, questi ritratti sono proprio belli.
Regarde ces beaux portraits ! Tu as raison, ces portraits sont vraiment beaux.
La rivista si apre su una bell'immagine. Quest'immagine è bella.
La revue s'ouvre sur une belle image. Cette image est belle.

3. GRANDE

	SINGULIER	PLURIEL
M A S C	un gran progetto un grande artista un grande storico	dei gran risultati dei grandi artisti dei grandi scultori
F É M	una gran delusione una grand' idea una grande scoperta	delle gran cerimonie delle grandi attrici delle grandi spese

■ Lorsqu'il est placé devant un nom, l'adjectif **grande** peut prendre trois formes : **gran, grande** ou **grand'**. En général, on emploie :
— **gran** devant les noms masculins ou féminins ne commençant ni par une voyelle ni par un **s** impur ou un **z**,
— **grande** devant un **s** impur ou un **z**,
— **grand'** devant une voyelle.

■ Mais l'emploi des formes **gran** et **grand'** n'est pas obligatoire. On tend à leur préférer les formes **grande** au singulier et **grandi** au pluriel : **gran magazzino** ou **grande magazzino, grande idea** et **grande artista** plutôt que **grand'idea** et **grand'artista**.

4. SANTO

■ On emploie **san** devant un nom propre masculin commençant par une consonne autre qu'un **s** impur ou un **z** :
    San Pietro *saint Pierre*   **San Paolo** *saint Paul*

■ On emploie **santa** devant un nom propre féminin commençant par une consonne :
    Santa Maria *sainte Marie*   **Santa Maddalena** *sainte Madeleine*

■ On emploie **sant'** devant un nom propre commençant par une voyelle :
    Sant'Andrea *saint André* **Sant'Antonio** *saint Antoine* **Sant'Anna** *sainte Anne*
    Sant'Elena *sainte Hélène* **Castel Sant'Angelo** *le Château Saint-Ange*

■ On emploie **santo** devant un nom propre commençant par un **s** impur et devant un nom commun :
    Santo Stefano *saint Etienne*   **il santo Padre** *le Saint Père*
    il santo patrono della città *le saint patron de la ville*

Cependant on dit **San Zeno** (cathédrale de Vérone), **San Zaccaria** *Saint Zaccharie*, etc.

26 Comparatif d'égalité, de supériorité et d'infériorité cf. § 161

27 Superlatifs cf. § 164

1 Donnez les adjectifs qui correspondent aux substantifs suivants : ©

ipocrisia - onestà - sporcizia - gentilezza - sincerità - disonestà - pulizia - pesantezza - lealtà - fedeltà - allegria - sottigliezza - forza - audacia - tristezza - astuzia - debolezza - timidezza - contentezza - furbizia - miseria - lunghezza - scontentezza - sciocchezza - avarizia - larghezza - teme rarietà - efficacia - generosità - altezza - coraggio - pigrizia - cattiveria - profondità - ubbidienza - disubbidienza.

2 Donnez les substantifs qui correspondent aux adjectifs suivants :

intelligente - storico - vero - rispettoso - stupido - economico - falso - preciso - originale - geografico - ordinato - nuovo - tradizionale - scientifico - disordinato - bello - veloce - dinamico - vecchio - brutto - rapido - simpatico - giovane - ricco - lento - antipatico - lussuoso - povero.

3 Mettez au féminin :

il signore napoletano
il signore milanese
il turista statunitense
il turista fiorentino
il magnifico gatto
il collega collerico
l'insegnante tedesco
il ricco negoziante
l'amico entusiasta
lo sportivo dinamico
il ragazzo temerario
l'economista europeo
lo specialista internazionale
il responsabile pessimista
lo studente francese
il professore indulgente
l'uomo moderno
il cane selvaggio
il giovanissimo cantante
lo zio divertente
il collega cordiale
il giornalista accreditato
il giornalista indipendente
l'insegnante inglese
il re egiziano
il principe indù

4 Mettez les expressions de l'exercice précédent au masculin pluriel puis au féminin pluriel :

Exemple : il signore napoletano → i signori napoletani / la signora napoletana / le signore napoletane.

5 Mettez au pluriel les expressions suivantes : ©

1. la guardia forestale **2.** il profeta biblico **3.** l'acqua glauca **4.** l'orologio giapponese **5.** il canto malinconico **6.** il lavoro pubblico **7.** il concorrente asiatico **8.** la polemica discutibile **9.** la città natia **10.** lo storico contemporaneo.

6 Mettez au singulier les expressions suivantes : ©

1. I templi greci di Sicilia **2.** Le tesi anarchiche **3.** I sondaggi politici **4.** I servizi giornalistici (les reportages) **5.** I prodotti chimici **6.** I mosaici bizantini **7.** Gli ambienti economici **8.** Le caratteristiche fisiche **9.** I musei greci e le scoperte archeologiche **10.** Gli dei mitologici.

7 Remplacez les expressions entre parenthèses par un adjectif : ©

1. gli sport (d'inverno) **2.** il vino (di Puglia) **3.** l'officina (di Torino) **4.** 100 km (all'ora) **5.** una storia (da pazzi) **6.** una donna (di spirito) **7.** una chiesa (del medioevo) **8.** monumenti (del Rinascimento) **9.** prodotti (per turisti) **10.** una regione (di montagna).

8 Traduisez :

1. Pendant les travaux, deux câbles (cavo) souterrains ont été coupés (tagliare). **2.** Les techniciens soviétiques sont arrivés l'année dernière. **3.** Il m'a cité deux exemples caractéristiques. **4.** Je n'aime pas les volets (imposte) roses de cette villa (villino). **5.** Pour me convaincre, ils ont employé (usare) des arguments analogues. **6.** Dans cette pièce (commedia), les monologues sont très dramatiques. **7.** Les dialogues entre les serviteurs (servo) sont comiques. **8.** J'en ai assez (sono stufo) des meubles (mobile) rococo. **9.** Un jour les numéros impairs me feront gagner (vincere) au loto (lotteria). **10.** Les statistiques confirment (confermare) nos bons résultats économiques.

9 Traduisez : ©

1. Le jour de Pâques (Pasqua), le Saint Père bénit (benedire) la foule sur (in) la Place Saint-Pierre. **2.** Ce tableau représente la Sainte Famille : la sainte Vierge (Beata vergine), saint Joseph et l'enfant Jésus (Gesù bambino). **3.** Dans un coin (angolo) le peintre (pittore) a peint (dipingere, dipinto) sainte Anne. **4.** Les quatre évangélistes (vangelista) sont saint Jean, saint Luc, saint Marc et saint Matthieu. **5.** Saint Marc est le saint patron de Venise. **6.** Pendant le sac (sacco) de Rome (1527) le pape s'était réfugié (rifugiarsi) dans le château Saint-Ange. **7.** Du Pont Saint-Ange on a un beau panorama sur le Tibre (Tevere). **8.** Le sculpteur (scultore) Bernin (Bernini) a sculpté (scolpire) de beaux anges. **9.** Bernin a aussi construit de beaux palais (palazzo). **10.** Dans cette encyclopédie il y a un bel article (articolo) sur les monuments de Rome.

10 Complétez par les adjectifs quel, quello, quell', quei, quegli **et** bel, bello, bell', bei, begli, belli : ©

1. È vostro ... gatto ? È molto ... **2.** Su ... altipiano (plateau) c'è un ... gregge (troupeau). **3.** Con ... grido mi ha fatto prendere un ... spavento. **4.** ... suoi ... occhi piacciono a tutti. **5.** Le sue ... parole fanno sempre un ... effetto. **6.** ... stranieri hanno comprato ... quadri. **7.** In ... tempi avevo ... progetti. **8.** Ricordo ... anni felici. Furono i più ... della mia vita. **9.** Con ... amici visiterò i ... scavi di Pompei. **10.** Ha un ... fare. Con ... brutti modi si rende antipatico.

11 Cochez la case qui convient : ©

	bel	bello	bell'	bella	bei	begli	belle	belli	
1. È davvero un ...									palazzo.
2. Non è una ...									idea.
3. Questi quadri sono ...									.
4. Che ...									occhi.
5. Che ...									strumento.
6. Si gode un ...									panorama.

12 Quels adjectifs reconnaissez-vous dans les verbes suivants ?

rosseggiare (rougeoyer)
ingiallire (jaunir)
verdeggiare (verdoyer)
imbiancare (blanchir)
annerire (noircir)
impallidire (pâlir)
imbrunire (brunir)
abbellire (embellir)
imbruttire (enlaidir)
rallegrare (réjouir)

rintristire (attrister)
rassicurare (rassurer)
intimidire (intimider)
ringiovanire (rajeunir)
invecchiare (vieillir)
alleggerire (alléger)
appesantire (alourdir)
tranquillizzare (tranquilliser)
arricchire (enrichir)
santificare (sanctifier)

II. LES ADJECTIFS DÉMONSTRATIFS

28 Forme des adjectifs démonstratifs

Les adjectifs démonstratifs italiens sont beaucoup plus nombreux qu'en français.

1. QUESTO

Ce démonstratif désigne ce qui est proche dans le temps ou dans l'espace, proche de la personne qui parle.

MASCULIN				FÉMININ			
SINGULIER		PLURIEL		SINGULIER		PLURIEL	
QUESTO	giocatore		giocatori	QUESTA	giocatrice		giocatrici
QUESTO	stadio	QUESTI	stadi	QUESTA	squadra	QUESTE	squadre
QUEST'	uomo		uomini	QUEST'	azione	QUESTE	azioni
QUEST'	individuo		individui	QUEST'	invenzione		invenzioni

> **N.B.**
> • On rencontre assez souvent la forme non élidée, notamment au féminin :
> **questa azione, questa invenzione**
>
> • Retenons certaines formes apocopées, très courantes : **stasera (= questa sera)** *ce soir*, **stamattina** [1] **(= questa mattina)** *ce matin*, **stanotte (= questa notte)** *cette nuit*.

2. QUELLO

Ce démonstratif désigne ce qui est éloigné dans le temps ou dans l'espace, loin de la personne qui parle.

⚠ Sa forme varie en fonction du mot qui le suit.

MASCULIN				FÉMININ			
SINGULIER		PLURIEL		SINGULIER		PLURIEL	
QUEL	romanzo	QUEI	romanzi	QUELLA	poesia	QUELLE	poesie
QUELL'	episodio		episodi	QUELLA	scrittrice	QUELLE	scrittrici
QUELLO	scrittore	QUEGLI	scrittori	QUELL'	introduzione		introduzioni

---

1. On trouve aussi, plus rarement, **stamane** et **stamani**.

Ces formes rappellent celles de l'adjectif **bello (bel, bello, bell',** etc.) et des articles contractés **(nel, nell', nello, sul, sull', sullo,** etc.) :
- au masculin :
— **quel** (pluriel **quei**) devant une consonne autre que **s** impur, **z** ou **gn**,
— **quell'** (pluriel **quegli**) devant une voyelle,
— **quello** (pluriel **quegli**) devant **s** impur, **z** ou **gn.**
- au féminin :
— **quella** (pluriel **quelle**) devant une consonne,
— **quell'** (pluriel **quelle**) devant une voyelle.

> **N.B.**
> Ne pas confondre l'adjectif **quegli** et le pronom **quelli** (cf. § 62,1).

3. CODESTO

Ce démonstratif désigne un objet se trouvant près de la personne à laquelle on s'adresse :

MASCULIN		FÉMININ	
SINGULIER	PLURIEL	SINGULIER	PLURIEL
CODESTO	CODESTI	CODESTA	CODESTE

> **N.B.**
> Ce démonstratif n'est pas employé dans toute l'Italie mais son usage est encore vivant en Toscane et on le rencontre dans la correspondance commerciale [1] :
> **Prego codesta libreria di spedirmi un libro che non riesco a procurarmi in Francia.**
> *Je prie votre librairie* (c'est-à-dire *cette librairie qui vous est particulièrement proche*) *de m'envoyer un livre que je n'arrive pas à me procurer en France.*

29 *Emploi général des adjectifs démonstratifs* ─────────

⚠ Les adjectifs démonstratifs sont en rapport direct avec les adverbes qui situent dans l'espace ou le temps.

1. QUESTO et QUELLO

PROXIMITÉ		ÉLOIGNEMENT	
adverbes	démonstratif	adverbes	démonstratifs
qui, qua *ici*	**questo**	**lì, là** *là* **laggiù** *là-bas* **lassù** *là-haut*	**quel, quello**
oggi *aujourd'hui* **ora** *maintenant*		**ieri** *hier* **già** *naguère* **una volta** *jadis* **tempo fa** *autrefois*	

- Situation dans l'espace :
  Queste poltrone sono poco comode. Mettiamoci in quel divano vicino alla finestra.
  Ces fauteuils sont peu confortables. Mettons-nous sur ce divan près de la fenêtre.

────────────────

1. On rencontre aussi la variante, encore moins courante, avec un **t : cotesto.**

En entendant cette phrase, l'Italien comprend immédiatement que la personne qui parle désigne les fauteuils qui sont près d'elle et le divan qui est plus loin.

■ Situation dans le temps :
Comme, par définition, le passé est éloigné, on emploie le démonstratif **quello** lorsque le texte est à un temps du passé :

in quell'anno *cette année-là*　　　**in quei tempi** *en ce temps-là*

Toutefois, même dans un texte au passé, on peut employer **questo** pour renvoyer à quelque chose dont on vient de parler[1].

Sulla piazza della chiesa c'era una bella casa. Questa (ou **quella**) **casa apparteneva ai miei nonni.**
Sur la place de l'église se trouvait une belle maison. Cette maison appartenait à mes grands-parents.

■ Le démonstratif peut être accompagné de l'adverbe : **questo qui** *celui-ci,* **quello lì** *celui-là ;* mais c'est moins utile qu'en français puisque le choix du démonstratif suffit à situer dans l'espace et le temps.

Questa giacca qui è troppo stretta. Proviamo quel giubbotto lì.
Cette veste-ci est trop serrée. Essayons ce blouson-là.

■ On peut insister sur la valeur de l'adjectif démonstratif à l'aide des adjectifs **stesso** ou **medesimo** :

Quella stessa (ou **medesima**) **sera accadde una disgrazia.**
Ce même soir il arriva un malheur.

2. CODESTO

Le démonstratif **codesto** correspond aux adverbes **costì, costà** *là-bas, près de toi, près de vous, chez toi, chez vous.*

Che tempo avete costà ? *Quel temps fait-il chez vous ?* (là-bas où vous êtes.)
Dove hai trovato codesto pennarello ?
Où as-tu trouvé ce crayon feutre ? (qui est près de toi, que tu tiens à la main.)
Ce démonstratif et ces adverbes sont d'un emploi rare en dehors de la Toscane.

30 *Quelques emplois particuliers* ─────────────────

1. QUESTO

Questo, lorsqu'il sert à désigner ce qui est proche de la personne qui parle, remplace quelquefois l'adjectif possessif :

l'anno 33 di questa era *l'an 33 de notre ère*
Non sporcare questa macchina. *Ne salis pas ma voiture.*

On peut aussi utiliser à la fois le démonstratif et le possessif pour accroître l'idée d'attachement, d'appartenance :

Sono particolarmente affezionato a questa mia casa.
Je suis particulièrement attaché à ma maison.

2. QUELLO

■ **Quello** permet de mettre en relief ce qui est rapproché ou ce dont on vient de parler :

Eccolo finalmente quel birbante ! *Le voilà enfin ce coquin !*
Allora, me li mostri quei risultati ? *Alors, tu me les montres ces (fameux) résultats ?*

───────────────

1. Comme on vient d'en parler, il est devenu proche. Mais, même dans ce contexte, **quello** est d'un emploi plus courant.

Comme **questo,** le démonstratif **quello** peut être accompagné du possessif :
Non dimenticherò mai quei suoi occhi ridenti.
Je n'oublierai jamais ses beaux yeux rieurs.

■ On emploie **quello** lorsque le substantif est suivi d'une proposition relative :
Sarà per me l'occasione di visitare quel museo che sogno di vedere da dieci anni.
Ce sera l'occasion pour moi de visiter ce musée que je rêve de voir depuis dix ans.

■ **Quello** s'emploie avec quelques expressions idiomatiques :
— **Da quel soldato disciplinato che era, accettò quella missione.**
En bon soldat discipliné qu'il était, il accepta cette mission.

Da quella moglie che è, chiude gli occhi sulle eccentricità del marito.
En bonne épouse qu'elle est, elle ferme les yeux sur les excentricités de son mari.

— **Dove si è nascosta quella biricchina di tua sorella ?**
Où s'est cachée ta coquine de sœur ?

Smettila di parlarmi di quello stupido del tuo direttore.
Cesse de me parler de ton crétin de directeur.

— **in quel di Lucca, di Prato** *dans le territoire de Lucques, de Prato*
mandare uno a quel paese *envoyer quelqu'un au diable*

3. CODESTO

Comme **questo** (cf. § 30, 1), l'adjectif démonstratif **codesto** peut remplacer l'adjectif possessif :
Perché hai codest'aria ? *Que signifie ton air ?*

Dove ha acquistato codesto registratore ?
Où avez-vous acheté votre magnétophone ?

Ne pas abuser de cet usage, d'abord parce que ce démonstratif n'est pas unanimement employé par les Italiens, et aussi parce qu'il donne parfois un sens péjoratif à la phrase :
Non mi piacciono codesti modi. *Je n'aime pas tes (vos) façons.*

EXERCICES EXERCICESEXERCICESEXE

1 Cochez les cases qui conviennent et mettez le mot au pluriel à la place des pointillés : ©

quel	quell'	quello	quella		quei	quegli	quelle	
*				fiore (fleur)	*			fiori
				aiuola (plate-bande)				......
				zolla (motte de terre)				......
				aratro (charrue)				......
				buco (trou)				......
				vanga (bêche)				......
				sega (scie)				......
				ortensia (fém.)				......
				bambù				......
				oleandro (laurier rose)				......
				ginestra (fém.) (genêt)				......
				spigo (lavande)				......
				rosaio (rosier)				......

2 Mettez les adjectifs démonstratifs questo **puis** quello **devant les mots suivants :**

Exemple : giardino → questo giardino/quel giardino.

giardino (jardin) - garofano (œillet) - orto (potager) - geranio (géranium) - albero (arbre) - tulipano (masc.) (tulipe) - pianta (plante) - ninfea (fém.) (nénuphar) - siepe (haie) - mazzo (bouquet) - edera (fém.) (lierre) - foglia (feuille d'arbre) - ghirlanda (guirlande) - stelo (masc.) (tige) - fiore (fleur) - petalo (pétale) - rosa (rose) - germoglio (bourgeon) - giglio (lis) - innaffiatoio (arrosoir).

3 Même exercice au pluriel :

Exemple : giardino → giardini → questi giardini/quei giardini.

4 Mettez l'adjectif démonstratif qui convient : ©

1. Guarda ... albero laggiù. È pieno di uccelli. **2.** Mi pare che ... uccelli siano aquile o sparvieri. Non li vedo bene. Sono troppo lontano. **3.** Vieni qui. Da ... posto si vede ... villaggio di cui parlavo ieri. **4.** Questa lampada non rischiara niente. Avviciniamoci a ... lampadario vicino al caminetto (cheminée). **5.** Questa cravatta rosso acceso è troppo vistosa. Prendi ... farfalla (nœud papillon) che mi hai mostrato. **6.** Quanto costano ... stivali (bottes) in vetrina ? **7.** Perché ricordi sempre ... epoca ? Pensa piuttosto al presente. **8.** In ... secoli la città era molto prospera. **9.** Queste ragazze andranno a Roma mentre ... scolare hanno scelto Firenze. **10.** Prestami ... romanzo che leggevi la settimana scorsa.

5 Traduisez : ©

1. J'ai trouvé un sac (borsa). A qui est (di chi è) ce sac ? **2.** Ces exercices sont faciles et ces exemples sont bien choisis. **3.** Je me souviens de ces années-là. En ce temps-là je vivais heureux. **4.** Je dois payer le loyer (fitto) cette semaine. **5.** Nageons (nuotare) jusqu'à ce rocher (scoglio). **6.** A notre époque, rien n'est impossible. **7.** Voilà enfin cette réponse (risposta) que j'attends depuis longtemps (da molto tempo). **8.** Cette attitude (atteggiamento) n'est pas sympathique. **9.** Ce printemps-là fut très froid. **10.** Je n'oublie pas cet été-là : j'ai été très malade.

6 Barrez les formes qui ne conviennent pas : ©

1. Passami | quella / quel / quell' | forchetta.

2. Ti piacciono | quegli / quelli / quei / quell' | oggetti ?

3. Sei responsabile di | quello / quel / quell' | errore.

4. Ho dimenticato | quell' / quella / quel | epoca.

5. Dov'è il padre di | quello / quell' / quel | bambino ?

6. Dove abita | quello / quel / quell' | studente ?

7. Qual è il colore di | quell' / quegli / quelli / quei | stivali ?

8. Guarda | quel / quella / quello | nave bianca.

9. Come si chiamava | quel / quello / quell' | artista ?

10. Chiama | quell' / quel / quelle | allieve.

III. LES ADJECTIFS POSSESSIFS

31 Formes des adjectifs possessifs

MASCULIN		FÉMININ	
SINGULIER	PLURIEL	SINGULIER	PLURIEL
IL mio *mon*	I miei *mes*	LA mia *ma*	LE mie *mes*
IL tuo *ton*	I tuoi *tes*	LA tua *ta*	LE tue *tes*
IL suo *son*	I suoi *ses*	LA sua *sa*	LE sue *ses*
IL nostro *notre*	I nostri *nos*	LA nostra *notre*	LE nostre *nos*
IL vostro *votre*	I vostri *vos*	LA vostra *votre*	LE vostre *vos*
IL lorO *leur*	I lorO *leurs*	LA lorO *leur*	LE lorO *leurs*

Autre possessif :

> **il proprio** *son, leur*
> **la propria** *sa, leur*
> **i propri, le proprie** *ses, leurs*

1. En règle générale, l'adjectif possessif italien est accompagné de l'article défini : **il mio** *mon*, **la mia** *ma*, etc.

2. Le possessif varie en genre et en nombre, à l'exception de **loro** qui est invariable :

> **il loro ufficio** *leur bureau*   **i loro lavori** *leurs travaux*
> **la loro officina** *leur usine*   **le loro attività** *leurs activités*

3. Lorsqu'on emploie la forme de politesse du singulier **Lei** (cf. § 188), l'adjectif possessif est celui de la troisième personne : **il suo** ou **la sua** *votre*, **i suoi** ou **le sue** *vos*.

> **Signora (Signore), non dimentichi il suo biglietto.**
> *Madame (Monsieur), n'oubliez pas votre billet.*

> **Signore (Signora), mi occuperò dei suoi bagagli.**
> *Monsieur (Madame), je m'occuperai de vos bagages.*

> **N.B.**
> A la forme de politesse du pluriel **(Loro)**, l'adjectif possessif est **il loro** ou **la loro** *votre*, **i loro** ou **le loro** *vos*.
>
> **Signori (Signore), ecco il loro albergo (la loro camera, i loro documenti, le loro valigie).**
> *Messieurs (Mesdames), voici votre hôtel (votre chambre, vos papiers, vos valises).*
>
> Mais cette forme tend à disparaître au profit de **il vostro, la vostra, i vostri, le vostre**.

32 Place de l'adjectif possessif

La plupart du temps, l'adjectif possessif se place avant le nom :

> **il mio programma**   **il tuo discorso**   **i loro amici**
> *mon programme*   *ton discours*   *leurs amis*

Mais on peut aussi le trouver après :

> **Non sapevo che fosse il figlio suo.** *Je ne savais pas que c'était son fils.*

> **Le difficoltà loro erano prevedibili.** *Leurs difficultés étaient prévisibles.*

33 Emploi de « proprio »

Proprio remplace souvent **suo** ou **loro**.

1. Lorsque l'adjectif possessif se rapporte au sujet de la phrase, on peut employer **proprio** pour renforcer l'idée d'appartenance :

Bevono il proprio vino. *Ils boivent leur vin (le vin de leur production).*

Decise di farsi curare nella propria casa. *Il décida de se faire soigner dans sa maison.*

On n'abusera pas de ces formes car elles sont lourdes.

2. Lorsque le possessif se rapporte à un indéfini, on emploie généralement **proprio** :

Tutti devono fare il proprio dovere. *Tout le monde doit faire son devoir.*

Bisogna conoscere i propri limiti. *Il faut connaître ses limites.*

Ognuno dovrà formulare per iscritto le proprie opinioni.
Chacun devra exprimer par écrit ses opinions.

34 Adjectif possessif sans article défini

Dans un assez grand nombre de cas, on omet l'article devant l'adjectif possessif.

⚠ **1.** Devant les noms de parenté proche :

padre *père,* **madre** *mère,* **figlio** *fils,* **figlia** *fille,* **fratello** *frère,* **sorella** *sœur,* **marito** *mari,* **moglie** *femme,* **nonno** *grand-père,* **nonna** *grand-mère* [1].

Non conosco tua madre. *Je ne connais pas ta mère.*

Questa è mia sorella. *Voici ma sœur.*

> **N.B.**
> • Le nom ne doit être :
> — ni au pluriel : ***Rocco ed i suoi fratelli.*** *Rocco et ses frères.* (film de Visconti)
> — ni à la forme diminutive : **il mio fratellino** *mon petit frère,* **il tuo babbo** *ton papa,* **la tua mamma** *ta maman* (diminutifs affectueux)
> — ni accompagné d'un adjectif : **il nostro vecchio nonno** *notre vieux grand-père*
> — ni accompagné d'un complément déterminatif : **il suo zio d'America** *son oncle d'Amérique.*
>
> • Le possessif **loro** est toujours accompagné de l'article :
> **Erano venuti con la loro figlia.** *Ils étaient venus avec leur fille.*
> **I due fratelli hanno salvato la loro sorella.** *Les deux frères ont sauvé leur sœur.*
>
> • Pour traduire l'expression *Monsieur votre père, Madame votre mère,* etc., on place l'adjectif possessif avant **signore** ou **signora** :
> **Scriverò al vostro signor padre di tornare.** *J'écrirai à Monsieur votre père de revenir.*
> **Ho incontrato la vostra signora madre.** *J'ai rencontré Madame votre mère.*

2. Devant un nom en apposition :

Il signor Martini, mio socio, ha dieci anni più di me.
Monsieur Martini, mon associé, a dix ans de plus que moi.

---

1. Cet emploi n'est pas toujours respecté : on trouve parfois l'article avec le possessif lorsque le lien de parenté devient moins étroit (**nipote** *neveu, nièce* ; **cugino,a** *cousin(e)*...).

3. Lorsqu'on emploie le vocatif :

Mio caro amico.	Dio mio !	Figli miei...	Mia cara figliola...
Mon cher ami.	*Mon Dieu !*	*Mes enfants...*	*Ma chère enfant...*

4. Devant les titres honorifiques :

Sua Eccellenza	Sua Maestà	Sua Altezza	Sua Eminenza	Sua Santità
Son Excellence	*Sa Majesté*	*Son Altesse*	*Son Éminence*	*Sa Sainteté*

5. Dans certaines expressions usuelles :

a parer mio	per colpa mia	di testa mia	per tua regola
à mon avis	*par ma faute*	*à ma tête*	*pour ta gouverne*
a modo mio	a mia insaputa	in mano mia	di tasca mia
à ma façon	*à mon insu*	*dans ma main*	*de ma poche*
mio malgrado	a danno mio	di mano mia	a casa mia
malgré moi	*à mon détriment*	*de ma main*	*chez moi*
a piacer mio	a spese mie	di bocca mia	
à mon gré	*à mes frais*	*de ma bouche*	

N.B.
Traduction de *chez* :

— **a casa di** :
a casa di Luigi *chez Louis*

— **a casa** + adjectif possessif :
Vieni a casa mia. *Viens chez moi.*

Si sta bene a casa propria. *On est bien chez soi.*

— **da** (cf. § 171)
Ti aspettano dal direttore. *On t'attend chez le directeur.*

Trascorre le vacanze dai suoi genitori. *Il passe ses vacances chez ses parents.*

Appuntamento da Maria fra un'ora. *Rendez-vous chez Marie dans une heure.*

6. Dans l'expression « *l'un de mes, tes...* », l'article défini n'est pas traduit :

È morto un mio caro amico (ou **uno dei miei cari amici**).
L'un de mes chers amis est mort.

Ho letto un suo articolo (ou **uno dei suoi articoli**) **sul Goldoni.**
J'ai lu un de ses articles sur Goldoni.

35 *Remplacement de l'article défini* ————————————

1. On peut remplacer l'article défini par :

■ un démonstratif :

Questa tua idea è geniale. *Ton idée est géniale* (cette idée que tu as).

Quella loro critica non mi riguarda. *Leur critique ne me concerne pas.*

■ un adjectif indéfini ou quantitatif :

Qualunque tuo consiglio mi è utile. *Tout conseil de ta part m'est utile.*

Ha invitato molti (certi, parecchi, pochi) suoi colleghi.
Il a invité beaucoup (certains, quelques-uns, peu) de ses collègues.

Ogni mia iniziativa fallisce. *Chacune de mes initiatives échoue.*

36 Omission et remplacement de l'adjectif possessif _____

1. En italien, l'adjectif possessif est moins employé qu'en français.

■ L'article défini suffit lorsque l'appartenance est évidente (parties du corps, membres de la famille, objets personnels) :

È partito con la moglie. *Il est parti avec sa femme.*

Teneva il fazzoletto in mano. *Il tenait son mouchoir à la main.*

Perde i capelli. *Il perd ses cheveux.*

Accidenti ! Abbiamo lasciato i documenti a casa.
Zut ! Nous avons oublié nos papiers à la maison.

■ Le possessif peut être remplacé :

— par l'adjectif démonstratif **questo** (cf. § 30,1) :

Questa macchina mi costa troppo. *Ma (cette fichue) voiture me coûte trop cher.*

Questa città è la più bella del mondo. *Ma (notre) ville est la plus belle du monde.*

— par une forme pronominale :

Si mise il cappello ed uscì. *Il mit son chapeau et sortit.*

Toglietevi le scarpe prima di entrare. *Enlevez vos souliers avant d'entrer.*

2. Lorsqu'il y a ambiguïté (en italien comme en français), on tourne la phrase pour écarter toute équivoque :

Paolo ha telefonato prima a suo fratello poi ai figli di lui [1].
Paul a téléphoné d'abord à son frère puis aux enfants de celui-ci.

3. En français, l'adjectif possessif peut marquer une habitude. Cette idée est rendue en italien par l'adjectif **solito, a, i, e** :

Ogni giorno beve il solito aperitivo.
Tous les jours il boit son apéritif habituel.

37 Omission du substantif _____

In risposta alla V/ del ... alla Preg. V/ del ...
En réponse à votre lettre du ... à votre estimée du ...

Non cercare di tirarli dalla tua (parte) : non cambieranno opinione.
N'essaie pas de les convaincre (de les gagner à ton camp) : ils ne changeront pas d'opinion.

Natale con i tuoi, Pasqua con chi vuoi.
Noël avec les siens, Pâques avec qui l'on veut.

Pour traduire les expressions françaises *notre homme, notre auteur*, etc., l'italien se contente souvent du pronom possessif :

Il nostro (pour il nostro uomo) non si accorse di niente. *Notre homme ne s'aperçut de rien.*

Per tornare al nostro (pour al nostro autore) ... *Pour en revenir à notre auteur ...*

___

1. On n'emploie plus les formes **il di lui figlio, i di lui figli, la di lui moglie, le di lui amiche**, excepté dans le langage juridique.

1 Mettez l'adjectif possessif devant les noms suivants :

cane - casa - marito - moglie - babbo - mamma - fratellino - sorellina - zio di Parigi - nonna paterna.

2 Mettez les noms suivants au pluriel accompagnés de l'adjectif possessif :

amico - amica - attività - figlio - figlia - nonno - suocero - vecchio zio - giovane nuora - cugino.

3 Cochez la case qui convient : ©

il suo	la sua	i suoi	le sue	suo	sua	suoi	sue	
								vecchio collega
								amiche
								moglie
								sorellina
								caro zio

4 Complétez, quand il le faut, les mots et expressions suivants par l'article : ©

1. Questo è ... mio padre. 2. È morta ... sua madre. 3. Ho perduto ... mio caro zio. 4. Passiamo l'estate da ... nostro vecchio nonno. 5. Ragazzi, dov'è ... vostro babbo ? 6. Partirò con ... tuoi fratelli. 7. Come si chiama ... tua madrina (marraine) ? 8. Dove abita ... suo padrino ? 9. ... nostra sorellina ha trovato un tirocinio (stage) a Roma. 10. Non vuole giocare a carte con ... vostre sorelle. 11. Dove abita ... loro sorella ? 12. Secondo me, sono troppo severi verso ... loro figli. 13. ... mia mamma si chiama Lina. 14. Perché hai telefonato a ... suo padre ? 15. Non va d'accordo con ... suoi genitori. 16. ... suo zio è meno severo di ... sua zia. 17. Vivo ancora da (chez) ... mio padre. 18. È un regalo per ... mio fratellino. 19. Fa un regalo a ... tue sorelline. 20. ... mia madre ed ... suoi fratelli sono affezionati a ... loro genitori.

5 Traduisez :

1. Le grand écrivain est accompagné de Louis Faure, son traducteur français. 2. Ils n'étaient pas d'accord (andare d'accordo), lui et son pauvre père. 3. Mes sœurs sont mes meilleures amies. 4. M. Martin, notre concitoyen (concittadino), nous a représentés (rappresentare) à l'étranger (estero). 5. Il ne voit pas ses limites (il limite). 6. Il a toujours fait son devoir à n'importe quel prix (a qualsiasi prezzo). 7. Ma tante joue au bridge avec ses deux frères. 8. Mon voisin est fier de sa fille il n'y a pas de quoi (non c'è di che). 9. Vous oubliez votre carnet de chèques (libretto degli assegni). 10. Vos enfants n'ont pas téléphoné.

6 Traduisez :

1. Non partirà senza i figli. 2. Ogni giorno fa la solita passeggiata. 3. Mettiti il cappotto. 4. Ha lasciato le chiavi sulla porta. 5. Aspettami ! Mi metto il costume da bagno e ti seguo. 6. Ogni tuo consiglio è inutile. 7. Perché saltargli al collo ? 8. Signor vigile, mi hanno rubato il portafoglio. 9. Casa mia, casa mia, pur piccina che tu sia tu mi sembri una badia (abbaye). 10. L'ho visto con certi suoi compagni che non mi piacciono.

7 Traduisez : ©

1. Ma chère amie, vous avez tort. 2. J'ai eu l'honneur de rencontrer Monsieur votre père à Genève (Ginevra). 3. L'un de mes collègues a été victime (vittima) d'un attentat. 4. Sa Sainteté Jean-Paul II ira à Varsovie (Varsavia) dans (fra) deux ans. 5. Mon Dieu ! Quel désordre ! 6. Venez chez moi lundi prochain. 7. A mon avis, il reviendra chez lui. 8. Ils ont agi à mon insu. 9. Il a répondu à sa façon. 10. Par ta faute, j'ai payé une amende (multa).

IV. LES ADJECTIFS NUMÉRAUX

38 Adjectifs numéraux cardinaux [1] : _____

0 zero	20 venti	80 ottanta
1 uno	21 ventuno	90 novanta
2 due	22 ventidue	100 cento
3 tre	23 ventitré	101 centouno (ou centuno)
4 quattro	24 ventiquattro	102 centodue, etc.
5 cinque	25 venticinque	200 duecento
6 sei	26 ventisei	300 trecento
7 sette	27 ventisette	400 quattrocento
8 otto	28 ventotto	500 cinquecento
9 nove	29 ventinove	600 seicento
10 dieci	30 trenta	700 settecento
11 undici	31 trentuno	800 ottocento
12 dodici	32 trentadue	900 novecento
13 tredici	33 trentatré, etc.	1.000 mille
14 quattordici	38 trentotto, etc.	1.001 milleuno ou mille e uno, etc.
15 quindici	40 quaranta	2.000 duemila
16 sedici	41 quarantuno, etc.	1.000.000 un milione
17 diciassette	50 cinquanta	2.000.000 due milioni, etc.
18 diciotto	60 sessanta	1.000.000.000 un miliardo
19 diciannove	70 settanta	2.000.000.000 due miliardi, etc.

1. Remarques

■ **Uno** adjectif numéral adopte les mêmes formes que l'article défini devant les substantifs (cf. § 1) :

C'è soltanto uno scolaro nell'aula. *Il n'y a qu'un écolier dans la classe.*
Dammi un libro. *Donne-moi un livre.*

⚠ ■ Devant **uno** et **otto**, **venti** perd son **i** final, et **trenta, quaranta, cinquanta,** etc. leur **a** final : **venti→ventuno, ventotto, trenta→trentuno, trentotto,** etc.

On trouve aussi **centuno** à côté de **centouno**.

■ En général on marque l'accent tonique sur le **é** de **ventitré, trentatré,** etc.

■ On écrit *quatre* et *quatorze* en français, **quattro** et **quattordici** en italien (deux **t** en italien, un seul en français). **Diciassette** prend deux **s** alors que **ventisette, trentasette, quarantasette,** etc. n'en ont qu'un.

⚠ ■ Ne pas calquer le français *onze cents, douze cents,* etc. En italien, on n'emploie qu'une forme : **millecento, milleduecento** *mille cent, mille deux cents.* **Cento** est invariable.

2. Chiffres et lettres

■ D'ordinaire, on écrit les chiffres groupés par tranches de trois, sans trait d'union :
trecentoventiduemilioni settecentomila *trois cent vingt-deux millions sept cent mille*

On trouve aussi les milliers liés aux centaines, en un seul mot :
Vale trentottomilacinquecento dollari. *Cela coûte trente-huit mille cinq cents dollars.*

___

1. **Numero** *numéro* et *nombre,* **la cifra** *le chiffre.*

Surtout pour les millésimes :
nel millenovecentosessantotto *en mille neuf cent soixante-huit*

- Dans les journaux, chiffres et lettres sont souvent mêlés :
  27mila, 800mila, 3milioni 300mila lire, l'80 per cento, etc.

- Les nombres s'élident souvent devant un nom :
  Visse diciott'anni negli Stati Uniti. *Il a vécu dix-huit ans aux États-Unis.*

39 *Quelques particularités*

Tous les adjectifs numéraux sont invariables (attention à **cento**) sauf :

1. uno :

un libro *un livre*   **una rivista** *une revue*

> **N.B.**
> • Toutefois les nombres composés avec **uno** ne varient pas :
> **Le quarantuno pagine della relazione.** *Les quarante et une pages du rapport.*
> **I ventuno studenti iscritti in cinese.** *Les vingt et un étudiants inscrits en chinois.*
>
> • **Uno** a parfois le sens de *environ, à peu près* :
> **Ho incontrato un venti persone.** *J'ai rencontré une vingtaine de personnes.*

2. zero, mille, milione, miliardo :

Un miliardo si scrive con nove zeri. *Un milliard s'écrit avec neuf zéros.*
Questo quadro è costato dieci milioni. *Ce tableau a coûté dix millions.*
C'erano diecimila persone. *Il y avait dix mille personnes.*

> **N.B.**
> • Attention au pluriel de **mille** (deux l) : **mila** (un seul l).
>
> • Ne pas confondre **mila**, pluriel de **mille**, avec **miglia**, pluriel de **miglio** *mille marin* (1.852 m) :
> **Hanno percorso duemila miglia.** *Ils ont parcouru deux mille milles.*
> **È lontano le mille miglia dal credere che...** *Il est à cent lieues de croire que ...*
>
> • Retenons les expressions :
> **il Mille** *l'an Mille*
> **La spedizione dei Mille** *L'expédition des Mille* (Garibaldi, 1860)
> **Le mille e una notte.** *Les Mille et une nuits.*

40 *Emploi des adjectifs numéraux cardinaux*

1. Le millésime

- En italien, le millésime est précédé de l'article :
  L'Italia entrò in guerra soltanto nel 1915. *L'Italie n'entra en guerre qu'en 1915.*
  Era nato nell '88. È morto ieri. *Il était né en 1888. Il est mort hier.*

> **N.B.**
> • Quand on supprime le nombre des siècles, on le remplace par l'apostrophe :
> **nel '76** peut signifier *en 1576, 1676, 1776, 1876, 1976*, etc.
>
> • Remarquer la forme **nel** devant **76** et **nell '** devant **88** (penser à la transcription en lettres :
> **nel settantasei** mais **nell'ottantotto**).

■ La désignation peut se faire comme en français :

il sedicesimo secolo *le seizième siècle*

⚠ Mais le plus souvent, du XIIIᵉ au XXᵉ siècle, on dit en italien :

il Duecento (1201-1299) ou **il '200**	**il Seicento (1601-1699)** ou **il '600**
il Trecento (1301-1399) ou **il '300**	**il Settecento (1701-1799)** ou **il '700**
il Quattrocento (1401-1499) ou **il '400**	**l'Ottocento (1801-1899)** ou **l '800**
il Cinquecento (1501-1599) ou **il '500**	**il Novecento (1901-1999)** ou **il '900**

N.B.
• Les adjectifs formés sur ces mots sont très employés :

un'edizione cinquecentesca *une édition du XVIᵉ siècle*

un palazzo settecentesco *un palais du XVIIIᵉ siècle*

• Pour indiquer un siècle, on dispose donc de trois possibilités. Par exemple, pour traduire *au XIXᵉ siècle*, on pourra dire : **nell'Ottocento, nel diciannovesimo secolo** (ou **nel secolo diciannovesimo**) et même **nel secolo decimonono** (cf. § 41).

• Noter l'expression : **la guerra dei cento anni** *la guerre de Cent ans*.

2. La date : le quantième et le jour

■ Pour demander le quantième du mois, on dit :

Quanti ne abbiamo oggi ? *Le combien sommes-nous aujourd'hui ?*

On répond : **Ne abbiamo otto.** *Nous sommes le huit.*

ou, simplement : **Otto.** *Le huit.*

■ Pour demander le jour, on dit :

Che giorno è oggi ? *Quel jour sommes-nous ? Quel jour est-ce aujourd'hui ?*

On répond : **Oggi è sabato.** *Aujourd'hui, c'est samedi.*

N.B.
Dans la correspondance commerciale, on écrit : **Roma, 3 maggio 1987** ou **3.5.1987** ou **3.5.'87**.
On trouve même les formules archaïques **Roma, li 3 maggio 1987** et **Roma, addì 3 maggio 1987** (à éviter).

3. L'heure

■ Pour demander l'heure, on emploie indifféremment le singulier ou le pluriel :

Che ore sono ?
Che ora è ? } *Quelle heure est-il ?*[1]

■ Pour indiquer l'heure on emploie le pluriel :

Sono le due, le tre, etc. *Il est deux heures, trois heures, etc.*

Sono le tre e un quarto. *Il est trois heures et quart.*

Sono le tre e venti. *Il est trois heures vingt.*

Sono le cinque meno dieci, mancano dieci alle cinque, sono le dieci alle cinque. *Il est cinq heures moins dix.*

Sono le tre di notte, le tre del mattino[2]. *Il est trois heures du matin.*

---

1. Familièrement on dit aussi : **Che ora fai ?** *Quelle heure as-tu ?* **Sai l'ora esatta ?** *Tu connais l'heure exacte ?* Retenons l'expression : **Sono avanti (sono indietro) di cinque minuti.** *Ma montre avance (retarde) de cinq minutes.*
2. **Il mattino** *le petit matin,* **la mattina** *la matinée.*

Sono le dieci della mattina[1]. *Il est dix heures du matin.*

Sono le due del pomeriggio[1]. *Il est deux heures de l'après-midi.*

Sono le sei di sera. *Il est six heures du soir.*

sauf dans les cas suivants :

È l'una[2]. *Il est une heure.*　　　　**È la mezza.** *Il est la demie.*

È mezzogiorno. *Il est midi.*　　　**È mezzanotte.** *Il est minuit.*

> **N.B.**
> • Traduction de *demi* et *demie : Il est trois heures et demie.* **Sono le tre e mezzo.**
> Et couramment, dans le langage parlé : **Sono le tre e mezza.**
> *Il passe toutes les demi-heures.* **Passa ogni mezz'ora** ou **tutte le mezz'ore.**
>
> • Dans le style administratif, on place souvent le numéral après le substantif :
> **Sono le ore ventitré.** *Il est vingt-trois heures.*

4. L'âge

■ Pour demander son âge à quelqu'un, on dit :

Quanti anni hai ? *Quel âge as-tu ?*　　**Quanti anni ha ?** *Quel âge avez-vous ?*

On répond : **Ho diciannove anni.** *J'ai dix-neuf ans.*

> **N.B.**
> Expressions à retenir concernant l'âge :
> **Quanti anni avrà ?** *Quel âge peut-il avoir ?*
> **Avrà 60 anni.** *Il doit avoir dans les 60 ans.*
>
> **Esser sui quaranta** « friser », approcher de la quarantaine
> **Va sugli ottanta.** *Il va sur ses quatre-vingts ans.*
>
> **Ha settant'anni compiuti.** *Il a soixante-dix ans révolus.*
> **Ho compiuto vent'anni il mese scorso.** *J'ai eu vingt ans le mois dernier.*

■ Le suffixe **-enne** sert à former des adjectifs indiquant l'âge :

un giovane ventenne *un jeune homme de vingt ans*

una signora sessantenne *une dame de soixante ans*

Par extension, ces formes sont aussi employées comme substantifs :

Il diciottenne è stato ricoverato in ospedale.
Le jeune homme, âgé de dix-huit ans, a été hospitalisé.

> **N.B.**
> • Le suffixe **-ennio**, qui indique la durée, ne doit pas être confondu avec **-enne** qui indique l'âge : **un biennio, un triennio, un quinquennio, un decennio, un millennio** *une période de deux ans, de trois ans, de cinq ans, une décennie, un millénaire.*
> Les Italiens se réfèrent souvent au **« ventennio »** sans autre précision. Il faut comprendre : *les vingt ans du fascisme (1923-1943).*
> • Ne pas confondre **millennio** *millénaire*, période de mille ans, avec **millenario** *millénaire*, anniversaire, comme **centenario** *centenaire*, **cinquantenario** *cinquantenaire*, etc.
> • Pour traduire l'âge à partir de quarante ans, on peut aussi employer les formes **quadragenario, quinquagenario, sessagenario, settuagenario, ottuagenario, nonagenario, centenario.**
> *Le memorie di un ottuagenario. Les Mémoires d'un octogénaire.* (I. Nievo)

---

1. Dans le langage administratif, on emploie aussi les expressions **antimeridiane** *du matin* et **pomeridiane** *de l'après-midi.*
2. On rencontre aussi les expressions : **È il tocco.** *Il est exactement une heure.* **Al tocco** *sur le coup d'une heure, à une heure pile.* **Sono le due precise/in punto.** *Il est exactement deux heures. Il est deux heures juste.*

41 Adjectifs numéraux ordinaux

primo	premier	trentesimo	trentième
secondo	second, deuxième	quarantesimo	quarantième
terzo	troisième	cinquantesimo	cinquantième
quarto	quatrième	sessantesimo	soixantième
quinto	cinquième	settantesimo	soixante-dixième
sesto	sixième	ottantesimo	quatre-vingtième
settimo	septième	novantesimo	quatre-vingt-dixième
ottavo [1]	huitième	centesimo	centième
nono	neuvième	duecentesimo	deux-centième
decimo	dixième	millesimo	millième
undicesimo	onzième	milionesimo	millionième
dodicesimo	douzième	miliardesimo	miliardième
tredicesimo	treizième	penultimo	avant-dernier
quattordicesimo	quatorzième	ultimo	dernier
quindicesimo	quinzième	ennesimo	énième
sedicesimo	seizième		
diciassettesimo	dix-septième		
diciottesimo	dix-huitième		
diciannovesimo	dix-neuvième		
ventesimo	vingtième		
ventunesimo	vingt et unième		
ventiduesimo	vingt-deuxième		
ventitreesimo	vingt-troisième		
ventiquattresimo	vingt-quatrième		
venticinquesimo	vingt-cinquième		
ventiseiesimo	vingt-sixième		
ventisettesimo	vingt-septième		
ventottesimo	vingt-huitième		
ventinovesimo	vingt-neuvième		

A partir de **11,** l'ordinal est formé en ajoutant **-esimo** au numéral cardinal après avoir enlevé la dernière voyelle non accentuée :

   ventuno→ventunesimo   ventidue→ventiduesimo   ventitré→ventitreesimo

Toutefois la forme **ventiseiesimo** (<**ventisei**) l'a emporté sur la forme **ventiseesimo** qui répondrait mieux à cette règle.

N.B.
• D'autres formes subsistent mais elles sont de plus en plus rares :
decimoprimo ou **undecimo** onzième, **decimosecondo** ou **duodecimo** douzième, **decimoterzo** treizième, **decimoquarto** quatorzième, **decimoquinto** quinzième, **decimosesto** seizième, **decimosettimo** dix-septième, **decimoottavo** dix-huitième, **decimonono** dix-neuvième, **vigesimo** vingtième, **vigesimo primo** ou **ventesimoprimo** vingt et unième, **vigesimosecondo** ou **ventesimosecondo** vingt-deuxième, **trigesimo** trentième, **quadragesimo** quarantième, **quinquagesimo** cinquantième, etc.

Éviter d'employer ces formes archaïques même si l'on rencontre encore :
Luigi Decimoquarto Louis XIV, **Leone Decimoprimo** Léon XI, etc.

• Ne pas confondre **primo** premier, avec l'adverbe **prima** ou **dapprima** d'abord.

• Pour traduire premièrement, deuxièmement, on dira soit **primo, secondo,** soit **in primo luogo, in secondo luogo.**

---

1. Ne pas confondre **ottavo** huitième et **ottimo** excellent.

42 Quelques emplois particuliers des adjectifs ordinaux

CARDINAL OU ORDINAL ?

Dans certains cas, on emploie l'adjectif ordinal en italien alors qu'on emploie l'adjectif cardinal en français :

⚠ **1.** Pour le nom des rois[1], des empereurs, des papes :
Napoleone III (terzo) *Napoléon III*
Giovanni Paolo II (secondo) *Jean-Paul II*

2. Pour les chapitres, actes, scènes, chants, etc. :
Atto II (secondo), scena III (terza) *Acte II, scène III*
***Divina Commedia, Inferno,* canto XXIII (ventitreesimo)**
Divine Comédie, Enfer, chant XXIII

Pour les pages et les lignes, on préfère l'adjectif cardinal :
pagina trecentoventi *page trois cent vingt*[2]

> **N.B.**
> • Traduction de *les deux premiers, les cinq derniers,* etc. :
> **i primi due** *les deux premiers*
> **le ultime cinque** *les cinq dernières*
> **le altre dieci** *les dix autres*
>
> • Ne pas confondre **ultimo** et **scorso** :
> **l'ultimo mese dell'anno** *le dernier mois de l'année*
> **il mese scorso** *le mois dernier (écoulé)*
>
> • Quelques emplois de **primo** et de **ultimo** :
> L'emploi substantivé de **prima** :
> **la prima** *la première,* **l'anteprima** *l'avant-première* (théâtre)
> **ai primi di luglio** *dans les premiers jours de juillet*
> **agli ultimi di agosto** *dans les derniers jours d'août*
>
> **In risposta alla V/del... corr. mese, del 21 u.s. (ultimo scorso), p.p. (prossimo passato)...**
> *En réponse à votre lettre du... courant, du 21 écoulé, dernier...*
>
> On peut employer le superlatif de **ultimo** :
> **le ultimissime notizie** *les toutes dernières nouvelles*
>
> • Noter les formes **primogenito, a** *le premier enfant, l'aîné,* **secondogenito, a** *le second,* **ultimogenito, a** *le dernier, le cadet,* etc.

43 Multiplicatifs

unico	*unique*	**quintuplo, quintuplice**	*quintuple*
semplice	*simple*	**sestuplo, sestuplice**	*sextuple*
doppio, duplice	*double*	**settuplo**	*septuple*
triplo, triplice	*triple*	**decuplo**	*décuple*
quadruplo, quadruplice	*quadruple*	**centuplo, centuplice**	*centuple*

---

1. En français, on n'emploie l'ordinal que pour le premier nom de la série : *François I*er, *Napoléon I*er. Exception : *Charles Quint* **Carlo Quinto.**
2. **La terza pagina** des journaux italiens est d'ordinaire consacrée à la littérature, aux libres propos, à la réflexion philosophique ou socio-culturelle, etc.

1. Les formes les plus employées sont **doppio, triplo, decuplo** et **centuplo** :
un caffè doppio [1] *un double café*

2. Les formes en **-plo** (ou **-pio**) sont à la fois substantifs et adjectifs :
Questo prodotto costa il triplo di quello. *Ce produit-ci coûte le triple de celui-là.*

3. Les formes en **-plice** ne sont qu'adjectifs :
la Triplice Intesa *la Triple Entente* [2]
La realtà va esaminata sotto un duplice aspetto.
La réalité doit être examinée sous un double aspect.

44 Collectifs

paio (masc.)	*paire, deux*	**ventina**	*vingtaine*
coppia	*couple*	**trentina**	*trentaine*
decina ou **diecina**	*dizaine*	**quarantina** [3]	*quarantaine*
dozzina	*douzaine*	**centinaio** (masc.)	*centaine*
quindicina	*quinzaine*	**migliaio** (masc.)	*millier*

⚠ **1.** Le pluriel de **il paio, il centinaio, il migliaio** est **le paia, le centinaia, le migliaia** (pluriel féminin en **a** : cf. § 18,2).

C'era un centinaio di spettatori. *Il y avait une centaine de spectateurs.*
Ci sono parecchie migliaia di lettori. *Il y a plusieurs milliers de lecteurs.*

2. Le mot **paio** est très employé en italien :
un paio di calzoni, di scarpe *une paire de pantalons, de souliers*
et aussi : **Ci sono rimasto un paio di giorni.** *J'y suis resté deux jours.*

3. Certains mots employés pour désigner des groupes peuvent être rapprochés des collectifs :

en musique :

un duetto	*un duo*	**un quintetto**	*un quintette*
un terzetto	*un trio*	**un sestetto**	*un sextuor*
un quartetto	*un quatuor*		

en poésie :

una terzina	*un tercet*	**una quartina**	*un quatrain*
una sestina	*un sizain*	**un'ottava**	*une octave*

au loto :

una china, una cinquina, una quintina *une quine*
un terno *un terne*

vincere la cinquina nel gioco del lotto *gagner au loto avec une quine*

---

1. Les cafés italiens étant, comme on le sait, peu abondants, on demandera **un caffè doppio** pour obtenir une quantité de café à peu près équivalente à celle qui est servie dans les bars français.
2. **La Triplice Intesa** (*Triple Entente* ou *Entente*) réunit, en 1915, l'Italie, la Grande-Bretagne et la France. L'Italie sortait donc de la **Triplice Alleanza** (*Triple Alliance* ou *Triplice*) signée avec l'Allemagne et l'Autriche en 1882.
3. Ne pas confondre **quarantena** *mise en quarantaine* et **quarantina,** collectif désignant un *ensemble de quarante objets.*

45 Formules arithmétiques

frazione *fraction*, **percentuale** (fém.) *pourcentage*, **addizione** *addition*, **sottrazione** *soustraction*, **moltiplicazione** *multiplication*, **divisione** *division*.

1. Les fractions

Comme en français, on emploie les adjectifs ordinaux :

1/3 = **un terzo** *un tiers*　　　　**1/4** = **un quarto** *un quart*

1/10° = **un decimo** *un dixième*　　**3/4** = **tre quarti** *trois quarts*

> **N.B.**
> Ne pas confondre **un mezzo** *un demi* et **una metà** *une moitié.*
>
> **un mezzo sigaro** *un demi-cigare*
> **Mi basta la metà.** *La moitié me suffit.*

2. Les pourcentages

 Attention ! L'italien emploie l'article devant les pourcentages : **il venti per cento** *vingt pour cent,* **l'otto per cento** *huit pour cent.*

L'undici per cento della popolazione è disoccupata.
Onze pour cent de la population est au chômage.

Ho già speso l'ottanta per cento del mio stipendio.
J'ai déjà dépensé quatre-vingts pour cent de mon traitement.

3. Les additions, soustractions, multiplications, divisions

4 + 4 = 8　　: **quattro più quattro otto** (ou **fanno otto**)

7 + 5 = 12　: **sette più cinque dodici** (**Scrivo due riporto uno.**)

23 – 3 = 20 : **ventitré meno tre venti** (ou **resta venti**)

8 × 6 = 48　: **otto per sei quarantotto**

35 : 5 = 7　　: **trentacinque diviso cinque sette**

46 Mesures et dimensions

 L'italien n'utilise pas de préposition.

una spiaggia lunga tre chilometri *une plage longue de 3 km, de 3 km de longueur*
un albero alto dieci metri *un arbre haut de dix mètres*
una macchina larga un metro e sessanta *une voiture de 1,60 m de large*
una piscina profonda tre metri *une piscine de trois mètres de profondeur*
un muro spesso un metro *un mur d'un mètre d'épaisseur* [1]

È alta 1,65 (è alta uno e sessantacinque). *Elle mesure un mètre soixante-cinq.*

---

1. On peut aussi employer les formes : **Ha ... metri di lunghezza** *de longueur*, **di larghezza** *de largeur*, **di altezza** *de hauteur*, **di profondità** *de profondeur*, **di spessore** *d'épaisseur*.
Pour l'altitude on dit : **Siamo a 2.800 metri di altitudine** ou **di altezza.** *Nous sommes à deux mille huit cent mètres d'altitude.* **Il rifugio si trova a quota 3.200.** *Le refuge se trouve à 3 200 m d'altitude.*

47 *Quelques emplois particuliers et expressions idiomatiques*

⚠ **1.** *tous les deux, tous les trois* **tutti e due, tutti e tre** (ou **tutt'e due, tutt'e tre**)
toutes les deux, toutes les trois **tutte e due, tutte e tre** (ou **tutt'e due, tutt'e tre**)

2. *Un à un, deux à deux*, etc. se traduit par **a uno a uno** (ou **ad uno ad uno**), **a due a due**, etc. [1].

3. Per uno a un sens distributif et signifie *pour chacun :*
Hanno riscosso un milione per uno. *Ils ont touché un million chacun* [2].

4. Noter l'emploi de **in** avec les adjectifs numéraux dans certaines expressions :
Siamo in sette. *Nous sommes sept.*
Sono entrati in sei. *Ils sont entrés à cinq.*
Sono venuti in trenta. *Ils sont venus à trente.*

5. Traduction des expressions françaises comprenant le mot *fois :*
un, deux, trois à la fois **uno, due, tre per volta (alla volta)**
une fois sur deux **una volta sì una volta no**
trois fois plus, trois fois moins **tre volte tanto, tre volte meno**
Ses revenus sont deux fois plus élevés que les miens.
I suoi redditi sono due volte i miei.

6. Ambo, ambedue, entrambi, entrambe
Ces mots appartiennent au registre littéraire.
▪ **ambo** est d'un emploi rare :
   in ambo (ou **in ambi**) **i casi** *dans les deux cas*
   con ambo le mani ou **con ambe le mani** *avec les deux mains*
▪ **ambedue, entrambi** et **entrambe** se rencontrent plus souvent ; ils sont formés sur **ambo :**
   iscriversi ad ambedue i corsi *s'inscrire aux deux cours*
   imparare ambedue le lingue *apprendre les deux langues*
   Entrambi i loro figlioli sono biondi. *Leurs deux enfants sont blonds.*
   Entrambe le signorine sono svedesi. *Les deux demoiselles sont suédoises.*
Ils peuvent être adjectifs ou pronoms :
   Hanno mentito ambedue (entrambi). *Ils ont menti tous les deux.*
   in ambedue (in entrambi) i casi *dans les deux cas*
   Bisogna spingere con entrambe le mani. *Il faut pousser avec les deux mains.*
   Sono stati attaccati da entrambi i lati. *Ils ont été attaqués des deux côtés.*
On préférera dire : **hanno mentito tutti e due, spingere con le due mani,** etc.

---

1. On rencontre aussi **uno a uno, quattro a quattro,** comme on trouve **poco a poco** à côté de la forme **a poco a poco** considérée comme plus correcte.
2. Si on avait dit, au contraire : **Hanno riscosso un milione in due,** cela aurait signifié : *Ils ont touché un million à deux. (Ils ont partagé la somme.)*

1 Lisez :

5 - 20 - 30 - 80 - 70 - 48 - 165 - 220 - 897 - 1 515 - 1 869 - 1 988 - 2 000 - 8 888 - 34 211 - 98 765 - 145 698 - 1 200 000 - 5 500 500 - 3 800 000 000.

2 Traduisez :

200 francs - 125 dollars (dollaro) - 300 marks (marco) - 500 yens - 1 200 livres sterling (sterlina) - un milliard de lires - 658 pésétas (peseta) - 376 francs belges (belga) - un million de roubles (rublo) - 170 francs suisses (svizzero).

3 Écrivez en lettres :

5 - 14 - 19 - 21 - 20 - 30 - 31 - 27 - 48 - 53 - 200 - 500 - 4 000 - 1 988 - 6 800 - 275 000 - 20 anni - 38 anni - nel 1940 - nel '39 - nell '88 - nel 2000 - nel '500 - nell '800.

4 Traduisez (écrivez en lettres) : ©

5° - 8° - 9° - 14° - 16° - 17° - 20° - 21° - 38° - 46° - 51° - 70° - 88° - 100° - avant-dernier - dernier - pour la énième fois - les uns et les autres - tous les deux - toutes les quatre - Il est à cent lieues de croire qu'il est malade. - C'est un chiffre avec huit zéros. - Il a dix-huit ans. - Son huitième devoir (compito) est excellent. - acte IV, scène 2 - les trois premiers - les cinq dernières.

5 Cochez la bonne réponse : ©

1. Carlo VIII (☐ otto, ☐ ottavo, ☐ ottimo) è sceso in Italia nel 1494. 2. Leonardo da Vinci ha lavorato per Francesco I (☐ il primo, ☐ uno, ☐ primo). 3. Napoleone III (☐ terzo, ☐tre, ☐il terzo) ha fatto la guerra in Italia. 4. Vittorio Emanuele III (☐ tre, ☐ il tre, ☐ terzo) è stato l'ultimo re d'Italia. 5. Carlo Goldoni (1707-1793) è un commediografo (☐ del Settecento, ☐ del Ottocento, ☐ dell'Ottocento, ☐ del Novecento). 6. Francesco Petrarca (1304-1374) è un poeta (☐ del Duecento, ☐ del Trecento, ☐ del Quattrocento).

6 Traduisez :

1. Napoléon III a régné de 1852 à 1870. 2. Garibaldi est né à Nice en 1807 et il est mort à Caprera en 1882. 3. Le pape Paul VI est mort en 1978. 4. Je dois traduire le chant VIII de *l'Enfer*. 5. Aujourd'hui nous étudierons la scène 2 de l'acte III d'*Henri IV* de Pirandello. 6. Les derniers exemplaires (copia) ont été vendus la semaine dernière. 7. J'ai eu la chance (fortuna) d'assister à l'avant-première du spectacle. 8. C'est un spécialiste de la peinture florentine du XVIe siècle. 9. Je connais bien la littérature du XIXe siècle. 10. Boccace est un auteur du XIVe siècle.

7 Traduisez :

1. Le combien sommes-nous aujourd'hui ? C'est le 21. 2. Mardi, ce sera le combien ? Ce sera le 28. 3. Quel jour est-ce ? C'est dimanche. 4. Quelle heure est-il ? Il est midi. 5. Il est deux heures juste. 6. Il est quatre heures moins dix. 7. Il est sept heures et demie. 8. Il est neuf heures moins le quart. 9. Rendez-vous (appuntamento) à la demie devant la gare. 10. Le voyage durera une demi-heure.

8 Traduisez : ©

1. C'est un beau couple. 2. Je reviendrai dans une dizaine de jours. 3. Une douzaine de mouchoirs (fazzoletti). 4. Il y a des centaines de blessés (ferito). 5. Des milliers de manifestants (dimostrante) occupent la place. 6. Un tiers de whisky, un tiers de jus (succo) de citron et un tiers d'ananas (ananas). 7. Il veut 25% des bénéfices (utile). 8. J'en veux la moitié. 9. La plage a deux kilomètres de long. 10. Une table de 2 mètres de long sur 1 m de large.

9 Traduisez :

1. Venez tous les deux chez moi. 2. Retournez toutes les deux chez vous. 3. Ils jouent tous les quatre du violon (suonare il violino). 4. Les deux derniers sont arrivés. 5. Les trois premiers ont gagné (vinto). 6. Donnez-nous une orangeade (aranciata) pour chacun. 7. Les dix autres attendent dehors. 8. Ils avancent deux par deux. 9. Dans les premiers jours de septembre, l'eau était encore chaude. 10. Dans les derniers jours de janvier il a neigé (nevicare, aux. essere).

V. LES ADJECTIFS INDÉFINIS

48 Adjectifs indéfinis de quantité

Les adjectifs suivants sont classés par ordre croissant, de **nessuno** *aucun* à **troppo** *trop*.

nessuno, a / alcuno, a *aucun(e)* :
Non hanno nessuna (alcuna) voglia di tornare. *Ils n'ont aucune envie de revenir.*

poco, a, pochi, e *peu de* :
C'è poca merce. *Il y a peu de marchandise.*
Ci sono pochi negozianti. *Il y a peu de marchands.*

alquanto, i, a, e *un(e) certain(e), quelques* :
Dopo alquanto tempo ... *Après quelque (un certain) temps* ...

parecchio, i, a, e *assez, pas mal* :
Ci occorrerà parecchio tempo. *Il nous faudra pas mal de temps.*

qualche (inv.) *quelques* :
Arriva fra qualche minuto. *Il arrive dans quelques minutes.*

alcuni, e [1] *quelques* :
Resterà alcuni giorni da noi. *Il restera quelques jours chez nous.*

molto, i, a, e *beaucoup de* :
Ha bevuto molta birra. *Il a bu beaucoup de bière.*
Ha scritto molte lettere. *Il a écrit beaucoup de lettres.*

tanto, i, a, e *tellement, beaucoup de* :
Ho tanta sete. *J'ai très soif.*
Tanti sforzi per niente ! *Tant d'efforts pour rien !*

tutto, i, a, e *tout, tous, toute, toutes* :
Ho venduto tutto il raccolto. *J'ai vendu toute ma récolte.*
Tutta la gente è fuggita. *Tout le monde s'est enfui.*

troppo, i, a, e *trop* :
Non mangiare troppa carne. *Ne mange pas trop de viande.*
Ci sono troppi incidenti. *Il y a trop d'accidents.*

⚠ **tanto, i, a, e ... quanto, i, a, e** *autant de ... que de* / **altrettanto, i, a, e** *autant de ...* :
Ci saranno tanti regali quanti invitati. *Il y aura autant de cadeaux que d'invités.*
Segui il suo esempio e lavora con altrettanta pazienza.
Suis son exemple et travaille avec autant de patience.

1. L'accord des adjectifs indéfinis

⚠ ■ En italien, les adjectifs indéfinis s'accordent en genre et en nombre, sauf **qualche, qualunque** et **qualsiasi**. C'est une cause fréquente d'erreurs pour les Français : **poco, pochi, poca, poche** *peu de*, **molto, molti, molta, molte** *beaucoup de*, **troppo, troppi, troppa, troppe** *trop de*.

■ Certaines formes sont communes aux adjectifs indéfinis et aux adverbes correspondants. Naturellement, l'adverbe est invariable.

ADVERBE	ADJECTIF INDÉFINI
Hai studiato molto. *Tu as beaucoup travaillé.*	**Hai fatto molti sforzi.** *Tu as fait beaucoup d'efforts.*

---

1. Les adjectifs indéfinis littéraires **taluno, i, a, e** et **certuno, i, a, e**, qui ont le même sens que **alcuno, i, a, e,** sont d'un usage de plus en plus rare.

2. Qualche, invariable, est toujours suivi du singulier. Il exprime *une certaine quantité* ou *un certain nombre*[1] :

Ho preso solo qualche ciliegia. *Je n'ai pris que quelques cerises.*

Bien que suivi du singulier, **qualche** correspond à **alcuni, e** qui est suivi du pluriel :

L'ho visto qualche giorno fa. ⎫
L'ho visto alcuni giorni fa. ⎬ *Je l'ai vu il y a quelques jours.*

3. Les adverbes et adjectifs indéfinis

Les adverbes **abbastanza, meno** et **più** sont employés dans une fonction d'adjectif indéfini. Ils sont toujours invariables.

Non c'è abbastanza pane. *Il n'y a pas assez de pain.*
Per favore bevi meno vino e più[2] acqua. *S'il te plaît, bois moins de vin et plus d'eau.*

⚠ **4.** Nessuno et alcuno

L'adjectif **nessuno** est d'un emploi plus fréquent que **alcuno** ; quand il est placé avant le verbe, il n'est pas précédé de **non** et ne peut être remplacé par **alcuno** :

Non c'è nessun (alcun) dubbio. *Il n'y a aucun doute.*
Non c'è nessuna (alcuna) difficoltà. *Il n'y a aucune difficulté.*
Senza nessuna (alcuna) ragione. *Sans aucune raison.*
Nessun dubbio è permesso. *Aucun doute n'est permis.*

5. Tutto

tutti e due		**tutte e due**	
tutt' e due	*tous les deux*	**tutt' e due**	*toutes les deux*

Cet adjectif indéfini peut être renforcé par **quanto** :
Si è mangiato da solo tutta quanta la frittata. *A lui seul il a mangé toute l'omelette.*

49 *Autres indéfinis*

1. Ogni et ciascuno

▪ Ces adjectifs indéfinis signifient *chaque, tous (toutes) les ...*

Ogni est invariable et il est toujours suivi du singulier :

Viene ogni giorno. *Il vient tous les jours.*
Ogni volta è la stessa cosa. *C'est chaque fois la même chose.*

Ciascuno est beaucoup moins employé que **ogni** :

Ciascun [ogni] dossier venne esaminato con attenzione.
Chaque dossier fut examiné (tous les dossiers furent examinés) avec attention.

▪ Dans les cas suivants, **ogni** est suivi d'un mot ou d'une expression au pluriel :

Ognissanti *la Toussaint*
ogni due ore *toutes les deux heures*, **ogni tre giorni** *tous les trois jours*

2. Altro, i, a, e

Occorre altra (più) farina. *Il faut encore de la farine, davantage de farine.*
Occorrebbe un'altra farina. *Il faudrait une autre farine, une farine différente.*

---

1. On rencontre aussi **qualche** dans le sens de **certo, certa** :
Un prestito di una qualche (certa) importanza. *Un prêt d'une certaine importance.*
2. **Il più delle volte** *la plupart du temps* ; **per lo più** *le plus souvent, dans la plupart des cas* ; **per lo meno** *tout au moins, pour le moins* ; **i più** *la plupart des gens, le plus grand nombre*.
Ci sono più (parecchie) soluzioni. *Il y a plusieurs solutions.*
Retenons aussi l'emploi du pronom indéfini **niente** (**Niente mi piace.** *Rien ne me plaît.*) comme adjectif indéfini : **Per me niente vino.** *Pour moi pas de vin.*

3. Qualunque[1], qualsiasi[2]

Les adjectifs indéfinis **qualunque** et **qualsiasi** sont invariables. Ils ont la même significa-tion : *quelconque, n'importe lequel, lesquels, laquelle, lesquelles* :

Qualunque / qualsiasi aperitivo mi va purché sia servito con ghiaccio.
N'importe quel apéritif me va pourvu qu'il soit servi avec de la glace.

È maleducato. Telefona a qualsiasi / qualunque ora del giorno o della notte.
Il est mal élevé. Il téléphone à n'importe quelle heure du jour ou de la nuit.

4. Certo, i, a, e, diverso, i, a, e et vario, i, a, e

peuvent être également considérés comme des adjectifs indéfinis ayant la valeur de *quelques* :

Si venderanno diversi (vari, certi) prodotti a prezzo scontato.
On vendra divers (des, quelques...) produits à prix réduit.

Certo peut aussi avoir la valeur de **tale** :

Ti ha scritto un certo (un tale) signor Franceschini.
Un certain M. Franceschini t'a écrit.

---

1. **Qualunque** peut avoir une valeur péjorative : **È una persona qualunque.** *C'est un individu quelconque.* Ce mot peut aussi prendre la valeur d'un relatif : **Qualunque rappresentante passasse telefonami.** *Si un repré-sentant quelconque passe, téléphone-moi.*
2. Citons l'équivalent, rare, de **qualsiasi** : **qualsivoglia.**

EXERCICES EXERCICESEXERCICESE:

1 Remplacez qualche **par** alcuni **ou** alcune : ©

1. Ho scritto qualche lettera. **2.** Ogni settimana prendo qualche biglietto della lotteria. **3.** Ho dovuto aspettare qualche ora. **4.** C'era ancora qualche ritardata-rio. **5.** L'ho conosciuto a Milano qualche anno fa. **6.** C'è qualche problema. **7.** Ci rivedremo fra qualche giorno. **8.** Ho telefonato a qualche amica. **9.** Questa pubblicità è costata qualche centinaio di milioni. **10.** In Italia ho com-prato qualche paio di scarpe.

2 Complétez les mots et mettez les ver-bes entre parenthèses au présent de l'indicatif : ©

1. Ogni ragazz... (avere) un pallone. **2.** Qualch... ragazz... (giocare) con una bambola. **3.** Tutt... le colture (essere) rovinate. **4.** Qualche alber... (essere) stato piantato. **5.** In qualsiasi situazion... telefonami. **6.** Alcun... scuol... si abbo-nano a qualch... giornal... **7.** Non ogni lice... (avere) una palestra (gymnase). **8.** Poch... alunni leggono. **9.** Cert... bibliotec... hanno molt... libri. **10.** Per molt... mes... non ho visto nessun... amica.

3 Remplacez alcuni **ou** alcune **par** qual-che : ©

1. Leggerò alcuni romanzi di quest'autore. **2.** Conosco a memoria (par cœur) alcune poesie. **3.** Devo ancora leggere alcuni capitoli. **4.** Tradurrò alcuni versi. **5.** Dammi alcune spiega-zioni. **6.** Ci sono ancora alcuni errori. **7.** Ho notato alcuni titoli recenti. **8.** In questo volume mancano alcuni fogli. **9.** In questa biblioteca ci sono alcune novità. **10.** Ha aspettato solo alcuni minuti.

4 Traduisez :

1. Je n'ai aucune envie de me baigner (fare il bagno). **2.** Il y a peu de baigneurs (bagnante). **3.** Il y a peu de gens sur la plage. **4.** Il y a peu de voiliers (barca a vela). **5.** Il y a beaucoup de vagues (onda). **6.** En août, il y a beaucoup de touristes américains. **7.** Cette année, il y a eu beaucoup de vent dans la région. **8.** Il y a beaucoup de sable (la sabbia) sur cette plage. **9.** L'année dernière, il y avait trop de campeurs (campeggiatore). **10.** Trop de gens ne savent pas nager (nuotare).

5 Traduisez :

1. Per me niente zucchero ! Grazie ! 2. Sono stato molto cortese con lui ma non mi ha trattato con altrettanta gentilezza. 3. Per riuscire questa ricetta, devi mettere tanta acqua quanto latte. 4. Non hai messo abbastanza olio. 5. Si è messo a gridare senza alcuna ragione. 6. A che servono tanti consigli ? 7. Ogni mese si apre un nuovo bar. 8. Per Ognissanti porterò dei fiori sulla tomba di mia nonna. 9. Ogni volta che faccio il bucato (faire la lessive), piove. 10. Sbrigati (sbrigarsi, se dépêcher), occorrono altri mattoni (il mattone, la brique).

6 Traduisez : ©

1. Aucun homme n'est parfait. 2. Aucune solution n'est valable (valido). 3. Aucune erreur ne sera pardonnée (perdonare). 4. Il a commis quelques vols (furto) mais il n'a aucun remords (rimorso). 5. J'ai autant de cravates que de chemises. 6. Je paie mon assurance (assicurazione) tous les mois. 7. Je change de voiture tous les trois ans. 8. Voici un cadeau pour chaque enfant. 9. Ce n'est pas un auteur quelconque : il a eu un prix (premio) littéraire. 10. J'ai pris une revue quelconque, pour passer le temps.

7 Traduisez :

1. Non c'è abbastanza lavoro per tutti i disoccupati (chômeur) : bisogna creare più posti di lavoro. 2. Si dovrà pur trovare una qualche soluzione. 3. Hanno già speso parecchio denaro per risolvere il problema. 4. Questa famiglia prova molte difficoltà per vivere : tutti e tre i figli sono disoccupati e non hanno alcun diploma. 5. Mancano pochi secondi al lancio del razzo (fusée). 6. Ho tanta voglia di visitare la Sicilia. 7. Il più delle volte passo la domenica a casa. 8. Il treno passa ogni due ore. 9. Ha telefonato un certo Antonio. 10. C'è di là (dans la pièce à côté) un tale signor Andreini che ti aspetta da parecchio tempo.

8 Cochez la ou les bonnes traductions :

1. Il vient tous les jours :
☐ Viene ogni giorno.
☐ Viene ogni giorni.
☐ Viene tutti i giorni.

2. J'ai pris quelques figues :
☐ Ho preso qualche fico.
☐ Ho preso qualche fichi.
☐ Ho preso alcune fichi.
☐ Ho preso alcune fiche.

3. Il reste peu de crème :
☐ Resta poco panna.
☐ Resta poca panna.

4. Le voyage a duré quelques heures :
☐ Il viaggio è durato qualche ora.
☐ Il viaggio è durato alcune ore.

5. Il y avait beaucoup de gens :
☐ C'era molto gente.
☐ C'erano molta gente.
☐ C'era molta gente.

6. Je veux autant de poires que de pommes :
☐ Voglio altrettanto pere quante mele.
☐ Voglio altrettanto pere quanto mele.
☐ Voglio altrettanto pera quanto mela.
☐ Voglio altrettante pere quanto mele.
☐ Voglio altrettante pere quante mele.

7. Il y autant d'acteurs que de spectateurs :
☐ C'è altrettanto attore quanto spettatore.
☐ Ci sono altrettanto attori quanto spettatori.
☐ Ci sono altrettanti attori quanti spettatori.

8. Venez tous les deux :
☐ Venite tutte e due.
☐ Venite tutti e due.
☐ Venite tutt'e due.

9. Entrez toutes les trois :
☐ Entrate tutte e tre.
☐ Entrate tutt'e tre.
☐ Entrate tutti e tre.

10. On n'a trouvé aucune solution :
☐ Non è stata trovata nessuna soluzione
☐ Non è stata trovata alcuna soluzione.
☐ Nessuna soluzione è stata trovata.
☐ Alcuna soluzione è stata trovata.
☐ Alcuna soluzione non è stata trovata.
☐ Nessuna soluzione non è stata trovata.

VI. LES ADJECTIFS INTERROGATIFS ET EXCLAMATIFS

50 Formes des adjectifs interrogatifs et exclamatifs

INTERROGATIFS		EXCLAMATIFS	
MASCULIN	FÉMININ	MASCULIN	FÉMININ
S I N G Che giorno è ? Quale disco è ? Quanto vino ha bevuto ?	Che ora è ? Quale radio è ? Quanta birra ha bevuta ?	Che silenzio ! Quale coraggio ! Quanto rumore !	Che pace ! Quale gioia ! Quanta folla !
P L U R Che giochi conosci ? Quali libri vuoi ? Quanti posti ci sono ?	Che ore sono ? Quali opere leggi ? Quante pagine ci sono ?	Che ladri ! Quali artisti ! Quanti stranieri !	Che ladre ! Quali artiste ! Quante turiste !

51 Remarques sur l'emploi des adjectifs interrogatifs et exclamatifs

1. CHE

Che est invariable :

> **Che mestiere fai ?** *Quel métier fais-tu ?* **Che baccano !** *Quel tapage !*
> **Che marca è ?** *Quelle marque est-ce ?* **Che gioia !** *Quelle joie !*

N.B.
Dans la langue parlée, on trouve de plus en plus souvent **che** devant un adjectif :
Che bello ! *Que c'est, qu'il est beau !*
Che strano ! *Comme c'est étrange !*
Che simpatico ! *Que c'est, comme il est sympathique !*

2. QUALE

Quale s'accorde en nombre : singulier masculin et féminin : **quale**
pluriel masculin et féminin : **quali**

INTERROGATIF	EXCLAMATIF
Quale strada prendi ? *Quelle route prends-tu ?* **Quali soluzioni vedi ?** *Quelles solutions vois-tu ?*	**Quale audacia !** *Quelle audace !* **Quale trionfo !** *Quel triomphe !*

N.B.
• **Quale** est la forme la plus courante mais on trouve aussi **qual** [1] :
Qual buon vento ti porta ? *Quel bon vent t'amène ?*
Qual errore venire proprio oggi ! *Quelle erreur de venir justement aujourd'hui !*

• **Quale** et **che** exclamatifs :
On dira : **Quale** (ou **che**) **spettacolo !** *Quel spectacle !*
Mais avec un substantif précédé d'un adjectif, on préfère **che** à **quale** :
Che bello spettacolo ! *Quel beau spectacle !*

---

1. La forme **qual'**, qu'on rencontre parfois, est considérée comme erronée.

3. QUANTO

⚠ Quanto s'accorde en genre et en nombre : **quanto, quanti, quanta, quante**.

INTERROGATIF	EXCLAMATIF
Quante persone ci sono ? *Combien de personnes y a-t-il ?*	Quanta gente ! *Que de gens !*
Quanti bambini ? *Combien d'enfants ?*	Quanti turisti ! *Que de touristes !*
Quanti anni hai ? *Quel âge as-tu ?*	Quante bugie ! *Que de mensonges !*

N.B.
Le *de* français ne se traduit pas : *Que de gens !* **Quanta gente !** *Que d'eau !* **Quant'a̲cqua !**

4. On emploie ces adjectifs interrogatifs dans les propositions interrogatives indirectes :

Mi domando che piacere trova ad arrabbiarsi sempre.
Je me demande quel plaisir il trouve à se mettre toujours en colère.

Vorrei sapere a quali conclusioni sono giunti i tuoi colleghi.
Je voudrais savoir à quelles conclusions ont abouti tes collègues.

Gli chiesi quante paste aveva/avesse mangiato.
Je lui demandai combien de gâteaux il avait mangés/il avait bien pu manger.

EXERCICES EXERCICESEXERCICESEXE

1 Complétez par l'adjectif interrogatif ou exclamatif :

1. ... tipo di lavoro è ? **2.** ... problema c'è ? **3.** ... giorno è ? **4.** ... agenzia organizza il via̲ggio ? **5.** In ... anno è stata costruita questa torre ? **6.** In ... mese sei nato ? **7.** In ... periodo hanno distrutto il palazzo ? **8.** ... bella sorpresa ! **9.** ... begli occhi ! **10.** In ... stato l'ho trovato !

2 Mettez l'adjectif quanto **à la forme qui convient :** ©

1. Quant... progressi ! **2.** Quant... guide ci accompagneranno ? **3.** Fra quant... tempo tornerai ? **4.** Fra quant... giorni partirai ? **5.** In quant... ore sei venuto ? **6.** Quant... sforzi inu̲tili ! **7.** Quant... gente in piazza ! **8.** Quant... dolore per tutti ! **9.** Quant... gioielli (bijoux) in vetrina ! **10.** Quant... fontane a Roma !

3 Traduisez :

1. Quelle route as-tu choisie ? **2.** Quelle heure est-il ? **3.** Quelle émission (trasmissione) préfères-tu ? **4.** Quelle chaîne (canale, masc.) regarderas-tu ce soir à la télé ? **5.** Quels programmes avez-vous vus ? **6.** Quels logiciels (programma d'informa̲tica) connais-tu ? **7.** Combien de disquettes (fl̲oppy disk) as-tu ? **8.** Combien de beurre veux-tu ? **9.** Depuis combien de temps est-il parti ? **10.** Combien d'heures durera le vol ?

4 Traduisez :

1. Quel ennui ! **2.** Quel paresseux (pigrone) ! **3.** Quelle horreur ! **4.** Quel grand travail ! **5.** Quel beau tableau (quadro) ! **6.** Quels idiots (idiota) ! **7.** Quelles menteuses (bugiarda) ! **8.** Que de problèmes ! **9.** Que de difficultés ! **10.** Que de piétons (pedone) !

5 Complétez : ©

1. Ho molti amici. - Quant... ? **2.** Abbiamo poco denaro. - Quant... ? **3.** Vorrei un po' di vino. - Quant... ? **4.** Manca qualche se̲dia. - Quant... ? **5.** Ho mangiato troppe ar̲ance. - Quant... ? **6.** Vo̲glio un poco di farina. - Quant... ?

LES PRONOMS

I. LES PRONOMS PERSONNELS

A Les pronoms personnels sujets

52 *Formes des pronoms personnels sujets*

SINGULIER		PLURIEL	
io	*je, moi*	**noi**	*nous*
tu	*tu, toi*	**voi**	*vous*
egli, esso, lui	*il, lui*	**essi, loro**	*ils, eux*
essa, lei, [ella]	*elle*	**esse, loro**	*elles*

Formes de politesse (cf. § 188) :

Lei (Ella)	*vous*	**Loro**	*vous*

53 Emploi des pronoms personnels sujets

1. Comme la terminaison du verbe suffit, en général, à indiquer la personne sans ambiguïté, on emploie rarement le pronom sujet en italien.

On l'utilise cependant :

■ pour mettre le sujet en valeur :

Tu ti diverti mentre io lavoro. *Toi tu t'amuses pendant que moi je travaille.*

Lo dici tu. *C'est toi qui le dis.*

■ pour éviter toute confusion lorsque les formes verbales sont identiques, c'est-à-dire aux trois premières personnes du subjonctif présent et aux deux premières personnes du subjonctif imparfait (cf. § 90,2-3) :

Bisogna che io risponda, che tu risponda, ch'egli risponda.
Il faut que je réponde, que tu répondes, qu'il réponde.

Bisognava che io rispondessi, che tu rispondessi.
Il fallait que je répondisse, que tu répondisses.

■ pour distinguer le masculin du féminin si le contexte l'exige :

È francese ? Chi ? Lui o lei ? *Il (elle) est français(e) ? Qui ? Lui ou elle ?*

(Évidemment, en français, l'ambiguïté n'existe pas.)

Lui è geloso ma lei non se ne preoccupa. *Il est jaloux mais elle ne s'en soucie pas.*

Mais **loro** étant commun au féminin et au masculin pluriel, la difficulté demeure :

Loro sono spesso assenti il sabato. *Ils (elles) sont souvent absent(e)s le samedi.*

2. Egli, ella, lui, lei et **loro** ne s'emploient que pour les personnes.
Esso, essa, essi et **esse** s'emploient pour les personnes et pour les choses.
Lui, lei et **loro** sont en principe des formes de pronoms personnels compléments, mais on les emploie aussi comme pronoms sujets :

Quando sono partiti ? Lui è partito alle 7 e lei alle 8.
Quand sont-ils partis ? Il (lui) est parti à 7 heures et elle à 8 heures.

N.B.
● Traduction de *c'est moi, c'est toi,* etc. cf. § 184.

Chi è ? Sono io.	**Sei tu ?**	**Chi parte ? Lui.**
Qui est-ce ? C'est moi.	*C'est toi ?*	*Qui part ? C'est lui.*

● L'Italien n'apporte pas la même attention que le Français à se nommer après les autres :

Siamo arrivati io e mia moglie con il treno delle 20.30.
Nous sommes arrivés, ma femme et moi, par le train de 20 heures 30.

Mais on rencontre aussi : **... mia moglie ed io ...**

● Pour la forme dite de politesse (« **forma di cortesia** », troisième personne, forme **Lei** au singulier, **Loro** au pluriel), cf. § 188.

Chi ha gridato ? Lei ? *Qui a crié ? C'est vous ?*
Lei è molto prudente. *Vous êtes très prudent(e).*

B Les pronoms personnels compléments

54 Formes des pronoms personnels compléments _____

L'italien, comme le français, possède deux séries de pronoms personnels compléments :
les formes faibles et les formes fortes.

Les formes faibles se placent toujours avant le verbe. Les formes fortes se placent toujours après ; mais **loro** *leur, (à) eux, (à) elles,* qui a, selon le contexte, valeur de forme faible ou de forme forte, se place **toujours** après le verbe (cf. § 58).

FORMES FAIBLES			FORMES FORTES	
COMPLÉMENTS DIRECTS		COMPLÉMENTS INDIRECTS		
	mi *me*		**me**	*(à) moi*
	ti *te*		**te**	*(à) toi*
masc. **lo** *le*		**GLI** *lui*	**lui**	*(à) lui*
fém. **la** *la*		**LE** *lui*	**lei**	*(à) elle*
	ci *nous*		**noi**	*(à) nous*
	vi *vous*		**voi**	*(à) vous*
masc. **li** *les*		**loro** *leur* (toujours	**loro**	*(à) eux*
fém. **le** *les*		placé après le verbe)		*(à) elles*

Formes de politesse (cf. § 188) :

sing.	**La** *vous*	**Le** *vous*	**Lei** *(à) vous*
plur.	**Le** *vous*	**Loro** *vous*	**Loro** *(à) vous*

55 Formes des pronoms personnels groupés _____

 Les pronoms personnels compléments indirects faibles, à l'exception de **loro**, changent de forme quand ils sont suivis des pronoms compléments directs **lo, la, le, li, ne** : le **i** se transforme en **e** devant le pronom.

Gli et **le** prennent une forme commune : **glie-**

	lo	la	li	le	ne
mi	me lo	me la	me li	me le	me ne
ti	te lo	te la	te li	te le	te ne
gli	**GLIELO**	**GLIELA**	**GLIELI**	**GLIELE**	**GLIENE**
le	**GLIELO**	**GLIELA**	**GLIELI**	**GLIELE**	**GLIENE**
ci	ce lo	ce la	ce li	ce le	ce ne
vi	ve lo	ve la	ve li	ve le	ve ne

 On voit donc que ces pronoms sont séparés aux deux premières personnes du singulier et du pluriel, et accolés à la troisième personne du singulier :

Me lo dirà. *Il me le dira.*   **Glielo dirà.** *Il le lui dira (à lui ou à elle).*

Toutefois, à toutes les personnes, ces pronoms s'accolent à l'infinitif, au gérondif, à l'impératif (cf. § 61).

56 Emploi des formes faibles

Elles peuvent être compléments directs ou indirects.

Que les pronoms soient compléments directs ou indirects, les formes faibles sont identiques sauf à la troisième personne du singulier et du pluriel :

COMPLÉMENTS DIRECTS	COMPLÉMENTS INDIRECTS
Non mi saluta mai. (masc. ou fém.) *Il ne me salue jamais.*	**Mi parla spesso.** (masc. et fém.) *Il me parle souvent.*
Quando lo vedrò l'inviterò [1]. (masc.) *Quand je le verrai, je l'inviterai.*	**Se vedrò mio padre gli parlerò di te.** *Si je vois mon père, je lui parlerai de toi.*
Quando la vedrò l'inviterò [1]. (fém.) *Quand je la verrai, je l'inviterai.*	**Se vedrò mia madre le parlerò di te.** *Si je vois ma mère, je lui parlerai de toi.*
Li incontro al caffè. (masc.) *Je les rencontre au café.*	**Risponderò loro domani.**
Le vedo dalla finestra. (fém.) *Je les vois de ma fenêtre.*	*Je leur* (masc. ou fém.) *répondrai demain.*

N.B.

• La troisième personne du singulier est différente au masculin (**gli**) et au féminin (**le**).

Mais les pronoms personnels **gli** et **le** prennent la forme commune **glie-** lorsqu'ils sont groupés avec les pronoms **lo, la, li, le, ne** :

Se vedrò mio fratello glielo dirò.   **Se incontrerò mia sorella glielo dirò.**
Si je vois mon frère je le lui dirai.   *Si je rencontre ma sœur je le lui dirai.*

• Ne pas confondre le pronom complément indirect **gli** (masc. sing.), et le pronom complément direct **li** (masc. plur.) :

Gli telefono spesso.   **Li vedo spesso.**
Je lui téléphone souvent (à lui).   *Je les vois souvent (eux).*

• De même, attention à la forme **le** :

Le telefonerò lunedì.   **Le rivedrò domenica.**
Je lui téléphonerai lundi (à elle).   *Je les reverrai dimanche (elles).*

• Place des formes faibles avec l'infinitif, l'impératif, le gérondif et le participe passé absolu cf. § 61.

• Traduction du pronom neutre français *le* :

— Il ne se traduit pas quand il rappelle des mots ou des phrases déjà cités :

Come si dice.   **Come tutti sanno.**   **Si vede bene.**
Comme on le dit.   *Comme chacun le sait.*   *On le voit bien.*

— Lorsqu'il est attribut, on peut reprendre l'adjectif :

Sei stanco ? Sì, sono stanco. *Tu es fatigué ? Oui, je le suis.*

ou employer le pronom, comme en français :

Si crede intelligente ma non lo è. *Il se croit intelligent mais il ne l'est pas.*

• Les pronoms peuvent servir à exprimer la possession :

Legge tutti i libri che gli capitano a portata di mano.
Il lit tous les livres qui tombent à portée de sa main.

Mi è morto il gatto. *Mon chat est mort.*

Le è nata una bambina. *Elle a eu une fille.*

---

1. Remarquons l'élision de **lo** et de **la** devant une voyelle. Cette élision n'est pas obligatoire.

57 Emploi des formes fortes

Elles peuvent être compléments directs ou indirects comme les formes faibles.
Elles sont toujours placées après le verbe.

1. Compléments directs

Elles sont employées :

■ pour insister, mettre en valeur, opposer, etc. :

Ho visto te. *C'est toi que j'ai vu.*

par opposition à : **Ti ho visto.** *Je t'ai vu.*

Portarono lei a casa e lui all'ospedale.
Elle, on la reconduisit à son domicile et lui, on le transporta à l'hôpital.

Ascoltami, parlo a te. *Écoute-moi, c'est à toi que je parle.*

■ dans certaines expressions exclamatives :

Povero me !	**Poveri noi !**	**Beato lui !**
Pauvre de moi !	*Pauvres de nous !*	*Il a de la chance !*

■ dans les comparaisons avec **quanto** et **come** :

Questo negoziante è ricco quanto (come) me.
Ce commerçant est aussi riche que moi.

■ avec **anche, pure, neanche, neppure, nemmeno** :

Neanche lei è venuta. Anch'io l'ho notato.
Elle non plus n'est pas venue. Moi aussi je l'ai remarqué.

> **N.B.**
> Ne pas confondre le pronom sujet et le pronom complément :
>
> **Abitiamo insieme io e Luigi.**   **Il vigile ci ha fermati me e Luigi.**
> *Nous habitons ensemble, Louis et moi.*   *L'agent nous a arrêtés Louis et moi.*
>
> Dans le premier cas, **io** est sujet, dans le deuxième, **me** est complément.

2. Compléments indirects

Les formes fortes sont employées après les prépositions :

Pensi troppo a lui. *Tu penses trop à lui.*

Vieni a mangiare da me. *Viens manger chez moi.*

Vieni con me. *Viens avec moi.*

Fidati di me ! *Aie confiance en moi !*

58 Emploi de « loro »

1. Loro a, selon le contexte, valeur de forme forte ou de forme faible.
Il est toujours placé après le verbe.

Ho detto loro la verità. *Je leur ai dit la vérité.*

ou

C'est à eux que j'ai dit la vérité.

On peut faire précéder **loro** de la préposition **a** lorsque le pronom suit le complément :

Ho detto tutta la verità a loro. *C'est à eux que j'ai dit toute la vérité.*

2. Loro est à la fois le pronom personnel de la troisième personne du pluriel masculin et du pluriel féminin :

Non ho più visto i miei amici da due anni ma scrivo loro ogni mese.
Je n'ai plus vu mes amis depuis deux ans mais je leur écris tous les mois.

Appena conoscerò l'indirizzo di queste persone, scriverò loro.
Dès que je connaîtrai l'adresse de ces personnes, je leur écrirai.

3. Loro ou **gli** ?

⚠ Dans le langage parlé, mais aussi à l'écrit, on trouve souvent **gli** à la place de **loro** :

Al mio arrivo ho telefonato loro./Al mio arrivo gli ho telefonato.
A mon arrivée, je leur ai téléphoné.

Fanno quello che pare loro./Fanno quello che gli pare.
Ils font ce qu'ils veulent (ce que bon leur semble).

Comme il y a un risque de confusion entre cet emploi de **gli** et le pronom personnel complément indirect de la troisième personne du masculin singulier, on n'abusera pas de cet usage que condamnent les puristes. Mais il faut connaître ce sens de **gli**.

59 *Emploi du pronom réfléchi « si »*

1. Forme faible **si** (cf. § 106)

Si pettina. *Il se coiffe.*   **Si curano.** *Ils se soignent.*

Lorsque le pronom réfléchi **si** est suivi d'un des pronoms compléments **lo, la, li, le, ne,** il se transforme en **se** et se place toujours avant :

Se lo chiede.   **Se lo prende.**   **Se ne serve.**
Il se le demande.   *Il le prend pour lui.*   *Il s'en sert.*

En revanche il se place toujours après **mi, ti, gli, le, ci, vi** :

Gli si provò il contrario.   **Le si disse di riflettere.**
On lui prouva le contraire (à lui).   *On lui dit de réfléchir (à elle).*

2. Forme forte **sé**

Le pronom **sé** traduit :

■ le réfléchi français *soi* renvoyant à *on* ou à un autre indéfini :

Non si deve sempre pensare a sé. Bisogna anche pensare agli altri.
On ne doit pas toujours penser à soi. Il faut aussi penser aux autres.

Ognuno per sé, Dio per tutti.
Chacun pour soi, Dieu pour tous.

■ les pronoms personnels *lui, elle, eux, elles* renvoyant au sujet du verbe :

Parla soltanto di sé. *Il (elle) ne parle que de lui (que d'elle).*

Pensano solo a sé. *Ils (elles) ne pensent qu'à eux (qu'à elles).*

Pensano solo a se [1] **stessi e mai agli altri.**
Ils ne pensent qu'à eux-mêmes et jamais aux autres.

■ A la forme de politesse on a :

Signora, pensi di più a se stessa. *Madame, pensez davantage à vous-même.*

---

1. Lorsque **se** est suivi de **stesso**, il ne porte plus l'accent sur le **e**.

60 Emploi des pronoms personnels invariables « ne », « ci », « vi ».

1. NE

⚠️ ■ Le pronom personnel **ne** correspond au pronom français *en* :

Ne voglio ancora. *J'en veux encore.*

Perché non me ne parli ? *Pourquoi ne m'en parles-tu pas ?*

■ Traduction de *il y en a* :

— Au singulier, *il y en a* se traduit par **ce n'è** :

Vorrei un pane. Ce n'è ancora uno. Mi dispiace non ce n'è più.
Je voudrais un pain. Il y en a encore un. Je regrette il n'y en a plus.

— Au pluriel, *il y en a* se traduit par **ce ne sono** :

Non ci sono più prodotti genuini. Ce ne sono ancora. Basta cercarli.
Il n'y a plus de produits naturels. Il y en a encore. Il suffit de les chercher.

N.B.
• Au pluriel, l'italien fait l'accord du participe passé :
Bugiardi come questi non ne avevo mai incontrati.
Des menteurs comme eux, je n'en avais jamais rencontré.

• Dans certaines tournures idiomatiques, le pronom français *en* est rendu par **lo** ou **la** :
Finiamola. *Finissons-en.*

prendersela con uno *s'en prendre à quelqu'un*, **cavarsela** *s'en tirer, s'en « sortir »*

Avete la macchina ? No, non l'abbiamo. *Vous avez une voiture ? Non, nous n'en avons pas.*
On entend aussi, très souvent : **Non ce l'abbiamo.**

Cercava delle prove. Non le ha trovate. *Il cherchait des preuves, il n'en a pas trouvé.*

■ Exemple de conjugaison d'un verbe construit avec **ne** : **rallegrarsene** [1] *s'en réjouir.*
— présent de l'indicatif :

me ne rallegro	te ne rallegri	se ne rallegra
ce ne rallegriamo	ve ne rallegrate	se ne rallegrano

— impératif affirmatif :

	rallegratene	se ne rallegri (Lei)
rallegriamocene	rallegratevene	se ne rallegrino (Loro)

— impératif négatif :

	non rallegrartene	non se ne rallegri (Lei)
non rallegriamocene	non rallegratevene	non se ne rallegrino (Loro)

2. CI et VI

■ **Ci** et **vi** correspondent au pronom français *y, à cela* :

Ci penso (vi penso). *J'y pense.*

---

1. Les verbes qui suivent ce modèle de conjugaison ne sont pas très nombreux mais ils sont couramment employés : **accontentarsene** *s'en contenter*, **accorgersene** *s'en apercevoir*, **affliggersene** *s'en affliger*, **allontanarsene** *s'en éloigner*, **andarsene** *s'en aller*, **approfittarsene** *en profiter*, **avvicinarsene** *s'en approcher*, **correggersene** *s'en corriger*, **distogliersene** *s'en détourner*, **dolersene** *s'en plaindre*, **fregarsene**, **infischiarsene** *s'en moquer (s'en ficher, pop.)*, **inorgoglirsene** *s'en enorgueillir*, **lusingarsene** *s'en flatter*, **mettersene** *s'en mettre*, **occuparsene** *s'en occuper*, **offendersene** *s'en offusquer*, **pentirsene** *s'en repentir (le regretter)*, **persuadersene** *s'en persuader*, **preoccuparsene** *s'en soucier*, **procurarsene** *s'en procurer*, **ricordarsene** *s'en souvenir*, **servirsene** *s'en servir*, **soddisfarsene** *s'en satisfaire*, **staccarsene** *s'en détacher*, **valersene** *s'en prévaloir*, **vantarsene** *s'en vanter*, **vergognarsene** *en avoir honte*, etc.

Ci (vi) rifletterò. *J'y réfléchirai.*   **Ci (vi) si penserà.** *On y pensera.*

N.B.

Dans de nombreuses expressions *y* ne se traduit pas par **vi** ou **ci** :

J'y suis (je comprends). **Ora capisco.**
Il s'y connaît. **Se ne intende.**
Ça y est (c'est fait). **Ecco fatto.**
Y compris la TVA. **IVA compresa.**
Ne vous y fiez pas. C'est un hypocrite. **Non vi fidate di lui. È un ipocrita.**

■ Exemple de conjugaison d'un verbe se construisant avec **ci** ou **vi** : **abituarvisi** [1] *s'y habituer.*

— présent de l'indicatif :

mi ci abituo	**ti ci abitui**	**ci si abitua**
vi ci abituiamo	**vi ci abituate**	**vi si (ci si) abituano**

— impératif affirmatif :

	abituatici (tu)	**ci si abitui (Lei)**
abituiamovici (noi)	**abituatevici (voi)**	**ci si abituino (Loro)**

— impératif négatif :

	non abituartici/	**non ci si abitui (Lei)**
	non ti ci abituare	
non abituiamovici (noi)	**non abituatevici (voi)**	**non ci si abituino (Loro)**

61 Place des pronoms personnels faibles par rapport aux verbes

1. Conjugaisons pronominales : cf. § 106

2. Enclise du pronom personnel

a) A l'exception de **loro,** qui est à la fois une forme faible et une forme forte, les formes faibles des pronoms personnels sont accolées au verbe à l'infinitif, à l'impératif, au gérondif et au participe passé absolu.

■ A l'infinitif :

Dovrete alzarvi alle sei. *Vous devrez vous lever à six heures.*

Ti prego di scusarmi. *Je te prie de m'excuser.*

Devi rendercelo. *Tu dois nous le rendre.*

Non puoi darglielo ? *Tu ne peux pas le lui donner (à lui ou à elle) ?*

Exemple de conjugaison d'un infinitif avec des pronoms personnels groupés :

mostrarmelo (la, li, le)	**mostrarcelo (la, li, le)**
mostrartelo (la, li, le)	**mostrarvelo (la, li, le)**
mostrarglielo (la, li, le)	**mostrarlo (la, li, le) (a) loro**

■ A l'impératif :

Parlami.	**Rispondigli.**	**Scrivile.**
Parle-moi.	*Réponds-lui (à lui).*	*Écris-lui (à elle).*

---

1. Quelques verbes suivent ce modèle : **rassegnarcisi** *s'y résigner,* **bagnarcisi** *s'y baigner,* **tuffarcisi** *y plonger,* **lavarcisi** *s'y laver,* **riposarcisi** *s'y reposer,* etc.
Dans **abituarcisi** *s'y habituer* ou **rassegnarcisi** *s'y résigner, y* est pronom (on s'habitue, on se résigne à quelque chose) ; dans **lavarcisi** *s'y laver,* **ritrovarcisi** *s'y retrouver,* **riposarcisi** *s'y reposer,* etc., *y* est adverbe : on se baigne, on plonge, on se lave, on se repose dans quelque chose, à un endroit donné.

Lavati le mani.	**Togliti le scarpe.**	**Ascoltateci.**	
Lave-toi les mains.	*Ôte tes chaussures.*	*Écoutez-nous.*	
Parlamene.	**Scriviglielo.**	**Datecela.**	
Parle-m'en.	*Écris-le-lui (à lui ou à elle).*	*Donnez-la-nous.*	

Exemple de conjugaison de l'impératif avec des pronoms personnels groupés :

(tu)	**(lei)**	**(noi)**	**(voi)**
spiegamelo	me lo spieghi		spiegatemelo
spiegaglielo	glielo spieghi	spieghiamoglielo	spiegateglielo
spiegacelo	ce lo spieghi	spieghiamocelo	spiegatecelo
spiegalo (a) loro	lo spieghi (a) loro	spieghiamolo (a) loro	spiegatelo (a) loro

N.B.

• Impératifs monosyllabiques :

Lorsque le pronom personnel faible est uni à une forme verbale monosyllabique, il y a redoublement de la consonne initiale du pronom :

andare :	**va** →	**vacci** *vas-y*		
dare	: **da'** →	**dammi** *donne-moi*	**dacci** *donne-nous*	**dallo** *donne-le*
dire	: **di'** →	**dimmi** *dis-nous*	**dicci** *dis-nous*	**dillo** *dis-le*
fare	: **fa'** →	**fammi** *fais-moi*	**falla** *fais-la*	**fallo** *fais-le*
stare	: **sta'** →	**stammi vicino**	**stacci** *restes-y*	
		reste à côté de moi		

Avec le pronom masculin **gli**, il n'y a pas de redoublement du **g** :

Tuo figlio ha bisogno di denaro, dagli diecimila lire.
Ton fils a besoin d'argent, donne-lui dix mille lires.

En revanche, au féminin, le pronom **le** redouble le **l** :

Tua figlia ha bisogno di denaro, dalle diecimila lire.
Ta fille a besoin d'argent, donne-lui dix mille lires.

Mais lorsque le pronom personnel de la troisième personne est groupé avec un autre pronom, la forme est identique au masculin et au féminin (cf. § 55) :

Se tua figlia (tuo figlio) vuole questo quadro, daglielo.
Si ta fille (ton fils) veut ce tableau, donne-le-lui.

• Remarquons aussi les formes **eccolo** *le voilà*, **eccola** *la voilà*, **eccoli** *les voilà (eux)*, **eccole** *les voilà (elles)*, **eccoci** *nous voilà*.

■ Au gérondif :

inginocchiandosi	**telefonandoci**	**dicendotelo**
en s'agenouillant	*en nous téléphonant*	*en te le disant*

Exemple de conjugaison du gérondif avec des pronoms personnels groupés :

spiegandomelo (la, li, le)	spiegandocelo
spiegandotelo	spiegandovelo
spiegandoglielo	spiegandolo (a) loro

■ Au participe passé [1] absolu (cf. § 124) :

Vestitosi in fretta chiamò un taxi ed uscì di corsa.
S'étant habillé en toute hâte il appela un taxi et sortit en courant.

---

1. L'usage ancien admettait le pronom faible avec d'autres formes verbales. Il reste des formes archaïques : **affittasi autorimessa** *garage à louer*, **noleggiasi camioncino** *camionnette à louer*, **vendesi terreno** *terrain à vendre*. D'ordinaire, on fait l'accord : **affittansi appartamenti ammobiliati** *appartements meublés à louer*.

b) Les formes fortes ne s'accolent pas au verbe :

Guardate lei, non me. *C'est elle que vous devez regarder, pas moi.*

■ **Loro** étant une forme forte, même quand il est employé comme une forme faible, il ne s'accole jamais au verbe :

Dovresti parlare loro. Ti ascolteranno. *Tu devrais leur parler. Ils t'écouteront.*

Lo dovresti dire a loro. ⎱
Dovresti dirlo a loro [1]. ⎰ *Tu devrais le leur dire.*

■ L'accent tonique de la forme verbale ne se déplace pas :

mostra	mostrami	mostramelo	telefona	telefonami	telefonamelo
montre	*montre-moi*	*montre-le-moi*	*téléphone*	*téléphone-moi*	*téléphone-le-moi*

3. Pronoms placés entre deux verbes

Avec les verbes **andare** *aller*, **cominciare** *commencer*, **dovere** *devoir*, **finire** *finir*, **mandare** *envoyer*, **potere** *pouvoir*, **sapere** *savoir*, **venire** *venir*, **volere** *vouloir*, etc., le pronom personnel complément faible peut occuper des places différentes :

Non posso ancora dirvi nulla. ⎱
Non vi posso ancora dire nulla. ⎰ *Je ne peux encore rien vous dire.*

Arriva alla stazione alle due. ⎰ **Lo devo andare a prendere con la macchina.**
⎱ **Devo andarlo a prendere con la macchina.**
⎰ **Devo andare a prenderlo con la macchina.**

Il arrive à la gare à 2 heures. *Je dois aller le prendre avec ma voiture.*

1. On entend aussi **dovresti dirglielo** (cf. § 58,3).

EXERCICES EXERCICESEXERCICESEXE

1 Traduisez :

1. Il faut que je parte tout de suite. **2.** Il faut que tu partes avant (prima di) demain. **3.** C'est toi qui dois partir ; moi, je reste. **4.** C'est toi que je veux voir, pas ton frère. **5.** C'est elle que je veux rencontrer, pas sa mère. **6.** C'est lui qui a gagné (vincere, vinto) ; toi, tu as perdu. **7.** C'est elle qui doit répondre, pas son père. **8.** C'est nous qui paierons, pas eux. **9.** Ce sont eux qui ont tort, pas vous. **10.** Moi, je refuse (rifiutare) de payer ; toi, tu feras ce que tu voudras. **11.** C'est vous qui avez raison. **12.** Nous, nous avons travaillé, pendant que vous, vous vous amusiez. **13.** Eux, ils sont riches, nous au contraire (invece), nous sommes pauvres. **14.** C'est à lui que je veux parler. **15.** C'est à elle que je dois écrire. **16.** Les coupables (colpevole), ce sont eux, je les reconnais. **17.** Ce cadeau (regalo) est pour eux. Je n'ai rien pour toi. **18.** Je veux partir en vacances sans (senza di) elles. **19.** Vous, vous parlez ainsi (così) parce que vous êtes jeunes.

20. Elle est différente de (diverso da) lui mais je m'entends bien avec eux.

2 Traduisez : ©

1. Qui est-ce ? C'est nous. **2.** Qui était-ce ? C'était moi. **3.** Qui est d'accord ? Moi. **4.** Qui veut répondre ? Nous. **5.** Mes amis et moi sommes en voyage. **6.** C'est moi qui ait fait ce dessin. **7.** Ce tableau (quadro) est beau. C'est lui qui l'a peint (dipinto). **8.** Eux aussi sont fatigués. **9.** Le maire (sindaco) nous a invités, ma femme et moi. **10.** Mon mari et moi prenons l'avion.

3 Complétez par le pronom personnel qui convient : ©

1. Incontro i miei amici ogni sera. ... incontro ogni sera. **2.** Invitiamo le nostre amiche ogni domenica. ... invitiamo ogni domenica. **3.** Sento spesso questo cantante alla radio. ... sento spesso alla radio. **4.** Non vediamo mai questa cantante in TV. Non ... vediamo mai in TV.

5. Devo portare questi fiori a mia madre. Devo portar ... a mia madre. **6.** Oggi devo leggere delle riviste. Devo legger ... . **7.** È sporca questa tavola. Pulisci ... . **8.** Questi bicchieri sono vuoti. Riempi ... . **9.** Perché non lo interroghi ? Interrogando ... imparerai molte cose. **10.** È utile leggere i giornali. Leggendo ... si impara a conoscere la società.

4 Même exercice : ©

1. Telefono alla mia fidanzata ogni mattina. ... telefono ogni mattina. **2.** Parlo con il direttore ogni giorno. ... parlo ogni giorno. **3.** Parla con noi quando c'incontriamo. ... parla. **4.** Telefona ai genitori dall'estero (étranger). Telefona ... dall'estero. **5.** Ogni sabato porta dei fiori alla moglie. ... porta dei fiori ogni settimana. **6.** D'estate scrivo delle cartoline ai colleghi. Spedisco ... delle cartoline. **7.** Perché scrivi a tua nonna ? Faresti meglio a telefonar ... **8.** Perché telefoni a tuo nonno che è sordo ? Faresti meglio a scriver ... **9.** Non sai cosa regalare a tuo marito ? Regala ... una pipa. **10.** Per la festa di tua sorella regala ... un profumo. **11.** Aspettiamo la vostra risposta. Rispondete ... per favore. **12.** Se Maria ti fa dei rimproveri rispondi ... a tono (sur le même ton). **13.** Hai perduto troppo tempo per rispondere a questo cliente. Rispondi ... oggi. **14.** Se incontri il mio padrino (parrain), di ... che ... telefonerò stasera. **15.** Se vedi la mia madrina, di ... che andrò a veder ... giovedì. **16.** Sappiamo che ci hai nascosto la verità. Faresti meglio a dir ... la verità. **17.** Ti telefonerò. Da ... il tuo numero. **18.** Vi scriverò. Date ... il vostro indirizzo. **19.** È troppo caro per me. Fate ... uno sconto (réduction). **20.** Voglio una risposta definitiva. Stasera fa ... conoscere la tua decisione.

5 Même exercice avec les pronoms personnels groupés : ©

1. Devi rendermi il libro che ti ho prestato. Rendi ... subito. **2.** Devi renderci il disco che ti abbiamo prestato. Rendi ... subito. **3.** Mi dovete rendere il romanzo che vi ho prestato. Rendete ... per favore. **4.** Ci serve il floppy disk (disquette) che vi abbiamo prestato. Rendete ... . **5.** Il bibliotecario chiede il dizionario che hai preso. Porta ... . **6.** La professeressa aspetta il tuo compito. Porta ... subito. **7.** Vorrei conoscere il risultato.

Telefona ... appena lo conoscerai. **8.** Su (allons) telefona i risultati dell'esame a mia sorella. Telefona ... . **9.** Vorrei sapere se ci sarà un concorso quest'anno. Informati e fa ... sapere. **10.** Ho dimenticato gli occhiali. Non riesco a leggere questa lettera. Leggi ... .

6 Même exercice : ©

1. Non riesco a leggere la targa della macchina. Leggete ... . **2.** Il viaggio che hai fatto m'interessa. Descrivi ... . **3.** Il vostro programma ci interessa. Descrivete ... . **4.** Se vuoi ch'io ti aiuti devi parlarmi delle tue difficoltà. Devi parlar ... . **5.** Se volete che l'avvocato vi aiuti dovete parlare delle vostre difficoltà. Dovete parlar ... . **6.** Perché non hai parlato dei tuoi disturbi al medico ? Bisognava parlar ... . **7.** Perché non vuoi abituarti a questo genere di vita ? Devi abituar ... . **8.** Hai torto di non pensare all'avvenire. Devi preoccupar ... . **9.** Avete torto di non pensare all'avvenire. Dovete preoccupar ... . **10.** Ha torto di non pensare all'avvenire dovrebbe preoccupar ... .

7 Même exercice :

1. Voglio vedere il tuo disegno. Fa ... vedere. **2.** Vogliamo vedere i vostri disegni. Fate ... vedere. **3.** Non conosco il tuoi segreti. Di ... . **4.** Non conosciamo il tuo nome. Di ... . **5.** Non conosco questa specialità. Fa ... assaggiare (goûter). **6.** Non abbiamo ancora mangiato la torta. Fate ... assaggiare. **7.** Ho bisogno di un po' d'acqua. Da ... . **8.** Perché non dai il giornale a tua sorella ? Da ... . **9.** Non vuoi dare i dischi a Luca ? Da ... . **10.** Belli questi acquerelli ! Se tu fossi gentile ... daresti uno.

8 Rayez le pronom personnel qui ne convient pas : ©

1. Dovrà camminare dietro di lei/sé. **2.** Per non cadere devono guardare sempre davanti a loro/sé. **3.** Una roccia è caduta dietro di lui/sé. **4.** Ad un certo momento sentì un rumore dietro di lui/sé. **5.** Le ragazze spingevano la carrozzella (le landau) davanti a loro/sé. **6.** Dietro di loro/sé viene un cane. **7.** Pensa a lui stesso/a se stesso. **8.** Smettila (cesse) di pensare sempre a lei/sé. **9.** Pensano prima a loro/sé. Però non dimenticano gli altri. **10.** Parlano di loro/sé come se gli altri non esistessero.

9 Traduisez : ©

1. J'y penserai. **2.** Nous y réfléchirons.
3. Ils y penseront. **4.** Je m'y habitue.
5. Je m'en réjouis. **6.** Finissons-en.
7. Je te dis qu'il n'y a plus de vin. **8.** Il n'y en a plus. **9.** Il m'a dit qu'il n'y a plus de lait (latte) mais, moi, je sais bien qu'il y en a encore. J'en trouverai. **10.** Des scandales (scandalo), il y en a partout.

10 Traduisez :

1. Appena Marco vide Maria le si gettò al collo. **2.** Il custode (gardien) mi si avvicinò minaccioso. **3.** Ci è morto il cane il mese scorso. **4.** Gli è nato un maschietto. **5.** Improvvisamente (soudain) mi si gettò sopra. **6.** Quando meno se l'aspettava i suoi avversari gli si buttarono addosso. **7.** Il cane vide che la bimba aveva del pane e le si avvicinò scodinzolando. **8.** Gli si chinò sopra e vide che era sveglio. **9.** Per guardare meglio le fotografie ci si sedette accanto. **10.** Restami vicino, se no ti perderai nella folla.

11 Traduisez :

1. Beati loro ! Poveri noi ! **2.** Neppure loro hanno voluto rimborsare i debiti. **3.** Fra sé e sé decise che sarebbe partito senza avvertire nessuno. **4.** Vi ci abitueremo o piuttosto vi ci rassegneremo. **5.** Gelati così grossi non ne avevo mai visti. **6.** Delle bugie (mensonge) così enormi non le avevamo mai sentite. **7.** Togliti le scarpe prima di entrare. **8.** Mettiti il cappello. **9.** Lui se la prende con tutti. Invece di prendersela con i vicini dovrebbe calmarsi. **10.** Togliti il cappello prima di entrare.

12 Choisissez la ou les forme(s) correcte(s) :
1. ☐ Ve l'ha ☐ ve la ☐ vel 'ha dato ieri.
2. Non ☐ sen era ☐ sen' era ☐ se n'era andato.
3. Chi ☐ ce ne ☐ c'è ne ☐ ce n'è darà ?
4. ☐ Mel'ha ☐ Me la ☐ Me l'ha detto oggi.
5. Non ☐ ce ne ☐ ce n'è ☐ cen'è più.
6. Perché ☐ gliel hai ☐ gliel'hai ☐ glielai detto ?
7. ☐ Selo ☐ se lo ☐ sel'è bevuto lui.
8. ☐ Te ne ☐ ten' ☐ te n' sei accorto ?
9. Chi ☐ ce l'ha ☐ ce la ☐ cela regalato ?
10. Chi ☐ te lo ☐ telo ☐ te l'ha regalato ?
11. Quando ☐ gliel'ho ☐ glielo ☐ gliel' hai scritto ?

13 Complétez par la forme pronominale qui convient :
Exemple : Portami il pallone. Porta ... → Portamelo.

1. Portami la borsa. Porta ... per favore. **2.** Portaci la borsa. Porta ... per favore. **3.** Prendigli le valigie. Prendi ... subito. **4.** Prendile le valigie. Prendi ... subito. **5.** Raccontaci una barzelletta. Racconta ... . **6.** Raccontateci una barzelletta. Raccontate ... . **7.** Offrile delle rose. Offri ... . **8.** Offrigli una pipa. Offri ... . **9.** Spediteci il pacchetto. Spedite ... . **10.** Speditemi il denaro. Spedite ... . **11.** Dammi un consiglio. Da ... . **12.** Dateci un consiglio. Date ... . **13.** Dille la verità. Di ... . **14.** Digli il tuo nome. Di ... . **15.** Fateci un favore. Fate ... . **16.** Fammi un favore. Fa ... .

14 Cochez la case qui convient : ©

	lo	la	li	le	gli	le	
1. Chi è questo uomo ? Non							conosco.
2. Dov'è quella donna ? Non							vedo più.
3. Se non lo conosci perché							telefoni ?
4. Se non la conosci perché							sorridi ?
5. Gli uccelli sono partiti. Non							vedo più.
6. Queste canzoni sono belle.							so cantare.

II. LES PRONOMS DÉMONSTRATIFS

62 *Formes des pronoms démonstratifs* _____

1. QUESTO et QUELLO

Les pronoms démonstratifs les plus fréquents sont **questo** et **quello** qui indiquent la proximité ou l'éloignement par rapport à la personne qui parle.

Ils s'emploient aussi bien pour les personnes que pour les choses.

	PROXIMITÉ PAR RAPPORT AU LOCUTEUR		ÉLOIGNEMENT PAR RAPPORT AU LOCUTEUR	
	SINGULIER	PLURIEL	SINGULIER	PLURIEL
masc.	questo	questi	quello	quelli
fém.	questa	queste	quella	quelle

⚠ Au masculin pluriel il ne faut pas confondre le pronom démonstratif **quelli** et les adjectifs démonstratifs **quei** ou **quegli** :

Vorrei quei prodotti. Quali ? Quelli. *Je voudrais ces produits. Lesquels ? Ceux-là.*
Mi dia quegli oggetti. Quali ? Quelli. *Donnez-moi ces objets. Lesquels ? Ceux-là.*
Pulisci quegli specchi. Quali ? Quelli. *Nettoie ces miroirs. Lesquels ? Ceux-là.*

2. CIÒ

Ciò est invariable et ne s'emploie que pour désigner des choses.

Ciò non mi riguarda. *Ceci ne me concerne pas.*

On le retrouve dans des locutions adverbiales ou des conjonctions telles que : **perciò** *c'est pourquoi, c'est pour cela que*, **acciocché** *afin que, pour que*, **cioè** *c'est-à-dire*, **ciononostante** *malgré cela*.

3. COLUI et COSTUI, CODESTO

■ **Colui** et **costui**

Ils ne s'emploient que pour les personnes.

	SINGULIER	PLURIEL	SINGULIER	PLURIEL
masc.	colui	coloro	costui	costoro
fém.	colei		costei	

■ **Codesto** indique la proximité par rapport à la personne à qui l'on parle. Il est surtout employé pour désigner des choses.

	SINGULIER	PLURIEL
masc.	codesto	codesti
fém.	codesta	codeste

63 *Emploi des pronoms démonstratifs* _____

1. QUESTO et QUELLO

■ **Questo** et **quello** sont les formes les plus utilisées.

⚠ Comme les adjectifs correspondants, ces pronoms sont employés dans des contextes différents : **questo** désigne ce qui est proche de la personne qui parle, **quello** ce qui en est éloigné.

Les adverbes correspondants sont :
— pour **questo** : **qui** et **qua** *ici*
— pour **quello** : **lì, là, laggiù** *là, là-bas*

Quale treno parte per primo ? Questo o quello ?
Quel train part le premier ? Celui-ci ou celui-là ?

■ **Questo** et **quello** peuvent marquer une opposition :

Queste sono brune, quelle sono bionde.
Celles-ci sont brunes, celles-là (les autres) sont blondes.

■ L'italien utilise fréquemment le pronom démonstratif là où le français emploie l'article défini ou indéfini :

Quelli furono anni di entusiasmo. *Ce furent des années d'enthousiasme.*

Di questi due tappeti preferisco quello rosso.
De ces deux tapis, c'est le rouge que je préfère.

Quale vuole ? Mi dia quello verde.
Lequel voulez-vous ? Donnez-moi le vert.

Questa costruzione è più solida di quella precedente.
Cette construction est plus solide que la précédente.

> **N.B.**
> • **Quello del gas** *l'employé du gaz.*
>
> • Dans la phrase **Non sei più quello,** on traduira le démonstratif par *le même : Tu n'es plus le même* (c'est-à-dire « celui que j'ai connu autrefois »).

■ **Quello** peut rendre une nuance péjorative :

Perché ride, quello ? *Pourquoi rit-il, celui-là ?*

2. CIÒ

Che cos'è ciò ?
Qu'est-ce que ceci (ou cela) ?

Ciò non è vero.
Ce n'est pas vrai.

Ciò non mi piace.
Cela ne me plaît pas.

Detto ciò.
Cela dit.

Ce pronom neutre, qui traduit *ceci* ou *cela*, peut être remplacé par **questo, quello** et plus rarement **codesto,** en fonction de la place de l'objet par rapport à celui qui parle :

Che cos'è questo ?
Qu'est-ce ? Qu'est ceci ? Qu'est cela ?
(près de moi)

Che cos'è quello ?
Qu'est-ce que cela ?
(là-bas, loin de moi)

3. COLUI et COSTUI

■ Le pronom **colui** *celui-là* est moins employé que **quello** mais on le rencontre encore assez souvent au pluriel : **coloro.**

Coloro che vorranno entrare gratis dovranno arrivare a teatro prima delle 19.
Ceux qui voudront entrer gratuitement devront arriver au théâtre avant 19 heures.

Au singulier, il peut rendre une nuance légèrement péjorative :

Chi mi spiegherà perché colui non è mai in orario ?
Qui peut me dire pourquoi celui-là (ce type-là) n'arrive jamais à l'heure ?

ou au contraire laudative :

Di fronte a tanta malafede, colei rispose con calma.
Devant une telle mauvaise foi, celle-là (elle) répondit avec calme.

⚠ ■ **Costui,** moins employé que **colui,** a la plupart du temps un sens péjoratif :

Chi è costui ? *Qui est cet individu ? Qui est ce type ?*

Costei non sa quello che dice. *Cette bonne femme ne sait pas ce qu'elle dit.*

Hai torto di frequentare costoro. *Tu as tort de fréquenter ces gens-là (ces individus).*

4. CODESTO

Ce pronom désigne ce qui est proche de la personne à qui l'on parle.
Les adverbes correspondants sont **costì, costà,** *là près de toi, près de vous.*

Che cos'è codesto ? *Qu'est-ce que cela ?* (près de toi, près de vous)

Comme les adjectifs démonstratifs (cf. § 28,3) et les adverbes correspondants, ce pronom est surtout employé en Toscane.

5. QUESTI, QUEI, QUEGLI (formes littéraires)

Ces formes ne peuvent être utilisées que pour désigner des personnes.
Questi remplace quelquefois **questo.**
Quegli et **quei** (poétique) remplacent, beaucoup plus rarement, **quello.**

Malgré leur terminaison en **i,** ces pronoms sont des formes de singulier.

Questi piangeva quegli (quei) rideva. *Celui-ci pleurait, celui-là (l'autre) riait.*

Il Petrarca e il Leopardi sono due sommi poeti italiani. Questi dell'Ottocento, quegli del Trecento.
Pétrarque et Leopardi sont deux très grands poètes. Celui-ci (ce dernier, le second) du XIXᵉ siècle, celui-là (le premier) du XIVᵉ.

Ces formes archaïques et littéraires étant peu employées, il vaut mieux ne pas les utiliser.
Il suffit d'en reconnaître le sens dans les textes italiens.

6. Cas particuliers

■ On traduit *ce qui, ce que* par **quello che, quel che** ou **ciò che** :

Quello che
Quel che } **dici è falso.** *Ce que tu dis est faux.*
Ciò che

Quello che
Quel che } **è scritto è ancora valido.** *Ce qui est écrit est encore valable.*
Ciò che

⚠ Quand *ce qui* reprend toute la phrase précédente, on le traduit par **il che** :

Vide che tutti uscivano di corsa il che lo stupì poi lo spaventò.
Il vit que tout le monde sortait en courant, ce qui l'étonna puis l'effraya.

■ Traduction de *celui qui, celui que, celui de* :

— **quello che** (personnes et choses) ou **colui che** (personnes seulement) :

Questo libro non è quello che cercavo. *Ce livre n'est pas celui que je cherchais.*

Quelli
Coloro } **che entreranno lo rimpiangeranno.** *Ceux qui entreront le regretteront.*

— **quello di** (personnes et choses) :

Questa borsa non è quella di Francesca. *Ce sac à main n'est pas celui de Françoise.*

N.B.

Quand *celui qui* a le sens général de *tous ceux qui*, on le traduit par **colui che** ou par le pluriel **coloro che,** plus courant, ou encore très fréquemment par l'indéfini **chi** :

{ **Colui che fuma rischia il cancro.** ⎫ *Celui qui fume risque le cancer.*
{ **Coloro che fumano rischiano il cancro.** ⎬
{ **Chi fuma rischia il cancro.** ⎭ *Ceux qui fument risquent le cancer.*

64 *Formes idiomatiques*

1. Questo, codesto, quello è … peuvent se traduire par *voici, voilà, c'est là* …

⚠ ■ Le démonstratif s'accorde avec le substantif :

Codesta è una burla. *C'est une plaisanterie (que vous faites) !*
Questo è uno scandalo vero e proprio ! *C'est un véritable scandale !*
Questa è l'Italia. *Ça, c'est l'Italie !*
Quella è una bottiglia vecchissima. *Voilà une très vieille bouteille.*
Questo è mio fratello. *Voici mon frère. C'est mon frère.*
Questa sì è una buon'idea ! *Ça, au moins, c'est une bonne idée !*
Questa[1] **poi !** *Ça alors ! En voilà une bien bonne !*

■ On supprime parfois le démonstratif : **È buffa ! Questa**[1] **è buffa !** *C'est drôle !*

2. In quella, su quella *sur ce, sur ces entrefaites* :

Su quella entrò mio nonno. *Sur ces entrefaites (sur ce) entra mon grand-père.*

3. Ciò dicendo, ciò facendo *ce disant, ce faisant.*

-----

1. Le mot **cosa** est sous-entendu.

EXERCICES EXERCICESEXERCICESEXE

1 Complétez par le pronom démonstratif qui convient : ©
1. Come si chiama quell'uomo ? - Quale ? - … .
2. Da dove viene quella donna ? - Quale ? - … .
3. È tua quell'auto ? - Quale ? - … .
4. È originale quel cartellone (affiche). - Quale ? - … .
5. Ho giocato a calcio con quei giovani. - Quali ? - … .
6. Mostrami quegli stivali. - Quali ? - … .
7. Non aprire la porta a quegli individui. - Quali ? - … .
8. Fammi conoscere quelle persone. - Quali ? - … .
9. Dimmi il nome di quelle italiane. - Quali ? - … .
10. Vorrei parlare con quegli italiani. - Quali ? - … .

2 Traduisez :

1. Questo resterà qui e quello andrà laggiù. 2. Questi sono svizzeri, quelle sono belghe. 3. Quelli furono momenti di gioia. 4. Dammi quello verde. 5. Vorrei quelli più solidi. 6. Da quando è stato malato non è più quello. 7. Attento ! le dovrai parlare con rispetto. Non è più quella. 8. Si può sapere cosa vuole quello ? 9. Questa è bella ! 10. In quella squillò il telefono. 11. Ciò facendo prepara l'avvenire. 12. Chi è costui ? 13. Costui comincia ad irritarmi. 14. Non voglio più sentire parlare di costoro. 15. Sai quello che ha osato rispondermi costei ? 16. Coloro che non pagheranno la settimana prossima saranno espulsi (espellere, expulser). 17. Questo libro non è quello che ti ho regalato. 18. La sua macchina non è quella di tutti. 19. Bravo ! Questa è la soluzione ! 20. Detto ciò aprì la porta ed uscì.

3 Traduisez : ©

1. Il sait ce qu'il veut. 2. Ils ne savent plus ce qu'il faut répondre. 3. Ceci ne m'intéresse pas. 4. Prends celui-ci ou celui-là. C'est pareil (uguale). 5. J'ai acheté ceux-ci aujourd'hui et ceux-là hier. 6. Je tiens beaucoup à ces deux statues. Celle-ci, je l'ai trouvée à Paris ; celle-là vient de Rome. 7. Voici mes meilleurs amis. 8. J'ai demandé l'adresse (indirizzo) à un agent de police (vigile urbano) et celui-ci me l'a indiquée. 9. Ils ont fait une belle carrière : celui-ci est devenu chirurgien (chirurgo) et celui-là général. 10. Méfie-toi (guardarsi da) de cet homme-là.

4 Complétez : ©

1. Quest... è un romanzo noioso.
2. Quest... è un'opera classica.
3. Quest... sì è un film divertente !
4. Quest... è una commedia popolare !
5. Ma quest... sono proposte disoneste !
6. Quest... sono accuse non fondate.
7. Quest... sono giudici imparziali !
8. Quest... sono poliziotti coraggiosi !
9. Quest... è strana !
10. Quest... poi !

5 Cochez la case qui convient : ©

1. Fra questi quadri quale preferisci ? Preferisco ☐ quello ☐ quel ☐ quell'.

2. Fra questi vini quali vuoi assaggiare ? ☐ Quegli ☐ quelli ☐ quei meno forti.

3. Fra quelle ragazze quale è più giovane ? È ☐ quella ☐ quell' ☐ quel che ride.

4. Fra questi libri quale prenderai ? Prenderò ☐ quel ☐ quello ☐ quell' divertente.

5. Fra questi giocattoli (jouet) quali mi consiglia ? Le consiglio ☐ quei ☐ quegli ☐ quelli di legno.

6. Fra tutti quegli oggetti, quali ti piacciono di più ? ☐ Quei ☐ quegli ☐ quelli che si trovano nell'armadio.

7. Fra quei mobili quali preferiresti ? ☐ Quei ☐ quelli ☐ quegli di quercia (noyer).

8. In questo libro quale parte hai preferito ? ☐ Quella ☐ quell' ☐ quello in cui l'autore racconta la sua infanzia.

9. Quali poesie rileggi spesso ? ☐ Quelli ☐ quella ☐ quelle che ho studiato a scuola.

10. Fra tutti quei candidati, quali sceglierai ? ☐ Quei ☐ quegli ☐ quelli più dinamici.

III. LES PRONOMS POSSESSIFS

65 Formes et emploi des pronoms possessifs _____

MASCULIN				FÉMININ			
SINGULIER		PLURIEL		SINGULIER		PLURIEL	
il mio	*le mien*	i miei	*les miens*	la mia	*la mienne*	le mie	*les miennes*
il tuo	*le tien*	i tuoi	*les tiens*	la tua	*la tienne*	le tue	*les tiennes*
il suo	*le sien*	i suoi	*les siens*	la sua	*la sienne*	le sue	*les siennes*
il nostro	*le nôtre*	i nostri	*les nôtres*	la nostra	*la nôtre*	le nostre	*les nôtres*
il vostro	*le vôtre*	i vostri	*les vôtres*	la vostra	*la vôtre*	le vostre	*les vôtres*
il lorO	*le leur*	i lorO	*les leurs*	la lorO	*la leur*	le lorO	*les leurs*

1. Les formes du pronom possessif sont les mêmes que celles de l'adjectif (cf. § 31) :
La vostra casa è più confort̲evole della nostra.
Votre (adj.) *maison est plus confortable que la nôtre* (pron.).

Se mi presterai i tuoi dischi, ti presterò i miei.
Si tu me prêtes tes disques, je te prêterai les miens.

Passo sempre Natale con i miei (ou **con i miei genitori**).
Je passe toujours Noël avec les miens (ou *avec mes parents*).

Ognuno ha detto la sua (ou **la sua opinione**).
Chacun a donné son opinion.

> **N.B.**
> **Il pr̲oprio** peut remplacer les pronoms **il suo** et **il loro** :
> **Quando avrà fatto il pr̲oprio** (adj.) **dovere potrà pret̲endere che gli altri f̲acciano il proprio**
> (pron.).
> *Quand il aura fait son devoir, il pourra exiger que les autres fassent le leur.*

2. La forme avec ou sans article correspond respectivement au français *c'est le mien,
le tien*, etc. d'une part, et *c'est à moi, à toi*, etc. de l'autre :
È mio questo z̲aino. Il tuo è più pesante.
Ce sac à dos est à moi. Le tien est plus lourd.

È tuo quest'impermeabile ? No, non è mio, è di mio padre.
Cet imperméable est à toi ? Non, il n'est pas à moi, il est à mon père.

⚠ La forme sans article est employée dans deux cas :

■ En réponse à la question : **Di chi è ... ?** *À qui est ... ?*
Di chi è quella barca ? È nostra. *À qui est cette barque ? Elle est à nous.*
Di chi sono queste carte ? Sono mie. *À qui sont ces cartes ? Elles sont à moi.*

■ Dans les questions : **È mio ? mia ? tuo ?** etc. *C'est à moi ? à toi ?* etc.
È tuo questo panino ? No, il mio è al prosciutto.
Il est à toi, ce sandwich ? Non, le mien est au jambon.

Sono vostre quelle val̲igie ? Sì, sono nostre.
Elles sont à vous, ces valises-là ? Oui, elles sont à nous.

3. On peut employer **di** suivi du pronom personnel à la place du possessif :
Questa bicicletta è di lui / è sua. *Cette bicyclette est à lui.*
Questi bauli sono di lei / sono suoi. *Ces malles sont à elle.*

1 Mettez les phrases suivantes au pluriel :

1. È tuo questo disco ? - No, non è mio. È del mio amico. **2.** È sua questa cartolina ? - No, non è sua. È mia. **3.** Di chi è questa borsa da viaggio ? - Non è mia. È del turista inglese. **4.** Di chi è questo panino ? - Non è nostro. È vostro. **5.** È vostra questa bottiglia ? - No, non è nostra. **6.** È suo questo piatto (assiette) ? - Sì, è suo. **7.** È loro questo tovagliolo (serviette) ? - Sì, è loro. **8.** Questo coltello non è mio. Il mio è più pulito (propre). **9.** Questa forchetta non è nostra. La nostra è di argento. **10.** Il mio bicchiere è più fragile del tuo.

2 Complétez : ©

1. Questi ombrelli non sono uguali. Il m... è nero. Invece il l... è grigio. **2.** La tua macchina è francese invece la s... è italiana. **3.** Prenderemo la n... macchina. La l... è troppo vecchia. **4.** I m... sono già partiti in montagna. Li raggiungerò la settimana prossima. **5.** Questi pacchi sono m... . I t... sono nel bagagliaio (portebagages). **6.** Abbiamo fatto bene a prendere vestiti leggeri. I l... sono troppo pesanti. **7.** Ognuno ha voluto dire la s... e non si è concluso niente. **8.** Ci sono molti bagagli. Occupatevi dei v..., io mi occuperò dei n... . **9.** Il mio discorso è stato troppo lungo. Invece il s... è stato breve. **10.** È partito senza poter salutare i s... .

3 Traduisez : ©

1. A qui est ce tricot (la maglia) ? - Il est à moi. - Mais non, c'est le mien. Le tien est jaune. **2.** A qui sont ces clés (la chiave) ? - Je ne le sais pas. Les miennes sont dans ma poche (tasca). **3.** Nous avons de la chance (essere fortunato). Leur hôtel n'est pas chauffé (riscaldare). Au contraire, le nôtre est confortable (confortevole). **4.** Votre jardin est plus vaste que (di) le mien. **5.** Nos amis sont moins bruyants que (rumoroso di) les vôtres. **6.** Ne prends pas ce foulard (sciarpa). Il est à nous. **7.** Ne touchez pas à ces bottes (lo stivale). Elles sont à nous. **8.** Ramasse (raccogliere) cette serviette (asciugamano). Elle est à toi. **9.** Ce n'est pas l'autocar (pullman) des touristes espagnols. Le leur est blanc. **10.** Toutes ces valises se ressemblent. Il est difficile de ne pas se tromper (sbagliare). Les nôtres et les vôtres ont la même couleur (il colore).

4 Mettez le pronom possessif qui convient :

Exemple : Porterò i miei dischi. Tu dovrai portare i ... → i tuoi.

1. Questo è il mio lavoro. Occupati del ... . **2.** Ho lavato i miei fazzoletti (mouchoirs). Adesso devi lavare i... . **3.** Porterò la tua valigia perché è pesante. Porta la ... . **4.** Leggo i miei giornali. I vicini leggono i ... poi ce li prestiamo. **5.** Parte con le sue amiche e il fratello esce con le ... . **6.** Noi abbiamo preso la nostra macchina ed i nostri genitori hanno preso la ... . **7.** Daremo le nostre conclusioni. Voi dovrete dare le ... . **8.** Ho ritrovato i miei biglietti. Mia moglie non ha ritrovato i... . **9.** È tua questa cartolina ? No, non è ... . **10.** Sono tuoi questi francobolli ? Sì, sono ... . Grazie.

IV. LES PRONOMS RELATIFS

66 Formes des principaux pronoms relatifs : « che, cui, il quale, i quali, la quale, le quali »

1. Che pronom relatif sujet

	SINGULIER	PLURIEL
masc.	L'uomo	Gli uomini
	CHE parla.	CHE parlano.
fém.	La donna	Le donne

N.B.
Il **quale** est plus rarement employé comme sujet (cf. §67,2).

2. Che, cui, il quale, i quali, la quale, le quali pronoms relatifs compléments

Il programma	CHE	leggo.	I programmi	CHE	leggo.
La lettera			Le lettere		
Il libro	di CUI	parlo.	I libri	di CUI	parlo.
	del quale			dei quali	
L'opera	di CUI		Le opere	di CUI	
	della quale			delle quali	
L'editore	a CUI	telefono.	Gli editori	a CUI	telefono.
	al quale			ai quali	
La scrittrice	a CUI		Le scrittrici	a CUI	
	alla quale			alle quali	
L'aereo	con CUI	partirò.	Gli aerei	con CUI	partiranno.
	con il quale			con i quali	
La nave	con CUI		Le navi	con CUI	
	con la quale			con le quali	

N.B.
dal quale, dalla quale, dai quali, dalle quali : da cui
nel quale, nella quale, nei quali, nelle quali : in cui
sul quale, sulla quale, sui quali, sulle quali : su cui
per il quale, per la quale, per i quali, per le quali : per cui

67 Emploi des pronoms relatifs

1. Les pronoms relatifs les plus employés sont **che** et **cui**. Ils sont invariables.

■ **Che** peut être :

— sujet :

Non conosco la persona che parla. *Je ne connais pas la personne qui parle.*

— complément :

L'attore che conosco si chiama Bianchi. *L'acteur que je connais s'appelle Bianchi.*

■ **Cui** est toujours complément et se construit avec une préposition :

Ecco la persona $\begin{cases} \textbf{con cui} \\ \textbf{per cui} \end{cases}$ **ho lavorato.** *Voici la personne* $\begin{cases} avec~qui \\ pour~qui \end{cases}$ *j'ai travaillé.*

La préposition **a** peut être omise :

La signora $\begin{cases} \textbf{a cui} \\ \textbf{cui} \end{cases}$ **scrivo è parigina.** *La dame à qui j'écris est parisienne.*

2. Il quale, i quali, la quale, le quali peuvent être sujets ou compléments.

■ Sujet (emploi plutôt rare) :

Si rivolse ad un avvocato il quale (che) gli consigliò di sporgere querela.
Il s'adressa à un avocat qui lui conseilla de porter plainte.

On réservera cette forme pour les cas où il risque d'y avoir confusion :

La fidanzata di mio fratello la quale ha studiato medicina …
La fiancée de mon frère, laquelle (qui) a fait des études de médecine …

■ Complément (emploi courant) :

L'impresa alla quale / a cui si è rivolto non si è degnata di rispondere.
L'entreprise à laquelle il s'est adressé n'a pas daigné répondre.

Il turista con il quale / con cui ho viaggiato ha già fatto il giro del mondo.
Le touriste avec qui j'ai voyagé a déjà fait le tour du monde.

Par rapport à **cui**, les formes **il quale, la quale, i quali, le quali** permettent d'éviter des erreurs d'interprétation, comme c'est également le cas en français :

Il figlio della vicina con cui sono andato a scuola.
Le fils de la voisine avec qui je suis allé à l'école.

En italien, comme en français, on évitera la confusion possible en précisant :

Il figlio della vicina con la quale (il quale) sono andato a scuola.
Le fils de la voisine avec laquelle (lequel) je suis allé à l'école.

68 Remarques sur le pronom relatif « che »

1. Che pouvant être sujet ou complément, certaines tournures risquent d'être ambiguës :

L'uomo che guarda Giovanni non mi è sconosciuto peut vouloir dire :

L'homme qui regarde Jean ne m'est pas inconnu. (sujet)

ou *L'homme que Jean regarde ne m'est pas inconnu.* (complément)

Dans le deuxième cas, il est préférable de dire : **L'uomo che Giovanni guarda.**
ou encore d'employer une forme passive :

L'uomo guardato da Giovanni non mi è sconosciuto.

2. Quello che, quel che, ciò che signifient *ce qui, ce que* :

Guarda { quello che / quel che / ciò che } fa. Non preoccuparti di { quello che / quel che / ciò che } dice.

Regarde ce qu'il fait. Ne t'occupe pas de ce qu'il dit.

3. Il che *ce qui* permet de reprendre toute la proposition qui précède :

Abbiamo appreso la tua guarigione il che ha fatto gran piacere a tutti.
Nous avons appris ta guérison, ce qui a fait grand plaisir à tout le monde.

4. Che s'emploie dans des expressions telles que :

Basta avere di che mangiare e di che bere per essere felici.
Il suffit d'avoir de quoi manger et de quoi boire pour être heureux.

Passi pure. Grazie. Non c'è di che. *Passez donc. Merci. Il n'y a pas de quoi.*

Questa casa non ha più niente a che vedere con quella in cui vissi venti anni fa.
Cette maison n'a plus rien à voir avec celle où j'ai vécu il y a vingt ans.

Hanno un che di strano. *Ils ont quelque chose d'étrange.*

Questa trasmissione non è un gran che. *Cette émission ne vaut pas grand-chose.*

69 *Remarques sur le pronom relatif « cui »* ⎯⎯⎯⎯⎯⎯⎯

1. Traduction de *où*

In cui traduit *où* avec une valeur temporelle ou spatiale :

L'anno in cui / nel quale nacque... *L'année où il naquit...*

> **N.B.**
> • **In cui** peut donc remplacer **dove** pour traduire *où* dans le sens spatial :
> **La casa in cui nacque...** ou **la casa dove nacque...**
>
> Par contre, on ne pourra employer **dove** pour exprimer un sens temporel :
> **Ecco la casa dove (in cui) morì nell'anno in cui stava per compiere i cento anni.**
> *Voici la maison où il mourut l'année où il allait avoir cent ans.*
>
> • Dans tous ces cas on aurait pu remplacer **in cui** (ou **dove**) par **nel quale** ou **nella quale** :
> **la casa nella quale, l'anno nel quale,** etc.
>
> • On entend souvent : **Il giorno che entrò nella nostra famiglia** ... *Le jour où il entra dans notre famille* ... **Nel momento che aprì la bocca** ... *A l'instant où il ouvrit la bouche* ...
> Il vaut mieux éviter cet emploi de **che** et utiliser **in cui**.

2. Traduction de *dont*

> *dont* complément de verbe : **di cui**
> *dont* complément de nom : **il cui, la cui, i cui, le cui**

È un museo di cui tutti parlano. *C'est un musée dont tout le monde parle.*

È una ditta il cui nome risale all'Ottocento. (nome est sujet de **risale.)**
C'est une maison de commerce dont le nom remonte au XIXᵉ siècle.

Un palazzo la cui costruzione risale al Cinquecento.
Un palais dont la construction remonte au XVIᵉ siècle.

Un'indagine i cui risultati sono convincenti.
Une enquête dont les résultats sont convaincants.

Un'agenzia di viaggi le cui impiegate parlano tutte inglese.
Une agence de voyages dont les employées parlent toutes l'anglais.

3. Per cui a le sens de *c'est pourquoi* :

Per cui i condannati beneficiano di molta indulgenza.
C'est pourquoi les condamnés bénéficient de beaucoup d'indulgence.

Il vaut mieux employer **perciò** *c'est pourquoi* ou **appunto per questo** *c'est justement pourquoi*, ou encore **ragione per cui, motivo per cui,** etc.

70 « Chi », « quanto », « dove » pronoms relatifs _____

Les pronoms indéfinis **chi** et **quanto** et l'adverbe **dove** peuvent avoir la fonction de pronom relatif.

1. CHI

■ Le pronom indéfini **chi** a le sens de *quiconque, celui, celle, ceux, celles qui,* etc.

Chi rompe paga ed i cocci son suoi. *Qui casse paie.*

Cercava chi mancasse. *Il cherchait qui pouvait bien manquer.*

Non ascoltare chi ti lusinga. *N'écoute pas ceux qui te flattent.*

Non pensare a chi ti ha già dimenticato.
Ne pense pas à qui (à celui, à celle, à ceux, à celles qui) t'a (t'ont) déjà oublié.

■ **Chi** peut être remplacé par **quello, quella, quelli, quelle, colui, colei che,** etc., qui ont une double fonction de pronoms démonstratifs et de pronoms relatifs.

N.B.
• Ne pas confondre **chi** et **cui** :

Partirò con chi sarà pronto alle 6.
Je partirai avec qui sera prêt à 6 heures.

I compagni con cui partirò hanno già fatto questa gita.
Les compagnons avec qui (avec lesquels) je partirai ont déjà fait cette excursion.

Mi rivolgo a chi ha già vissuto la stessa esperienza.
Je m'adresse à qui a déjà vécu cette expérience.

Le persone a cui mi sono rivolto non sapevano niente.
Les personnes à qui (auxquelles) je me suis adressé ne savaient rien.

• On peut répéter **chi** :

Intanto chi leggeva, chi dormiva, chi giocava a carte.
Pendant ce temps qui lisait, qui dormait, qui jouait aux cartes.
(Certains lisaient, d'autres dormaient, d'autres encore jouaient aux cartes.)

• Avec le subjonctif, **chi** signifie « apte à, capable de… » :

Cerco chi mi dia una mano. *Je cherche quelqu'un qui puisse m'aider.*

Cercavo chi mi desse una mano. *Je cherchais quelqu'un qui puisse m'aider.*

2. QUANTO

■ Il peut être sujet :

Entreranno quanti (ou tutti quelli che …) hanno la tessera.
Tous ceux qui ont la carte entreront.

ou complément :

Nego quanto è stato affermato.
Je nie tout ce qui a été affirmé.

■ Il peut avoir une valeur neutre *(ce qui, ce que)* :

A quanto pare, hanno capito. *A ce qu'il semble, ils ont compris.*

Ora ti spiego quanto è stato detto. *Je vais t'expliquer tout ce qui a été dit.*

3. DOVE

On peut également considérer que l'adverbe **dove** *où* (ainsi que **donde** *d'où*, d'un emploi beaucoup plus rare) a une fonction de pronom relatif dans les phrases suivantes :

L'albergo dove (in cui, nel quale) abbiamo dormito era molto rumoroso.
L'hôtel où nous avons dormi était très bruyant.

Ritornarono al villaggio donde (da cui, dal quale) erano partiti la mattina.
Ils retournèrent au village d'où ils étaient partis le matin.

EXERCICES EXERCICESEXERCICESEXE

1 Choisissez la ou les formes qui conviennent : ©
1. È la persona □ su cui □ che □ sulla quale □ su chi contavo.
2. Dimmi □ cui □ chi □ a cui □ quale ha barato (triché).
3. Spiegami con □ chi □ cui □ quale hai parlato.
4. A □ quale □ chi □ cui ti sei rivolto (adressé) ?
5. □ Quale □ chi □ cui volesse rubare non ci riuscirebbe.
6. Di □ chi □ quale □ cui sono questi occhiali ?
7. È una squadra □ di cui □ i cui □ della quale □ di chi i risultati sono belli.
8. È l'anno □ dove □ in cui □ che sbarcarono i soldati americani.
9. Voglio vedere il villaggio □ dove □ in cui □ che □ nel quale ho trascorso la mia infanzia.
10. □ Chi □ cui urlava □ chi □ cui piangeva. Era drammatico.

2 Remplacez cui par il quale, la quale, i quali, le quali ou dove :
1. Ecco il negozio di cui (...) ti ho parlato.
2. È un'orchestra di cui (...) tutti parlano.
3. Vorrei conoscere la ragazza con cui (...) sei andato al cinema.
4. Gli alpinisti con cui (...) partirò sono prudenti.
5. Dimmi la ragione per cui (...) non sei venuto.
6. Era l'anno in cui (...) tutti cantavano questa canzone.
7. Dimmi dov'è il caffè in cui (...) si beve la migliore cioccolata.
8. La commedia cui (...) pensi non ha questo titolo.
9. Era l'epoca in cui (...) tutte le ragazze portavano minigonne.
10. Il giovane con cui (...) ha fatto amicizia si chiama Dino.

3 Complétez par le pronom relatif qui convient : ©
1. L'anno ... cominciarono i lavori fu segnato da una epidemia.
2. Sono poche le città ... tutto funziona bene.
3. È morto un artista ... tutti ammiravano il genio.
4. Luisa è quella ragazza ... madre morì l'anno scorso.
5. Non mi fido dei testimoni ... testimonianze cambiano due o tre volte nel giro (en l'espace) di un mese.
6. Grazie mille. Non c'è ...
7. Questa ragazza ha un non so ... di misterioso.
8. A parer mio, lo spettacolo non è un gran ...
9. Quest'anno sono venuti meno turisti ... ha amareggiato gli albergatori.
10. Il freddo è durato quindici giorni ... ha sorpreso tutti.

4 Même exercice : ©

1. Il cane ... abbaia non morde. **2.** Mio fratello è quello ... ha una moto rossa. **3.** Ecco il tennista ... parlavo. **4.** La persona ... sta telefonando è fiorentina. **5.** I quadri ... parli sono a Firenze. **6.** La scultura ... alludi è a Roma. **7.** Questo il motivo per ... non sono arrivato in orario. **8.** Ho un amico per ... darei tutto ciò ... ho. **9.** È un progetto ... riuscita è immancabile. **10.** È questo il capolavoro ... prezzo è salito alle stelle ?

5 Traduisez :

1. Nous n'avons plus de quoi manger. **2.** Dis-moi ce que tu préfères. **3.** Le tableau auquel je pense est du Caravage (Caravaggio). **4.** L'écrivain à qui je pense est mort l'année dernière. **5.** L'étudiante à qui tu as parlé a fait un stage (tirocinio) aux États-Unis. **6.** Le patron pour qui tu travailles apprécie (apprezza) tes efforts (sforzo). **7.** Les personnes sur qui il comptait n'ont pas tenu (mantenere) leurs promesses. **8.** C'est l'heure où tout le monde regarde le journal télévisé (telegiornale). **9.** Je retournerai dans le village (villaggio) où j'ai passé ma jeunesse. **10.** C'est l'année où je me suis cassé (rompere, rotto) la jambe.

6 Traduisez :

1. Le barrage (la diga) dont je te parle est en Sicile. **2.** L'ingénieur dont le projet a été retenu dirigera les travaux. **3.** Il habite dans une maison dont le loyer (fitto) est trop élevé (alto). **4.** J'ai un voisin dont tous les enfants sont artisans (artigiano). **5.** C'est une ville dont le souvenir est toujours cher à mon cœur. **6.** C'est une marchandise (la merce) dont la publicité est bien faite. **7.** Je travaille dans une entreprise (impresa) dont on parle souvent. **8.** Je préfère les usines (officina) dont les dirigeants sont jeunes. **9.** Il prend tous les jours un médicament (una medicina) dont j'ai oublié le nom. **10.** C'est un écrivain dont les œuvres ont été traduites en plusieurs (più) langues.

7 Traduisez :

1. Voici le bureau (ufficio) où je travaille. **2.** Il a toujours vécu dans la ville où il est né. **3.** Je l'ai invité l'année où il a neigé. **4.** Souviens-toi. C'était le jour où tu cherchais ton parapluie (ombrello). **5.** Je ne sais pas d'où il vient. **6.** C'est une usine (officina) dont le directeur est piémontais. **7.** C'est l'apprenti (apprendista) dont vous avez parlé. **8.** Il travaille dans un atelier (reparto) dont l'équipement (le attrezzature) est très moderne. **9.** Je cherche un produit dont j'ai oublié la marque. **10.** C'est une marchandise (merce) dont le prix a baissé (diminuire, aux. essere).

8 Traduisez :

1. Ho fatto quanto ho potuto. **2.** Hanno quanto serve per vivere bene. **3.** Puoi prenderne quanti ne vuoi. **4.** Quanto hanno detto è falso. **5.** Si è sposata quando ha trovato chi le conveniva. **6.** Chi dorme non piglia pesci. **7.** Chi fa da sé fa per tre. **8.** Chi più abbraccia meno stringe. **9.** Chi semina vento raccoglie tempesta. **10.** Non risponde a chi gli parla su questo tono.

V. LES PRONOMS INDÉFINIS

71 Pronoms indéfinis formés sur « uno »

uno, a, l'uno, a	**Uno è ferito l'altro è morto.** *L'un est blessé, l'autre est mort.*
gli uni, le une	**Gli uni dicono di sì gli altri di no.** *Les uns disent que oui, les autres que non.*
alcuni [1], e certuni [2], e (rare) taluni [2], e (très rare)	**Alcuni sono vestiti a lutto** *Quelques-uns portent le deuil.*
ciascuno [3], a	**Ciascuno è persuaso di aver ragione.** *Chacun est persuadé qu'il a raison.*
nessuno, a	**Nessuno ha risposto.** *Personne n'a répondu.* **Nessuna è tornata.** *Aucune n'est retournée.*
ognuno, a	**Ognuno può parlare liberamente.** *Chacun peut parler librement.*
qualcuno [3], a	**C'è qualcuno ?** *Y-a-t-il quelqu'un ?* **Qualcuno è riuscito a salvarsi.** *Quelques-uns ont réussi à se sauver.*

1. Uno

■ On peut dire :

È uno (ou È qualcuno) di cui mi fido. *C'est quelqu'un en qui j'ai confiance.*

Uno che conosco si è arricchito vendendo dei fiammiferi.
Quelqu'un que je connais s'est enrichi en vendant des allumettes.

■ **Uno** est souvent opposé à **altro** : aiutarsi gli uni con gli altri, si odiano l'un l'altro, lottare l'uno contro l'altro, mettersi in fila l'uno dietro all'altro, etc.

■ **Uno** peut traduire *on* :

Quando uno non sa più cosa fare ... *Quand on ne sait plus que faire ...*

■ **Uno** est employé dans de nombreuses expressions :

ad uno ad uno, uno per volta, uno alla volta *un par un, un à la fois*
per uno *pour chacun*

Ora vi do una caramella per uno. *Je vais vous donner un bonbon chacun.*

uno di loro *l'un d'entre eux,* **una di loro** *l'une d'entre elles*

2. Nessuno

⚠ Quand **nessuno** précède le verbe, on n'emploie pas la négation **non** (cf. **niente**, § 73,1) :

Nessuno è venuto. *Personne n'est venu.*	**Non è venuto nessuno.** *Il n'est venu personne.*
Nessuno mi fa paura. *Personne ne me fait peur*	**Non ho paura di nessuno.** *Je n'ai peur de personne.*

---

1. **Alcuno** est surtout employé au pluriel. Au singulier on ne le trouve que dans les phrases négatives avec le sens de, *aucun, aucune.* **Non ne riconosco alcuna.** *Je n'en reconnais aucune.*
2. Les formes archaïques de singulier **certuno** et **taluno** sont inusitées.
3. Citons pour mémoire les formes archaïques **ciascheduno** et **qualcheduno**.

3. Ciascuno, nessuno, ognuno et qualcuno

Ils sont toujours au singulier mais **qualcuno** a souvent une valeur collective :

Tutti sembravano allegri però qualcuno pensava già al ritorno.
Tout le monde semblait joyeux, pourtant quelques-uns pensaient déjà au retour.

Qualcuno di voi ricorderà quella partita.
Certains d'entre vous doivent se souvenir de cette partie.

72 Pronoms indéfinis désignant une quantité _____

Quand ils renvoient à des choses et sont au masculin singulier, ils ont un sens neutre ; quand ils renvoient à des personnes, ils sont toujours au pluriel.

poco	**È rimasto poco del passato.**	*Il est resté peu de choses du passé.*
pochi, e	**Pochi sono venuti.**	*Peu de personnes sont venues.*
alquanto	**Alquanto è stato restaurato.**	*Pas mal de choses ont été restaurées.*
alquanti, e	**Alquanti hanno esitato.**	*Certains ont hésité.*
parecchio	**Ne hanno rubato parecchio.**	*Ils en ont volé une certaine quantité.*
parecchi, e	**Parecchi(e) hanno rinunciato.**	*Beaucoup ont renoncé.*
tanto	**Tanto resta da fare !**	*Il reste beaucoup à faire.*
tanti, e	**Tanti aspettarono invano.**	*Beaucoup attendirent en vain.*
molto	**Molto sarà venduto all'estero.**	*On en vendra beaucoup à l'étranger.*
molti, e	**Molti(e) protestarono.**	*Beaucoup protestèrent.*
tutto	**Tutto** [1] **è falso.**	*Tout est faux.*
tutti, e	**Tutte ballavano.**	*Elles dansaient toutes.*
troppo	**Troppo, è troppo !**	*Trop, c'est trop !*
troppi, e	**Troppi erano assenti.**	*Trop de gens étaient absents.*

73 Autres pronoms indéfinis couramment employés _____

1. Qualcosa, niente [2], nulla sont invariables.

È successo qualcosa di grave. *Il s'est produit quelque chose de grave.*

Niente et **nulla,** lorsqu'ils précèdent le verbe, ne sont jamais accompagnés de **non** (cf. **nessuno**, § 71,2) :

Niente/Nulla mi fa paura.   **Non ho paura di niente/nulla.**
Rien ne me fait peur.   *Je n'ai peur de rien.*

2. Altro, altrui

■ **Altro,** variable en genre et en nombre, peut désigner les personnes et les choses :

Alcuni sono entrati, gli altri sono andati via.
Quelques-uns sont entrés, les autres sont partis.

Belle queste pellicce. Una costa un milione, l'altra un milione e mezzo.
Ces fourrures sont belles. L'une coûte un million, l'autre un million et demi.

---

1. On emploie aussi l'expression **ogni cosa** dans le sens de *tout* :
Ogni cosa ci serve un giorno o l'altro. *Tout nous sert un jour ou l'autre.*
2. On rencontre parfois **un nonnulla : Un nonnulla lo intimorisce.** *Un rien l'effarouche.*
Dans l'usage familier, **niente** est aussi employé avec un substantif :
Per me niente vino. *Pour moi, pas de vin.*

Altro peut être neutre :

Vuole altro ? *Voulez-vous autre chose ?*

Ci mancherebbe altro ! *Il ne manquerait plus que cela !*

Non c'è altro da fare. *Il n'y a rien d'autre à faire.*

Ci andremo ? Senz'altro. *Irons-nous ? Sans aucun doute.*

⚠ ■ **Altrui** est invariable ; il n'est jamais sujet et ne peut être précédé d'une préposition :

Non invidiare la fortuna altrui. *N'envie pas la chance d'autrui.*

vivere alle spalle altrui *vivre aux dépens d'autrui*

A la place de **altrui** on peut employer **degli altri (la fortuna degli altri)**.

Avec les prépositions autres que *de, d'*, on doit employer **altri** :

Non fare agli altri quello che ... *Ne fais pas à autrui ce que ...*

Pensano sempre agli altri. *Ils pensent toujours à autrui.*

3. Certi, e, tutti, e

■ **Certi** peut remplacer **alcuni** :

Certi cantavano, altri sonnecchiavano. *Certains chantaient, d'autres sommeillaient.*

⚠ ■ **Tutti** traduit l'expression française *tout le monde*[1] :

Tutti sono d'accordo con me. *Tout le monde est d'accord avec moi.*

4. Chiunque correspond aux indéfinis français *quiconque, n'importe qui* :

Chiunque al suo posto avrebbe reagito nello stesso modo.
Quiconque (n'importe qui) à sa place aurait réagi de la même façon.

Può rivaleggiare con chiunque. *Il peut rivaliser avec n'importe qui.*

74 « Altri » et « alcunché » (rares), « chicchessia », « checché » et « checchessia » (très rares)

1. La forme littéraire **altri**[2] peut remplacer **l'altro** :

Non accetta che altri lo interroghi. *Il n'accepte pas qu'un autre l'interroge.*

2. **Alcunché** peut remplacer l'indéfini neutre **qualcosa** :

Avevo notato alcunché di strano nel suo atteggiamento.
J'avais remarqué quelque chose d'étrange dans son attitude.

3. **Chicchessia** se rapporte à une personne :

Posso dirlo a chicchessia. *Je peux le dire à n'importe qui.*

4. **Checché** et **checchessia** ne se rapportent qu'à des choses et ont une valeur neutre :

Parlerò checché succeda. *Je parlerai quoi qu'il arrive.*

Non accetta mai checchessia da parte mia.
Il n'accepte jamais rien (quoi que ce soit) de ma part.

75 Traduction de « on » : cf. § 191

---

1. On dit également **tutta la gente,** à ne pas confondre avec **tutto il mondo** *le monde entier*.
2. Pensons au pronom démonstratif **questi** (§ 63,5) qui se termine également par un **i** et qui est un masculin singulier (**questi = questo** *celui-ci*).

1 Traduisez :

1. Vengono ad uno ad uno, uno dietro l'altro. Gli uni parlano francese gli altri inglese. **2.** È uno che sa il fatto suo. **3.** Quando uno comincia ad esitare si capisce che sta mentendo. **4.** Non litigate. Ci sarà una pasta (un gâteau) per uno. **5.** C'è qualcuno ? No, sono solo. **6.** Qualcuno mi sa indicare la strada ? **7.** Solo qualcuno seppe rispondere. **8.** Ognuno per sé e Dio per tutti. **9.** Ognuno è responsabile delle proprie scelte. **10.** Vi assicuro che ciascuno farà il proprio dovere.

2 Traduisez :

1. Ciascuna darà l'esame, una dopo l'altra. **2.** Alcuni giocano a tennis. Altri preferiscono il golf. Alcune ballano altre cantano. Tutte sono felici. **3.** È una cosa che chiunque capisce. **4.** Chiunque prende un biglietto della lotteria ha fiducia nella propria fortuna. **5.** Vuoi altro ? No, grazie, niente altro. Questo mi basta. **6.** Un nonnulla lo faceva sussultare. **7.** Molti hanno guadagnato speculando in Borsa ma troppi ci hanno rimesso. **8.** Alquanti sono venuti col pullman. Pochi hanno preso il treno. **9.** Molto è stato fatto ma resta tanto da fare. **10.** Confessa i propri errori a chicchessia ; dovrebbe essere prudente.

3 Traduisez :

1. Elles se détestent l'une l'autre. **2.** Ils ont toujours lutté les uns contre les autres. **3.** C'est quelqu'un qui n'a peur de rien. **4.** Quelques-unes ont été collées (essere bocciato) à l'examen ; les autres seront en vacances. **5.** Rassure-toi (rassicurarsi) : personne ne m'a vu. **6.** Il n'y a personne dans la rue. **7.** Je n'en ai parlé à personne. **8.** D'ailleurs (d'altronde) cela n'intéresse personne. **9.** Rien n'est original dans cette exposition (mostra). **10.** Rien ne vaut l'expérience personnelle (personale).

4 Traduisez :

1. Il n'y a plus rien à faire et surtout il n'y a plus rien à dire. **2.** Certains d'entre nous ont vécu ces événements (evento). **3.** Mettez-vous en file l'une derrière l'autre. **4.** C'est quelque chose de grave. **5.** N'envie (invidiare) pas le succès d'autrui. **6.** Il préfère être (stare) avec les autres qu'avec nous. **7.** Tout le monde l'aime. **8.** Dans cette affaire il y a quelque chose de curieux (strano). **9.** N'importe qui refuserait (rifiutare) ; moi, j'accepte. **10.** Je le dirai à tout le monde. Personne ne l'ignorera.

5 Complétez par non chaque fois que cela est nécessaire : ©

1. ... ho sentito niente. **2.** Nessuno ... mi ha parlato. **3.** ... ho telefonato a nessuno. **4.** Niente ... mi piace. **5.** ... ho bisogno di nessuno. **6.** ... ha bisogno di niente. **7.** ... ci capisco niente. **8.** Perché ... hai preso nulla ? **9.** ... c'era nulla da bere. **10.** ... nessuno ... ha detto niente.

6 Complétez, selon le modèle, par le verbe à la forme qui convient : ©

1. Spero che tutti verranno.
Spero che alcuni ... .
Spero che nessuno ... .
Spero che alcune ... .
Spero che chiunque ... .

2. Tutte verranno a trovarmi.
Chiunque ... .
Qualcuno ... .
Nessuna ... .
Pochi ... .

3. Tutti sono venuti.
Nessuno ... .
Alcuni ... .
Certi ... .
Qualcuno ... .

4. Molti pensano al futuro.
Ognuno ... .
Qualcuno ... .
Tante ... .
Chiunque ... .

VI. LES PRONOMS INTERROGATIFS ET EXCLAMATIFS

76 Formes des pronoms interrogatifs et exclamatifs ───────

INTERROGATIFS	EXCLAMATIFS
Chi ? Che ? (Che cosa ? Cosa ?) Quale ? Quali ? Quanto, a, i, e ?	Chi... ! Che... ! Quanto, a, i, e... !

77 Emploi des pronoms interrogatifs et exclamatifs ───────

1. CHI

■ **Chi** interrogatif est invariable et ne désigne que les personnes :

Chi peut être sujet :

    Chi ha parlato ? *Qui a parlé ?*   **Chi siete ?** *Qui êtes-vous ?*

ou complément :

    Chi chiami ? *Qui appelles-tu ?*   **A chi hai parlato ?** *A qui as-tu parlé ?*

    Di chi parlate ? *De qui parlez-vous ?* **Di chi è questo libro ?** *A qui est ce livre ?*

    Non so con chi giocare. *Je ne sais pas avec qui jouer.*

■ **Chi** exclamatif :

    Chi l'avrebbe mai creduto !   **A chi lo dici !**
    Qui l'eût cru !   *A qui le dis-tu !*

⚠ Ne pas confondre le pronom interrogatif et exclamatif **chi** et le pronom relatif **cui** :

    A chi telefoni ?   **Ecco la persona a cui devi telefonare.**
    A qui téléphones-tu ?   *Voici la personne à qui tu dois téléphoner.*

    Non capisco di chi parli.   **La persona di cui parlavi è scomparsa.**
    Je ne comprends pas de qui tu parles. *La personne dont tu parlais a disparu.*

2. CHE

Che est invariable et ne désigne que les choses :

INTERROGATIF	EXCLAMATIF
Che succede ? *Que se passe-t-il ?* **Che volete ?** *Que voulez-vous ?* **Che stai dicendo ?** *Que dis-tu ?* **Non so più che dire.** *Je ne sais plus quoi dire.* **Con che ?** *Avec quoi ?* **In che ? Su che ?** *Dans quoi ? Sur quoi ?*	**Che vedo !** *Que vois-je !* **Ma che dite !** *Que dites-vous là !* **Macché ! Che !** *Allons donc !* **Altro che !** *Il ne manquerait plus que cela !* **Che ! non te ne vai ?** *Quoi ! tu ne t'en vas pas !*

N.B.

• A la place de **che** interrogatif, on emploie aussi, fréquemment, **che cosa ?** ou même **cosa ?** :

Che cosa desidera (Lei) ? *Que désirez-vous ?*

Cosa hai risposto ? *Qu'as-tu répondu ?*

surtout dans les interrogations indirectes :

Dimmi che cosa dovrò rispondere. *Dis-moi ce que je devrai répondre.*

Non so più che (cosa) fare. *Je ne sais plus que faire.*

• Le *que* exclamatif français employé avec un verbe ne se rend jamais par **che** mais par **quanto** ou par **come** :

Quanto sono stanco ! *Que je suis fatigué !*

Quanto è caro da queste parti ! *Que c'est cher par ici !*

Com'è triste ! *Que c'est triste !*

3. QUALE

Le pronom **quale** ne s'accorde qu'en nombre et peut désigner les personnes ou les choses. Il n'est pas exclamatif.

> **Quale dei due sondaggi è più recente ?**
> *Lequel des deux sondages est le plus récent ?*

> **Queste merci hanno lo stesso valore. Quali vuoi ?**
> *Ces marchandises ont la même valeur. Lesquelles veux-tu ?*

N.B.

On n'emploie jamais l'article avec **quale** interrogatif. Attention à ne pas suivre l'exemple du français.

Quale preferisci ? *Lequel (laquelle) préfères-tu ?*

Con quale partirai ? *Avec lequel (laquelle) partiras-tu ?*

A quali pensi ? *Auxquels (auxquelles) penses-tu ?*

4. QUANTO

Quanto s'accorde en genre et en nombre. Il peut désigner les personnes et les choses :

SINGULIER	PLURIEL
Quanto sono stanco ! *Comme je suis fatigué !* Quant'è ? (Quanto è ?) *Combien est-ce ?*	Quanti sono incolumi ? *Combien sont indemnes ?* Quante sono ferite ? *Combien sont blessées ?* Quanti sono tornati disperati ! *Combien sont revenus désespérés !* Quante sono intervenute ! *Combien sont intervenues !*

N.B.

L'exclamatif **quanto** peut être remplacé par l'adverbe **come** :

Come sono stanco ! *Comme je suis fatigué !*

Com' è triste ! *Comme il est triste !*

1 Traduisez :

1. Chi viene al cinema con me ? 2. Chi è il direttore e chi il tecnico ? 3. Si può sapere a chi pensi ? 4. Chi l'avrebbe detto ! 5. Che è successo ? 6. Con che pagherai il conto (addition) ? 7. Su quale hai scommesso (scommettere parier) ? 8. Quanti saranno ? 9. Quante hanno rinunciato ? 10. Non si sa mai in anticipo quanti risponderanno.

2 Complétez par cui, che **ou** chi : ©

1. Con ... sei tornato ? 2. Non so con ... è venuto. 3. L'amico con ... è partito è italiano. 4. Mi manca l'arnese (outil) con ... lavoro abitualmente. 5. È buono... ne dici ? 6. ... l'avrebbe detto ? 7. Parlami delle ragazze con ... vai a ballare. 8. ... antipatico quell'attore ! 9. ... confusione (pagaille) ! 10. Dimmi ... frequenti ti dirò ... sei.

3 Traduisez :

1. Qui vient avec nous ? 2. Qui a répondu au téléphone ? 3. Avec qui joues-tu ? 4. De qui s'agit-il (trattarsi) ? 5. De quoi s'agissait-il ? 6. Je sais avec qui je travaillerai l'année prochaine. 7. Il ne sait plus à qui s'adresser (rivolgersi). 8. Que veux-tu ? 9. Que ferons nous ? 10. Dis-moi... - Quoi ?

4 Traduisez :

1. Avec quoi a-t-il coupé (tagliare) la branche (ramo) ? 2. Explique-moi ce que je dois dire. 3. Que c'est difficile ! 4. Lequel veux-tu ? 5. Lesquelles as-tu achetées ? 6. On commencera par lequel ? 7. Les deux trains sont arrivés en même temps. Sur lequel avez-vous voyagé ? 8. Combien ont été récompensées (premiare) ? 9. Certes, il est resté des manuscrits mais combien ont disparu ! 10. Elles veulent toutes être hôtesses de l'air (hostess). Combien le seront ?

5 Traduisez :

1. Che cosa stai facendo ? 2. Che cosa stai dicendo ? 3. Che cosa stanno bevendo ? 4. Che cosa sta cercando ? 5. Chi sta aspettando l'autobus ? 6. Chi ha trovato la soluzione ? 7. Chi si occupa di me ? 8. Dimmi chi bazzichi ti dirò chi sei (proverbio). 9. Chi dorme non piglia pesci (proverbio). 10. Chi fa da se fa per tre (proverbio).

6 Traduisez :

1. De qui parles-tu ? 2. A qui veux-tu téléphoner ? 3. Pour qui as-tu acheté ce cadeau ? 4. Avec qui partirez-vous ? 5. Sur qui comptes-tu ? 6. A qui se fier (fidarsi di) ? 7. A qui est ce portefeuille ? 8. A qui sont ces billets de (da) 10.000 lires ? 9. De qui veux-tu parler ? 10. A qui penses-tu ?

7 Remplacez les pointillés par les lettres qui manquent :

1. Molte ragazze sono andate a ballare. Poche sono restate a casa. - Q..... sono uscite ? 2. Ho trovato pochi clienti. - Q..... ne hai trovati ? 3. Mi sono restati molti oggetti da vendere - Q.... ne hai venduti ? 4. Non voglio molte bottiglie di vino. - Q.... ne vuoi ? 5. Ho speso troppo - Q..... hai speso ? 6. È restata poca acqua - Q... è restata ?

LE VERBE

I modi ed i tempi		Les modes et les temps		
Indicativo *Indicatif*	Condizionale *Conditionnel*	Congiuntivo *Subjonctif*	Imperativo *Impératif*	Infinito *Infinitif*
Tempi semplici *Temps simples*		Tempi composti *Temps composés*		
Presente *Présent*		Passato prossimo *Passé composé*		
Imperfetto *Imparfait*		Trapassato prossimo *Plus-que-parfait*		
Passato remoto *Passé simple*		Trapassato remoto *Passé antérieur*		
Futuro *Futur*		Futuro anteriore *Futur antérieur*		
Gerundio *Gérondif*	Participio presente *Participe présent*		Participio passato *Participe passé*	

78 _ESSERE_ être

INDICATIF	CONDITIONNEL	SUBJONCTIF	IMPÉRATIF	INFINITIF
PRÉSENT Sono Sei È Siamo Siete Sono		_PRÉSENT_ (Che io) sia (Che tu) sia (Che egli) sia (Che) siamo (Che) siate (Che) siano	_AFFIRMATIF_ Sii Sia (Lei) Siamo Siate Siano (Loro)	Essere Essere stato **GÉRONDIF** Essendo Essendo stato, a
PASSÉ COMPOSÉ Sono stato, a Siamo stati, e		_PASSÉ_ (Che io) sia stato, a (Che) siamo stati, e	_NÉGATIF_ Non essere Non sia Non siamo Non siate Non siano	**PARTICIPE PASSÉ** Stato, a Stati, e
IMPARFAIT Ero Eri Era Eravamo Eravate Erano		_IMPARFAIT_ (Che io) fossi (Che tu) fossi (Che) fosse (Che) fossimo (Che) foste (Che) fossero		
PLUS-QUE-PARFAIT Ero stato, a Eravamo stati, e		_PLUS-QUE-PARFAIT_ (Che io) fossi stato, a (Che) fossimo stati, e		
PASSÉ SIMPLE Fui Fosti Fu Fummo Foste Furono				
PASSÉ ANTÉRIEUR Fui stato, a Fummo stati, e				
FUTUR Sarò Sarai Sarà Saremo Sarete Saranno	_PRÉSENT_ Sarei Saresti Sarebbe Saremmo Sareste Sarebbero			
FUTUR ANTÉRIEUR Sarò stato, a Saremo stati, e	_PASSÉ_ Sarei stato, a Saremmo stati, e			

79 AVERE avoir

INDICATIF	CONDITIONNEL	SUBJONCTIF	IMPÉRATIF	INFINITIF
PRÉSENT Ho Hai Ha Abbiamo Avete Hanno		*PRÉSENT* (Che io) abbia (Che tu) abbia (Che egli) abbia (Che) abbiamo (Che) abbiate (Che) abbiano	*AFFIRMATIF* Abbi Abbia (Lei) Abbiamo Abbiate Abbiano (Loro)	Avere **GÉRONDIF** Avendo Avendo avuto
PASSÉ COMPOSÉ Ho avuto Abbiamo avuto		*PASSÉ* (Che io) abbia avuto (Che) abbiamo avuto	*NÉGATIF* Non avere Non abbia	**PARTICIPE PASSÉ** Avuto
IMPARFAIT Avevo Avevi Aveva Avevamo Avevate Avevano		*IMPARFAIT* (Che io) avessi (Che tu) avessi (Che) avesse (Che) avessimo (Che) aveste (Che) avessero	Non abbiamo Non abbiate Non abbiano	
PLUS-QUE-PARFAIT Avevo avuto Avevamo avuto		*PLUS-QUE-PARFAIT* (Che io) avessi avuto (Che) avessimo avuto		
PASSÉ SIMPLE Ebbi Avesti Ebbe Avemmo Aveste Ebbero				
PASSÉ ANTÉRIEUR Ebbi avuto Avemmo avuto				
FUTUR Avrò Avrai Avrà Avremo Avrete Avranno	*PRÉSENT* Avrei Avresti Avrebbe Avremmo Avreste Avrebbero			
FUTUR ANTÉRIEUR Avrò avuto Avremo avuto	*PASSÉ* Avrei avuto Avremmo avuto			

80 Remarques sur les formes des auxiliaires « _essere_ » et « _avere_ »

1. Au présent de l'indicatif de **avere**

Attention au **h** initial de **ho** _j'ai_, **hai** _tu as_, **ha** _il a_, **hanno** _ils ont_, qui sont les quatre seuls exemples de mots purement italiens commençant par un **H** (cf. p. 10).

2. Au subjonctif

■ Présent :

— Comme tous les verbes italiens, les auxiliaires ont une forme identique aux trois premières personnes : en cas d'ambiguïté, il faut préciser le sujet :

che io (tu, egli, essa) sia, _a_bbia.

Bisogna che tu sia prudente. _Il faut que tu sois prudent._

Bisogna che io _a_bbia tempo per rifl_e_ttere. _Il faut que j'aie le temps de réfléchir._

⚠ — La première personne du pluriel a la même forme qu'à l'indicatif et à l'impératif :

siamo _que nous soyons_ ou _nous sommes_ ou _soyons_

abbiamo _que nous ayons_ ou _nous avons_ ou _ayons_

■ Imparfait :

Les première et deuxième personnes du singulier présentent une forme identique. Pour éviter toute ambiguïté, il faut indiquer le sujet :

S'io avessi un registratore... _Si j'avais un magnétophone..._

Se tu avessi un videoregistratore... _Si tu avais un magnétoscope..._

3. A l'impératif

⚠ Les formes de l'impératif sont empruntées au subjonctif sauf à la première personne du singulier : **sii** _sois_, **abbi** _aie_.

> **N.B.**
> Pour exprimer la défense à la 2ᵉ personne du singulier, pour les auxiliaires comme pour tous les autres verbes, on emploie **NON** suivi de l'infinitif :
>
> **Non aver paura.** _N'aie pas peur._   **Non _e_ssere insolente.** _Ne sois pas insolent._

4. A l'indicatif futur et au conditionnel présent

La première personne du pluriel du conditionnel se distingue de celle du futur de l'indicatif par le redoublement du **m** :

Saremo felici.
Nous serons heureux.

Saremmo felici.
Nous serions heureux.

Avremo un cane.
Nous aurons un chien.

Avremmo un cane.
Nous aurions un chien.

5. Au passé simple

L'auxiliaire **_e_ssere** est irrégulier à toutes les personnes.

L'auxiliaire **avere** est irrégulier aux 1ᵉ, 3ᵉ et 6ᵉ personnes :

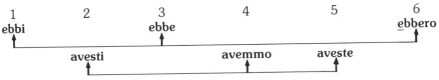

6. Au participe

■ Présent :

Comme la plupart des verbes italiens (cf. § 121), les auxiliaires **avere** et **essere** n'ont pas de participe présent utilisé avec une fonction verbale [1].

■ Passé :

Attention ! *j'ai été* se traduit par **sono stato.**

Aux temps composés, **essere** est son propre auxiliaire et le participe **stato** s'accorde avec le sujet :

Sono stato chiamato.
J'ai été appelé.

Sono stata chiamata.
J'ai été appelée.

Sono stati chiamati.
Ils ont été appelés.

Sono state chiamate.
Elles ont été appelées.

81 Emploi de « venire » et de « andare » comme auxiliaires du passif

En italien comme en français, la voix passive se forme à l'aide de **essere** *être* :
È ubbidito da tutti. *Il est obéi de tous.*

Mais les verbes **venire** et **andare** sont souvent employés comme auxiliaires à la place de **essere.**

1. Venire remplace souvent **essere** lorsque l'action est subie :
Venne condotto in carcere. *Il fut amené en prison.*

N.B.
Les verbes **restare** et **rimanere** sont parfois utilisés dans une fonction à peu près équivalente :
**Restò
Rimase** ferito nel combattimento. *Il fut blessé dans le combat.*

⚠ **2. Andare** exprime souvent une idée d'obligation :
Questo lavoro va fatto subito. *Ce travail doit être fait tout de suite.*

La fattura va pagata entro quindici giorni. *La facture doit être payée sous quinzaine.*

Mais **andare** est aussi employé quelquefois sans prendre cette valeur :
Un milione di bagagli vanno perduti ogni anno negli aeroporti.
Un million de bagages sont perdus chaque année dans les aéroports.

N.B.
• Retenons quelques formules souvent employées : **va notato** *on doit remarquer*, **va considerato** *on doit considérer*, **va ricordato** *on doit rappeler*, **non va dimenticato** *on ne doit pas oublier*, **va ripetuto** *on doit répéter*, etc.

• Avec les verbes exprimant une idée de disparition ou de gaspillage (**disperdere, perdere, smarrire, sprecare,** etc.) **andare** ne traduit pas cette idée d'obligation :

Le prove andarono disperse. *Les preuves furent dispersées.*
La lettera andò smarrita. *La lettre fut égarée.*

---

1. On retrouve cependant le participe présent de **avere, avente,** dans des formules juridiques : **l'avente diritto** *l'ayant droit*, **gli aventi diritto** *les ayants droit* et, sous une forme différente, dans le mot **abbiente** qui peut être adjectif ou substantif : **una famiglia abbiente** *une famille aisée*, **gli abbienti** *les possédants*, **i non abbienti** *les pauvres*, **i meno abbienti** *les économiquement faibles*.
Le participe présent de **essere, ente,** est employé comme substantif dans le sens d'*organisme* (E.N.I.T., **Ente Nazionale Industrie Turistiche,** qui correspond au *Commissariat au Tourisme*, E.N.I., **Ente Nazionale Idrocarburi** *Office des pétroles*, etc.).

82 Emploi des auxiliaires : « _e_ssere » ou « avere » ?

1. En italien, les temps composés se forment soit avec **essere,** soit avec **avere** :

N.B.

Un certain nombre de verbes qui se conjuguent avec **essere** en italien et _être_ en français sont pronominaux en français mais pas en italien (cf. § 110) :

appassire _se fâner_	**La rosa è appassita.** _La rose s'est fânée._
crollare _s'écrouler_	**La torre è crollata.** _La tour s'est écroulée._
evadere _s'évader_	**È evaso per la terza volta.** _Il s'est évadé pour la troisième fois._
migliorare _s'améliorer_	**La situazione è migliorata.** _La situation s'est améliorée._
scappare _s'échapper_	**È scappato.** _Il s'est échappé._
svanire _s'estomper_	**I colori sono svaniti.** _Les couleurs se sont estompées._
svenire _s'évanouir_	**È svenuto dalla paura.** _Il s'est évanoui de peur._
terminare _se terminer_	**Il film è terminato a mezzanotte.** _Le film s'est terminé à minuit._

⚠ 2. Verbes qui se conjuguent avec **essere** en italien et _avoir_ en français

■ Verbes qui expriment un état ou une évolution :

esistere	_exister_	**arrossire** [2]	_rougir de honte_
vivere	_vivre_	**impallidire**	_pâlir_
apparire	_apparaître_	**peggiorare**	_empirer_
comparire	_apparaître_	**gonfiare**	_gonfler_
scomparire	_disparaître_	**scoppiare**	_éclater_
spuntare	_poindre_	**sbocciare**	_éclore_
sorgere	_surgir, se dresser_	**fiorire**	_fleurir_
sembrare	_sembler_	**maturare**	_mûrir_
cambiare, mutare	_changer_	**rinverdire**	_reverdir_
parere	_paraître_	**imbianchire**	_blanchir_
abbronzare	_bronzer_	**ingiallire**	_jaunir_
imbellire [1]	_embellir_	**annerire**	_noircir_
imbruttire	_enlaidir_	**verdeggiare**	_verdoyer_
invecchiare	_vieillir_	**rosseggiare**	_rougeoyer_
ringiovanire	_rajeunir_	**aumentare**	_augmenter_
ingrassare	_grossir_	**crescere**	_croître_
dimagrare ⎫		**calare**	_baisser_
dimagrire ⎭	_maigrir_	**diminuire**	_diminuer_
Sei ringiovanita.	_Tu as rajeuni._	**È invecchiato.**	_Il a vieilli._
Sono dimagrite.	_Elles ont maigri._	**Siete ingrassati.**	_Vous avez grossi._

N.B.

• Quand ces verbes sont transitifs, il se construisent avec l'auxiliaire **avere** (cf. § 82, 4).

• Pour ce qui est du verbe **vivere** _vivre,_ on trouve :

È vissuto a lungo a Parma. _Il a vécu longtemps à Parme._

Hanno vissuto due mesi d'angoscia. _Ils ont vécu deux mois d'angoisse._

ce qui n'étonne pas puisque **vivere** est employé intransitivement dans la première phrase et transitivement dans la deuxième.

---

1. Il y a une différence entre **imbellire** _devenir beau_ (**È imbellita da quando l'ho vista per l'ultima volta.** _Elle a embelli depuis la dernière fois où je l'ai vue._) et **abbellire** (**Nel Seicento la città fu abbellita grazie a molti mecenati.** _Au XVIIᵉ siècle, la ville fut embellie grâce à de nombreux mécènes._).
2. **Arrossare** (transitif) est employé au sens propre, **arrossire** (intransitif) au sens figuré : **Il sangue arrossava il marciapiede.** _Le sang rougissait le trottoir._ **È tanto timido che arrossisce per niente.** _Il est tellement timide qu'il rougit pour un rien._

Mais on entend aussi :

Quest'uomo ha vissuto molto. *Cet homme a beaucoup vécu.*

phrase dans laquelle **vivere** est intransitif mais se conjugue quand même avec **avere**.

■ Verbes qui expriment le temps (début, déroulement, fin) dans une construction intransitive :

cominciare		**Il conto alla rovescia è cominciato.** *Le compte à rebours a commencé.*
iniziare	*commencer*	**L'operazione è iniziata alle 3.** *L'opération a commencé à 3 heures.*
principiare		**L'offensiva è principiata alle 5.** *L'offensive a commencé à 5 heures.*
continuare	*continuer*	**La partita è continuata.** *La partie a continué.*
durare	*durer*	**L'esame è durato due ore.** *L'examen a duré deux heures.*
cessare	*cesser*	**La lotta è cessata.** *La lutte a cessé.*

■ Verbes intransitifs très courants :

— Verbes de mouvement :

affiorare	*refaire surface*	**La barca è riaffiorata stamattina.** *La barque a refait surface ce matin.*
affluire	*affluer*	**La folla è affluita sulla piazza.** *La foule a afflué sur la place.*
atterrare	*atterrir*	**L'aereo è atterrato alle 6.** *L'avion a atterri à six heures.*
colare	*couler*	**La lava è colata fino al paese.** *La lave a coulé jusqu'au village.*
emigrare	*émigrer*	**È emigrato negli Stati Uniti.** *Il a émigré aux États-Unis.*
fuggire	*fuir*	**Sono fuggiti all'estero.** *Ils ont fui à l'étranger.*
inciampare	*trébucher*	**È inciampato in un sasso.** *Il a trébuché contre une pierre.*
penetrare	*pénétrer*	**Il pugnale è penetrato fino al cuore.** *Le poignard a pénétré jusqu'au cœur.*
rifluire	*refluer*	**I dimostranti sono rifluiti.** *Les manifestants ont reflué.*
salire	*monter* [1]	**Sono salito per le scale.** *J'ai monté les escaliers.*
scendere	*descendre*	**Sono sceso per le scale.** *J'ai descendu les escaliers.*
scorrere	*couler*	**Le lacrime le sono scorse sul viso.** *Les larmes ont coulé sur son visage.*

— Autres verbes :

appartenere	*appartenir*	**Questa Ferrari è appartenuta ad un mio conoscente.** *Cette Ferrari a appartenu à quelqu'un que je connais.*
bastare	*suffire*	**È bastata un'occhiata per capire.** *Il a suffi d'un coup d'oeil pour comprendre.*
costare	*coûter*	**Quest'errore mi è costato caro.** *Cette erreur m'a coûté cher.*
dispiacere	*déplaire*	**Il suo tono mi è dispiaciuto.** *Son ton m'a déplu.*
esplodere	*exploser*	**L'autobomba è esplosa alle 2.** *La voiture piégée a explosé à 2 heures.*
occorrere	*falloir*	**Gli sono occorsi due anni di studi.** *Il lui a fallu deux ans d'études.*
riuscire	*réussir, arriver*	**È riuscito ad entrare.** *Il a réussi à entrer.*
servire	*servir*	**Non è servito a niente.** *Cela n'a servi à rien.*
valere	*valoir*	**Questo romanzo è valso a farlo conoscere.** *Ce roman lui a valu la célébrité.*

■ Verbes pronominaux en italien et non pronominaux en français, qui demandent donc l'auxiliaire *avoir* en français et l'auxiliaire **essere** en italien (cf. § 108) :

arrampicarsi *grimper,* **augurarsi** *souhaiter,* **complimentarsi con** *féliciter,* **comunicarsi** *communier,* **congratularsi con** *féliciter,* **degnarsi di** *daigner,* **evolversi** *évoluer,* **felicitarsi con** *féliciter,* **laurearsi** *réussir sa licence,* **tuffarsi** *plonger,* **vergognarsi** *avoir honte* [2].

---

1. *Monter* ou *descendre quelque chose* se dit : **portar su, portar giù.**
Per favore, mi porti giù (su) i bagagli. *S'il vous plaît, descendez (montez) mes bagages.*

2. Cf. l'auxiliaire § 82,1.

3. Verbes qui se conjuguent avec **avere** en italien et *être* en français

Ce sont surtout des verbes qui ne sont pas pronominaux en italien mais le sont en français (cf. § 110) [1] :

diffidare *se méfier de*	**esclamare** *s'exclamer*	**desistere** *se désister*
passeggiare *se promener*	**tacere** *se taire*	**litigare** ⎫
canzonare et **deridere** *se moquer de*		**bisticciare** ⎭ *se disputer*

4. Verbes qui se conjuguent soit avec **avere** soit avec **essere** selon qu'ils sont employés transitivement ou intransitivement

Hanno cambiato indirizzo.	La situazione è cambiata.
Ils ont changé d'adresse.	*La situation a changé.*
Ha cessato di vivere.	Il conflitto è cessato.
Il a cessé de vivre.	*Le conflit a cessé.*
Ho cominciato (continuato) a gridare.	Questo rumore è cominciato (continuato) ieri.
J'ai commencé à crier.	*Ce bruit a commencé (continué) hier.*
Ha corso un grave pericolo.	È corso dal medico.
Il a couru un grave danger.	*Il a couru chez le médecin.*
Ha finito di parlare.	Dopo un testa-coda è finito contro un albero.
Il a fini de parler.	*Après un tête-à-queue il a fini contre un arbre.*
L'orologio ha suonato le dieci.	L'ora della messa è suonata.
L'horloge a sonné dix heures.	*L'heure de la messe a sonné.*
Non hanno terminato il lavoro.	Il dolce al cioccolato è terminato.
Ils n'ont pas terminé leur travail.	*Le gâteau au chocolat est terminé.*

83 *Construction des verbes « dovere », « potere » et « volere »*

1. Les verbes **dovere, potere** et **volere** se conjuguent aux temps composés avec l'auxiliaire **avere** : ho dovuto, ho potuto, ho voluto.

> **Perché sei diventato professore ? Perché l'ho voluto.**
> *Pourquoi es-tu professeur ? Parce que je l'ai voulu.*

⚠ **2.** Mais lorsqu'ils sont suivis d'un autre verbe, ils prennent l'auxiliaire qui convient au verbe qui les suit ; c'est pourquoi on les appelle « verbes serviles » (**verbi servili**) :

Sono venuto in autostop.	→ Sono dovuto (potuto, voluto) venire in autostop.
Je suis venu en auto-stop.	*J'ai dû (pu, voulu) venir en auto-stop.*
L'aereo è atterrato in orario.	→ L'aereo non è potuto atterrare per la nebbia.
L'avion a atterri à l'heure.	*L'avion n'a pu atterrir à cause du brouillard.*

Il faut donc distinguer :

Ha dovuto lavorare all'estero. (**avere** parce qu'on dit : **ha lavorato**)

Il a dû travailler à l'étranger.

et : **È dovuto andare a lavorare all'estero.** (**essere** parce qu'on dit : **è andato**)

Il a dû aller travailler à l'étranger.

⚠ Les verbes serviles s'accordent en genre et en nombre :

È tornata.	**È dovuta tornare.**	**È potuta tornare.**	**Son potute tornare.**
Elle est revenue.	*Elle a dû revenir.*	*Elle a pu revenir.*	*Elles ont pu revenir.*

---

1. Certains verbes de même sens ont une double forme, pronominale et non pronominale (cf. § 109) : **dimenticare** et **dimenticarsi** *oublier*, **rammentare** et **rammentarsi** *se souvenir*, **ricordare** et **ricordarsi** *se rappeler*, **sbagliare** et **sbagliarsi** *se tromper*, **sedere** et **sedersi** *s'asseoir*, **scordare** et **scordarsi** *oublier*.

N.B.

• L'auxiliaire **essere** est le plus fréquent. Toutefois, si on veut absolument insister sur **dovere**, **potere** ou **volere** on pourra préférer l'auxiliaire **avere** :

Volevo arrivare alle 8. Purtroppo non ho potuto venire con l'aereo.
Je voulais arriver à 8 heures. Malheureusement je n'ai pu venir avec l'avion.

Le ho già detto che il chirurgo non ha potuto venire.
Je vous ai déjà dit que le chirurgien n'a pas pu venir (n'a absolument pas pu venir).

Non sono uscito a salutarlo. Non ho voluto uscire a salutarlo.
Je ne suis pas sorti pour le saluer. Je n'ai pas voulu sortir pour le saluer.

Mieux vaut suivre l'usage courant et utiliser l'auxiliaire **essere**, comme la plupart des écrivains.

• Les verbes serviles veulent l'auxiliaire **avere** quand ils sont suivis du verbe **essere** :
Ho dovuto (potuto, voluto) essere generoso. *J'ai dû (pu, voulu) être généreux.*

• Quand **dovere, potere** et **volere** accompagnent un verbe réfléchi, ils se construisent avec :
— l'auxiliaire **essere** si le pronom réfléchi précède le verbe :
Si è dovuto curare da solo. *Il a dû se soigner tout seul.*

— l'auxiliaire **avere** si le pronom réfléchi est soudé à la terminaison de l'infinitif :
Ha dovuto curarsi da solo. *Il a dû se soigner tout seul.*

84 Emploi de l'auxiliaire « essere » avec les verbes impersonnels

La plupart des verbes impersonnels se conjuguent aux temps composés avec l'auxiliaire **essere**.

1. Verbes servant à décrire des phénomènes atmosphériques (cf. § 112) :
È piovuto ieri sera. *Il a plu hier soir.*
È gelato in febbraio. *Il a gelé en février.*

N.B.
Pour les verbes **piovere** *pleuvoir*, **grandinare** *grêler* et **nevicare** *neiger*, on rencontre souvent : **ha piovuto, ha grandinato** et **ha nevicato** à côté de **è piovuto, è grandinato, è nevicato**.

2. Autres verbes impersonnels (cf. § 112) :
È bastato per la prima volta. *Cela a suffi pour la première fois.*
È sembrato (parso) poco convincente. *Cela a paru peu convaincant.*
È piaciuto (dispiaciuto) a tutti ! *Cela a plu (déplu) à tout le monde.*
Ci è voluto molto tempo. *Il a fallu beaucoup de temps.*

85 Quelques emplois particuliers des auxiliaires

Traduction de : *Qu'est-ce ?... C'est...* (cf. § 184)
Traduction de : *Est-ce que... ?* (cf. § 113)
Traduction de : *Qui a... ? Qui est-ce qui a... ?* (cf. § 184)
Traduction de : *Qui est-ce ? C'est moi, c'est toi...* (cf. § 184)
Traduction de : *C'est moi (toi...) qui...* (cf. § 184)
Traduction de : *A qui est-ce de... (A qui le tour) ? C'est à moi de...* (cf. § 184)
Traduction de : *Il y a, il y en a...* (cf. § 187)

1 Traduisez :

1. J'ai faim (fame). 2. Nous avons soif (sete). 3. Ils ont sommeil (sonno). 4. Tu as eu peur. 5. Vous avez eu chaud (caldo). 6. Je suis heureux. 7. Ils sont timides. 8. Tu es fatigué. 9. Vous êtes heureux. 10. Il est en retard.

2 Mettez au futur les phrases suivantes :

1. Oggi ho freddo e sono malato. Domani .... 2. Questa settimana sei stanco e hai un po' di febbre. La settimana prossima ... . 3. Quest'anno ho molto denaro e sono fortunato. L'anno prossimo ... . 4. Questo mese siete a Milano e avete poco tempo libero. Il mese prossimo ... . 5. Adesso abbiamo sete e siamo affamati. Fra un'ora ... . 6. Questo trimestre non sono ubbidienti e non hanno voglia di studiare. Il trimestre prossimo ... .

3 Mettez au passé simple les phrases suivantes qui sont au passé composé :

1. Ho avuto paura. 2. Hai avuto voglia di partire ? 3. Ha avuto tempo di tornare. 4. Abbiamo avuto dei rimorsi. 5. Avete avuto fortuna. 6. Hanno avuto ragione. 7. Sono stato chiamato. 8. Sei stato curato (soigné). 9. È stato ammazzato (tué). 10. Siamo stati feriti (blessés). 11. Siete state ingannate (trompées). 12. Sono stati invitati a Parigi.

4 Traduisez :

1. Il veut que je sois plus calme. 2. Ils veulent que tu sois puni. 3. Je désire (desiderare) qu'il soit récompensé (premiare). 4. Il faut que nous soyons à l'heure (in orario). 5. Il faut que vous soyez élégants. 6. Il faut qu'ils soient libérés demain. 7. Il suffit (basta) que j'aie le temps. 8. Il suffit que tu aies un peu de pain. 9. Il suffit qu'il ait de quoi (di che) manger. 10. Il faut que nous ayons un million.

5 Traduisez :

1. Il faut que vous ayez une voiture. 2. Il faut qu'ils aient du courage. 3. Aie un peu de patience. 4. S'il vous plaît, Monsieur, ayez un peu de patience. 5. Ayons du courage (coraggio). 6. Ayez confiance (fiducia). 7. N'aie pas peur. 8. Ne sois pas triste. 9. Sois calme et tais-toi (taci). 10. Soyons patients.

6 Traduisez :

1. Quando la cassaforte venne aperta si scoprì che era vuota. 2. La cena viene servita dalle 19 alle 22. 3. Vennero feriti durante la guerra. 4. Il debito (la dette) venne rimborsato dalla banca. 5. Spiegatemi perché i lavori non vengono ultimati (terminés) rapidamente ? 6. Il film verrà trasmesso alle 20. 7. I risultati verranno dati domani. 8. Il colpevole venne scoperto per caso (par hasard). 9. Il prodotto verrà fabbricato in cooperazione tra una ditta italiana e una ditta francese. 10. Venne ricoverato in ospedale alle 8 e venne operato alle 11.

7 Traduisez :

1. Questo lavoro va fatto entro il mese. 2. Va notato che il museo sarà chiuso. 3. I debiti vanno pagati con puntualità. 4. I bambini non vanno mai picchiati (frapper) per qualsiasi ragione. 5. Le usanze (coutumes) dei paesi visitati vanno rispettate. 6. La spiegazione dell'insuccesso va cercata nell'impreparazione. 7. Le bottiglie di buon vino vanno aperte in anticipo. 8. Quest'azione va condannata senza esitazione. 9. Questi vestiti vanno lavati al più presto. 10. Il problema va esaminato con calma.

8 Traduisez :

1. Le critiche sono continuate. 2. Ho dimenticato di mettere le pere nel frigorifero : sono marcite. 3. La discussione con i sindacati è durata due ore. 4. L'aereo è atterrato a Napoli. 5. L'elicottero è decollato dalla portaerei (porteavions). 6. Il processo è cominciato alle 9. 7. Gli utili (bénéfices) sono diminuiti. 8. Le perdite sono raddoppiate rispetto all'anno scorso. 9. Quanto è ingrassato ! Non l'ho riconosciuto. 10. La casa è appartenuta a mia nonna.

9 Traduisez :

1. I prezzi sono calati dell'8%. 2. Le ricerche sono durate per tutta la notte.

3. I profitti sono cresciuti molto. **4.** Le riparazioni sono costate caro. **5.** I responsabili sono finiti in tribunale. **6.** La cupola è crollata nell'800. **7.** Non siamo riusciti a fuggire. **8.** La bomba a mano (la grenade) è esplosa in mezzo alla folla. **9.** Il siluro (torpille) è riaffiorato. **10.** La tariffa è aumentata del 20%.

10 Traduisez : ©

1. Les frais (la spesa) ont augmenté. **2.** Leurs revenus (il reddito) ont baissé (calare). **3.** La population a diminué au cours (nel corso) des siècles (secolo). **4.** Il a maigri de dix kilos à cause (per) de la maladie. **5.** L'émigration a toujours existé. **6.** Depuis qu'elle est à la retraite (in pensione) elle a rajeuni. **7.** L'expérience n'a servi en rien. **8.** L'eau a pénétré dans la cave (cantina). **9.** Ils disent que le climat a changé. **10.** L'exposition (la mostra) m'a plu ; l'affiche (il manifesto) m'a déplu.

11 Mettez l'auxiliaire qui convient : ©

1. Giovanna ... voluta tornare a casa. **2.** (Noi) ... potuti tornare a Napoli per Natale. **3.** I bambini ... dovuti restare a casa. **4.** (Voi) ... voluto visitare l'Italia ? **5.** I miei genitori ... potuto visitare due musei. **6.** Marco ... dovuto aspettare sotto la pioggia. **7.** Come ... potuta accadere questa disgrazia ? **8.** L'ostaggio ... potuto liberarsi da solo. **9.** Mia madre si ... voluta curare da sola. **10.** Gli esploratori ... potuto raggiungere il campobase.

12 Même exercice : ©

1. Dopo questo lavoro gli operai ... dovuto lavarsi con cura. **2.** (Noi) ... dovuti tornare da soli. **3.** Il turista si ... voluto tuffare (plonger) dalla scogliera (falaise). **4.** Malgrado il maltempo, mio padre ... potuto assistere alla partita. **5.** La mia mamma non ... voluto guardare la televisione. **6.** (Io) ... dovuto leggere il testo. **7.** (Lui) ... dovuto correre via. **8.** Le vittime ... potuto essere soccorse. **9.** (Lui) ... voluto essere avvocato e ci ... riuscito. **10.** Un mio antenato (ancêtre) ... potuto emigrare in Gran Bretagna.

13 Traduisez (cf. § 184) : ©

1. Qui est-ce ? - C'est moi. **2.** Qui est-ce ? - C'est nous. **3.** Qui est-ce ? - C'est mon frère. **4.** Qui est-ce ? - Ce sont mes sœurs. **5.** Qui était-ce ? - C'était lui. **6.** Qui était-ce ? - C'étaient mes amis. **7.** La prochaine (prossima) fois ce sera toi. **8.** La prochaine fois ce seront eux. **9.** Qu'est-ce que c'est ? **10.** Qu'est-ce que tu veux ?

14 Traduisez (cf. § 184) : ©

1. Qui a cassé ce verre ? - C'est moi. **2.** C'est toi qui a pris mon stylo ? - Non, ce n'est pas moi. **3.** C'est vous qui avez répondu au téléphone ? - Oui, c'est nous. **4.** C'est lui qui a téléphoné ? **5.** C'est ma mère qui a répondu. **6.** C'est moi qui ai raccroché (riattaccare). **7.** C'est moi qui travaille le plus. **8.** C'est nous qui risquons le moins.

15 Traduisez (cf. § 184) : ©

1. A qui est-ce de jouer ? C'est à moi. **2.** Joue ta carte. C'est à toi de jouer. **3.** Ce n'est pas à toi de prendre cette responsabilité. **4.** C'est à eux de prendre cette décision. **5.** C'était à lui de jouer, pas à toi. **6.** Ce sera à eux de payer les frais. **7.** A qui est ce parapluie ? Il est à moi. **8.** A qui sont ces cartes postales ? Elles sont à nous. **9.** Il est à toi ce paquet ? Non, il est à mon oncle. **10.** Ces mouchoirs (fazzoletto) sont à nous. Rends-les-nous.

16 Traduisez (cf. § 187) : ©

1. Il y a un problème. **2.** Il y a beaucoup de problèmes. **3.** Il y a peu de monde (gente). **4.** Il y a des milliers d'oiseaux. **5.** Il y a quelques (qualche) solutions. **6.** Il y a quelques (alcune) solutions. **7.** Il y a quelques (qualche) problèmes. **8.** Il y a quelques (alcuni) problèmes. **9.** Il y a encore des dégâts (danno). **10.** Il y aura encore des dégâts.

17 Traduisez (cf. § 187) : ©

1. Demain il y aura une manifestation (dimostrazione). **2.** Il y avait encore, et pour longtemps (molto tempo), de gros risques (rischio). **3.** Il y avait encore, et pour des années, une crise (crisi). **4.** A ce moment-là (in quel momento) il y eut un grand bruit. **5.** Si j'avais le temps je te dirais ce qu'il y avait. **6.** Y-a-t-il encore du vin ? - Oui, il y en a encore. **7.** Y-a-t-il encore des pommes ? - Oui, il y en a encore. **8.** Y aura-t-il des chanteurs ? - Oui, il y en aura. **9.** Y avait-il un orchestre (orchestra, fém.) ? - Oui, il y en avait un. **10.** Il reste un peu de fromage. Hier, il y en avait davantage (di più).

18 Traduisez : ©

1. Cela a suffi pour une fois. **2.** Tout m'a plu. **3.** Cela m'a déplu. **4.** Cela m'a étonné. **5.** Nous avons regretté de ne pouvoir vous suivre. **6.** J'ai regretté ton départ. **7.** Cela a paru étrange. **8.** Cela a paru naturel. **9.** Il a fallu beaucoup de patience. **10.** Il a fallu beaucoup d'efforts (sforzo).

19 Traduisez ces phrases qui sont toutes tirées de journaux (cf. §§121, 124) :

1. Hanno dato una visione delle cose non rispondente alla realtà. **2.** Hanno invitato tutte le personalità appartenenti allo show biz. **3.** Gli stranieri residenti nel nostro paese hanno il diritto di aprire un negozio. **4.** Mancando i responsabili, non si è potuto concludere niente. **5.** Superati gli intoppi (obstacles) burocratici si è tirato avanti (continuer). **6.** Arrestati due italiani uno dei due appartenente ad un gruppo terrorista. **7.** Finiti i soldi, è dovuto tornare a casa. **8.** Facendo tutto di testa sua ha sbagliato. **9.** Aiutato dalla famiglia si è arricchito in meno di due anni. **10.** Messossi la divisa (uniforme) si è sentito un altro.

20 Même exercice :

1. Ha telefonato ai testimoni e li ha fatti venire per interrogarli. **2.** Chi non avesse ancora la cartolina per giocare può richiedercela con l'apposito tagliando (coupon prévu à cet effet). **3.** Malgrado la pista fosse viscida (glissante) per le chiazze (taches) d'olio... **4.** Vorrei che la collaborazione continuasse e fosse più cordiale. **5.** Quello doveva fare. Quello avrebbe fatto. **6.** Avevamo l'idea che sarebbero arrivati da quella parte. **7.** Ero convinta che saresti diventato medico. **8.** Non pensava che il cammino sarebbe stato così lungo.

21 Mettez les auxiliaires à la forme qui convient :

Présent indicatif	Futur	Conditionnel	Passé simple	Imparfait indicatif	Subjonctif présent	Subjonctif imparfait
ho						
siamo						
hanno						
abbiamo						
è						
hai						
siete						
sono (pluriel)						
ha						
sono (singulier)						
sei						
avete						

II. LES CONJUGAISONS RÉGULIÈRES

86 Tableau des conjugaisons

1re conjugaison	2e conjugaison	3e conjugaison	
		1re forme	2e forme
INFINITIF			
Parl-ARE	Vend-ERE	Part-IRE	Fin-IRE
INDICATIF			
PRÉSENT			
Parl-o	Vend-o	Part-o	Fin-ISC-o
Parl-i	Vend-i	Part-i	Fin-ISC-i
Parl-a	Vend-e	Part-e	Fin-ISC-e
Parl-iamo	Vend-iamo	Part-iamo	Fin-iamo
Parl-ate	Vend-ete	Part-ite	Fin-ite
Parl-ano	Vend-ono	Part-ono	Fin-ISC-ono
PASSÉ COMPOSÉ			
Ho parlato	Ho venduto	Sono partito, a	Ho finito
Abbiamo parlato	Abbiamo venduto	Siamo partiti, e	Abbiamo finito
IMPARFAIT			
Parl- avo	Vend- evo	Part- ivo	Fin- ivo
Parl- avi	Vend- evi	Part- ivi	Fin- ivi
Parl- ava	Vend- eva	Part- iva	Fin- iva
Parl- avamo	Vend- evamo	Part- ivamo	Fin- ivamo
Parl- avate	Vend- evate	Part- ivate	Fin- ivate
Parl- avano	Vend- evano	Part- ivano	Fin- ivano
PLUS-QUE-PARFAIT			
Avevo parlato	Avevo venduto	Ero partito, a	Avevo finito
Avevamo parlato	Avevamo venduto	Eravamo partiti, e	Avevamo finito
PASSÉ SIMPLE			
Parl- ai	Vend- ei et Vend- etti	Part- ii	Fin- ii
Parl- asti	Vend- esti	Part- isti	Fin- isti
Parl- ò	Vend- é et Vend- ette	Part- ì	Fin- ì
Parl- ammo	Vend- emmo	Part- immo	Fin- immo
Parl- aste	Vend- este	Part- iste	Fin- iste
Parl- arono	Vend- erono et Vend-ettero	Part- irono	Fin- irono
PASSÉ ANTÉRIEUR			
Ebbi parlato	Ebbi venduto	Fui partito, a	Ebbi finito
Avemmo parlato	Avemmo venduto	Fummo partiti, e	Avemmo finito

Parl-ARE	Vend-ERE	Part-IRE	Fin-IRE

INDICATIF

FUTUR

Parl- erò	Vend- erò	Part- irò	Fin- irò
Parl- erai	Vend- erai	Part- irai	Fin- irai
Parl- erà	Vend- erà	Part- irà	Fin- irà
Parl- eremo	Vend- eremo	Part- iremo	Fin- iremo
Parl- erete	Vend- erete	Part- irete	Fin- irete
Parl- eranno	Vend- eranno	Part- iranno	Fin- iranno

FUTUR ANTÉRIEUR

Avrò parlato	Avrò venduto	Sarò partito, a	Avrò finito
Avremo parlato	Avremo venduto	Saremo partiti, e	Avremo finito

SUBJONCTIF

PRÉSENT

(Che io) parl- i	Vend- a	Part- a	Fin- ISC- a
(Che tu) parl- i	Vend- a	Part- a	Fin- ISC- a
(Che egli) parl- i	Vend- a	Part- a	Fin- ISC- a
(Che) parl- iamo	Vend- iamo	Part- iamo	Fin- iamo
(Che) parl- iate	Vend- iate	Part- iate	Fin- iate
(Che) parl- ino	Vend- ano	Part- ano	Fin- ISC- ano

PASSÉ

(Che io) abbia parlato	Abbia venduto	Sia partito, a	Abbia finito
abbiamo parlato	Abbiamo venduto	Siamo partiti, e	Abbiamo finito

IMPARFAIT

(Che io) parl- assi	Vend- essi	Part- issi	Fin- issi
(Che tu) parl- assi	Vend- essi	Part- issi	Fin- issi
(Che egli) parl- asse	Vend- esse	Part- isse	Fin- isse
(Che) parl- assimo	Vend- essimo	Part- issimo	Fin- issimo
(Che) parl- aste	Vend- este	Part- iste	Fin- iste
(Che) parl- assero	Vend- essero	Part- issero	Fin- issero

PLUS-QUE-PARFAIT

(Che io) avessi parlato	Avessi venduto	Fossi partito, a	Avessi finito
avessimo parlato	Avessimo venduto	Fossimo partiti, e	Avessimo finito

Parl-ARE	Vend-ERE	Part-IRE	Fin-IRE
CONDITIONNEL			
PRÉSENT			
Parl- erei	Vend- erei	Part- irei	Fin- irei
Parl- eresti	Vend- eresti	Part- iresti	Fin- iresti
Parl- erebbe	Vend- erebbe	Part- irebbe	Fin- irebbe
Parl- eremmo	Vend- eremmo	Part- iremmo	Fin- iremmo
Parl- ereste	Vend- ereste	Part- ireste	Fin- ireste
Parl- erebbero	Vend- erebbero	Part- irebbero	Fin- irebbero
PASSÉ			
Avrei parlato	Avrei venduto	Sarei partito, a	Avrei finito
Avremmo parlato	Avremmo venduto	Saremmo partiti, e	Avremmo finito
IMPÉRATIF			
AFFIRMATIF			
Parl- a	Vend- i	Part- i	Fin- ISC- i-
Parl- i (Lei)	Vend- a (Lei)	Part- a (Lei)	Fin- ISC- a (Lei)
Parl- iamo	Vend- iamo	Part- iamo	Fin- iamo
Parl- ate	Vend- ete	Part- ite	Fin- ite
Parl- ino (Loro)	Vend- ano (Loro)	Part- ano (Loro)	Fin- ISC- ano (Loro)
NÉGATIF			
Non parl- are	Non vendere	Non part- ire	Non fin- ire
Non parli (Lei)	Non vend- a (Lei)	Non part- a (Lei)	Non fin- ISC- a (Lei)
Non parl- iamo	Non vend- iamo	Non part- iamo	Non fin- iamo
Non parl- ate	Non vend- ete	Non part- ite	Non fin- ite
Non parl- ino (Loro)	Non vend- ano (Loro)	Non part- ano (Loro)	Non fin- ISC- ano (Loro)
PARTICIPE PRÉSENT			
Parlante	N'existe pas	Partente	N'existe pas
PARTICIPE PASSÉ			
Parl- ato, a, i, e	Vend- uto, a, i, e	Part- ito, a, i, e	Fin- ito, a, i e
GÉRONDIF			
Parl- ando	Vend- endo	Part- endo	Fin- endo
Avendo parlato	Avendo venduto	Essendo partito, a	Avendo finito

87 Place de l'accent tonique au présent de l'indicatif et du subjonctif

⚠ **1.** L'accent tonique ne se déplace jamais entre les trois premières personnes du singulier et la troisième du pluriel :

parlo	parli	parla	→ parlano	che parli	→ che parlino
telefono	telefoni	telefona	→ telefonano	che telefoni	→ che telefonino

2. Pour savoir si le verbe est « **sdrucciolo** » à la première personne du singulier (et donc « **bisdrucciolo** » à la troisième personne du pluriel), on peut souvent se référer au substantif [1] :

chiacchierare *bavarder*	la chiacchiera *le bavardage*	chiacchiera	chiacchierano
giudicare *juger*	il giudice *le juge*	giudica	giudicano
immaginare *imaginer*	l'immagine *l'image*	immagina	immaginano
intitolarsi *s'intituler*	il titolo *le titre*	s'intitola	s'intitolano
modificare *modifier*	la modifica *la modification*	modifica	modificano
terminare *terminer*	il termine *le terme*	termina	terminano

88 Verbes en « -ire »

1. La 2e forme de la 3e conjugaison ne diffère de la 1re forme qu'au présent de l'indicatif et du subjonctif, et aux personnes de l'impératif qui en dérivent.
La différence consiste dans l'intercalation du groupe **-ISC-** entre le radical et la désinence (sauf à la 1re et à la 2e personne du pluriel).

Les verbes qui se conjuguent sur le modèle de **partire** sont relativement peu nombreux : **aprire** *ouvrir*, **avvertire** *avertir, remarquer*, **bollire** *bouillir, faire bouillir*, **coprire** *couvrir*, **cucire** *coudre*, **sdrucire** *découdre*, **divertire (-si)** *amuser (s'amuser)*, **dormire** *dormir*, **fuggire** *fuir*, **offrire** *offrir*, **pentirsi** *se repentir*, **seguire** *suivre*, **sentire** *sentir, entendre* **servire** *servir*, **soffrire** *souffrir*, **vestire (-si)** *vêtir, habiller (s'habiller)* et ses dérivés **investire** *investir* et **rivestire** *revêtir*.
En revanche les verbes qui se conjuguent sur le modèle de **finire** sont très nombreux.

2. Pour certains verbes, on hésite entre la forme avec **-isc-** et la forme sans **-isc-** : **aborrire** *abhorer*, **apparire** [2] *apparaître*, **applaudire** *applaudir*, **assorbire** *absorber*, **convertire** *convertir*, **inghiottire** *engloutir, avaler*, **languire** *languir*, **nutrire** *nourrir*, **pervertire** *pervertir*, **tossire** *tousser*.

> **N.B.**
> • Pour certains de ces verbes, la forme sans **-isc-** est la plus courante : **applaudo, assorbo, converto, inghiotto, languo, mento** [3]**, nutro**.
>
> • Les verbes **fallire** *faire faillite, échouer*, **forbire** *fourbir, aiguiser*, **garrire** *gazouiller*, **muggire** *mugir*, **perire** *périr*, **proferire** *proférer*, **ruggire** *rugir*, dont on peut trouver une double forme dans des textes archaïques, ne conservent pratiquement plus désormais que les formes en **-isc**.
>
> • Certains verbes ont une double forme à l'infinitif : en **-ire** (**adempire** *accomplir, exécuter, réaliser*, **compire** *accomplir, terminer*, **riempire** *remplir*) et en **-ere** (**adempiere, compiere, riempiere**). Ils se conjuguent donc soit sur le modèle de **finire** (**adempisco, compisco, riempisco**) soit, plus couramment, sur celui de la deuxième conjugaison : **adempio, compio, riempio**.

---

1. Toutefois **mendicare** fait **mendico** (substantif **mendico** et **mendicante** *mendiant*).
2. **Apparire** fait **appaio** (et plus rarement **apparisco**), **appari, appare, appariamo, apparite, appaiono**. On a également deux formes pour **comparire** *apparaître, faire son apparition, comparaître* : **compaio** et rarement **comparisco**, etc. (cf. conjugaison complète § 105, note 3).
3. **Mentire** fait **mento**, mais **smentire** *démentir* fait **smentisco**.

89 *Quelques particularités orthographiques* _____

1. Verbes en -CARE et en -GARE

Pour conserver le son dur de l'infinitif, les verbes qui se terminent par **-care** ou **-gare** prennent un **h** dans tous les cas où la terminaison commence par un **-i** ou par un **-e** :

Ex : **toccare** *toucher*, **segare** *scier :*

INDICATIF PRÉSENT		SUBJONCTIF PRÉSENT		IMPÉRATIF		FUTUR	
tocco	sego	tocchi	seghi			toccherò	segherò
tocchi	seghi	tocchi	seghi	tocca	sega	toccherai	segherai
tocca	sega	tocchi	seghi	tocchi	seghi	toccherà	segherà
tocchiamo	seghiamo	tocchiamo	seghiamo	tocchiamo	seghiamo	toccheremo	segheremo
toccate	segate	tocchiate	seghiate	toccate	segate	toccherete	segherete
toccano	segano	tocchino	seghino	tocchino	seghino	toccheranno	segheranno

2. Verbes en -GERE, en -SCERE et en -GIRE

Pour les verbes en **-care** et en **-gare**, on aboutit à la généralisation du son dur. Au contraire dans les verbes en **-gere**, en **-scere** et en **-gire**, il y a alternance de terminaisons dures (**co, sco, go**) et douces (**ci, sci, gi**).

Exemple : **leggere** *lire*, **crescere** *croître, grandir*, **fuggire** *fuir :*

Indicatif présent :	**legg-o**	**legg-i**	**legg-e**	**legg-iamo**	**legg-ete**	**legg-ono**
	cresc-o	**cresc-i**	**cresc-e**	**cresc-iamo**	**cresc-ete**	**cresc-ono**
	fugg-o	**fugg-i**	**fugg-e**	**fugg-iamo**	**fugg-ite**	**fugg-ono**

Impératif :		**legg-i**	**legg-a**	**legg-iamo**	**legg-ete**	**legg-ano**
		cresc-i	**cresc-a**	**cresc-iamo**	**cresc-ete**	**cresc-ano**
		fugg-i	**fugg-a**	**fugg-iamo**	**fugg-ite**	**fugg-ano**

3. Verbes en -IARE, en -CIARE et en -GIARE

■ Verbes en **-IARE**

Quand le radical se termine par un **i**, on le conserve aux personnes où il est accentué. Lorsqu'il n'est pas accentué, il disparaît devant le **i** de la terminaison :

Exemple : **inviare** *envoyer* (radical **invi-**) :

	tu envoies		*nous envoyons*
invii	*que j'envoie, que tu envoies, qu'il envoie*	**inviamo**	*que nous envoyions*
	envoyez (**Lei**)		*envoyons*

■ Verbes en **-CIARE** et en **-GIARE**

Ils ont la même particularité orthographique que les autres verbes en **-iare** mais en plus, au futur et au conditionnel, ils perdent le **i** du radical devant le **-e** de la désinence :

cominciare	*commencer*	Futur :	**comincerò**	Conditionnel :	**comincerei**
lasciare	*laisser*		**lascerò**		**lascerei**
mangiare	*manger*		**mangerò**		**mangerei**

90 *Remarques sur les conjugaisons*

1. Présent de l'indicatif
La 3e personne du pluriel se termine par :
-ANO pour le premier groupe : **parlano**
-ONO pour les deux autres : **vendono, partono, finiscono.**

2. Présent du subjonctif
Les trois premières personnes du singulier ayant la même terminaison, on emploie le pronom pour les distinguer : **che (io, tu, egli, essa, lui, lei) parli, venda, parta, finisca.**

3. Imparfait de l'indicatif et du subjonctif

■ La voyelle caractéristique du groupe se retrouve dans la terminaison :
1er groupe -ARE : **avo, avi, ava,** etc. ; **assi, assi, asse,** etc.
2e groupe -ERE : **evo, evi, eva,** etc. ; **essi, essi, esse,** etc.
3e groupe -IRE : **ivo, ivi, iva,** etc. ; **issi, issi, isse,** etc.

■ Les deux premières personnes de l'imparfait du subjonctif ayant la même désinence, il faut indiquer le pronom sujet lorsque le contexte est ambigu :
Bisognava che tu ci pensassi di più e che io ti aiutassi meglio.
Il fallait que tu y penses (pensasses) davantage et que je t'aide (t'aidasse) mieux.

4. Conditionnel

■ Il ne faut pas confondre la 1re personne du pluriel du conditionnel présent : **parleremmo** (deux **M**), et celle de l'indicatif futur : **parleremo** (un seul **M**).

 ■ Le conditionnel passé peut être traduit en français soit par le conditionnel présent soit par le conditionnel passé (cf. § 115,3) :
Non ti aspettavo più. Pensavo che saresti arrivato a mezzogiorno.
Je ne t'attendais plus. Je pensais que tu arriverais à midi.

Sarei arrivato a mezzogiorno se non avessi perduto il treno delle nove.
Je serais arrivé à midi si je n'avais pas raté le train de 9 heures.

5. Passé simple
Les verbes en **-ere** ont un double passé simple à la 1re et à la 3e pers. du singulier et à la 3e pers. du pluriel :

-ei		-é			-erono
	-esti		-emmo	-este	
-etti		-ette			-ettero

Il faut éviter les formes en **-etti** pour les verbes dont le radical se termine déjà par un **-t** : **riflettere** *réfléchir* →**riflettei, battere** *battre* →**battei,** etc.
Toutefois on préfère les formes en **-etti** pour :
assistere *assister* →**assistetti, resistere** *résister* →**resistetti, insistere** *insister* →**insistetti.**

⚠ **6.** Impératif
A l'impératif négatif de la 2e personne du singulier, on emploie **non** suivi de l'infinitif :
Non parlare. *Ne parle pas.*

7. Participe présent
La plupart des verbes italiens n'ont pas de participe présent : il est remplacé par une proposition relative (cf. § 121) :
I viaggiatori che partono a mezzogiorno devono prepararsi.
Les voyageurs partant à midi doivent se préparer.
Ho fotografato dei bambini che nuotavano nel fiume.
J'ai photographié des enfants nageant dans la rivière.
Mais il en existe encore quelques-uns comme :
guida parlante francese *guide parlant français*

91 Participe passé et adjectifs dérivés

1. Pour l'accord du participe passé, cf. § 123

2. Les adjectifs dérivés des verbes

En italien, il existe des adjectifs dérivés du verbe (**aggettivi verbali**) dont les formes sont plus ou moins proches des participes passés. Il s'agit essentiellement de verbes en **-ARE**.

VERBE		PARTICIPE PASSÉ	ADJECTIF	
adattare	*adapter*	adattato	adatto	*adapté*
aguzzare	*aiguiser*	aguzzato	aguzzo	*pointu, perçant*
asciugare	*essuyer*	asciugato	asciutto	*essuyé, sec*
assorbire	*absorber*	assorbito	assorto	*absorbé*
avvezzare	*habituer*	avvezzato	avvezzo	*habitué*
avvizzire	*se fâner, se flétrir*	avvizzito	vizzo	*flétri, flasque*
caricare	*charger*	caricato	carico	*chargé*
chinare	*incliner*	chinato	chino	*incliné, penché*
colmare	*remplir*	colmato	colmo	*comblé*
destare	*éveiller*	destato	desto	*éveillé*
esaurire	*épuiser*	esaurito	esausto	*épuisé*
fermare	*arrêter*	fermato	fermo	*arrêté*
fiaccare	*fatiguer, lasser*	fiaccato	fiacco	*las, fatigué*
gonfiare	*gonfler*	gonfiato	gonfio	*gonflé, enflé*
guastare	*gâter*	guastato	guasto	*abîmé, gâté*
lessare	*faire bouillir*	lessato	lesso	*bouilli*
logorare	*user*	logorato	logoro	*usé*
marcire	*pourrir*	marcito	marcio	*pourri*
mozzare	*couper, trancher*	mozzato	mozzo	*coupé, mutilé*
pestare	*piler, écraser*	pestato	pesto	*écrasé*
privare	*priver*	privato	privo	*privé, dépourvu de*
salvare	*sauver*	salvato	salvo	*sauvé, sauf*
saziare	*rassasier*	saziato	sazio	*rassasié*
scaltrire	*former, dégourdir*	scaltrito	scaltro	*dégourdi, malin*
scalzare	*déchausser*	scalzato	scalzo	*déchaussé, pieds nus*
spogliare	*dépouiller*	spogliato	spoglio	*dépouillé, nu*
stancare	*fatiguer*	stancato	stanco	*fatigué, las*
storpiare	*estropier*	storpiato	storpio	*estropié*
stufare	*lasser* (pop.)	stufato	stufo	*être las, en avoir assez*
svegliare	*éveiller*	svegliato	sveglio	*éveillé*
troncare	*tronquer, couper*	troncato	tronco	*coupé, tronqué*
vuotare	*vider*	vuotato	vuoto	*vidé, vide*

Sono sveglio dalle 4.
Je suis éveillé depuis 4 heures.

Sono tornato a casa esausto.
Je suis rentré chez moi épuisé.

Sono stanco morto.
Je suis mort de fatigue.

Sono stato svegliato dal tuono.
J'ai été réveillé par le tonnerre.

Sono esaurite tutte le possibilità.
Toutes les possibilités sont épuisées.

Questa partita mi ha stancato.
Ce match m'a fatigué.

92 Formes interrogative, négative, passive : cf. § 113

1 Conjuguez les verbes suivants au présent de l'indicatif puis au présent du subjonctif (indiquez l'accent tonique) : ©

pensare - modificare - spazzolare (brosser) - pettinare (coiffer) - imitare - giocare - toccare - sprecare (gaspiller) - lasciare - tracciare - mangiare - sciare (skier).

2 Les formes verbales suivantes sont à la troisième personne du singulier de l'indicatif présent. Passez ces verbes à la 3e personne du pluriel :

entra - vende - apre - punisce - paga - teme - dorme - pulisce - mangia - crede - copre - finisce.

3 Même exercice en mettant les formes au subjonctif présent : ©
Exemple : entra → entri → entrino.

4 Mettez au singulier les formes verbales suivantes :
Exemple : mangiamo → mangio,   mangiate → mangi.

finiamo - partiamo - ubbidiamo - copriamo - scopriamo - dormiamo - investiamo - finite - partite - ubbidite - coprite - scoprite - dormite - investite.

5 Mettez à l'imparfait du subjonctif les formes verbales suivantes qui sont à l'imparfait de l'indicatif : ©

raccontavo - credevo - soffrivi - capivo - raccontavi - credevi - soffrivamo - capivi - raccontava - credeva - soffrivate - capiva - raccontavano - credevano - soffrivano - capivano.

6 Mettez à l'imparfait de l'indicatif puis du subjonctif les formes suivantes qui sont au présent de l'indicatif :
Exemple : parlo → parlavo → ch'io parlassi.

entro - ripeto - capisco - dormire - entrano - ripetono - capiscono - dormono - mangiamo - vendiamo - puliamo - partiamo - mangiano - vendono - puliscono - partono.

7 Conjuguez à l'impératif affirmatif puis négatif les verbes suivants :
entrare - telefonare - ripetere - seguire (suivre) - ubbidire (obéir).

8 Mettez à l'impératif négatif les formes suivantes qui sont à l'impératif affirmatif : ©
1. Suona il violino. **2.** Suonate insieme. **3.** Vendi la casa. **4.** Vendete tutto. **5.** Fuggi stasera. **6.** Fuggite con me. **7.** Punisci Stefano. **8.** Punite i bugiardi.

9 Les formes verbales suivantes sont à la deuxième personne du pluriel de l'impératif. Passez à la deuxième personne du singulier :
Exemple : partite → parti.

pagate - cantate - ripetete - dormite - sentite - smentite (démentez) - ubbidite.

10 Passez de la deuxième personne du pluriel de l'impératif à la forme de politesse (forme Lei) :

entrate - spiegate - tracciate - lasciate - toccate - telefonate - ripetete - scrivete - leggete - partite - applaudite - ubbidite.

11 Conjuguez au futur et au conditionnel présent les verbes suivants : ©

pagare - piegare (plier) - indicare - sprecare (gaspiller) - lasciare - mangiare - cominciare - rinunciare - imbarcare - rovesciare (renverser) - inviare (envier).

12 Mettez à la forme qui convient les verbes entre parenthèses : ©

1. Se sarà necessario io (pagare). **2.** Se verrai io ti (spiegare) tutto. **3.** Se vorrai io ti (lasciare) un assegno (chèque). **4.** Se non potrò fare altrimenti io (rinunciare) al progetto. **5.** Se ne vorrai tu ne (mangiare). **6.** Quando avranno bisogno di te loro ti (supplicare). **7.** Per le vacanze natalizie andremo in montagna dove noi (sciare) per tutta la giornata. **8.** Camminiamo lentamente se no ci (stancare) presto. **9.** Faremo una crociera (croisière). (Imbarcarsi) a Stoccolma. **10.** Fra un mese il giudice (giudicare) i colpevoli.

13 Mettez à la forme qui convient les verbes entre parenthèses :

1. Appena potremo (io) vi (portare) a ballare. **2.** Se potessimo (noi) vi (portare) a ballare. **3.** Appena potrò (io) lo (incontrare). **4.** Se fosse possibile (io) lo (incontrare) volentieri. **5.** Se avremo un po' di tempo (noi) ci (riflettere). **6.** Se avessimo un po' di tempo (noi) ci (riflettere). **7.** Quando sarà necessario (noi) (resistere). **8.** Se fosse necessario (noi) (resistere). **9.** Se ci sarà meno rumore questa notte (noi) (dormire) bene. **10.** Se ci fosse meno rumore in quest'albergo (noi) (dormire) bene.

14 Même exercice :

1. Dopo le vostre spiegazioni (noi) (capire) meglio. **2.** Se ci deste spiegazioni (noi) (capire) meglio. **3.** Quando l'avremo letto, (noi) te lo (lasciare). **4.** Se l'avessimo letto (noi) te lo (lasciare) senza esitare. **5.** Lasciateci ancora un po' di tempo, poi (noi) (pagare). **6.** Se potessimo (noi) (pagare), ma come fare ? **7.** Lo faremo cuocere, poi (noi) lo (mangiare). **8.** Se fosse cotto (noi) lo (mangiare). **9.** Aspetteremo fino alle 20 poi (noi) (cominciare). **10.** Se ci fossero abbastanza spettatori (noi) (cominciare).

15 Passez du passé composé au passé simple : ©

1. Ho mangiato bene. **2.** Sei tornato tardi. **3.** Ha sbagliato (se tromper) tutto. **4.** Siamo entrate insieme. **5.** Avete aspettato invano. **6.** Hanno ricominciato più volte. **7.** Ho ripetuto la domanda. **8.** Hai creduto a quelle parole ? **9.** Ha venduto la casa ai vicini. **10.** Abbiamo combattuto in Libia. **11.** Avete ceduto i vostri diritti ? **12.** Non hanno venduto niente. **13.** Sono partito solo. **14.** Hai finito di soffrire. **15.** Ha dormito poco. **16.** Abbiamo mentito per salvarci. **17.** Avete tossito per tutta la notte. **18.** Hanno ubbidito agli ordini. **19.** Avete disubbidito. **20.** Hai riflettuto alle conseguenze ?

16 Traduisez :

1. Il faut que je mange. **2.** Il faut que tu y retournes. **3.** Il faut qu'il réfléchisse. **4.** Il faut que nous vendions ce produit. **5.** Il faut que vous partiez ensemble. **6.** Il faut qu'ils dorment longtemps. **7.** Il faut que nous comprenions. **8.** Il faut qu'ils comprennent. **9.** Il faut que tu paies. **10.** Il faut que nous payions. **11.** Il faut que tu recommences. **12.** Il faut qu'ils recommencent.

17 Refaites l'exercice précédent en le mettant à l'imparfait. (Il fallait...) ©

18 Complétez par la forme qui convient : ©

1. Sono ... dalle 6. Mi sono destato a quest'ora per fare una gita. **2.** Lo sapevo che giocando così avresti logorato i pantaloni : adesso sono ... . **3.** Mi ha costretto a scalzarmi poi mi ha fatto correre ... . **4.** Smettila di caricare il rimorchio. Lo vedi bene che è stra ... . **5.** Puoi sedere. La panca è ... L'ho asciugata io. **6.** A tavola lui è insaziabile. Lei invece è ... dopo la pastasciutta. **7.** I frutti sono ... Lo sapevo che non mettendoli in frigo sarebbero marciti. **8.** È stato storpiato in un incidente. Resterà ... per tutta la vita. **9.** Gli ho ordinato di fermarsi e quando è stato ... gli ha chiesto i documenti. **10.** Pestate l'aglio. Quando è ... mettetelo con l'olio d'oliva.

19 Remplacez le participe présent par une proposition relative :

Exemple : una guida parlante francese → una guida che parla francese.

1. È un regolamento concernente la navigazione da diporto (de plaisance). **2.** Vorrei conoscere il decreto riguardante il servizio di leva (le service militaire). **3.** Tutti gli abitanti residenti (verbe risiedere) in questo villaggio saranno indennizzati. **4.** I verbi terminanti in -ere. **5.** Gli agenti economici operanti nel settore.

III. LES VERBES IRRÉGULIERS

93 *Verbes irréguliers de la première conjugaison* ───────

ANDARE	DARE	STARE	ANDARE	DARE	STARE
INDICATIF			CONDITIONNEL		
PRÉSENT					
Vado ou vo Vai Va Andiamo Andate Vanno	Do Dai Dà [1] Diamo Date Danno	Sto Stai Sta Stiamo State Stanno			
PASSÉ COMPOSÉ (régulier)					
Sono andato, a	Ho dato	Sono stato, a			
IMPARFAIT (régulier)					
Andavo	Davo	Stavo			
PLUS-QUE-PARFAIT (régulier)					
Ero andato, a	Avevo dato	Ero stato, a			
PASSÉ SIMPLE					
Andai, régulier Andasti Andò Andammo Andaste Andarono	Diedi ou detti Desti Diede ou dette Demmo Deste Diedero ou dettero	Stetti Stesti Stette Stemmo Steste Stettero			
PASSÉ ANTÉRIEUR (régulier)					
Fui andato, a	Ebbi dato	Fui stato, a			
FUTUR			PRÉSENT		
Andrò Andrai Andrà Andremo Andrete Andranno	Darò Darai Darà Daremo Darete Daranno	Starò Starai Starà Staremo Starete Staranno	Andrei Andresti Andrebbe Andremmo Andreste Andrebbero	Darei Daresti Darebbe Daremmo Dareste Darebbero	Starei Staresti Starebbe Staremmo Stareste Starebbero
FUTUR ANTÉRIEUR (régulier)			PASSÉ (régulier)		
Sarò andato, a	Avrò dato	Sarò stato, a	Sarei andato, a	Avrei dato	Sarei stato, a

───────────

1. L'accent sur le **à** permet de distinguer le verbe **dà** *il donne* de la préposition **da**.

ANDARE	DARE	STARE
SUBJONCTIF		
PRÉSENT		
(Che io) vada (Che tu) vada (Che egli) vada (Che) andiamo (Che) andiate (Che) vadano	(Che io) dia (Che tu) dia (Che egli) dia (Che) diamo (Che) diate (Che) diano	(Che io) stia (Che tu) stia (Che egli) stia (Che) stiamo (Che) stiate (Che) stiano
PASSÉ (régulier)		
Che io sia andato, a	Che io abbia dato	Che io sia stato, a
IMPARFAIT		
(Che io) andassi, rég.	(Che io) dessi [1] (Che tu) dessi (Che) desse (Che) dessimo (Che) deste (Che) dessero	(Che io) stessi [1] (Che tu) stessi (Che) stesse (Che) stessimo (Che) steste (Che) stessero
PLUS-QUE-PARFAIT		
Che io fossi andato, a	Che io avessi dato	Che io fossi stato, a
IMPÉRATIF		
Va ou va' [2] (non andare [3]) Vada (Lei) Andiamo Andate Vadano (Loro)	Da ou da' non dare[3] Dia (Lei) non dia Diamo non diamo Date non date Diano (Loro) non diano	Sta ou sta' non stare[3] Stia (Lei) non stia Stiamo non stiamo State non stati Stiano (Loro) non stiano
PARTICIPE PRÉSENT		
N'existe pas	N'existe pas	Inusité [4]
PARTICIPE PASSÉ		
Andato, a, i, e	Dato, a, i, e	Stato, a, i, e [5]
GÉRONDIF		
Andando	Dando	Stando

---

1. Noter qu'on ne retrouve pas la voyelle caractéristique du groupe **-are**.
2. Dans **va', da', sta'**, l'apostrophe remplace le **i** de **vai, dai, stai**, formes populaires fréquemment employées.
3. Pour l'expression de la défense aux autres personnes, il suffit d'ajouter **non** devant l'impératif : **non vada, non dia, non stia**, etc.
4. On trouve le participe présent **stante** dans l'expression **seduta stante** *séance tenante,* et **andante** en musique.
5. **Stato** est aussi le participe passé de l'auxiliaire **essere** (cf. § 80,6).

La première conjugaison n'a que trois verbes irréguliers [1] : **andare** *aller*, **dare** *donner*, **stare** *rester, être*. Pour **fare** (du latin *facere*), cf. § 104.

94 « *Stare* » et « *andare* » employés avec le gérondif [2]

⚠ **1. Stare** suivi du gérondif indique une action qui est en train de se produire :

Che cosa stai facendo ? **Sto leggendo.**
Que fais-tu ? (Qu'es-tu en train de faire ?) *Je lis. (Je suis en train de lire.)*

Che cosa stavano dicendo ?
Que disaient-ils ? (Qu'étaient-ils en train de dire ?)

2. Andare suivi du gérondif indique une action qui est en train de se produire mais avec une idée de mouvement :

Vo cercando dappertutto le chiavi della macchina.
Je cherche partout (je suis en train de chercher) les clés de ma voiture.

Cette forme décrit aussi une action qui se répète :

Va dicendo dappertutto che lo hai deluso.
Il dit partout (il va disant partout) que tu l'as déçu.

95 Emploi et sens de « *stare per* [3] »

⚠ La forme **stare per** suivie de l'infinitif exprime le futur très proche (*être sur le point de* [3]) :

Stavo per partire quando squillò il telefono.
J'étais sur le point de partir (j'allais partir) quand le téléphone sonna.

Zitto ! Il concerto sta per cominciare.
Chut ! Le concert va commencer.

96 Quelques emplois idiomatiques de « *stare* »

1. Pour saluer :

Come sta ? *Comment allez-vous ?* **Benissimo. E Lei ?** *Très bien. Et vous ?*

2. Pour parler de l'endroit où l'on habite :

Dove stai di casa ?	*Où habites-tu ?*
Stette a lungo in via Roma.	*Il habita longtemps rue de Rome.*

3. Pour exprimer l'attitude ou la manière d'être :

Stare in piedi	*Être debout*
Stare seduto	*Être assis*
Stare tranquillo, stare calmo	*Être tranquille, être calme*
Stare buono	*Être sage, être tranquille* (pour des enfants)
Stare allegri	*Être joyeux, se donner du bon temps*
Stare in pensiero	*Être soucieux, se faire du souci*

---

1. Sur l'emploi de **andare** comme auxiliaire du passif, cf. § 81.
2. Pour la traduction de *venir de*, cf. § 195.
3. On rencontre aussi les expressions **essere per, esser (stare) lì lì per** (cf. § 177) :
Stava lì lì per cadere quando giunse l'elicottero.
Il était vraiment sur le point de tomber quand l'hélicoptère arriva.

4. Pour traduire *être approprié, convenir* :

Questo cappello ti sta bene.	*Ce chapeau te va bien.*
Questo maglia ti sta male.	*Ce pull-over ne te va pas.*
Non sta bene parlare così.	*Ce n'est pas bien de parler ainsi.*
Sta bene.	*C'est bon. D'accord.*

5. Expressions diverses :

Lasciami stare.	*Laisse-moi tranquille.*
Lasciamo stare.	*Laissons tomber.*
Fatto sta che...	*Le fait est que...*
Sta in te.	*Cela dépend de toi.*
Tutto sta nel trovarlo.	*L'essentiel, c'est de le trouver.*
Stando così le cose...	*Les choses étant ce qu'elles sont...*
Non stare in sé dalla gioia	*Éclater de joie*

97 « Andare » (et les verbes de mouvement) suivi d'un autre verbe : cf. § 178

98 Quelques emplois idiomatiques de « andare »

Come va ?	*Comment ça va ?*
Andare avanti	*Avancer, continuer*
L'orologio va avanti (va indietro).	*La montre avance (retarde).*
Andare indietro	*Reculer*
Andare avanti e indietro	*Faire les cent pas*
Andar fuori	*Sortir*
Andare a zonzo (a passeggio, a spasso)	*Se promener*
Andar dietro ad uno	*Suivre quelqu'un*
Andar per il medico	*Aller chercher un médecin*
Andar per funghi	*Chercher des champignons*
Andare in rete	*Marquer un but*
Con l'andar del tempo	*Avec le temps*
A lungo andare	*A la longue, au bout du compte*
Andare a tavola	*Passer à table*
Com'è andata ?	*Comment cela s'est-il passé ?*
Come va che non c'è nessuno ?	*Comment se fait-il qu'il n'y ait personne ?*
Ti vanno gli spaghetti ?	*Aimes-tu les spaghetti ?*
Andare a monte (a vuoto, in fumo)	*Échouer*
Andare a finir bene (male)	*Finir bien (mal)*
L'affare è andato in porto.	*L'affaire a abouti.*
Andare a male	*Se perdre, se gâter*
Andar pazzo per	*Raffoler de, être fou de*
Andar fiero di	*Être fier de, s'enorgueillir de*
Andare in collera (in bestia)	*Se mettre en colère, s'emporter*
Andare in visibilio	*S'extasier*
Non agisce come va.	*Il n'agit pas comme il le faut.* etc.

99 *Quelques emplois idiomatiques de « dare »*

Dare del tu, dare del voi, dare del Lei	*Tutoyer, vouvoyer, parler à la 3e personne*
Dare del cretino, dell'imbecille	*Traiter de crétin, d'imbécile*
Può darsi che... Può darsi !	*Il se pourrait que... Cela se pourrait !*
Dare un grido	*Pousser un cri*
Dar retta a	*Prêter attention à*
Dare in un pianto dirotto	*Éclater en sanglots*
Dare in escandescenze	*Se mettre en colère, être hors de soi*
Darsela a gambe	*Prendre ses jambes à son cou*
Darla a bere	*Faire accroire, donner à entendre que*
Dare un esame	*Passer un examen*
Il dare e l'avere	*Le passif et l'actif*
Dato che...	*Étant donné que [1]...*
Dai !	*Allez ! Vas-y !*

100 *Verbes irréguliers au passé simple et au participe passé*

Un grand nombre de verbes ne sont irréguliers qu'au passé simple et au participe passé. Il s'agit surtout de verbes de la deuxième conjugaison.

1. Au passé simple, il n'y a que trois personnes irrégulières : la 1re et la 3e du singulier et la 3e du pluriel.
La 1re personne du singulier est toujours en **-i**, la 3e du singulier en **-e** et la 3e du pluriel en **-ero**.

⚠ Quand on connaît la première personne du singulier on peut donc former la 3e personne du singulier et la 3e personne du pluriel.
Exemple : **ridere** *rire*

			PERSONNES RÉGULIÈRES	PERSONNES IRRÉGULIÈRES	CONJUGAISON COMPLÈTE	
S I N G	1 2 3		ridesti	risi rise	risi ridesti rise	*je ris* *tu ris* *il rit*
P L U R	1 2 3		ridemmo rideste	 risero	ridemmo rideste risero	*nous rîmes* *vous rîtes* *ils rirent*

De même le passé simple de **venire** *venir* est :

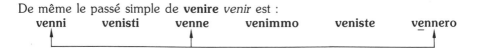

venni   venisti   venne   venimmo   veniste   vennero

---

1. Dans l'expression *étant donné...* suivie d'un substantif *(étant donné le prix, étant donné les termes du contrat, étant donné la situation, étant donné les circonstances)*, le mot *donné* est invariable en français. Au contraire, l'italien accorde **dato** avec le mot qui suit : **dato il prezzo, dati i termini del contratto, data la situazione, date le circostanze.**

2. De nombreux verbes irréguliers au passé simple le sont aussi au participe passé.

- Participes passés en **-so** ou en **-sso** (passé simple en **-si** ou en **-ssi**) :

ridere *rire*	**risi** *je ris*	**ho riso** *j'ai ri*
scuotere *secouer*	**scossi** *je secouai*	**ho scosso** *j'ai secoué*

- Participes passés en **-to** ou en **-tto** (passé simple en **-si** ou en **-ssi**) :

piangere *pleurer*	**piansi** *je pleurai*	**ho pianto** *j'ai pleuré*
distruggere *détruire*	**distrussi** *je détruisis*	**ho distrutto** *j'ai détruit*

- Participes passés en **-sto** (passé simple en **-si**) :

rispondere *répondre*	**risposi** *je répondis*	**ho risposto** *j'ai répondu*

3. Assistere et les verbes de la même famille (**insistere, resistere,** etc.) ne sont irréguliers qu'au participe passé : **assistito, insistito, resistito.**

Redigere (passé simple **redassi**) fait **redatto** (**redattore**).

Seppellire *enterrer, ensevelir* fait **seppellito** et **sepolto.**

101 Liste des verbes irréguliers au passé simple et au participe passé

1. Passé simple en **-si** ou **-ssi**, participe passé en **-so** ou **-sso** (verbes de la deuxième conjugaison)

INFINITIF		PASSÉ SIMPLE	PARTICIPE PASSÉ	SUBSTANTIF [1]	
Accendere	*allumer*	accesi	acceso		
Accludere	*inclure*	acclusi	accluso		
Affiggere	*afficher*	affissi	affisso	l'affissione	*l'affichage*
Alludere	*faire allusion*	allusi	alluso	l'allusione	*l'allusion*
Annettere	*annexer*	annessi	annesso	l'annessione	*l'annexion*
Appendere [2]	*pendre, accrocher*	appesi	appeso		
Ardere	*brûler*	arsi	arso		
Aspergere	*asperger*	aspersi	asperso	l'aspersione	*l'aspersion*
Chiudere	*fermer*	chiusi	chiuso	la chiusura	*la fermeture*
Comprimere	*comprimer*	compressi	compresso	la compressa	*le comprimé*
Concedere [3]	*concéder*	concessi	concesso	la concessione	*la concession*
Contundere	*contusionner*	contusi	contuso	la contusione	*la contusion*
Correre	*courir*	corsi	corso	la corsa	*la course*
Decidere	*décider*	decisi	deciso	la decisione	*la décision*
Difendere	*défendre*	difesi	difeso	la difesa	*la défense*
Discutere	*discuter*	discussi	discusso	la discussione	*la discussion*
Dividere	*diviser*	divisi	diviso	la divisione	*la division*
Elidere	*élider*	elisi	eliso	l'elisione	*l'élision*
Espellere	*expulser*	espulsi	espulso	l'espulsione	*l'expulsion*
Esplodere	*exploser*	esplosi	esploso	l'esplosione	*l'explosion*
Evadere	*s'évader*	evasi	evaso	l'evasione	*l'évasion*
Fendere	*fendre*	fessi	fesso (ou **fenduto**)	la fessura	*la fissure*

1. Nous indiquons les substantifs dont la forme se rapproche de celle du participe passé.
2. **Pendere** est régulier : **pendei, penduto.**
3. **Cedere** est régulier : **cedetti, cedesti, cedette, cedemmo, cedeste, cedettero** (et **cedei, cedesti,** etc.).
Concedere, succedere, etc. ont aussi des formes régulières à côté de l'irrégularité signalée dans cette liste.

INFINITIF		PASSÉ SIMPLE	PARTICIPE PASSÉ	SUBSTANTIF	
Figgere	enfoncer	fissi	fisso	il crocifisso	le crucifix
			fitto	la palafitta	le pilotis
Fondere	fondre	fusi	fuso	la fusione	la fusion
Immergere	immerger, tremper	immersi	immerso	l'immersione	l'immersion
Incidere	graver	incisi	inciso	l'incisione	la gravure
Incutere	inspirer (respect)	incussi	incusso		
Intridere	pétrir	intrisi	intriso		
Invadere	envahir	invasi	invaso	l'invasione	l'invasion
Ledere	léser	lesi	leso	la lesione	la lésion
Mordere	mordre	morsi	morso	il morso	la morsure
Muovere	déplacer, bouger	mossi	mosso	la mossa	le mouvement
Percuotere	percuter, frapper	percossi	percosso	la percossa	le coup
Perdere [1]	perdre	persi	perso (ou perduto)		
Persuadere [2]	persuader	persuasi	persuaso	la persuasione	la persuasion
Prendere	prendre	presi	preso	la presa	la prise
Radere	raser	rasi	raso/ rasato	il rasoio	le rasoir
Recidere	trancher	recisi	reciso		
Rendere [3]	rendre	resi	reso	il resoconto	le compte rendu
Ridere	rire	risi	riso	il riso	le rire
Riflettere	réfléchir, refléter [4]	riflessi	riflesso	il riflesso	le reflet
Rifulgere	resplendir	rifulsi	rifulso		
Rodere	ronger	rosi	roso	l'erosione	l'érosion
Scendere (di-)	descendre	scesi	sceso	la discesa	la descente
Scindere	scinder	scissi	scisso	la scissione	la scission
Scuotere	secouer	scossi	scosso	la scossa	la secousse
Spargere	répandre	sparsi	sparso		
Spendere	dépenser	spesi	speso	la spesa	la dépense
Tendere	tendre	tesi	teso		
Tergere	essuyer, astiquer	tersi	terso		
Uccidere	tuer	uccisi	ucciso	l'uccisione	l'assassinat

2. Passé simple en **-si** ou **-ssi,** participe passé en **-to** ou **-tto**

■ Verbes de la deuxième conjugaison :

INFINITIF		PASSÉ SIMPLE	PARTICIPE PASSÉ	SUBSTANTIF	
Accorgersi	s'apercevoir se rendre compte	mi accorsi	accorto	l'accortezza	la clairvoyance
Affliggere	affliger	afflissi	afflitto		
Assolvere	absoudre	assolsi	assolto		
Assumere [5]	assumer, engager	assunsi	assunto		
Cingere	ceindre	cinsi	cinto	la cintura	la ceinture
Cuocere	cuire, faire cuire	cossi	cotto	la cottura	la cuisson
Dipingere	peindre	dipinsi	dipinto	il dipinto	le tableau
Dirigere	diriger	diressi	diretto	il direttore	le directeur

1. **Perdere** a aussi les formes régulières. Le passé simple régulier **perdei** est peu employé. Par contre, on rencontre souvent le participe passé **perduto** (et **sperduto** éperdu).
2. Seul verbe **piano** dans une série de verbes **sdruccioli**.
3. **Rendere** a aussi une forme régulière, moins employée.
4. Le verbe **riflettere,** dans le sens de « se livrer à une réflexion », est régulier :
Non hai riflettuto alle conseguenze dei tuoi atti. Tu n'as pas réfléchi aux conséquences de tes actes.
5. **Assumere responsabilità** assumer des responsabilités, **assumere un impiegato** engager un employé.

INFINITIF		PASSÉ SIMPLE	PARTICIPE PASSÉ	SUBSTANTIF [1]	
Distinguere	distinguer	distinsi	distinto	il distintivo	l'insigne
Distruggere	détruire	distrussi	distrutto		
Ergere	dresser	ersi	erto	l'erta [1]	le sommet
Fingere	feindre	finsi	finto		
Frangere	briser	fransi	franto	il frantoio	le pressoir à huile
Friggere	frire, faire frire	frissi	fritto	il fritto	la friture
Giungere	arriver	giunsi	giunto		
Leggere	lire	lessi	letto	la lettura	la lecture
Mungere	traire	munsi	munto		
Negligere	négliger	neglessi	negletto		
Piangere	pleurer	piansi	pianto	il pianto	les pleurs
Porgere	présenter, tendre	porsi	porto		
Proteggere	protéger	protessi	protetto	il protettore	le protecteur
Pungere	piquer	punsi	punto	la puntura	la piqûre
Redimere	racheter (une faute)	redensi	redento	il Redentore	le Rédempteur
Reggere	soutenir	ressi	retto		
Scorgere	apercevoir	scorsi	scorto		
Spegnere	éteindre	spensi	spento		
(Spengere)					
Spingere	pousser	spinsi	spinto	la spinta	la poussée
Struggere	fondre, consumer	strussi	strutto	lo strutto	le saindoux
Svellere	arracher	svelsi	svelto		
Tingere	teindre	tinsi	tinto	la tintura	la teinture
Torcere	tordre	torsi	torto	il torto	le tort
Ungere	oindre, graisser	unsi	unto	l'untume	la crasse
Vincere	vaincre, gagner	vinsi	vinto	il vinto	le vaincu
Volgere	tourner	volsi	volto		

■ Verbes de la troisième conjugaison :

Aprire	ouvrir	aprii ou apersi [2]	aperto	l'apertura	l'ouverture
Coprire	couvrir	coprii ou copersi [2]	coperto	la coperta	la couverture (lit)
Offrire	offrir	offrii ou offersi [2]	offerto	l'offerta	l'offre
Soffrire	souffrir	soffrii ou soffersi [2]	sofferto		

3. Passé simple en **-si,** participe passé en **-sto**

Chiedere	demander	chiesi	chiesto	la richiesta	la demande
Nascondere	cacher	nascosi	nascosto		
Rispondere	répondre	risposi	risposto	la risposta	la réponse

4. Passé simple et participe passé à radical différent

Conoscere	connaître	conobbi	conosciuto		
Crescere	croître	crebbi	cresciuto		
Mettere	mettre	misi [3]	messo		
Rompere	rompre	ruppi	rotto	la rottura	la rupture
Stringere	serrer	strinsi	stretto [4]	lo stretto	le détroit

1. Le mot **erta** est d'un emploi littéraire. Par contre on le retrouve dans l'interjection **all'erta !** alerte ! (Pour traduire une alerte on dira **un allarme,** masc.).
2. Les formes régulières sont plus courantes que les autres.
3. On entend aussi la forme populaire **messi.**
4. **La stretta di mano** la poignée de mains.

102 Verbes dérivés

Les verbes dérivés de ceux qui sont donnés dans les listes précédentes sont irréguliers de la même façon.

1. -SI, -SSI, -SO, -SSO :

Appendere	:	dipendere (da) *dépendre (de)*, sospendere *suspendre*, vilipendere *vilipender*
Chiudere	:	includere *inclure*, rinchiudere *enfermer*, racchiudere *renfermer*, socchiudere *entrouvrir, entrebâiller*
Comprimere	:	esprimere *exprimer*, imprimere *imprimer*, reprimere *réprimer*, sopprimere *supprimer*
Correre	:	accorrere *accourir*, concorrere *concourir*, ricorrere *recourir*, soccorrere *secourir*
Difendere	:	offendere *offenser, blesser*
Fondere	:	confondere *confondre*, diffondere *diffuser*
Immergere	:	emergere *émerger*, sommergere *submerger*
Muovere	:	commuovere *émouvoir*
Tendere	:	stendere *étendre*, attendere *attendre*, contendere *disputer*

2. -SI, -SSI, -TO, -TTO, -STO :

Dirigere	:	erigere *ériger*
Giungere	:	aggiungere, soggiungere *ajouter*
Leggere	:	eleggere *élire*
Negligere	:	prediligere *préférer, privilégier*
Piangere	:	compiangere *plaindre*
Reggere	:	correggere *corriger*, sorreggere *soutenir*
Tingere	:	attingere *puiser*, intingere *plonger, tremper*
Spingere	:	respingere *repousser*
Vincere	:	convincere *convaincre*
Volgere	:	sconvolgere *bouleverser*, avvolgere *envelopper*, rivolgersi (a) *s'adresser (à)*

3. Passé simple et participe passé à radical différent :

Crescere	:	accrescere *accroître*, rincrescere *regretter*
Mettere	:	ammettere *admettre* commettere *commettre*, promettere *promettre*
Rispondere	:	corrispondere *correspondre*
Stringere	:	costringere (a) *contraindre (à)*, astringere *astreindre*

103 Verbes irréguliers de la deuxième et de la troisième conjugaison

1. Gutturale d'appui

Pour certains verbes dont le radical se termine par **l, r, m** ou **n,** une consonne d'appui, la gutturale **g,** apparaît devant la désinence si celle-ci commence par un **o** ou un **a.** Cette particularité concerne donc l'indicatif présent (1re pers. du sing. et 3e pers. du plur.), le subjonctif présent (3 personnes du sing. et 3e pers. du plur.), enfin l'impératif (3e pers. du sing. et du plur.).

INFINITIF	INDICATIF PRÉSENT	SUBJONCTIF PRÉSENT	IMPÉRATIF (forme de politesse)
valere *valoir*	val-g-o (vali...) val-g-ono	val-g-a...val-g-ano	val-g-a val-g-ano
salire *monter*	sal-g-o (sali...) sal-g-ono	sal-g-a...sal-g-ano	sal-g-a sal-g-ano
scegliere *choisir*	scel-g-o (scegli...) scel-g-ono	scel-g-a...scel-g-ano	scel-g-a scel-g-ano

(De même **cogliere** *cueillir*, **sciogliere** *délier* et **togliere** *enlever*.)

INFINITIF	INDICATIF PRÉSENT	SUBJONCTIF PRÉSENT	IMPÉRATIF
trarre *tirer*	tra-gg-o (trai...) tra-gg-ono	tra-gg-a...tra-gg-ano	tra-gg-a...tra-gg-ano
rimanere *rester*	riman-g-o (rimani...) riman-g-ono	riman-g-a...riman-g-ano	riman-g-a...riman-g-ano
porre *poser*	pon-g-o (poni...) pon-g-ono	pon-g-a...pon-g-ano	pon-g-a...pon-g-ano
tenere *tenir*	ten-g-o (tieni...) ten-g-ono	ten-g-a...ten-g-ano	ten-g-a...ten-g-ano
venire *venir*	ven-g-o (vieni...) ven-g-ono	ven-g-a...ven-g-ano	ven-g-a...ven-g-ano

2. Diphtongaison de la voyelle radicale

Pour certains verbes dont la voyelle radicale est **o** ou **e**, il y a diphtongaison quand elle porte l'accent tonique :

o → uo			e → ie			
potere *pouvoir*	**puoi**	**può**	**tenere** *tenir*	**tieni**	**tiene**	
volere *vouloir*	**vuoi**	**vuole**	**venire** *venir*	**vieni**	**viene**	
dolere *faire mal*	**duoli**	**duole**	**sedere** *être assis*	**siedi**	**siede**	**siedono**
solere *avoir coutume*	**suoli**	**suole**	**morire** *mourir*	**muoio**	**muori**	**muoiono**
nuocere *nuire*	**nuoci**	**nuoce**				

3. Alternance vocalique du radical

On observe parfois une alternance vocalique du radical qui est liée à la place de l'accent tonique :

	Radical accentué			Radical non accentué		Radical accentué
dovere *devoir*	devo	devi	deve	dobbiamo	dovete	devono
udire *entendre*	odo	odi	ode	udiamo	udite	odono
uscire *sortir*	esco	esci	esce	usciamo	uscite	escono

4. Alternance du radical italien et du radical latin

Cette particularité concerne l'imparfait de l'indicatif et du subjonctif de 6 verbes italiens :

bere < * *bevere*		**condurre** < *conducere*		**dire** < *dicere*	
bevevo	**bevevi**...	**conducevo**	**conducevi**...	**dicevo**	**dicevi**...
bevessi	**bevessi**...	**conducessi**	**conducessi**...	**dicessi**	**dicessi**...

fare < *facere*		**porre** < *ponere*		**trarre** < *trahere*	
facevo	**facevi**...	**ponevo**	**ponevi**...	**traevo**	**traevi**...
facessi	**facessi**...	**ponessi**	**ponessi**...	**traessi**	**traessi**...

N.B.

• Ces infinitifs suivent le modèle de la 2e conjugaison en raison de leur étymologie.

• Le gérondif de ces verbes est formé de la même façon : **bevendo, conducendo, dicendo, facendo, ponendo** et **traendo**.

5. Contraction du radical à l'indicatif futur et au conditionnel

cadere	cadrò cadrai...	potere	potrò potrai...	valere	varrò varrai...
	cadrei cadresti...		potrei potresti...		varrei varresti...
condurre	condurrò condurrai...	rimanere	rimarrò rimarrai...	venire	verrò verrai...
	condurrei condurresti...		rimarrei rimarresti...		verrei verresti...
dovere	dovrò dovrai...	sapere	saprò saprai...	volere	vorrò vorrai...
	dovrei dovresti...		saprei sapresti...		vorrei vorresti...
morire	morrò [1] morrai...	tenere	terrò terrai...		
	morrei [1] morresti...		terrei terresti...		

N.B.
Futurs à ne pas confondre :

verrò	futur de **venire**	et	**vedrò**	futur de **vedere**
porrò	futur de **porre**	et	**potrò**	futur de **potere**
sarò	futur de **essere**	et	**saprò**	futur de **sapere**

 6. Modification du radical au passé simple

■ Les passés simples en **-cqu** :
| nascere : | nacqui (nascesti...) | piacere | : piacqui (piacesti...) |
| nuocere : | nocqui (nocesti...) | tacere | : tacqui (tacesti...) |

■ Les passés simples à consonnes doubles :
bere	:	bevvi	(bevesti...)	volere	: volli (volesti...)
cadere	:	caddi	(cadesti...)	conoscere :	conobbi (conoscesti...)
tenere	:	tenni	(tenesti...)	crescere :	crebbi (crescesti...)
venire	:	venni	(venisti...)	rompere	: ruppi (rompesti...)

et le verbe impersonnel **piovere** *pleuvoir* : **piovve.**

N.B.
• Bien faire entendre la consonne double quand il y a un risque de confusion entre le passé simple et l'indicatif présent :

bevi *tu bois* / **bevvi** *je bus*   **cadi** *tu tombes* / **caddi** *je tombai*
beve *il boit* / **bevve** *il but*   **cade** *il tombe* / **cadde** *il tomba*
piove *il pleut* / **piovve** *il plut*

• Ne pas confondre :
spensi, passé simple de **spegnere** *éteindre* et **spinsi**, passé simple de **spingere** *pousser*
volli, passé simple de **volere** *vouloir* et **volsi**, passé simple de **volgere** *tourner*

---

1. Les formes non contractées (**morirò, morirei, etc**) sont également employées.

104 Liste des verbes irréguliers de la deuxième conjugaison (verbes en « -ere ») à très nombreuses irrégularités (cf. § 101)

Le conditionnel n'est pas indiqué dans ces tableaux. Pour l'obtenir il suffit d'ajouter les terminaisons du conditionnel au radical du futur :

Exemple : **bere** *boire* : futur **berrò**, conditionnel **berrei**.

L'imparfait de l'indicatif et du subjonctif ne figure pas : dans la majorité des cas il est régulier. Pour les exceptions signalées par *, cf. § 103,4.

| INFINITIF | INDICATIF | | | SUBJONCTIF PRÉSENT | IMPÉRATIF | PARTICIPE PASSÉ |
	PRÉSENT	PASSÉ SIMPLE	FUTUR			
bere* *boire*	bevo bevi beve beviamo bevete bevono	bevvi bevesti bevve bevemmo beveste bevvero	berrò berrai berrà berremo berrete berranno	beva beva beva beviamo beviate bevano	bevi beva beviamo bevete bevano	bevuto
cadere *tomber*	cado, rég.	caddi cadesti cadde cademmo cadeste caddero	cadrò cadrai cadrà cadremo cadrete cadranno	cada, rég.	cadi, rég.	caduto
cogliere *cueillir* raccogliere *recueillir* accogliere *accueillir*	colgo cogli coglie cogliamo cogliete colgono	colsi cogliesti colse cogliemmo coglieste colsero	coglierò, rég.	colga colga colga cogliamo cogliate colgano	cogli colga cogliamo cogliete colgano	colto
condurre* *conduire* produrre *produire* tradurre *traduire*	conduco conduci conduce conduciamo conducete conducono	condussi conducesti condusse conducemmo conduceste condussero	condurrò condurrai condurrà condurremo condurrete condurranno	conduca conduca conduca conduciamo conduciate conducano	conduci conduca conduciamo conducete conducano	condotto
conoscere *connaître*	conosco	conobli	conoscerò	conosca	conosci	conosciuto
crescere *grandir, croître*	cresco	crebbi	crescerò	cresca	cresci	cresciato
dire* *dire* benedire *bénir* maledire *maudire*	dico dici dice diciamo dite dicono	dissi dicesti disse dicemmo diceste dissero	dirò, rég.	dica dica dica diciamo diciate dicano	di' dica diciamo dite dicano	detto

INFINITIF	INDICATIF			SUBJONCTIF PRÉSENT	IMPÉRATIF	PARTICIPE PASSÉ
	PRÉSENT	PASSÉ SIMPLE	FUTUR			
dolere *faire mal* [1] dolersi *se plaindre*	mi dolgo ti duoli si duole ci dogliamo vi dolete si dolgono	dolsi dogliesti dolse dogliemmo doglieste dolsero	dorrò dorrai dorrà dorremo dorrete dorranno	dolga dolga dolga dogliamo dogliate dolgano	n'existe pas	doluto
dovere *devoir*	devo/debbo devi deve dobbiamo dovete devono/ debbono	dovei/dovetti	dovrò dovrai dovrà dovremo dovrete dovranno	deva/debba deva/debba deva/debba dobbiamo dobbiate devano/ debbano	n'existe pas	dovuto
fare* *faire* disfare soddisfare *satisfaire*	fo/faccio fai fa facciamo fate fanno	feci facesti fece facemmo faceste fecero	farò farai farà faremo farete faranno	faccia faccia faccia facciamo facciate facciano	fa/fa' faccia facciamo fate facciano	fatto
giacere *être couché* [2]	giaccio giaci giace giacciamo giacete giacciono	giacqui giacesti giacque giacemmo giaceste giacquero	giacerò, rég.	giaccia giaccia giaccia giacciamo giacciate giacciano	inusité	giaciuto
nascere *naître*	nasco	nacqui	nascerò	nasca	nasci	nato
nuocere *nuire*	noccio nuoci nuoce nociamo nocete nuocciono	nocqui nocesti nocque nocemmo noceste nocquero	nocerò, rég.	noccia noccia noccia nocciamo nocciate nocciano	nuoci nuoccia nociamo nocete nocciano	nociuto
parere[3] *paraître*	paio pari pare paiamo parete paiono	parvi/parsi paresti parve/parse paremmo pareste parvero/ parsero	parrò parrai parrà parremo parrete parranno	paia paia paia paiamo paiate paiano	inusité	parso

1. Ce verbe littéraire est employé à la forme pronominale. Il est d'un emploi rare en dehors de la Toscane.
2. C'est le français *gésir*. **Giacere** est très employé en italien dans le sens d'*être couché, être étendu*. **Un giacente** : *un gisant*. **Giacere** est un verbe **piano** dans une longue série de verbes **sdruccioli**.
3. Le verbe **apparire** peut se conjuguer sur le modèle de **parere** (cf. p. 137, note 3).

| INFINITIF | INDICATIF | | | SUBJONCTIF PRÉSENT | IMPÉRATIF | PARTICIPE PASSÉ |
	PRÉSENT	PASSÉ SIMPLE	FUTUR			
piacere *plaire* compiacere spiacere dispiacere	piaccio piaci piace piacciamo piacette piacciono	piacqui piacesti piacque piacemmo piaceste piacquero	piacerò, rég.	piaccia piaccia piaccia piacciamo piacciate piacciano	piaci piaccia piacciamo piacete piacciano	piaciuto
piovere *pleuvoir*	piove	piovve	pioverà	piova	inusité	piovuto
porre* *poser* comporre supporre disporre proporre	pongo poni pone poniamo ponete pongono	posi ponesti pose ponemmo poneste posero	porrò porrai porrà porremo porrete porranno	ponga ponga ponga poniamo poniate pongano	poni ponga poniamo ponete pongano	posto
potere *pouvoir*	posso puoi può possiamo potete possono	potei, rég.	potrò potrai potrà potremo potrete potranno	possa possa possa possiamo possiate possano	n'existe pas	potuto
rimanere *rester*	rimango rimani rimane rimaniamo rimanete rimangono	rimasi rimanesti rimase rimanemmo rimaneste rimasero	rimarrò rimarrai rimarrà rimarremo rimarrete rimarranno	rimanga rimanga rimanga rimaniamo rimaniate rimangano	rimani rimanga rimaniano rimanete rimangano	rimasto
rompere *rompre*	rompo	ruppi rompesti	romperò	rompa	rompi	rotto
sapere *savoir*	so sai sa sappiamo sapete sanno	seppi sapesti seppe sapemmo sapeste seppero	saprò saprai saprà sapremo saprete sapranno	sappia sappia sappia sappiamo sappiate sappiano	sappi sappia sappiamo sappiate sappiano	saputo
scegliere *choisir*	scelgo scegli sceglie scegliamo scegliete scelgono	scelsi scegliesti scelse scegliemmo sceglieste scelsero	sceglierò, rég.	scelga scelga scelga scegliamo scegliate scelgano	scegli scelga scegliamo scegliete scelgano	scelto
sciogliere *délier, dissoudre*	sciolgo sciogli scioglie sciogliamo sciogliete sciolgono	sciolsi sciogliesti sciolse sciogliemmo scioglieste sciolsero	scioglierò, rég.	sciolga sciolga sciolga sciogliamo sciogliate sciolgano	sciogli sciolga sciogliamo sciogliete sciolgano	sciolto

| INFINITIF | INDICATIF | | | SUBJONCTIF PRÉSENT | IMPÉRATIF | PARTICIPE PASSÉ |
	PRÉSENT	PASSÉ SIMPLE	FUTUR			
sedere sedersi [1] *s'asseoir* possedere *posséder*	siedo siedi siede sediamo sedete siedono	sedei/sedetti sedesti sedé/sedette sedemmo sedeste sederono/ sedettero	sederò, rég.	sieda sieda sieda sediamo sediate siedano	siedi sieda [1] sediamo sedete siedano	seduto
tacere [2] *se taire*	taccio taci tace tacciamo tacete tacciono	tacqui tacesti tacque tacemmo taceste tacquero	tacerò rég.	taccia taccia taccia tacciamo tacciate tacciano	taci taccia tacciamo tacete tacciano	ho taciuto
tenere *tenir* contenere *contenir* ritenere *retenir*	tengo tieni tiene teniamo tenete tengono	tenni tenesti tenne tenemmo teneste tennero	terrò terrai terrà terremo terrete terranno	tenga tenga tenga teniamo teniate tengano	tieni tenga teniamo tenete tengano	tenuto
togliere *enlever*	tolgo togli toglie togliamo togliete tolgono	tolsi togliesti tolse togliemmo toglieste tolsero	toglierò torrò	tolga tolga tolga togliamo togliate tolgano	togli tolga togliamo togliete tolgano	tolto
trarre* *tirer* attrarre *attirer* estrarre *extraire*	traggo trai trae traiamo traete traggono	trassi traesti trasse traemmo traeste trassero	trarrò trarrai trarrà trarremo trarrete trarranno	tragga tragga tragga traiamo traiate traggano	trai tragga traiamo traete traggano	tratto
valere *valoir*	valgo vali vale valiamo valete valgono	valsi valesti valse valemmo valeste valsero	varrò varrai varrà varremo varrete varranno	valga valga valga valiamo valiate valgano	n'existe pas	valso [3]

---

1. On emploie indifféremment **sedere** ou **sedersi** : **siedo** ou **mi siedo**. Pour inviter quelqu'un à s'asseoir, on emploie davantage le verbe **accomodarsi** : **accomodati** *assieds-toi*, **si accomodi** *asseyez-vous*.
2. Notons que le verbe n'est pas pronominal.
3. On rencontre aussi **valuto** dans le sens financier du terme (**la valuta** *la devise*).

| INFINITIF | INDICATIF | | | SUBJONCTIF PRÉSENT | IMPÉRATIF | PARTICIPE PASSÉ |
	PRÉSENT	PASSÉ SIMPLE	FUTUR			
vedere *voir* prevedere *prévoir*	vedo, rég.	vidi vedesti vide vedemmo vedeste videro	vedrò vedrai vedrà vedremo vedrete vedranno	veda, rég.	vedi veda vediamo vedete vedano	veduto/visto
vivere *vivre* sopravvivere *survivre*	vivo, rég.	vissi vivesti visse vivemmo viveste vissero	vivrò vivrai vivrà vivremo vivrete vivranno	viva, rég.	vivi viva viviamo vivete vivano	vissuto [1]
volere [2] *vouloir*	voglio vuoi vuole vogliamo volete vogliono	volli volesti volle volemmo voleste vollero	vorrò vorrai vorrà vorremo vorrete vorranno	voglia voglia voglia vogliamo vogliate vogliano	n'existe pas	voluto

105 Liste des verbes irréguliers de la troisième conjugaison (verbes en « -ire »)

apparire [3] *apparaître* scomparire *disparaître*	appaio/ apparisco	apparsi/ apparvi/ apparii	apparirò	appaia/ apparisca	appari/ apparisci	apparso

---

1. On dit **Sono vissuto a Parigi**. *J'ai vécu à Paris* et **Ho vissuto dieci anni a Parigi**. *J'ai vécu dix ans à Paris.* Donc, lorsque le verbe est suivi d'un complément, on emploie en principe l'auxiliaire **avere** (cf. 82,2 N.B.).
2. **Voler bene** signifie *aimer* : **Ti voglio bene**. *Je t'aime.*
3. **Apparire, comparire** et **scomparire** se conjuguent soit sur le modèle régulier de **capire**, soit sur celui du verbe irrégulier **parere** :
— Indicatif présent : **appaio appari appare appariamo apparite appaiono**
ou **apparisco apparisci apparisce appariamo apparite appariscono**
— Subjonctif présent : **appaia appaia appaia appariamo appariate appaiano**
ou **apparisca apparisca apparisca appariamo appariate appariscano**
— Impératif : **appari appaia appariamo apparite appaiano**
ou **apparisci apparisca appariamo apparite appariscano**
Au passé simple le verbe **apparire** a une forme régulière (**apparii, apparisti**, etc.) et deux formes irrégulières (**apparsi, apparisti**, etc. ou **apparve, apparisti**, etc.).

| INFINITIF | INDICATIF | | | SUBJONCTIF PRÉSENT | IMPÉRATIF | PARTICIPE PASSÉ |
	PRÉSENT	PASSÉ SIMPLE	FUTUR			
morire *mourir*	muoio muori muore moriamo morite muoiono	morii, rég.	morrò/morirò morrai morrà morremo morrete morranno	muoia muoia muoia moriamo moriate muoiano	muori muoia moriamo morite muoiano	morto
salire *monter* risalire *remonter*	salgo sali sale saliamo salite salgono	salii, rég.	salirò, rég.	salga salga salga saliamo saliate salgano	sali salga saliamo salite salgano	salito, rég.
udire *entendre*	odo odi ode udiamo udite odono	udii, rég.	udirò, rég.	oda oda oda udiamo udiate odano	odi oda udiamo udite odano	udito, rég.
uscire *sortir* riuscire *réussir*	esco esci esce usciamo uscite escono	uscii, rég.	uscirò, rég.	esca esca esca usciamo usciate escano	esci esca usciamo uscite escano	uscito, rég.
venire *venir* divenire *devenir* svenire *s'évanouir*	vengo vieni viene veniamo venite vengono	venni venisti venne venimmo veniste vennero	verrò verrai verrà verremo verrete verranno	venga venga venga veniamo veniate vengano	vieni venga veniamo venite vengano	venuto

1 Remplacez la forme verbale par stare **suivi du gérondif :** ©

1. Faccio un esperimento. **2.** Che cosa fate ? **3.** Dici la verità ? **4.** Finiscono il lavoro. **5.** Dorme profondamente. **6.** Rifletto alla tua proposta. **7.** Purtroppo muore. **8.** Beve il terzo caffè della giornata. **9.** Scrive all'albergatore (hôtelier). **10.** Mettono a posto le ultime tegole (tuiles).

2 Complétez, s'il y a lieu, par la préposition a :

1. Dammi un bicchiere. - Subito, vado ... prenderlo. **2.** Datemi due piatti. - Subito, andiamo ... prenderli. **3.** Chiama Franco. - D'accordo, vado ... cercarlo. **4.** I miei genitori ti aspettano. Corri ... salutarli. **5.** Dove vai ? - Vado ... prendere il giornale. **6.** Dove sono andati ? - Sono saliti in camera ... chiudere la finestra. **7.** Dove erano andati ? - Erano scesi ... prendere la valigia. **8.** Va' ... avvertirlo che lo spettacolo comincia alle 8. **9.** Tornerò ... salutare mia nonna. **10.** Andarono ... sporgere querela (porter plainte).

3 Donnez le futur et le conditionnel présent des verbes suivants aux personnes indiquées entre parenthèses : ©

andare (tu, voi) - bere (io, tu, egli) - cadere (io, lui, voi) - condurre (io, noi) - dare (io, tu, noi, loro) - dire (noi, loro) - dovere (tu, voi) - fare (io, tu) - morire (lui, loro) - porre (io, tu, loro) - potere (lei, voi) - rimanere (io, loro) - sapere (tu, voi) - tenere (lui, noi) - trarre (io, loro, voi) - valere (tu, egli, loro) - venire (lei, noi, loro) - vivere (io, tu, lei) - volere (io, tu, loro).

4 Mettez au présent de l'indicatif et du subjonctif les verbes de l'exercice 3.

5 Mettez au passé simple les verbes de l'exercice 3.

6 Mettez à l'imparfait de l'indicatif et du subjonctif les verbes de l'exercice 3.

7 Mettez au pluriel les phrases suivantes : ©

Exemple : sa tutto → sanno tutto.

1. Esco ogni sera alle 6. **2.** A che ora esci dal lavoro ? **3.** Devo fare il bagno. **4.** Deve fare la doccia. **5.** Sai la novità ? **6.** Non sa guidare. **7.** Dico il contrario. **8.** Non dice niente. **9.** Che cosa fa ? **10.** Che cosa fai ?

8 Complétez par le pronom personnel qui convient : ©

1. Ho voglia di leggere questo libro. Da... questo libro. Da... lo. **2.** Abbiamo bisogno di questo dizionario. Date... questo dizionario. Date... lo. **3.** Mia madre vuole il tuo indirizzo. Da... il tuo indirizzo. Da... lo. **4.** Mio fratello vorrebbe conoscere il tuo numero di telefono. Da... il tuo numero. Da... lo. **5.** Perché non stai a sentirmi ? Sta... a sentire. **6.** Perché non state a sentirmi ? State... a sentire. **7.** Non ho assaggiato questo vino. Fam... assaggiare questo vino. Fa... lo assaggiare. **8.** Non abbiamo assaggiato questi prodotti. Fate... assaggiare questi prodotti. Fate... li assaggiare. **9.** Mio cugino non ha letto questo romanzo. Fa... leggere questo romanzo. Fa... lo leggere. **10.** Mia cugina non ha letto questo testo. Fa... leggere questo testo. Fa... lo leggere.

9 Mettez au singulier les verbes qui sont au pluriel et inversement : ©

Exemple : scelgo → scegliamo ;
         scegliete → scegli.

tieni - tengono - sceglie - scelgo - sciolgono - sciogli - cogliete - colgo - trai - traggono - raccolgo - raccogli - vale - valgono - voglio - volete - volgi - volgete - salgo - sali - vieni - vengono - pone - pongo - propone - propongono - supponi - rimani - rimangono - puoi - possono.

10 Complétez par la forme verbale qui convient : ©

1. Passi il tempo a nascondere i miei occhiali. Dimmi dove li hai ... . **2.** È la terza volta che mi chiedi la stessa cosa. Sì, me l'hai già ... tre volte. **3.** Io non ho saputo rispondere. Tu, cosa avresti ... ? **4.** Ha messo due giorni a redigere questo contratto ma è vero che l'ha ... accurata-mente (soigneusement). **5.** Propone a tutti di accompagnarli in Africa. A me non l'ha mai ... . **6.** Nessuno ha voluto difen-derlo. Solo Marco lo ha ... . **7.** Perché non vuoi vivere a Genova ? Io ci sono ... a lungo (longtemps). **8.** Non sono stato io a rompere il vaso. L'ha ... Arturo. **9.** Tocca a te scrivere il discorso. L'ultima volta l'ho ... io. **10.** Ti avevo detto di non muoverti. Perché mai ti sei ... ?

11 Mettez au passé composé les verbes suivants qui sont au passé simple : ©

1 Chiusi la porta e partii. **2.** Il cane morse la bambina. **3.** Scesero in cortile. **4.** Spendemmo molto denaro. **5.** Allusero al passato. **6.** Cinsero la città con alte mura. **7.** Cuocemmo l'arrosto sulle braci. **8.** Dipinse quest'affresco nel 1567. **9.** Costruirono la fortezza nel 1288 e la distrussero un secolo dopo. **10.** Leggemmo la lettera e piangemmo.

12 Même exercice : ©

1. Mi accorsi che non c'era più nessuno. **2.** All'improvviso (soudain) la scorse nello specchietto (rétroviseur). **3.** Giulio Cesare venne, vide e vinse. **4.** Lo strin-sero al collo e quasi lo strangolarono. **5.** Scelsero e colsero i più bei fiori. **6.** Mi rivolsi al custode (gardien). **7.** Lo condussero in carcere (prison). **8.** Mi parve stanco e malato. **9.** Rimasero zitti (silencieux). **10.** Trasse il brano (extrait) dal capolavoro di Pirandello.

13 Mettez au passé simple les verbes suivants : ©

1 L'ho conosciuta a Palermo. **2.** La tem-peratura è cresciuta rapidamente. **3.** Cadendo si è rotto una gamba. **4.** La sua risposta non mi è piaciuta. **5.** Lo scrittore è nato a Torino nel 1962. **6.** Si è messa degli stivali. **7.** Ho letto la notizia sul giornale. **8.** È stato intervistato dai gior-nali. **9.** Ho avuto fortuna. **10.** Sono stati aiutati dallo Stato.

14 Dans les phrases suivantes, les ver-bes expriment un ordre ou un souhait. Remplacez-les par un impératif. ©
Exemple : Ti dico di andar via → Va via.

1. Ti dico di venire. **2.** Ti dico di non venire. **3.** Voglio che tu dica la verità. **4.** Voglio che tu intervenga. **5.** Voglio che Lei dica la verità. **6.** Voglio che Lei non dica tutto. **7.** Vogliamo che tu faccia presto. **8.** Vogliamo che Lei fac-cia presto. **9.** Ti proibisco di fare un di-scorso. **10.** Signora, Le dico di non uscire.

15 Même exercice : ©

1. Per favore, ti chiedo di uscire. **2.** Ti ordino di non uscire. **3.** Perché non vuoi bere ? **4.** Perché non volete bere ? **5.** Signore, La prego di bere. **6.** Ti dico di darmi una mano (un coup de main). **7.** Per favore, Signore, mi può dare una mano ? **8.** Vorrei che tu mi dicessi la verità. **9.** Desidererei che Lei mi dicesse la verità. **10.** Non mi hai mai fatto un regalo. Quest'anno ... un regalo per favore.

16 Transformez les phrases suivantes selon le modèle :
Parlano → stanno parlando.

1. A che cosa pensi ? **2.** Che cosa fanno ? **3.** Perché piange ? **4.** A chi scrivete ? **5.** Perché fa cosí ? **6.** Rifletto alla situazione. **7.** Che cosa mangi ? **8.** Corri. L'autobus parte. **9.** Bevono il caffè. **10.** Che cosa dicono ?

IV. LES VERBES PRONOMINAUX

106 Conjugaison des verbes pronominaux _____

Un verbe est pronominal lorsqu'il est accompagné d'un pronom personnel (**mi** *me,* **ti** *te,* **si** *se,* **ci** *nous,* **vi** *vous*) qui se rapporte au sujet.
Les verbes pronominaux peuvent être
— réfléchis : **guardarsi nello specchio** *se regarder dans le miroir ;*
— non réfléchis : **non accorgersi di niente** *ne s'apercevoir de rien.*

PRÉSENT DE L'INDICATIF
Mi guardo
Ti guardi
Si guarda
Ci guardiamo
Vi guardate
Si guardano.

N.B.
Place du pronom personnel :
A l'infinitif le pronom s'accole à la forme verbale[1] après la chute du **e** final :
guardare → guardarsi   **accorgersi**[2]
Pour la place des pronoms personnels à l'impératif, au gérondif et au participe passé absolu, cf. § 61.

non agitarti ou : **non ti agitare**

107 Accord du participe passé _____

Aux temps composés, les verbes pronominaux se conjuguent avec l'auxiliaire **essere**.

1. Comme en français, le participe passé des verbes réfléchis varie en genre et en nombre.

Paul s'est couché.   Anne s'est levée.   Ils se sont couchés. Elles se sont levées.
Paolo si è coricato. Anna si è alzata.   Si sono coricati.   Si sono alzate.

⚠ **2.** Le participe passé des verbes non réfléchis s'accorde en italien alors qu'il est invariable en français ; l'accord peut se faire avec le sujet ou avec le complément :

Giovanni si è insaponato/insaponate le mani. *Jean s'est savonné les mains.*
Pietro si è preso/presa una cotta per Ada. *Pierre est amoureux d'Ada.*
La bambina si è presa/preso uno schiaffo. *La petite fille a reçu une gifle.*

N.B.
Avec les « verbes serviles » (cf. § 83), aux temps composés, on emploie l'auxiliaire **essere** si le pronom précède le verbe réfléchi. Dans le cas contraire, on emploie l'auxiliaire **avere** :

Durante la guerra ha dovuto rifugiarsi in Inghilterra.
Durante la guerra si è dovuta rifugiare in Inghilterra.
Pendant la guerre elle a dû se réfugier en Angleterre.

---

1. On parle alors d'enclise du pronom personnel.
2. *Apercevoir* se dit **scorgere : Ho scorto il ladro.** *J'ai aperçu le voleur.*

108 Verbes pronominaux en italien, non pronominaux en français

⚠ Certains verbes, pronominaux en italien, ne sont pas pronominaux en français :

ammalarsi *tomber malade*
arrampicarsi *grimper*
augurarsi *souhaiter (pour soi)*
comunicarsi *communier*
degnarsi di *daigner*
evolversi *évoluer*
raccomandarsi *recommander, supplier*
tuffarsi *plonger*
vergognarsi *avoir honte*
et **congratularsi con uno**
   rallegrarsi con uno
   complimentarsi con uno } *féliciter quelqu'un*
   felicitarsi con uno

Ha osato tuffarsi dalla scogliera. *Il a osé plonger de la falaise.*
Non si è degnata di rispondermi. *Elle n'a pas daigné me répondre.*
Mi congratulo (mi rallegro) per il vostro successo. *Je vous félicite pour votre succès.*
Si è vergognato di avere agito così. *Il a eu honte d'avoir agi ainsi.*
Mi auguro di essere capito. *Je souhaite être compris.*
Le sue opinioni si sono evolute. *Les opinions ont évolué.*

109 Verbes ayant une double forme, pronominale et non pronominale

Certains verbes italiens ont une forme pronominale et une forme non pronominale :

1. Avec le même sens :

ricordare et **ricordarsi**
rammentare et **rammentarsi** } *se souvenir, se rappeler*
dimenticare et **dimenticarsi**
scordare et **scordarsi** } *oublier*
bisticciare et **bisticciarsi** *se disputer*
sbagliare et **sbagliarsi** *se tromper*
sedere et **sedersi** *s'asseoir*

Scusatemi ho sbagliato. *Excusez-moi, je me suis trompé.*
Si sono sbagliati nei calcoli. *Ils se sont trompés dans leurs calculs.*

Ricorda con nostalgia l'adolescenza.
Il se souvient avec nostalgie de son adolescence.
Si ricorda ancora di te. *Il se souvient toujours de toi.*

2. Avec des sens différents :

approfittarsi et **approfittare** *profiter*
raccomandarsi et **raccomandare** *(se) recommander*

Approfittate delle vacanze ! *Profitez de vos vacances !*
Si è approfittato della situazione. *Il a profité de la situation. (= il en a abusé)*

Raccomandò la prudenza a tutti. *Il recommanda la prudence à tous.*
Mi raccomando al vostro buon cuore.
Je fais appel (Je me recommande) à votre bon cœur.

N.B.
Regretter se traduit en italien par **dispiacere, rincrescere** et beaucoup plus rarement par **dolere** (cf. § 193). Ces verbes, qui n'ont pas de forme pronominale à l'infinitif, en ont une aux autres modes :
Mi (ti, ci, vi) dispiace/rincresce/duole di non poter venire.
Je regrette (tu regrettes, nous regrettons, vous regrettez) de ne pouvoir venir.

110 Verbes pronominaux en français, non pronominaux en italien

⚠ 1. Avec l'auxiliaire **avere** :

esclamare *s'exclamer*   **litigare, bisticciare** *se quereller*
canzonare   **passeggiare** *se promener*
deridere (plus fort) *se moquer de*   **tacere** *se taire*
diffidare *se méfier de* [1]   **espatriare** *s'expatrier*

N.B.
On rencontre **bisticciare** et **bisticciarsi** (plus rare).
Litigare est pronominal dans les phrases du type :
I cani si litigano un osso. *Les chiens se disputent un os.*

⚠ 2. Avec l'auxiliaire **essere** :

annegare *se noyer*   **insorgere** *s'insurger*
appassire ⎫ *se fâner*   **scappare** *s'échapper*
avvizzire ⎭   **sorgere** *se lever (soleil, lune)*
crollare *s'écrouler*   **svanire** *s'estomper, disparaître*
desistere *se désister de*   **svenire** *s'évanouir*
evadere *s'évader*   **terminare** *se terminer*
fuggire *s'enfuir*   **tramontare** *se coucher (soleil)*

Ho passeggiato nel parco. *Je me suis promené dans le parc.*
« Ancora voi ! » esclamò. *« Encore vous ! », s'exclama-t-il.*
Taci ! *Tais-toi !*
Hanno canzonato (deriso) il pover uomo. *Ils se sont moqués du pauvre homme.*
È scappata in motocicletta. *Elle s'est échappée à moto.*
Siamo fuggiti nella notte. *Nous nous sommes enfuis dans la nuit.*

111 Remarques sur quelques formes réfléchies

1. Certains verbes actifs peuvent se construire avec un pronom personnel réfléchi :
Ogni volta è la stessa cosa : si prende tutto e non pensa a noi.
C'est chaque fois la même chose : il prend tout pour lui et ne pense pas à nous.
Il sabato mi guardo il film della TV prima di andare a letto.
Le samedi soir je regarde le film à la télé avant de me coucher.

2. Le pronom réfléchi est parfois accompagné du pronom féminin **la** (remplaçant **la cosa, la vita,** etc.) dans des expression idiomatiques :
Se la gode. Se la sciala. *Il se la coule douce.*
Se la rideva. *Il riait de bon cœur.*
Se la prende con tutti. *Il s'en prend (il en veut) à tout le monde.*
Non te l'aspettavi, eh ? *Tu ne t'y attendais pas, hein ?*
Non ce la faccio più. *Je n'y arrive plus.*

---

1. *Se fier à se dit* **fidarsi di.**

1 Conjuguez les verbes suivants au présent de l'indicatif et du subjonctif, aux personnes indiquées entre parenthèses :
Exemple : pettinarsi (io) → mi pettino, che io mi pettini.

alzarsi (io, noi) - coricarsi (se coucher) (tu, lui, voi) - lavarsi (noi, voi, loro) - spogliarsi (se déshabiller) (lui, tu, io) - accorgersi (loro, voi, noi) - mettersi (io, noi, loro) - avvedersi (se rendre compte) (tu, noi) - vestirsi (io, voi) - nutrirsi (io, tu, lei, noi, voi, loro).

2 Conjuguez à l'impératif affirmatif et négatif les verbes suivants :
ricordarsi - pettinarsi - mettersi - coprirsi.

3 Transformez les phrases suivantes :
Exemple : Ha dovuto lavarsi da capo a piedi → Si è dovuto lavare da capo a piedi.

1. I soldati hanno dovuto nascondersi. **2.** Gli sportivi hanno potuto allenarsi. **3.** Abbiamo dovuto ripararci (abriter) sotto la tettoia (auvent). **4.** Il mio compagno non ha voluto iscriversi all'Università. **5.** Questi malati non hanno voluto curarsi (se soigner). **6.** Questa ragazza non ha voluto travestirsi da zingara (bohémienne). **7.** Quelle signorine hanno dovuto truccarsi (se maquiller). **8.** Perché non hanno voluto alzarsi ? **9.** Abbiamo potuto guardarci nello specchio (miroir). **10.** Poveretto ! Ha voluto ammazzarsi.

4 Transformez les phrases suivantes :
Exemple : Si guardò nello specchio e si accorse che si era ferito alla guancia → Guardatosi nello specchio si accorse che si era ferito alla guancia.

1. Io mi lavai il viso e mi sentii meglio. **2.** I marinai si tuffarono nell'acqua e si misero a nuotare verso l'altra nave. **3.** Mi arrampicai in cima all'albero e vidi l'incendio. **4.** Ci alzammo dal divano ed uscimmo rapidamente. **5.** Luisa si pettinò, prese la borsa ed uscì. **6.** Il cane si accasciò (s'affaisser) per terra e non poté più alzarsi. **7.** Si tolse il cappello ed entrò nel salotto (togliere, tolto). **8.** Si misero i guanti e non ebbero più freddo (mettere, messo). **9.** Ci accorgemmo dell'errore e ci rimediammo (accorgersi, accorto). **10.** Si vestirono in fretta e corsero verso il cancello (la grille).

5 Traduisez : ©
1. Je te félicite. **2.** Il plonge de ce tremplin (trampolino). **3.** Il a communié avant de mourir. **4.** Ses idées ont évolué. **5.** Il est tombé malade le jour du départ. **6.** Il a honte de ne pas savoir parler italien. **7.** Ils n'ont pas daigné répondre à nos questions. **8.** Je regrette que vous partiez. **9.** Ils se sont trompés. **10.** Il n'arrive pas à se souvenir de l'adresse.

6 Traduisez :
1. J'ai tout oublié. **2.** Tu as profité de sa faiblesse (debolezza). **3.** Assieds-toi sur ce banc (panchina). **4.** Elle s'est lavé les mains avant de manger. **5.** Elle s'est lavé les cheveux avant de sortir. **6.** Il s'est lavé le visage. **7.** Il s'est lavé les pieds avec soin. **8.** Elle s'est coupé les ongles (unghia, fém.). **9.** Ils se sont coupé les ongles. **10.** Il a glissé (scivolare, aux. essere) et il s'est cassé le bras.

7 Traduisez :
1. Tu passes ton temps à te promener. **2.** « Vous êtes en retard », s'exclama-t-il. **3.** Tais-toi. Tu devrais avoir honte de ce que tu dis. **4.** En cette saison, le soleil se lève à 6 h 21 et se couche à 19 h 28. **5.** La partie se termine dans quelques minutes (minuto, masc.). **6.** Il a réussi à s'évader et il s'est enfui en Belgique (Belgio). **7.** Ils passent leur temps à se disputer. **8.** L'échafaudage (impalcatura) s'est écroulé. **9.** Il se moque (beffarsi) de son camarade. Ce n'est pas gentil. **10.** Cette année-là la population s'est insurgée.

8 Traduisez : ©
1. J'ai trop de travail. Je n'y arrive plus ! **2.** A cause de (per) la douleur, il s'est évanoui. **3.** Nous nous méfions des conseils. **4.** Il se fie à la publicité. **5.** Les couleurs de la fresque (affresco) se sont estompées. **6.** Les roses se fanent vite. **7.** Les prisonniers se sont évadés. **8.** La tour s'est écroulée. **9.** Les populations se sont insurgées. **10.** L'avion s'est écrasé (précipitare) au sol.

V. LES VERBES IMPERSONNELS

112 Les verbes impersonnels _____

⚠️ Ces verbes ne se conjuguent qu'à la troisième personne et, aux temps composés, ils se construisent généralement avec l'auxiliaire **essere** (cf. § 84) :

Mi è dispiaciuto lasciarvi.
J'ai regretté de vous quitter.

È accaduto/successo/avvenuto/capitato un terribile incidente.
Il s'est produit (il est arrivé) un terrible accident.

L'acqua è gelata e il serbatoio è scoppiato.
L'eau a gelé et le réservoir a éclaté.

1. Verbes servant à indiquer des phénomènes atmosphériques

SUBSTANTIF		INFINITIF	FORME IMPERSONNELLE	
l'alba	*l'aube*	albeggiare	albeggia	*l'aube point, le jour se lève*
la notte	*la nuit*	annottare	annotta	*la nuit tombe* [1]
il vento	*le vent*	tirar vento	tira vento	*le vent souffle*
la pioggia	*la pluie*	piovere	piove	*il pleut*
la pioggerella	*la bruine*	piovigginare	pioviggina	*il bruine*
il diluvio	*le déluge*	diluviare	diluvia	*il pleut à verse*
la grandine	*la grêle*	grandinare	grandina	*il grêle*
il tuono	*le tonnerre*	tuonare	tuona	*il tonne*
il baleno	*l'éclair*	balenare	balena	⎫ *il fait des éclairs*
il lampo	*l'éclair*	lampeggiare	lampeggia	⎭
il gelo	*le gel*	gelare	gela	*il gèle*
la neve	*la neige*	nevicare	nevica	*il neige*
il fiocco	*le flocon*	fioccare	fiocca	*il neige à gros flocons*

N.B.

• A côté de **è piovuto, è nevicato, è grandinato**, on rencontre **ha piovuto, ha nevicato, ha grandinato** : **Ha piovuto per tutta la notte.**

• Certains de ces verbes peuvent avoir un sujet réel à la troisième personne du singulier ou du pluriel. Dans ce cas, ils se conjuguent avec **avere** :

Il cannone ha tuonato. *Le canon a tonné.*
Dal tetto piovevano le tegole. *Les tuiles pleuvaient du toit.*

2. Autres verbes impersonnels

succedere	⎫	**Che succede ?** *Que se passe-t-il ?*	
accadere	⎪ *arriver,*	**Accadde una disgrazia.** *Il se produisit un malheur.*	
avvenire	⎬ *se produire*	**Avvenga quel che si vuole.** *Advienne que pourra.*	
capitare	⎭ (cf. § 179)	**Se capiterà l'occasione...** *Si l'occasion se présente...*	
occorrere	⎫	**Occorre il visto.** *Il faut le visa.*	
bisognare	⎬ *falloir*	**Bisogna partire.** *Il faut partir.*	
convenire	⎭ (cf. § 186)	**Conviene tacere.** *Il faut se taire.*	
parere	*paraître*	**Pare incredibile !** *Cela paraît incroyable !*	
sembrare	*sembler*	**Sembra impossibile !** *Cela semble impossible !*	

---

1. Par contre, pour traduire *le soir tombe, le soleil se couche*, l'italien n'a pas de verbes impersonnels. On emploie les verbes **tramontare** et **calare** : **il sole tramonta** (ou **cala il sole**), **la sera cala**. **Al tramonto** ou **al calar del sole** signifie *au coucher du soleil*. *A la tombée de la nuit* se traduit par **sul far della notte.**

dispiacere	⎫	
rincr**e**scere	⎬ *regretter*	Mi (ci) dispiace (rincresce, duole) molto.
dolere (litt.)	⎭ (cf. § 193)	*Je regrette (nous regrettons) beaucoup.*
bastare	*suffire*	Basta rifl**e**ttere. *Il suffit de réfléchir.*
urgere	*être urgent*	Urge dec**i**dersi. *Il est urgent de se décider.*
pr**e**mere	⎫ *importer*	Preme stare attenti. *Il importe d'être attentif.*
importare	⎭	Importa risp**o**ndere. *Il est important de répondre.*

Ces verbes s'accordent avec le mot ou l'expression qui constitue leur sujet réel :

Occorre un po' di pazienza. *Il faut un peu de patience.*
Occ**o**rrono altri due mesi di lavoro. *Il faut encore deux mois de travail*

Basta un errore per rovinare una vita. *Une erreur suffit pour ruiner une vie.*
Basteranno dieci t**e**cnici. *Dix techniciens suffiront.*

EXERCICES EXERCICESEXERCICESEXE

1 Transformez les phrases suivantes en employant le verbe impersonnel : ©
Exemple : Oggi c'è vento. → Oggi tira vento.

1. La pi**o**ggia cade. **2.** La pi**o**ggia è caduta stanotte. **3.** Uscirò quando la pioggia cesserà. **4.** La neve cade da ieri sera. **5.** La neve è caduta mentre dormivamo. **6.** Si sente il tuono. **7.** Guarda ! Cade la gr**a**ndine. **8.** Qui non è caduta la gr**a**ndine. **9.** Piove come se fosse il dil**u**vio. **10.** La temperatura è scesa sotto zero.

2 Emploi du verbe occorrere. **Dans les phrases suivantes, remplacez les traductions de** il faut **par le verbe** occ**o**rrere **à la forme qui convient :**

1. Ci vuole molto cor**a**ggio. **2.** Ci voleva tempo. **3.** Ci v**o**gliono delle garanzie. **4.** Bisogna pr**e**ndere l'ombrello. **5.** Bisognerà avere un arnese (outil) adeguato (approprié). **6.** Bisogna avere dei diplomi. **7.** Bisognava pr**e**ndere il treno delle 7. **8.** Per v**i**ncere bisogna che tu ti alleni (s'entraîner) di più. **9.** Ci volevano due mesi per fabbricare questo pr**o**dotto. **10.** Ci vuole un'ora per arrivare a dest**i**nazione.

3 Traduction de il faut. **Complétez par le ou les verbes qui conviennent :** ©

1. Per riuscire facilmente ... studiare. **2.** Per lavorare ... trovare un datore di lavoro (employeur). **3.** Per aver v**o**glia di lavorare bene ... risc**uo**tere (toucher) un buon sal**a**rio. **4.** ... almeno un trimestre per sapere utilizzare questa m**a**cchina. **5.** ... due operai per farla funzionare. **6.** Per il momento ... stare zitti. Più tardi diremo quello che sappiamo. **7.** Per entrare ... il biglietto. **8.** Per acquistare una casa come questa ... almeno cento milioni. **9.** Per andare in questo paese ... il passaporto. **10.** ... chi**e**dere il visto (visa).

4 Traduisez :

1. Que se passe-t-il ? **2.** Que s'est-il passé ? **3.** Que se passera-t-il si je viens ? **4.** Il s'est produit un drame (dramma). **5.** Il suffit de réfléchir. **6.** Il suffit d'un instant (**a**ttimo) d'inattention (disattenzione). **7.** Il suffit de deux minutes (minuto, masc.) de réflexion. **8.** Tout semble calme. **9.** Tout semblait normal. **10.** Je regrette que tu sois malade.

VI. LA SYNTAXE DU VERBE

113 Formes interrogative, négative et interro-négative _____

1. Forme interrogative

En italien, seuls le point d'interrogation à l'écrit et l'intonation à l'oral permettent de distinguer l'interrogation de l'affirmation :

Partiamo. *Nous partons ou partons.*
Partiamo ? *Partons-nous ? Est-ce que nous partons ? Nous partons ?*
Tornerà stasera o domani. *Il reviendra ce soir ou demain.*
Tornerà stasera o domani ? *Reviendra-t-il ce soir ou demain ?*

2. Forme négative et forme interro-négative

■ La forme négative se forme en ajoutant **non** devant le verbe :

Non vengo. *Je ne viens pas.*   **Non parlate più.** *Ne parlez plus.*

> **N.B.**
> Attention : à l'impératif, la deuxième personne du singulier se forme avec **non** + infinitif :
> **Non tornare prima di domani.** *Ne reviens pas avant demain.*

■ La forme interro-négative ne présente aucune difficulté :

Perché non parli ? *Pourquoi ne parles-tu pas ?*

Entri o no ? *Est-ce que tu entres ou non ?*

Non hai ancora capito ? *Tu n'as pas encore compris ? N'as-tu pas encore compris ?*

114 Remarques sur l'emploi des temps et des modes _____

1. Présent de l'indicatif

L'italien emploie assez souvent le présent de l'indicatif pour exprimer le futur proche :

■ avec les adverbes **ora** ou **adesso :**
Ora (adesso) vado a trovarlo e si vedrà se non mi ascolterà.
Je vais aller le trouver et on verra bien s'il ne m'écoute pas.

■ avec un adverbe ou une locution adverbiale introduite par **fra :**
Sbrigati. Fra poco è mezzogiorno. *Dépêche-toi, il est (sera) bientôt midi.*

Fra un quarto d'ora siamo a casa. *Dans un quart d'heure nous serons à la maison.*

■ avec un adverbe exprimant le futur :
Oggi ho fretta, ti rispondo domani.
Aujourd'hui je suis pressé ; je te répondrai demain.

2. Futur

⚠ ■ Le futur prend souvent une valeur hypothétique :

Quanti anni avrà ? *Quel âge peut-il avoir ?*

Andrà sui quaranta. *Il doit avoir dans les quarante ans.*

Che ora sarà ? *Quelle heure peut-il bien être ?*

Saranno le dieci. *Il doit être dix heures.*

Avrà perduto la coincidenza. *Il a dû rater (il aura raté) sa correspondance.*

N.B.

« Il colpevole è Andrea ». « Sarà ». *« Le coupable, c'est André ». « Peut-être. »*

● Comme en français, le futur peut exprimer un ordre sous une forme atténuée :

Domani andrai a trovarli e li costringerai a prendere una decisione.
Demain tu iras les trouver et tu les obligeras à prendre une décision.

● Il peut enfin nuancer une objection ou une affirmation :

Lei mi permetterà di osservare che...
Vous me permettrez (Permettez-moi) de vous faire observer que...

3. Passé simple et passé composé

En italien, on emploie le passé simple **(passato remoto)** plus fréquemment qu'en français, d'où la nécessité de bien connaître cette conjugaison (cf. les verbes irréguliers). Ce temps est très couramment employé à l'écrit, mais cède progressivement la place au passé composé **(passato prossimo)** à l'oral.

● Le **passato remoto** exprime une action achevée dans un passé éloigné :

Quando ebbe sessant'anni smise di lavorare.
Il cessa (il a cessé) de travailler quand il eut (il a eu) 60 ans.

La incontrò per la prima volta a Venezia.
C'est à Venise qu'il la rencontra (qu'il l'a rencontrée) pour la première fois.

● Le **passato prossimo** exprime une action située et achevée dans un passé plus proche ou qui se prolonge dans le présent :

Ieri ho studiato fino a tarda notte.
Hier j'ai étudié tard dans la nuit.

La rivoluzione industriale è cominciata nell' 800.
La révolution industrielle a commencé au XIXᵉ siècle.

4. Imparfait de l'indicatif

L'imparfait de l'indicatif remplace quelquefois, surtout à l'oral et dans le langage familier, le conditionnel passé :

Credimi, facevi meglio a stare zitto. *Crois-moi, tu aurais mieux fait de te taire.*

Poteva avvertirmi, no ? *Il aurait quand même pu m'avertir.*

Se sapevo non venivo. *Si j'avais su, je ne serais pas venu.*

Il vaut mieux éviter de suivre ces exemples.

5. Conditionnel

Le conditionnel sert à nuancer une objection ou une affirmation :

Io direi che la situazione è cambiata.
Je dirais (si on me permettait d'exprimer mon opinion) que la situation a changé.

6. Impératif

La répétition de l'impératif à la deuxième personne du singulier permet d'exprimer l'idée d'une action qui se prolonge ou se répète [1] :

Cammina cammina scoprirono infine la radura.
Après avoir longtemps marché, ils découvrirent enfin la clairière.

Gira gira trovò il parcheggio.
A force de tourner, il trouva le parking.

---

1. On peut aussi employer l'expression : **a furia di.**

115 Concordance des temps

Contrairement au français, l'italien respecte strictement la concordance des temps.

1. Au futur

⚠️ Si le verbe de la proposition principale est au futur, le verbe de la subordonnée conditionnelle se met également au futur (cf. § 129,6) :

Se lo chiamerò, verrà subito.
Si je l'appelle, il viendra tout de suite.

Se pioverà, partiremo lo stesso
S'il pleut, nous partirons quand même.

2. Au subjonctif

⚠️ Si le verbe de la proposition principale est au passé, le verbe de la subordonnée est également au passé.

Vuole che tu parta. *Il veut que tu partes.*	**Voleva** **Volle** che tu partissi [1]. **Ha voluto**	*Il voulait* *Il voulut* *que tu partes.* *Il a voulu*
Bisogna che tu entri. *Il faut que tu entres.*	**Bisognava che tu entrassi.** *Il fallait que tu entres.*	
Sembra che abbiate torto. *Il semble que vous ayez tort.*	**Sembrava che aveste torto.** *Il semblait que vous aviez tort.*	
Credo che sia falso. *Je crois que c'est faux.*	**Credevo che fosse falso.** *Je croyais que c'était faux.*	

N.B.
En français, les expressions *il faudrait, je voudrais, je désirerais, j'aimerais, je préférerais, je souhaiterais* devraient être suivies d'un subjonctif passé. Cet usage s'est perdu : le français emploie le présent du subjonctif présent [2]. Par contre, il est scrupuleusement respecté en italien.

Bisognerebbe che ognuno seguisse quest'esempio.
Il faudrait que chacun suive (suivît) cet exemple.

Vorrei che tu fossi al posto mio.
Je voudrais que tu sois (fusses) à ma place.

Desidererei che nessuno guardasse.
Je désirerais que personne ne regarde (regardât).

Ci piacerebbe tanto che tornassero ad essere amici.
Nous aimerions tellement qu'ils redeviennent (redevinssent) amis.

Preferirei che tu non ne parlassi a nessuno.
Je préférerais que tu n'en parles (parlasses) à personne.

---

1. Le français répugne à employer l'imparfait du subjonctif dont les formes sont mal connues (**che tu rispondessi** *que tu répondisses*, **che io venissi** *que je vinsse*, **che tu potessi** *que tu pusses*, **che sapessimo** *que nous sussions*, etc.).

2. Cela est dû à la difficulté d'emploi des formes du subjonctif passé et à la disparition du conditionnel passé deuxième forme : *Il eût fallu qu'il vainquît.* **Sarebbe stato necessario che vincesse.**

3. Au conditionnel

⚠ Si le verbe de la proposition principale est à un temps du passé, le verbe de la subordonnée est au conditionnel passé ; le conditionnel passé se traduit en français, selon le contexte, soit par un conditionnel présent soit par un conditionnel passé :

Mi rispose (mi ha risposto, mi rispondeva sempre) che <u>sarebbe venuto</u> lunedì.
Il me répondit (il m'a répondu, il me répondait toujours) qu'il <u>viendrait</u> lundi.

Ha detto che <u>sarebbe arrivato</u> in orario se non ci <u>fosse stato</u> lo sciopero.
Il a dit qu'il <u>serait arrivé</u> à l'heure s'il n'y <u>avait</u> pas <u>eu</u> la grève.

Ha detto ⎱ che **Rispose** ⎰	**sarebbe venuto alle otto.** *viendrait à huit heures.*	
	sarebbe venuto alle otto. *serait venu à huit heures.*	**se non ci fosse stato lo sciopero.** *s'il n'y avait pas eu la grève*

N.B. Dans le premier cas, l'action annoncée par la proposition subordonnée peut encore se produire [il a dit qu'il viendrait à 8 heures : il peut encore arriver]
Dans le second, la subordonnée indique une action qui ne s'est pas produite, contrairement à ce qui était prévu, pour une raison qui est précisée.
[il serait venu à 8 heures s'il n'y avait pas eu la grève].
Il n'y a donc pas de difficulté pour passer du français à l'italien [verbe de la principale au passé → conditionnel passé dans la subordonnée]
En revanche, lorsqu'on traduit de l'italien au français, il faut se demander si l'on se trouve dans le premier cas (conditionnel présent) ou dans le second (conditionnel passé.)

116 Emploi du subjonctif

1. Emploi général

⚠ En italien, le subjonctif est plus souvent utilisé qu'en français pour exprimer l'incertitude, l'opinion, l'hypothèse, alors que l'indicatif exprime un fait réel ou tenu pour tel.
Ainsi le verbe **cr<u>e</u>dere** *croire,* dans le sens de *être certain, croire fermement,* est suivi de l'indicatif :

Credo sinceramente (sono sicuro) che dici la verità.
Je crois sincèrement (je suis sûr) que tu dis la vérité.

Mais s'il exprime une opinion, une impression, on emploie le subjonctif :

Credo che dica la verità, ma chi sa ?
Je crois (il me semble, j'ai l'impression) qu'il dit la vérité, mais qui sait ?

De même on pourra dire :

Credo che <u>a</u>bbia pagato. *Je crois (Il me semble) qu'il a payé.*
et : **Lo credo bene che ha pagato !** *Bien sûr qu'il a payé, j'en suis certain !*

2. Subjonctif obligatoire

Même si, dans l'usage populaire, on tend parfois à remplacer le subjonctif par l'indicatif, il vaut mieux employer le subjonctif dans les cas suivants :

a) Comme en français :

■ après les verbes exprimant:

la volonté		
voglio ordino desidero accetto ammetto rifiuto		
la nécessité		
bisogna occorre è necessario è indispensabile è importante	che	venga
la crainte		
temo ho paura		
le souhait		
mi auguro sono contento sono felice mi rallegro mi piace		

l'opinion		
preferisco è preferibile è meglio è giusto basta è impossibile non è vero è naturale è normale è bello è utile non è simpatico	che	parta
le regret		
mi dispiace mi rincresce peccato		
le doute		
è improbabile è possibile non è sicuro dubito può darsi		

■ avec de nombreuses conjonctions ou locutions conjonctives (cf. §§ 127-128) :

benché, nonostante che malgrado che, sebbene quantunque, per quanto	*bien que, quoique*	talché sicché di modo che	*de sorte que*
perché	*pour que*	prima che	*avant que*
affinché	*afin que*	purché	*pourvu que*
		a patto che	
a meno che	*à moins que*	a condizione che	*à condition que*

⚠ **b) Différemment du français,** dans de très nombreux cas :

■ avec des verbes ou des mots exprimant :

l'opinion	
credo penso mi pare ci sembra stimo giudico suppongo	che sia esatto

le souhait	
spero che vorrei sapere se	
	abbia ragione
le doute	
dicono che non so se	

■ dans les comparaisons :

Trovare lavoro è più difficile di quanto tu dica (ou **che tu non dica** [1]).
Trouver du travail est plus difficile que tu ne le dis.

Parla come uno che abbia perduto la ragione.
Il parle comme quelqu'un qui a (qui aurait) perdu la raison

■ pour exprimer une hypothèse, une supposition avec la conjonction **se** ou une locution équivalente (cf. § 129, 6) ; on emploie alors le subjonctif imparfait :

se **qualora** **quand'anche** **caso mai** **magari**	**fosse molto caro**	**lo comprerei lo stesso**
si, même si *au cas où*	*c'était* *ce serait très cher*	*je l'achèterais quand même*

Cet imparfait du subjonctif peut se traduire en français

— par un imparfait de l'indicatif :

Se fossi ricca mi comprerei un palazzo sul Canal Grande a Venezia.
Si j'étais riche, j'achèterais un palais sur le Grand Canal à Venise.

Cammina quasi (come se) fosse ubriaco.
Il marche comme s'il était ivre.

Chi volesse una spiegazione dovrebbe tornare domani.
Si quelqu'un voulait une explication, il devrait revenir demain.

— par un conditionnel :

Uno studente che volesse essere promosso non agirebbe in questo modo.
Un étudiant qui voudrait être reçu n'agirait pas de cette façon.

N.B.
• On utilise couramment le subjonctif en italien dans des phrases où l'on emploie l'infinitif en français :

— après certains verbes exprimant une demande, une prière ou un ordre :

Mi scrive ch'io torni subito a Roma. *Il m'écrit de revenir tout de suite à Rome.*
Mi dice ch'io passi a casa sua. *Il me dit de passer chez lui.*

— après **parere** et **sembrare** employés impersonnellement :

Pare (sembra) che dorma. *Il semble dormir.*
Pareva (sembrava) (che) dormisse. *Il semblait dormir.*

• Ne pas confondre :

Pare (sembra) che sogni. *Il semble rêver.*
et : **Mi pare (sembra) di sognare.** *Il me semble que je rêve. (Je crois rêver.)*

117 Emploi de l'infinitif avec les prépositions « a », «da », « di », « per », cf. chap. 10

---

1. On peut également employer l'indicatif : ... **di quel che tu dici** ... (cf. § 163.)

118 Emploi de l'infinitif sans préposition

L'italien ne met pas de préposition devant l'infinitif, sujet réel du verbe, dans les expressions du type :

è necessario *il est nécessaire de*, **importa** *il importe de*, **conviene** *il convient de*, **è difficile** *il est difficile de*, **è facile** *il est facile de*, **è piacevole** *il est agréable de*, **è spiacevole** *il est désagréable de*, **è preferibile** *il est préférable de*, **vale meglio** *il vaut mieux*, **urge** *il est urgent de*, **è importante** *il est important de*, **è un delitto** *c'est un crime de*, **è un peccato** *c'est dommage de*, **è un errore** *c'est une erreur de*, etc.

È necessario lavorare di più. *Il est nécessaire de travailler davantage.*

È facile sbagliare. *Il est facile de se tromper.*

È piacevole visitare il Veneto. *Il est agréable de visiter la Vénétie.*

È vietato calpestare le aiuole. *Il est interdit de marcher sur les pelouses.*

119 Infinitif de souhait

L'infinitif italien est assez souvent employé pour exprimer un souhait :

Potere ! *Si je pouvais ! Si nous pouvions !*

Ringiovanire di dieci anni ! *Ah ! Si je pouvais rajeunir de dix ans !*

Sapere dove si è cacciato ! *Si on pouvait savoir où il s'est fourré !*

120 Infinitif substantivé

1. En italien, tous les infinitifs peuvent être employés comme substantifs avec les articles et les adjectifs démonstratifs et possessifs :

Il gridare non serve a niente.
Crier ne sert à rien. (Les cris ne servent à rien.)

Il suo piangere continuo mi dà sui nervi
Ses pleurs continuels me tapent sur les nerfs.

Quel suo grattarsi il naso traduceva il suo imbarazzo.
Cette façon de se gratter le nez traduisait son embarras.

Che cosa significa quel gran ridere ?
Que signifie ce grand rire ?

N.B.
● Précédé de l'article indéfini, l'infinitif substantivé exprime une action générale et confuse :
Era un agitarsi, un ridere, uno schiamazzare, un gridare indemoniato.
Ce n'étaient qu'agitation, rires, tapage, cris endiablés.

● **Avere un bel** suivi de l'infinitif substantivé traduit l'expression *avoir beau* :
Hai un bel fare, un bel dire, un bello scusarti...
Tu as beau faire, beau dire, beau t'excuser...

2. Lorsque l'infinitif substantivé est précédé des articles contractés **al, col, nel,** ou **sul,** il correspond au gérondif mais avec des nuances :

Sul partire, si accorse di avere smarrito il passaporto.
En partant (juste au moment du départ), il s'aperçut qu'il avait égaré son passeport.

Col partire, dimenticò tutte le sue preoccupazioni.
En partant (du fait de partir), il oublia tous ses soucis.

Al ricevere la lettera si meravigliò.
En recevant la lettre, il fut étonné.

Nel leggerla, era rosso di collera.
En la lisant (pendant qu'il la lisait), il était rouge de colère.

Però, col leggerla, scoprì la verità.
Pourtant, en la lisant (grâce à cette lecture), il découvrit la vérité.

3. Pour traduire *commencer par, finir par,* on dira :
cominciare con, finire con ou **cominciare per, finire per.**

Comincia col (per) dire quello che sai. *Commence par dire ce que tu sais.*
Finiranno con (per) l'ammalarsi. *Ils finiront par tomber malade.*

121 Participe présent

⚠ Peu de verbes italiens ont un participe présent et, lorsqu'il existe, il n'est guère employé comme verbe ; c'est pourquoi le participe présent français doit, la plupart du temps, être traduit par une proposition relative [1].

les verbes se conjuguant avec l'auxiliaire être
i verbi che si coniugano con l'ausiliare essere

les étudiants ayant échoué à l'examen
gli studenti che sono stati bocciati all'esame

1. Cependant, on en rencontre quelques-uns :

Cercasi guida parlante giapponese. *On cherche un guide parlant japonais.*

Era un capolavoro risalente al tredicesimo secolo.
C'était un chef-d'œuvre remontant au XIIIᵉ siècle.

uno yacht proveniente dalla Corsica *un yacht provenant de Corse*

Contrairement au français, le participe présent s'accorde en genre et en nombre en italien :

le navi da carico naviganti sull'Oceano
les cargos naviguant dans l'Océan

gli accompagnatori parlanti due lingue
les accompagnateurs parlant deux langues

2. Beaucoup de participes présents sont devenus :

■ des adjectifs :
una carta vincente *une carte gagnante, un atout*
la torre pendente di Pisa *la tour penchée de Pise*
un discorso convincente *un discours convaincant*

■ des substantifs : **il combattente** *le combattant,* **il dirigente** *le dirigeant,* **l'emigrante** *l'émigrant,* **il partecipante** *le participant,* **il ripetente** *le redoublant,* **lo studente** *l'étudiant,* **i non vedenti** *les non-voyants,* etc.

---

1. Dans les phrases du type *Les personnes désirant (voulant) parler, entrer,* etc., dans le sens de : *qui désireraient, voudraient…,* le participe présent français se traduit par une relative au subjonctif présent en italien :
Le persone che desiderino (che vogliano) parlare, entrare…

122 Emplois particuliers du gérondif

⚠ **1.** Le gérondif s'emploie après **stare** et **andare** (cf. § 94) :

Stanno dormendo. *Ils dorment.(Ils sont en train de dormir.)*
Il tempo va migliorando. *Le temps s'améliore.*

2. Avec **pur,** le gérondif a le sens de *tout en, bien que* :

Pur essendo giovane parla come un vecchio.
Bien qu'il soit jeune, il parle comme un vieillard.

Pur sapendo di sbagliare continuava.
Il continuait tout en sachant qu'il se trompait.

3. Emplois moins usités :

■ On rencontre quelquefois des gérondifs ne se rapportant pas au sujet de la proposition principale dans des formules et constructions archaïques :

Occorrendo pagherò le spese.
S'il le faut, je paierai les frais.

Scoppiando (quando scoppiò) il temporale, dovettero continuare il pranzo dentro.
L'orage ayant éclaté (à cause de l'orage), ils durent continuer leur repas à l'intérieur.

■ Gérondif substantivé : **un laureando** *un étudiant préparant sa licence*, **un reverendo** *un révérend*, **un crescendo** *un crescendo*, **un diminuendo** *un diminuendo*, etc.

N.B.
Il faut bien faire attention à ne pas confondre le gérondif et le participe présent en français :
— Gérondif :
En parlant avec le guide, j'ai appris beaucoup de choses que j'ignorais.
Parlando con la guida ho imparato molte cose che ignoravo.
Comme en français, le gérondif italien est invariable et se rapporte au sujet :
L'ho visto entrando nella stanza.
Je l'ai vu en entrant (quand je suis entré) dans la pièce.
— Participe présent :
Nous étions accompagnés par un guide parlant (= *qui parlait*) *français.*
Eravamo accompagnati da una guida parlante (che parlava) francese.
En général, le participe présent est traduit par une proposition relative (cf. § 121).

123 Accord du participe passé

1. Verbes se conjuguant avec l'auxiliaire **essere**

■ Comme en français, le participe passé s'accorde en genre et en nombre :
— avec les verbes intransitifs :

è entrato	è entrata	sono entrati	sono entrate
il est entré	*elle est entrée*	*ils sont entrés*	*elles sont entrées*

Sono corsi ad aiutare i vigili del fuoco.
Ils ont couru aider les pompiers.

N.B.
Attention aux verbes qui n'ont pas le même auxiliaire qu'en français (cf. § 82) :

Abbiamo	corso per due ore.	Sono	corsi a chiamare il medico.
Nous	*avons* *couru pendant deux heures.*	*Ils*	*ont* *couru appeler le médecin.*

Non è voluta entrare.
Elle n' a pas voulu entrer.

Non sono potuti tornare.
Ils n' ont pu revenir.

— avec les verbes réfléchis :

Mi sono alzato alle 7. Mia sorella si è svegliata alle 8. Siamo partiti alle 9.
Je me suis levé à 7 h. Ma sœur s'est réveillée à 8 h. Nous sommes partis à 9 h.

⚠ ■ Mais, contrairement au français, il s'accorde aussi avec les verbes pronominaux faussement réfléchis ; dans ce cas, l'accord peut se faire avec le sujet ou le complément :

Pietro si è lavato (ou **lavate**) **le mani.** *Pierre s'est lavé les mains.*
Anna si è lavata (ou **lavate**) **le mani.** *Anne s'est lavé les mains.*
Filippo si è mangiato (ou **mangiata**) **la trota.** *Philippe a mangé toute la truite.*
Luisa si è mangiata (ou **mangiate**) **le caramelle.** *Louise a mangé tous les bonbons.*

et même :

Ci siamo incontrati ieri e ci siamo raccontati le ultime vicende.
Nous nous sommes rencontrés hier et nous nous sommes raconté les derniers événements.

2. Verbes se conjuguant avec l'auxiliaire **avere**

a) Pour les verbes intransitifs, le participe passé ne s'accorde pas avec le sujet :

Ho dormito.	**Susanna ha dormito.**	**Abbiamo dormito.**
J'ai dormi.	*Suzanne a dormi.*	*Nous avons dormi.*

b) Pour les verbes transitifs :

■ A la forme passive, le participe passé s'accorde toujours avec le sujet, comme en français :

La casa fu venduta ai vicini.
La maison fut vendue à leurs voisins.

Tutte le ciliegie furono mangiate in un batter d'occhio.
Toutes les cerises furent mangées en un clin d'œil.

■ A la voix active, l'accord n'est pas aussi strict qu'en français ; le participe passé peut s'accorder ou non avec le complément direct :

— Comme en français, lorsque le complément d'objet est placé après le verbe, on ne fait pas l'accord :

Ho mandato una lettera. *J'ai envoyé une lettre.*

Hanno ucciso due uccellini. *Ils ont tué deux petits oiseaux.*

⚠ — Contrairement au français, l'accord reste facultatif même si le complément est placé avant le participe passé :

La lettera che ho mandata (ou **mandato**) **è arrivata troppo tardi.**
La lettre que j'ai envoyée est arrivée trop tard.

Le persone che ho ascoltate (ou **ascoltato**) **non mi hanno detto la verità.**
Les personnes que j'ai écoutées ne m'ont pas dit la vérité.

— Mais si le complément est un pronom personnel, on fait généralement l'accord :

Paola, ti hanno chiamata due volte al telefono.
Paule, on t'a appelée deux fois au téléphone.

Ho cercato i documenti dappertutto. Finalmente li ho ritrovati nella valigia.
J'ai cherché les papiers partout. Je les ai enfin retrouvés dans ma valise.

Toutefois, avec **ci** et **vi,** l'accord n'est pas systématique :

Vi ho visto (ou **visti**) **ieri allo stadio.** *Je vous ai vus hier au stade.*

I responsabili ci hanno tradito (ou **traditi**). *Les responsables nous ont trahis.*

Par contre, l'italien fait l'accord avec le pronom **ne** *en* (cf. § 60) :

Difficoltà ? ne abbiamo incontrate molte.
Des difficultés ? Nous en avons beaucoup rencontré.

Et on accorde aussi le verbe **fare** quand il a une fonction d'auxiliaire.

Appena li ho visti li ho fatti entrare. *Dès que je les ai vus je les ai fait entrer.*

N.B.
Le pronom personnel peut s'accoler au participe passé (cf. § 61,2). Dans ce cas :
— lorsqu'il n'y a pas de complément, l'accord se fait avec le sujet :

Vestitasi con eleganza, andò all'appuntamento.
Après s'être habillée élégamment, elle se rendit au rendez-vous.

Pettinatesi con cura, partirono per il teatro.
Après s'être coiffées avec soin, elles partirent pour le théâtre.

— lorsqu'il y a un complément, l'accord peut se faire
avec le sujet :

Lavatosi le mani, uscì. *Après s'être lavé les mains, il sortit.*
Lavatasi le mani, uscì. *Après s'être lavé les mains, elle sortit.*

ou avec le complément :

Lavatesi le mani uscì. *Après s'être lavé les mains il (elle) sortit.*
Spazzolatisi i capelli, uscì. *Après s'être brossé les cheveux, il (elle) sortit.*

124 *Participe passé absolu (« participio passato assoluto »)* ―――――

En italien, le participe passé remplace souvent, à lui tout seul, une proposition temporelle. On l'appelle alors **participio passato assoluto**.

Finita (una volta finita, quando fu finita) la guerra, tornarono a casa.
La guerre terminée, ils rentrèrent chez eux.

Terminato il lavoro, poterono mangiare.
Le travail terminé (Ayant terminé leur travail), ils purent manger.

Passata la paura, reagì intelligentemente.
Quand sa peur fut passée (Passé ce moment de frayeur), il réagit intelligemment.

N.B.
• Le participe passé absolu peut-être suivi de **che** :

finita la partita ou **finita che fu la partita…**
la partie finie, lorsque la partie fut finie…
Mangiata la pasta (ou **Mangiata che ebbero la pasta**) **ebbero sete.**
Après avoir mangé les pâtes, ils eurent soif.

• La formule *étant donné* est invariable en français ; au contraire, **dato** est variable : **dato il numero degli invitati, data la situazione, date le informazioni raccolte, dati i problemi dell'epoca…**

De même on dit :
Troverà accluso un assegno. *Vous trouverez un chèque ci-joint.*
Troverete acclusa la scheda richiesta. *Vous trouverez ci-joint la fiche demandée.*
Acclusi due documenti. *Ci-joint deux pièces, deux documents.*
Accluse le risposte all'indagine. *Ci-joint les réponses à l'enquête.*

1 Traduisez :

1. Ne pars pas maintenant. Sois gentil.
2. N'aie pas peur. Aie un peu de courage.
3. Est-ce que tu as compris ? Ne reste pas là (qui). 4. Du calme ! Je vais vous répondre. 5. Dans moins d'une heure nous serons à l'aéroport. 6. Quel métier peut-il bien faire ? 7. Il a dû s'enfuir en Amérique du Sud. 8. Le facteur a dû passer. 9. A force de chercher, il trouva son billet. 10. A force d'hésiter, il a laissé passer la bonne occasion.

2 Traduisez :

1. Calmati ! Ora ti spiego la situazione.
2. Ora si guarda il giornale e si vedrà chi ha ragione. 3. Adesso partono e chi li rivede ? 4. Ne sono sicuro. Fra poco piove e durerà per tutta la giornata.
5. Adesso lui rimborsa i debiti e nessuno ne riparlerà mai più. 6. Ci vediamo domani e giochiamo insieme. 7. Come avrà fatto a trovare questa risposta ?
8. Quanti milioni sarà costato questo villino ? 9. Quanti clienti saranno stati delusi prima di noi ? 10. È più pericoloso viaggiare con la macchina che prendere l'aereo. - Sarà, ma io preferisco guidare.

3 Traduisez :

1. Faceva meglio ad ascoltare invece di chiacchierare (bavarder). 2. Potevi anche venire prima ; così si poteva cominciare. 3. Se arrivava ancora più tardi non trovava più nessuno. 4. Dovevi parlarmene. Così ti aiutavo. 5. Se volevo lo facevo arrestare. 6. Potevano anche scrivere : era meglio. 7. Terremoto : i morti sarebbero duemila. 8. Sarebbe questa la loro piscina ? 9. Piangi piangi non servirà a niente. 10. Non dimenticare quello che disse Cesare : venni, vidi, vinsi.

4 Mettez au temps qui convient le verbe entre parenthèses : ©

1. Se (venire tu) ti accoglierò. 2. Se (venire voi) vi accoglierò. 3. Se (partire tu) alle 8 arriverai all'una. 4. Se (piovere) prenderò un taxi. 5. Se (nevicare) andremo a sciare. 6. Se (ricominciare tu) sarai condannato. 7. Se mi (dare tu) una caramella (bonbon) ti darò un chewing gum. 8. Se mi (aiutare voi) ve ne sarò grato. 9. Se mi (aiutare Lei) gliene sarò grato. 10. Cosa mi daranno se li (aiutare io) ?

5 Même exercice :

1. Che cosa mi darà se la (aiutare io) ?
2. Se ci (denunciare voi) vi (ammazzare noi). 3. Se ci (essere) qualcosa da pagare pagherò io. 4. Se (cadere tu) ti farai male. 5. Se (volere voi) saliremo al rifugio. 6. Se (prendere loro) un coltello prenderemo il fucile. 7. Se (essere) ancora possibile mi iscriverò per questa crociera (croisière). 8. Se (avere io) tempo risponderò a questa lettera. 9. Se l'onorevole (député) Volpino (essere) ministro le cose cambieranno. 10. Se non (spostare voi) la macchina avrete la multa (amende).

6 Refaites les exercices 4 et 5 en mettant au conditionnel le verbe de la principale : ©
Exemple : Se (venire tu) ti accoglierei.

7 Transformez les phrases suivantes :
Exemple : Devo chiamare Alfredo. → Bisogna ch'io chiami Franco.

1. Devo telefonare a Ernesto. 2. Devono viaggiare in treno. 3. Deve fermarsi a Bologna. 4. Dobbiamo prendere un panino. 5. Devono rispondere dentro il mese. 6. Dobbiamo scendere in cantina (cave). 7. Dovete ripetere. 8. Devi dormire di più. 9. Luigi deve finire questo lavoro. 10. Dovete pulire (nettoyer) tutto.

8 Construisez chaque phrase en utilisant les éléments donnés en regard :

dorme	Mi pare che lui...
ti rispondono	Basta che loro...
sei in ritardo	Ho paura che tu...
hai torto	Temo che tu...
sono onesti	Credi che... ?
fa freddo	Peccato che...
risponde chiaro	Bisogna che...
tutto è finito	Sembra che...
non dà niente	
a nessuno	Credo che...
ha ragione	
sono malati	Spero che...
è possibile	Dicono che...
	Non so se...

9 Mettez à l'imparfait les phrases de l'exercice 7 :
Exemple : Dovevo chiamare Alfredo → Bisognava che io chiamassi Alfredo.

10 Mettez le verbe de la proposition principale des phrases précédentes à un temps du passé et refaites l'exercice :
Exemple : Mi pareva che lui ... → dormisse.

11 Mettez à la forme du conditionnel qui convient (présent ou passé selon les cas) les verbes entre parenthèses : ©
1. Penso che (arrivare tu) prima se tu avessi preso l'aereo.
2. Pensavo che (arrivare tu) domani.
3. Mi ha telefonato che (tornare lui) stasera.
4. Credo che (pagare voi) di più in un altro ristorante. Entriamo.
5. È stato carissimo ma credo che (pagare noi) di più se noi (avessimo scelto un altro albergo.
6. Credevo che, scendendo in quest'albergo, (pagare io) meno.
7. Rispose che (rimborsare lui) i debiti il mese dopo.
8. Rispose che (rimborsare lei) i debiti se non fosse stata in fallimento.
9. Risponde sempre che (venire lui) se avesse tempo.
10. Se sapessi sciare io ti (seguire) in montagna.

12 Construisez les phrases suivantes en commençant par le 2e élément :
Exemple : Andate alla piscina. Occorrerebbe → Occorrerebbe che andaste alla piscina.

1. fai un po' di ginnastica.	Bisognerebbe ...
2. dai una mano a tuo padre.	Vorrei ...
3. rileggi questa pagina.	Mi farebbe piacere ...
4. vengo con te.	Ti piacerebbe... ?
5. rifate il conto (addition).	Desidererebbe ...
6. tutto è esaurito (épuisé).	Supponiamo ...
7. niente è stato dimenticato.	Vorrei sapere ...
8. avete trovato la chiave.	Spero ...
9. è molto facile.	Non credo ...
10. sono malati.	Non possiamo credere ...

13 Traduisez :
1. Il est difficile de rester calme. 2. Comme c'est agréable de se promener le matin !
3. C'est facile de critiquer ! 4. C'est dommage de partir tout de suite. 5. C'est désagréable de devoir répéter toujours les mêmes choses. 6. Il est nécessaire de réfléchir.
7. Il est interdit de fumer.

14 Traduisez :
1. Sapere come cavarmela ! 2. Avere una voce come la tua ! 3. Hai un bel negare, non ti credo. 4. E tutti a protestare come se fosse uno scandalo !

15 Transformez les phrases suivantes :
Exemple : Lesse il giornale e poi uscì. → Letto il giornale uscì.
1. Scrisse quella lettera e poi scomparve. 2. Gettò il cane fuori e poi rientrò. 3. Prese il fucile e chiamò il cane. 4. Aprì la finestra e guardò fuori. 5. Scoprì la verità e si mise in collera. 6. Mi diede un pugno e poi corse via. 7. Baciò la ragazzina e si mise a piangere. 8. Fece un rapido calcolo e decise di accettare. 9. Scoppiò la guerra e fu mobilitato. 10. La partita terminò e ripresero il pullman.

LES CONJONCTIONS ET LOCUTIONS CONJONCTIVES

125 Conjonctions de coordination

Les conjonctions de coordination relient des mots ou des propositions. Elles expriment :

> **1.** L'addition, la liaison ou la négation : **e** *et*, **anche, pure** *aussi*, **né** *ni*, **nonché** *et, sans compter, en plus de.*

Penso sempre a te e a tuo fratello. *Je pense toujours à toi et à ton frère.*

S'interessa allo sport e anche alla musica. *Il s'intéresse au sport et aussi à la musique.*

Non verrà né lui né lei. *Ni lui ni elle ne viendront.*

Prendi un vocabolario nonché una grammatica.
Prends un dictionnaire et (en plus d') une grammaire.

N.B.
Anche se met avant le mot auquel il se rapporte. **Pure** se met plutôt après :

Anch'io ti voglio bene. *Moi aussi je t'aime.*

Io pure ti amo. *Je t'aime moi aussi.*

> **2.** L'alternative : **o** *ou*, **oppure** (moins couramment **ossia, ovvero**) *ou bien*, **o... o (oppure)..., sia... sia...** *soit... soit...*, **così... come, tanto... quanto** *aussi... que...*, **non solo... ma (anche)...** *non seulement..., mais (aussi)...*

Prima o poi dovrai scegliere. *Tu devras choisir tôt ou tard.*

Prendi la moto oppure la macchina. *Prends la moto ou bien la voiture.*

O accetterà queste condizioni o (oppure) dovrà rinunciare.
Ou il acceptera ces conditions ou bien il devra renoncer.

Non solo è stupido ma è anche insolente.
Non seulement il est stupide, mais il est également insolent.

> **3.** L'opposition ou la restriction : **ma** *mais*, **invece** *au contraire*, **invece di** *au lieu de*, **anzi** *au contraire, mieux, bien plus*, **eppure, però, tuttavia** *pourtant, cependant, toutefois*, **piuttosto che** *plutôt que*, **d'altronde** *d'ailleurs*, **del resto** *du reste.*

Te l'ho detto ma non mi dai retta ! *Je te l'ai dit, mais tu ne m'écoutes pas.*

Non ha ubbidito, anzi ha fatto il contrario di quanto gli ho chiesto.
Il n'a pas obéi, il a même fait le contraire de ce que je lui ai demandé.

Non nutrivo illusioni, però sono rimasto deluso.
Je ne nourrissais pas d'illusions, pourtant j'ai été déçu.

N.B.

Anzi sert à corriger ou à renchérir :

Questo farmaco non ti guarirà, anzi ti farà male.
Ce médicament ne te guérira pas, au contraire, il te fera mal.

Quest'architetto è ricco, anzi ricchissimo.
Cet architecte est riche, et même (je dirais mieux) très riche.

---

4. L'explication : **infatti, difatti, in effetti** *en effet,* **cioè, vale a dire** *c'est-à-dire, à savoir,* **perché** *parce que.*

Infatti non ho risposto. *En effet je n'ai pas répondu.*

Non rispondo perché mi dà fastidio. *Je ne réponds pas parce que cela m'ennuie.*

Tornerò il 23, cioè fra dieci giorni.
Je reviendrai le 23, c'est-à-dire dans dix jours.

---

5. La transition : **ora** *or.*

Ora, per essere sinceri ... *Or, pour être sincère ...*

---

6. La conclusion : **dunque** *donc,* **perciò, pertanto** *c'est pourquoi,* **quindi** *par conséquent, de là, aussi,* **sicché** *ainsi, donc, si bien que.*

Dicevamo dunque che ... *Nous disions donc que ...*

Penso perciò esisto. (Cartesio) *Je pense donc je suis.* (Descartes)

Non ascolti, quindi non puoi capire. *Tu n'écoutes pas, donc tu ne peux comprendre.*

Sicché non vuole pagare ? *Ainsi, il ne veut pas payer ?*

126 *Remarques sur quelques conjonctions de coordination*

1. Les conjonctions **E** et **O**

On trouve les formes **ed** et **od** devant des mots commençant par une voyelle afin de faciliter la prononciation (**d** euphonique, cf. p. 13).

    Entra ed esce in continuazione. *Il entre et il sort sans arrêt.*

2. La conjonction **NÉ**

▪ Ne pas confondre la conjonction **né** (qui porte un accent sur le **e**) avec le pronom personnel **ne** *en* :

    C'era del vino e delle bibite. Andrea ha preferito il vino e ne ha bevuto due bicchieri. Invece Lucia non ha voluto né vino né soda.
    Il y avait du vin et des boissons sans alcool. André a préféré le vin et il en a bu deux verres. Au contraire, Lucie n'a voulu ni vin ni soda.

▪ Dans les phrases négatives, **né** remplace **e non** :

    Non capì la risposta né osò chiedere al conferenziere di ripetere.
    Il ne comprit pas la réponse et n'osa pas demander au conférencier de répéter.

▪ Lorsque **né** est placé avant le verbe, on n'emploie pas d'autre négation :

    Né lo studente né il professore seppero rispondere alla domanda.
    Ni l'étudiant ni le professeur ne surent répondre à la question.

Mais lorsque **né** est placé après le verbe, on doit mettre **non** devant celui-ci :

Non voglio più vedere né tuo padre né gli altri membri della tua famiglia.
Je ne veux plus voir ni ton père ni les autres membres de ta famille.

Pour l'emploi de **né,** cf. la construction de **niente, nulla** et **nessuno** §§ 48, 71.2, 73.

Expressions courantes :

né più né meno *ni plus ni moins*

né punto né poco *absolument pas*

127 Conjonctions de subordination

Les conjonctions de subordination relient une proposition subordonnée à la proposition dont elle dépend.

1. La conjonction de subordination la plus fréquemment employée est **che** *que* (cf. § 129.1) :

Credo che si chiami Giovanna. *Je crois qu'elle s'appelle Jeanne.*

Voglio che tu mi creda. *Je veux que tu me croies.*

N.B.
Che est parfois omis (cf. § 129,1) :

Credo si chiami Giovanna.

On retrouve la conjonction **che** dans de nombreuses conjonctions ou locutions conjonctives :

affinché, acciochè *afin que*	**dacché** *depuis que*
benché *bien que*	**dopo che** *après que*
perché *parce que, pour que*	**finché** *jusqu'à ce que, tant que*
poiché, giacché, dacché *puisque*	*jusqu'au moment où*
piuttosto che, anziché *plutôt que*	**prima che** *avant que*
purché *pourvu que*	
talché, sicché, di modo che *de sorte que*	
sennonché, se non che *si ce n'est que*	

2. Les conjonctions ou locutions conjonctives de subordination peuvent être :

> ■ temporelles : **quando** (moins fréquent : **allorché**) *quand, lorsque,* **mentre** *tandis que, pendant que, tant que,* **finché** *tant que,* **dacché, da quando** *depuis que,* **prima che** *avant que,* **dopo che** *après que,* **ogni volta che** *chaque fois que.*

Quando vorrai, parleremo di quel progetto.
Quand tu voudras, on parlera de ce projet.

Allorché lo frequentavo viveva a Napoli. *Lorsque je le fréquentais, il vivait à Naples.*

Mentre dormiva le hanno rubato i gioielli.
On lui a volé ses bijoux pendant qu'elle dormait.

Divertiti mentre sei giovane. *Amuse-toi tant que tu es jeune.*

Lavorerò finché vivrò. *Je travaillerai tant que je vivrai.*

Dacché è partito tutti lo rimpiangono. *Depuis qu'il est parti tout le monde le regrette.*

Va a trovarlo prima che sia tardi. *Va le voir avant qu'il ne soit trop tard.*

Dopo che ebbe mangiato andò a dormire. *Après qu'il eut mangé il alla se coucher.*

Perde ogni volta che gioca. *Il perd chaque fois qu'il joue.*

■ comparatives : **come** *comme,* **come se, quasi** *comme si,* **più ... che, meno ... che, piuttosto che, anziché** *plutôt que,* **mentre** *au lieu de, alors que.*

Si diverte come non si è mai divertito in vita sua.
Il s'amuse comme il ne s'est jamais amusé de toute sa vie.

Più che intelligente è laborioso. *Plus qu'intelligent, il est travailleur.*

Piuttosto che (anziché) passare a destra passò a sinistra.
Au lieu de passer à droite il passa à gauche.

Gioca mentre dovrebbe studiare. *Il joue alors qu'il devrait étudier.*

■ interrogatives : **se** *si,* **perché** *pourquoi,* **come** *comment,* **quando** *quand* (dans des interrogations indirectes).

Chi sa se ha (ou abbia) capito tutto. *Qui sait s'il a tout compris.*

Voglio sapere perché sei tornato. *Je veux savoir pourquoi tu es revenu.*

Mi ha chiesto quando gli telefonerò. *Il m'a demandé quand je lui téléphonerai.*

Non capisco come ha (ou abbia) fatto a cadere.
Je ne comprends pas comment il a fait (il a bien pu faire) pour tomber.

■ causales : **ché, perché** *parce que, car,* **giacché, poiché, siccome, dato che** *comme, puisque, étant donné que.*

Sbrigati ché annotta. *Dépêche-toi car la nuit tombe.*

Ti chiamo perché ho bisogno di te. *Je t'appelle car j'ai besoin de toi.*

Giacché ci siamo, terminiano il lavoro. *Puisqu'on y est, terminons ce travail.*

Siccome fa freddo, è vestito come se fosse d'inverno.
Comme il fait froid, il est vêtu comme si c'était l'hiver.

■ conclusives : **affinché, acciocché** *afin que,* **perché** *pour que,* **perciò, pertanto** *c'est pourquoi.*

Ti avverto affinché tu non sia sorpreso. *Je t'avertis afin que tu ne sois pas surpris.*

Ti telefono perché tu mi aiuti. *Je te téléphone pour que tu m'aides.*

■ consécutives : **così** *ainsi,* **cosicché, talché, sicché** *de sorte que,* **tanto ... da** *si bien que, au point de,* **tanto ... che, in modo ... che** *de manière que,* **affinché** *afin que.*

Tacqui, così non si accorse di niente. *Je me tus, ainsi ne s'aperçut-il de rien.*

Avvertimi presto affinché io possa prendere una decisione.
Avertis-moi vite afin que je puisse prendre une décision.

Era tanto stanco da addormentarsi sul posto.
Il était fatigué au point de s'endormir sur place.

È tanto ricco che non conosce neanche l'importanza della sua ricchezza.
Il est tellement riche qu'il ne connaît même pas l'importance de sa richesse.

Ha fatto in modo che arrivassimo in anticipo.
Il a fait en sorte que nous arrivions en avance.

> ● conditionnelles : **se** *si,* **qualora** *si,* au cas où, **caso mai, se mai, semmai** *si jamais,* **seppure** *même si,* **purché** *pourvu que,* **quand'anche** *quand bien même, même si.*

Se fosse vero, lo saprei. *Si c'était vrai, je le saurais.*

Qualora fosse impossibile oggi si ricomincerebbe domani.
Au cas où ce serait impossible aujourd'hui, on recommencerait demain.

Semmai lo vedessimo te lo diremmo. *Si jamais nous le voyions, nous te le dirions.*

Accetto qualsiasi proposta purché sia onesta.
J'accepte n'importe quelle proposition, pourvu qu'elle soit honnête.

Quand'anche lo sapessi non te lo direi. *Même si je le savais je ne te le dirais pas.*

Ces conjonctions se construisent toutes avec le subjonctif imparfait.

> ● concessives : **benché, sebbene, quantunque, nonostante che, malgrado che** *bien que,* **per quanto, ancorché** *quoique,* **comunque** *quoi qu'il en soit,* **sennonché** *si ce n'est que,* **senza che** *sans compter que.*

Benché sia giovane manca d'entusiasmo.
Bien qu'il soit jeune, il manque d'enthousiasme.

Per quanto tu possa dire non ti devo niente.
Quoi que tu puisses dire, je ne te dois rien.

Comunque, devo riflettere. *Quoi qu'il en soit, je dois réfléchir.*

> ● modales : **comunque** *de quelque manière que, de quelque façon que,* **nel modo che, nella maniera che** *de façon à ce que.*

Comunque si concluda questa faccenda ti informerò.
De quelque façon que se conclue cette affaire, je t'en informerai.

> ● limitatives : **fuorché, eccetto, salvo** *sauf,* **a meno che, tranne che** *à moins que,* **se non altro che** *ne fût-ce que.*

Vado a scuola con l'autobus fuorché quando mi accompagna mio padre.
Je vais à l'école en bus sauf quand mon père m'accompagne.

Non riuscirà a meno che tutti lo aiutino.
Il ne réussira pas à moins que tout le monde ne l'aide.

Ci vado a piedi tranne (salvo) che incontri un compagno con la moto.
J'y vais à pied à moins que je ne rencontre un camarade à moto.

Mangio tutto eccetto l'aglio. *Je mange de tout sauf de l'ail.*

128 *Régime des conjonctions : indicatif ou subjonctif ?* _____

Dans la plupart des cas, le mode utilisé est le même qu'en français.

1. De nombreuses conjonctions se construisent toujours avec l'indicatif : **mentre, poiché, giacché, dacché, perciò, pertanto, appena, non appena,** etc.

2. Certaines se construisent toujours avec le subjonctif : **affinché, benché, nonostante, purché, semmai, qualora,** etc.

3. D'autres conjonctions prennent un sens différent selon qu'elles sont construites avec l'indicatif ou le subjonctif : **finché** (§·129,2), **perché** (§ 129,3), **quando** (§ 129,5), **se** (§ 129,6).

129 *Remarques sur quelques conjonctions de subordination*

1. La conjonction CHE

■ La conjonction **che** peut :

— remplacer **perché, affinché, dimodoché, di modo che,** etc. Dans ce cas, on trouve parfois un accent sur le **é** :

Sbrigati ché il treno sta per partire. *Dépêche-toi car le train va partir.*

Notalo sul tuo taccuino ché non abbia più a ripetertelo.
Note-le dans ton carnet afin que je n'aie plus à te le répéter.

— indiquer le temps (= **in cui,** § 69 N.B.) :

Il giorno che lo vidi per la prima volta... *Le jour où je le vis pour la première fois...*

Guarito che fu ... *Une fois qu'il fut guéri ...*

— exprimer le but :

Sbrigati che io possa guardare la partita alla TV.
Dépêche-toi pour que je puisse voir le match à la télé.

— exprimer la raison, la cause :

Vieni qui, che ti dirò una cosa.
Viens ici, j'ai quelque chose à te dire. (= pour que je puisse te dire quelque chose.)

— traduire un résultat :

È magro che fa pietà. *Il est maigre à faire pitié.*

— être employée dans les interrogations :

Chi sa che viva ancora a Firenze ? *Qui sait s'il vit encore à Florence ?*

Che sia diventato matto ? *Serait-il devenu fou ?*

et, familièrement, pour accentuer l'interrogation et dans les expressions exclamatives :

Che sei triste ? *Allons quoi, tu es triste ?*

Che dormi ? *Est-ce que tu dors ? (Dormirais-tu par hasard ?)*

Che Dio vi benedica ! *Que Dieu vous bénisse !*

Che parta e non se ne parli più ! *Qu'il parte et qu'on n'en parle plus !*

■ Omission de la conjonction **che** :

— entre deux verbes :

Speravo fosse vero. *J'espérais que c'était vrai.*

Credo sia finito. *Je crois que c'est fini.*

⚠ — dans les propositions subordonnées coordonnées (*et que*) :

Quando piove e prendo la macchina ...
Quand il pleut et que je prends ma voiture ...

Siccome sono malato e non posso uscire ...
Comme je suis malade et que je ne peux sortir ...

— avec **cioè** *c'est-à-dire* :

Non posso, cioè non voglio. *Je ne peux pas, c'est-à-dire que je ne veux pas.*

2. La conjonction FINCHÉ

En français, la locution conjonctive *jusqu'à ce que* est toujours suivie du subjonctif.

⚠ ▪ En italien, on emploie le subjonctif avec **finché** pour exprimer une éventualité ; la conjonction est de plus en plus suivie d'un **non** explétif :

Non mi muovo finché (non) venga la polizia.
Je ne bouge pas d'ici jusqu'à ce que la police arrive.

▪ L'indicatif exprime au contraire une réalité. Dans ce cas, **finché** se traduit par : *tant que*, qui se construit avec l'indicatif :

Ho aspettato finché ho potuto. *J'ai attendu tant que je l'ai pu.*

Ho aspettato finché non mi hanno rimborsato.
J'ai attendu tant qu'on ne m'a pas remboursé. (= jusqu'à ce qu'on m'ait remboursé.)

Aspetto finché tornerai. *J'attends ton retour.*

Finché c'è vita, c'è speranza. *Tant qu'il y a de la vie, il y a de l'espoir.*

ou par *jusqu'au moment où* :

Restarono abbracciati finché il treno si mosse.
Ils restèrent enlacés jusqu'au moment où le train s'ébranla.

3. La conjonction PERCHÉ

▪ Avec l'indicatif, **perché** signifie *pourquoi* (adverbe) ou *parce que* (conjonction) :

Perché non sei tornato prima ? Perché ho perduto la coincidenza.
Pourquoi n'es-tu pas revenu plus tôt ? Parce que j'ai raté la correspondance.

▪ Avec le subjonctif, **perché** signifie *pour que, afin que* :

Ti ho parlato perché tu mi dessi un buon consiglio non perché tu mi biasimassi.
Je t'ai parlé pour que tu me donnes un bon conseil, non pour que tu me blâmes.

4. Emplois particuliers de COME

Così com'è, ha molto successo. *Tel qu'il est, il a beaucoup de succès.*

Come (appena, non appena, quando) la vide la chiamò.
Dès qu'il la vit, il l'appela.

Come Dio volle, arrivammo all'albergo.
Nous arrivâmes à l'hôtel tant bien que mal.

5. La conjonction QUANDO

▪ Avec l'indicatif, **quando** signifie *quand, lorsque* :

Quando faccio una domanda voglio una risposta.
Quand je pose une question, je veux une réponse.

▪ Avec le subjonctif, la conjonction **quando** prend le sens de la conjonction **se** *si* :

Quando ne dessi l'ordine vorrei essere ubbidito.
Si j'en donnais l'ordre, je voudrais être obéi.

On pourra préférer la conjonction **se**.

6. La conjonction SE

La conjonction **se** correspond à la conjonction française *si*. Elle peut être suivie de l'indicatif ou du subjonctif.

▪ Indicatif

— Présent dans la principale et dans la subordonnée :

Se vuoi, resto con te. *Si tu veux, je reste avec toi.*

Se gli telefono, viene subito. *Si je lui téléphone, il vient tout de suite.*

— Futur dans la principale :

⚠ Le français emploie le présent dans la subordonnée. L'italien emploie le futur (cf. § 115,1) :

Se verrai con me non sarai deluso. *Si tu viens avec moi tu ne seras pas déçu.*

Se studierete sul serio sarete promossi all'esame.
Si vous travaillez sérieusement, vous serez reçus à l'examen.

Cet emploi, qui respecte la concordance des temps, est le plus fréquent, mais on peut aussi utiliser le présent de l'indicatif dans la subordonnée :

Se viene gli dirai... *S'il vient tu lui diras...*

Se insiste lo rimborserai. *S'il insiste tu le rembourseras.*

— Imparfait dans la principale et dans la subordonnée (**se** a le sens de **quando** *quand*) :

Se lo ingiuriavano, non si metteva in collera.
Quand on l'injuriait, il ne se mettait pas en colère.

Se avevano amici a casa erano felici. Se erano soli erano tristi.
Quand ils avaient des amis chez eux ils étaient heureux, quand ils étaient seuls ils étaient tristes.

■ Subjonctif

— Conditionnel dans la principale :

⚠ *Si* suivi de l'imparfait de l'indicatif est traduit par **se** suivi de l'imparfait du subjonctif :

Se volessi potrei diventare ministro.
Si je le voulais, je pourrais devenir ministre.

Se avessi voluto sarei diventato ministro.
Si je l'avais voulu, je serais devenu ministre.

Se fossimo più giovani cambieremmo mestiere.
Si nous étions plus jeunes nous changerions de métier.

Se venisse gli diresti...
S'il venait, tu lui dirais...

N.B.

Dans les exclamations, pour exprimer un souhait, on omet souvent **se** :

Fosse vero ! *Si c'était vrai !*

Fosse il caso ! *Si ce pouvait être le cas !*

Volesse Iddio che fosse così ! *Plût au Ciel qu'il en fût ainsi !*

— Futur dans la principale :

Au lieu du futur de l'indicatif, on peut employer l'imparfait du subjonctif dans la subordonnée pour accentuer le degré d'incertitude :

Se venisse gli dirai... *Si par hasard il vient, tu lui diras...*

Se insistesse lo rimborserai...
Si, par extraordinaire, il insiste, tu le rembourseras...

■ Emplois particuliers :

— Après les verbes **domandare** ou **chiedere** *demander*, on emploie le subjonctif ou l'indicatif selon qu'on veut marquer le doute (subjonctif) ou la probabilité (indicatif) :

Domandò se fosse tornato. *Il demanda s'il était revenu.*

Domandò se era tornato alle sei come previsto.
Il demanda s'il était revenu à six heures comme prévu.

Mi domandò se Andrea fosse morto o vivo. *[il n'est peut-être pas mort]*
Il me demanda si André était mort ou vivant.

Mi domandò se Giulio era morto in Francia o in Italia. *[il est mort]*
Il me demanda si Jules était mort en France ou en Italie.

— **Se** peut servir aussi à insister :

Se lo dico io ! *Puisque c'est moi qui le dis !*
Ma se era qui un'ora fa ! *Mais puisqu'il était là il y a une heure !*

— On trouve cette conjonction dans certaines expressions :

Ci voglio andare se non altro perché l'ho promesso.
Je veux y aller, ne serait-ce que parce que je l'ai promis.

Se vogliamo. *Admettons.*

■ Conjonctions équivalant à **se** :

Comme **se**, d'autres conjonctions ou locutions conjonctives suivies de l'imparfait du subjonctif permettent d'exprimer l'hypothèse :

Caso mai (qualora, quand'anche) ti riconoscesse non dovresti dirgli il tuo nome.
Dans le cas où (Quand bien même) il te reconnaîtrait, tu ne devrais pas lui dire ton nom. (Si par hasard il te reconnaissait …)

Mi guardava quasi (come se) mi conoscesse.
Il me regardait comme s'il me connaissait.

7. Conjonctions peu employées

■ **Dove (ove)** peut avoir le sens de :

— **se mai, nel caso che** *quand, si, au cas où* :

Dove ciò dovesse accadere … *Au cas où cela se produirait …*

— **mentre, laddove** *alors que, pendant que, là où* :

Rispose dove sarebbe stato più abile tacere.
Il répondit alors qu'il (là où il) aurait mieux valu qu'il se taise.

■ **Onde** a le sens de **affinché, perché** *afin que, c'est pourquoi* :

Insisterò onde non ricomincino mai più.
J'insisterai afin qu'ils ne recommencent jamais plus.

Ces emplois sont rares.

130 Locutions conjonctives

Les locutions conjonctives sont très nombreuses :

a tal punto che	*à tel point que*	**per il fatto che**	*du fait que*
a condizione che	*à condition que*	**piuttosto che**	*plutôt que*
a patto che		**prima che**	*avant que*
dal momento che	*du moment que*	**salvo che**	
dato che	*étant donné que*	**tranne che**	*si ce n'est que*
di modo che	*de façon que, de manière à ce que*	**eccetto che**	
di maniera che		**se non che**	
di guisa che		**secondo che**	*selon que*
dopo che	*après que*	**senza che**	*sans que*
nel caso che	*au cas où*	**supposto che**	*en supposant que*
nel tempo che	*au moment où*	**vale a dire**	*c'est-à-dire*
ogni volta che	*chaque fois que*	**visto che**	*vu que*

131 Conjonctions et adverbes

Certaines formes sont à la fois conjonction et adverbe :

	ADVERBE	CONJONCTION
COME	Come ti chiami ? *Comment t'appelles-tu ?*	Mi chiamo come te. *Je m'appelle comme toi.*
COSÌ	Non fare così. *Ne fais pas ainsi.*	Non ha voluto curarsi, così è morto. *Il n'a pas voulu se soigner, aussi est-il mort.*
ORA	Me ne ricordo come se fosse ora. *Je m'en souviens comme si c'était hier.*	Ora, tutti credevano che ... *Or, tout le monde croyait que ...*
PERCHÉ	Perché mi hai telefonato ? *Pourquoi m'as-tu téléphoné ?*	Perché mi annoiavo. *Parce que je m'ennuyais.* Perché tu venissi a trovarmi. *Pour que tu viennes me voir.*
QUANDO	Quando te l'ha detto ? *Quand te l'a-t-il dit ?*	Quand'è così non dico più niente. *Puisqu'il en est ainsi, je me tais.*
QUINDI	Andrò a teatro quindi andrò a letto. *J'irai au théâtre puis j'irai me coucher.*	Quindi non mi stancherò. *Donc je ne me fatiguerai pas.*

EXERCICES EXERCICESEXERCICES

1 Mettez la conjonction ou la locution conjonctive qui convient. Utilisez les formes suivantes : ©

anche - così - dato che - eppure - finché - in modo da - né - però - pure - quindi - neanche - se - siccome - tanto da.

1. ... fa caldo prenderò una camera con aria condizionata. **2.** ... ho vinto alla lotteria offro lo champagne a tutti. **3.** Ha già 75 anni ... continua a giocare a tennis. **4.** Il padre è pittore e la figlia ... . **5.** Non conosco ... il suo cognome. **6.** ... un bambino saprebbe rispondere. **7.** Non posso partire ... oggi. **8.** ... se nevicherà partirò lo stesso. **9.** Io non risponderò. E tu ? ... io risponderò. **10.** Aveva fretta ... correva.

2 Même exercice : ©

1. C'era mio padre e ... mio fratello. **2.** Ha bevuto ... essere ubriaco. **3.** Ha messo le valigie nel bagagliaio ... partire presto. **4.** Verrò con te ... tu mi dica in anticipo dove andremo. **5.** Riderò ... ne avrò voglia. **6.** Aspettate ... non vi diremo di partire. **7.** Non è stato attento ... è caduto. **8.** ... lo inviterò andrà volentieri a casa tua. **9.** Non sapeva più ... doveva ridere o piangere. **10.** ... mia nonna ... mio nonno ricordano quest'episodio.

3 Traduisez :

1. Hanno preso il televisore, due lampade nonché un quadro antico e due statue. **2.** Non prendere i due libri, lasciamene uno. Prendi il giallo (roman policier) oppure l'ultimo romanzo di Moravia. **3.** Non solo si è rotto il braccio ma si è anche storto (foulé) la caviglia. **4.** Non sarà così facile come pensi. **5.** Quella volta non fu tanto difficile quanto la volta precedente. **6.** Non è molto intelligente, anzi non capisce un'acca (rien à rien). **7.** Fa quello che vuoi, però devi riflettere prima di agire. **8.** Non uscirò con voi, d'altronde questo film non m'interessa. **9.** È molto più vecchio di me tuttavia siamo amici. **10.** Invece di criticare faresti meglio a proporre qualcosa.

4 Traduisez :

1. Da giovane era malaticcio quindi non si è fatto vecchio. 2. È già vecchio eppure continua a praticare lo sport. 3. Pur sapendo tutto non ha detto niente. 4. Perché ridi ? Perché mi diverto. 5. Non solo rifiuta di studiare ma anche disturba i compagni. 6. Per dimagrire ha dovuto limitare il consumo dei grassi cioè del burro e del formaggio. 7. Non lo so però cercherò di informarmi. 8. Non mi hanno dato il loro indirizzo sicché non sono riuscito a ritrovarli. 9. Aveva studiato sul serio pertanto è stato promosso. 10. Non ha sentito la sveglia quindi è stato in ritardo.

5 Traduisez :

1. Il n'y a plus ni beurre ni confiture. J'en veux encore. 2. Ni toi ni moi n'avons été invités. 3. Je n'ai rencontré ni ton père ni ton frère. 4. Il n'a pas répondu à ma lettre et n'a pas téléphoné non plus. 5. Il n'a pas fait la dernière guerre. En effet il avait 10 ans en 1940. 6. Explique-moi la situation afin que je puisse réagir. 7. Bien qu'il fasse froid, j'irai au théâtre. 8. Je suis venu parce que je voulais te voir et pour que tu m'aides. 9. Puisque tout est fini, oublions ces problèmes. 10. Plutôt que de dormir, tu ferais mieux (fare meglio a) de faire de la gymnastique.

6 Traduisez :

1. Depuis que son fils est au service militaire (fa il soldato), elle pleure tous les jours. 2. Après qu'il eut parlé, tout le monde (tutti) se tut (tacquero). 3. Dès que je suis entré, j'ai eu chaud. 4. On vit bien ici, si ce n'est qu'on s'ennuie un peu (ci si annoia). 5. Bien qu'il soit enrhumé (raffreddato), il va travailler. 6. Avant qu'il ne revienne, je serai loin. 7. Il a fait son testament de sorte que ses enfants soient satisfaits. 8. Il la regarda avec étonnement (stupore) comme s'il ne la connaissait pas. 9. Il m'a accueilli (accolto) comme si nous nous connaissions depuis longtemps. 10. Il fait tous les exercices de grammaire, par conséquent il est en progrès (progredire).

7 Traduisez :

1. Se il bambino gridava, il padre lo picchiava (frapper). 2. Se leggevo venivano a disturbarmi. 3. Se potremo prenderemo l'aereo. 4. Se saprai rispondere

sarai premiato. 5. Fosse ancora con noi ! 6. Fossero tornati quando era ancora possibile ! 7. Se mia figlia torna a mezzogiorno le dirai di raggiungermi al ristorante. 8. Se mio marito telefona, gli dirai che sarò di ritorno alle 6. 9. Non mi ha neanche chiesto se fossi stanco. 10. Non mi hanno neanche chiesto se preferissi il tè o il caffè.

8 Traduisez :

1. Non sapeva più se partire o restare. 2. Perché esiti ? Se ti dico che non è pericoloso. 3. Se lo afferma lui, vuol dire che è vero. 4. Per ora tutto va bene sennonché la situazione non può durare così. 5. Quando chiedessero di me risponderesti che non li voglio più vedere. 6. Semmai mi telefonassero li inviterei a pranzo. 7. Quand'anche prendesse il treno arriverebbe troppo tardi. 8. Qualora tu non potessi aiutarmi sarei disperato. 9. Parla quasi fosse uno specialista. 10. Caso mai non tornasse domani tutto andrebbe a rotoli (serait perdu).

9 Traduisez : ©

1. J'attendrai jusqu'à ton retour. 2. J'attendrai jusqu'à ce qu'il me téléphone. 3. Je l'interrogerai tant qu'il ne répondra pas. 4. J'ai résisté tant que je l'ai pu. 5. Quand il pleut et que je n'ai rien à faire, je vais au cinéma. 6. Comme ils ne m'ont pas écrit et qu'ils ne m'ont pas téléphoné, je n'ai rien su. 7. Dès que j'ai lu ce texte, j'ai tout compris. 8. Tel qu'il est, ce manuscrit (manoscritto) ne peut être publié (pubblicare). 9. Tu es fatigué parce que tu ne dors pas assez. 10. Je te téléphone pour que tu me donnes un renseignement (informazione).

10 Traduisez :

1. Depuis que je fais de la natation, je me sens mieux. 2. Pendant que tu regardes la télévision j'irai me promener. 3. Au lieu de pleurer tu ferais mieux de sourire. 4. Il a mis de l'essence ordinaire (normale) alors qu'il fallait du super. 5. Plutôt que de reconnaître ses torts, il s'est mis à hurler. 6. Tant qu'il y a de la vie, il y a de l'espoir (speranza, fém.). 7. Chaque fois que je veux aller au stade, il pleut. 8. Je n'ai rien dit, aussi personne ne l'a su. 9. Il a tellement faim qu'il mangerait des pierres. 10. Je ferai en sorte que vous soyez satisfaits (soddisfatti).

LES ADVERBES ET LES LOCUTIONS ADVERBIALES

132 Adverbes de manière

On forme les adverbes de manière en ajoutant le suffixe **-mente** au féminin de l'adjectif. Ces adverbes répondent aux questions :

Come ?	**In che modo ?**	**In quale maniera ? ecc.**
Comment ?	*De quelle façon ?*	*De quelle manière ?* etc.

ADJECTIF			ADVERBE
MASCULIN		FÉMININ	
tranquillO **calmO** **spontaneO**	*tranquille* *calme* *spontané*	**tranquillA** **calmA** **spontaneA**	**tranquillAmente** **calmAmente** **spontaneAmente**
cortesE **intelligentE**	*courtois, poli* *intelligent*	**cortesE** **intelligentE**	**cortesEmente** **intelligentEmente**
gentilE **nobilE** **terribilE** **particolaRE** **regolaRE**	*gentil* *noble* *terrible* *particulier* *régulier*	**gentilE** **nobilE** **terribilE** **particolaRE** **regolaRE**	**gentiLmente** **nobiLmente** **terribiLmente** **particolaRmente** **regolaRmente**

⚠ **1.** Les adjectifs se terminant par **-le** ou par **-re** perdent le **e** devant **-mente** :
mentale → **mentalmente**   **singolare** → **singolarmente**
Mais : **mediocre** → **mediocremente**

2. Cas particuliers :
leggero *léger* → **leggera** → **leggermente**
violento → **violenta** → **violentemente**
benevolo *bienveillant* → **benevola** → **benevolmente**
malevolo *malveillant* → **malevola** → **malevolmente**

3. Noter les formes **altrimenti** *autrement,* **parimenti** *pareillement* **volentieri** *volontiers.*

4. Il existe en italien un superlatif adverbial qui se forme sur le superlatif féminin :
    severo → **severissima** → **severissimamente**
    recente → **recentissima** → **recentissimamente**
    grande → **massima, somma** → **massimamente, sommamente**

On pourra, bien entendu, préférer la forme composée avec **molto : molto severamente, molto recentemente.**

133 Adjectifs employés comme adverbes

1. De nombreux adjectifs sont souvent employés adverbialement :

caro *cher*	**vicino** *près*	**tutto** *tout, entièrement*
piano *doucement*	**lontano** *loin*	**mezzo** *à demi, à moitié*
forte *fort, vite*	**solo** *seulement*	**supino** *sur le dos*
zitto *en silence*	**proprio** *vraiment*	**veloce** *rapidement*
alto *haut*	**diritto** *droit*	**lento** *lentement*
basso *bas*	**storto** *de travers*	**sodo** *dur, durement, etc.*

Cette liste n'est pas limitative : il est fréquent que les adjectifs soient employés adverbialement en italien :

« Non verrò », rispose asciutto. *«Je ne viendrai pas », répondit-il sèchement.*

Vai troppo forte. *Tu roules trop vite.*

Ci hanno risposto freddo freddo. *Ils nous ont répondu très froidement.*

2. Lorsqu'ils sont employés adverbialement, ces adjectifs peuvent s'accorder :

Questa casa mi è costata cara (caro).
Cette maison m'a coûté cher.

Non camminavano diritti.
Ils ne marchaient pas droit.

Era vicina (vicino) el fidanzato.
Elle était près de son fiancé.

Sedevano vicini all'uscita.
Ils étaient assis près de la sortie.

N.B.

• On dira : **Sono lontani** (ou **lontano**) **dall'ingresso.** *Ils sont loin de l'entrée.*
Mais : **Devono andare lontano.** *Ils doivent aller loin.*

• Accord de **mezzo** : certains grammairiens considèrent que **mezzo** doit rester invariable :
Sono mezzo nudi. *Ils sont à demi nus.* **Sono mezzo nude.** *Elles sont à demi nues.*
Toutefois, il est courant de faire l'accord en genre et en nombre :
È mezza nuda. *Elle est à demi nue.* **Sono mezzi nudi.** *Ils sont à demi nus.* **Sono mezze nude.** *Elles sont à demi nues.*

134. Autres adverbes et locutions adverbiales de manière

bene	*bien*	a caso	*au hasard*
male	*mal*	a casaccio	*au petit bonheur*
meglio	*mieux*	per caso	
peggio	*pis*	per combinazione	*par hasard*
come	*comment*	a gara	
così	*ainsi*	a prova	*à qui mieux mieux*
altrimenti	*autrement*	a rovescio	*à la renverse*
parimenti	*pareillement*	alla rovescia	*à l'envers, de travers*
ancora	*encore, toujours*	alla rinfusa	*pêle-mêle*
affatto (143,6)	*tout à fait*	alla buona	*sans façon*
del tutto	*entièrement*	presto	*vite*
anche, pure		in fretta	*en hâte*
perfino (cf. § 135,2)	*même, aussi*	adagio	*doucement*
magari (cf. § 189)	*et même, à la rigueur*	a poco a poco	*peu à peu*
neanche, neppure		a mano a mano	
nemmeno	*même pas*	mano mano, via via	*au fur et à mesure*

soprattutto	surtout	e così via	et ainsi de suite
specie		via di seguito	
quasi	presque	di nascosto	en cachette
piuttosto	plutôt	a vicenda	réciproquement
volentieri	volontiers	a dirotto	à verse
a stento		a distesa	à toute volée
a mala pena	avec peine	a squarciagola	à tue-tête, etc.
a fatica		sul serio	sérieusement

Sur les adverbes en **-oni**, cf. § 135,6.

135 Remarques sur quelques adverbes et locutions adverbiales de manière

⚠ **1.** Contrairement au français, **bene** et **male** se placent après le verbe :
Hanno risposto bene.   **Hanno dormito male.**
Ils ont bien répondu.   *Ils ont mal dormi.*

En français, on emploie souvent l'adverbe *bien* dans le sens de *beaucoup, très.* En italien, on n'utilisera **bene** à la place de **molto** que s'il peut garder son sens propre (élément favorable, positif, satisfaisant, etc.).
Sono ben contento di vedervi. *Je suis bien content de vous voir.*
Sinon on emploiera **molto** :
Sono molto stanco. *Je suis bien fatigué.*
È stato molto punito. *Il a été bien puni.*

2. Neanche, **neppure** et **nemmeno** ont le même sens :
Non reagì neanche/neppure/nemmeno quando l'ingiuriarono.
Il ne réagit même pas lorsqu'on l'insulta.

3. **Anche** et **pure** ont le même sens :
Rubarono anche/pure i vestiti. *Ils volèrent aussi les vêtements.*

Il y a une différence d'emploi entre les adverbes **anche** et **perfino** :
Rubarono anche i vestiti.   **Rubarono perfino i vestiti.**
Ils ont aussi volé les vêtements.   *Ils ont même volé les vêtements.*

Mais, dans la langue courante, ces deux adverbes tendent à se confondre et la phrase :
Rubarono anche i vestiti peut traduire : *Ils ont même volé les vêtements.*

Dans la traduction des mots français *aussi* et *même*, ne pas confondre l'adverbe et la conjonction (cf. § 190).
Pure est employé avec l'impératif pour exprimer la permission ou l'invitation :
Dica pure.   **Entri pure**
Parlez donc.   *Entrez donc. (Veuillez entrer).*

4. Même si on peut les traduire par *toujours,* les adverbes **sempre** et **ancora** n'ont pas une signification identique :
In questo paese piove sempre. *Dans ce pays il pleut sans cesse (toujours).*
Non uscire. Piove ancora. *Ne sors pas. Il pleut encore (toujours).*

5. Sur l'emploi de **affatto** et **del tutto**, cf. § 143,6.

6. Certains adverbes terminés par le suffixe **-oni** indiquent une attitude :

bocconi	*à plat ventre*	**Stava sdraiato bocconi sul letto.** *Il était allongé à plat ventre sur le lit.*
rovescioni	*à la renverse* [1]	**Se cadi rovescioni peggio per te !** *Si tu tombes à la renverse, tant pis pour toi !*
ruzzoloni (a ruzzoloni)	*en dégringolant*	**Ha fatto le scale (a) ruzzoloni.** *Il a dégringolé l'escalier.*
carponi (carpone)	*à quatre pattes*	**Procede carponi per non farsi vedere.** *Il avance à quatre pattes pour ne pas se faire voir.*
a coccoloni	*à croupetons* *accroupi*	**Dopo un'ora a coccoloni mi dolgono le ginocchia.** *Après une heure à croupetons, j'ai mal aux genoux.*
a cavalcioni	*à califourchon*	**A cavalcioni sul muro guarda passare i corridori.** *A califourchon sur le mur il regarde passer les coureurs.*
ginocchioni	*à genoux*	**Prega ginocchioni ai piedi del letto.** *Il prie à genoux au pied de son lit.*
balzelloni	*en sautillant* *en bondissant*	**Il coniglio attraversò il cortile balzelloni.** *Le lapin traverse la cour en bondissant.*
penzoloni	*pendant (-e)*	**La mano penzoloni quasi tagliata, è impressionante.** *La main pendante, presque coupée, est impressionnante.*
ciondoloni	*ballant (-e)*	**Stette con le mani ciondoloni.** *Il resta les bras ballants.*
(a) tastoni tentoni	*à tâtons*	**Andammo tastoni fino alla porta.** *Nous allâmes à tâtons jusqu'à la porte.*

136 Adverbes et locutions adverbiales de quantité

quanto	*combien*	**Quanto vuoi ?** *Combien veux-tu ?*
troppo	*trop*	**Fa troppo caldo.** *Il fait trop chaud.*
oltremodo	*outre mesure* *extrêmement*	**Un'indagine oltremodo interessante.** *Une enquête extrêmement intéressante.*
molto assai tanto	*très, beaucoup*	**Sono stato molto (assai, tanto) deluso.** *J'ai été très déçu.* **Me ne rallegro tanto.** *Je m'en réjouis beaucoup.*
parecchio	*pas mal, beaucoup*	**Beve parecchio.** *Il boit pas mal.*
alquanto	*quelque peu, plutôt*	**Stanno alquanto meglio.** *Ils vont plutôt mieux.*
abbastanza	*assez, suffisamment*	**Ne ho visto abbastanza.** *J'en ai assez vu.*
piuttosto	*plutôt*	**È piuttosto noioso.** *C'est plutôt (assez) ennuyeux.*
un poco	*un peu*	**Dammene un poco.** *Donne-m'en un peu.*
poco	*peu*	**Dormirò poco.** *Je dormirai peu.*
più di più	*plus, davantage*	**Ciò che più m'interessa...** *Ce qui m'intéresse le plus...* **Ne vollero di più.** *Ils en voulurent davantage.*
sempre più	*de plus en plus*	**È sempre più avaro.** *Il est de plus en plus avare.*

---

1. On emploie aussi les adjectifs **supino** ou **rovescio** *sur le dos* ; **cadere supino** (ou **rovescio**) *tomber sur le dos.*

meno di meno	moins	Parla meno forte. *Parle moins fort.* Costerà (di) meno. *Cela coûtera moins cher.*
sempre meno	de moins en moins	Legge sempre meno. *Il lit de moins en moins.*
almeno perlomeno	au moins	Mi dica almeno il suo nome. *Dites-moi au moins votre prénom.* Spese perlomeno un milione. *Il dépensa au moins au million.*
quasi circa	presque	Era quasi cieco. *Il était presque aveugle.* Circa un anno fa... *Il y a un an environ...*
su per giù pressappoco	à peu près environ	Hanno su per giù la stessa età. *Ils ont à peu près le même âge.* Sono pressappoco le due. *Il est à peu près deux heures.*
pressoché	plus ou moins	Il pranzo è pressoché finito. *Le repas est à peu près terminé.*
a un di presso	à peu de chose près	A un di presso, i due quadri sono simili. *A peu de chose près, les deux tableaux sont semblables.*
solo soltanto solamente	seulement	Bevono solo (soltanto, solamente) acqua *Ils ne boivent que de l'eau.*
così	si, tellement	Sembravano così lieti. *Ils semblaient si joyeux.*
tanto	tant, si, tellement	Una bimba tanto carina ! *Une enfant si jolie !*
altrettanto	autant	Non può fare altrettanto. *Il ne peut en faire autant.*
per di più inoltre	de plus par dessus le marché en outre	Per di più pioveva. *De plus il pleuvait.* Inoltre c'è da pagare l'affitto. *De plus il faut payer le loyer.*

N.B.
Molto, poco, de même que **bene** et **male,** se placent toujours après le verbe :
Ne voglio poco (molto). *J'en veux peu (beaucoup).*
Hanno lavorato molto (poco). *Ils ont beaucoup (peu) travaillé.*

137 Quelques emplois idiomatiques de « tanto » et de « quanto »

quanto prima	*le plus tôt possible, sous peu*
Era afono da quanto aveva gridato.	*Il avait tellement crié qu'il était aphone.*
né tanto né quanto	*ni peu ni prou*
non più di (che) tanto	*pas plus que cela*
Non per tanto ...	*Ce n'est pas pour autant que ...*
Tanto è ... Tanto vale ...	*Autant vaut ...*
Tanto, è lo stesso.	*D'ailleurs, cela revient au même.*
tanto per vedere	*uniquement pour voir, ne serait-ce que pour voir*
Una volta tanto ...	*Pour une fois ...*
due (tre) volte tanto	*deux (trois) fois plus*
essere da tanto ...	*être à la hauteur, être capable de ...*
rimanere (restare) con tanto di naso	*être bien attrapé* *rester avec un nez long comme cela*
Aprì tanto di bocca.	*Il resta bouche bée.* *Il ouvrit une bouche énorme.*

quando ? *quand ?*

Pour exprimer le présent :	
adesso ⎱ **ora** ⎰	*maintenant*
oggi	*aujourd'hui*
oggigiorno ⎰ **oggidì** ⎱ **al dì d'oggi** ⎰	*de nos jours*

Pour exprimer le passé :	
una volta	*autrefois*
già	⎱ *autrefois, naguère* ⎰ *déjà*
ieri	*hier*
ieri l'altro ⎱ **l'altro ieri** ⎰	*avant-hier*
poco fa	*il y a peu de temps*
or ora [1]	*tout à l'heure*
di recente	*récemment*

Pour exprimer le futur :	
domani	*demain*
dopodomani ⎰ **domani l'altro** ⎱ **posdomani** ⎰	*après-demain*
domani a 8, 15	*demain en 8, 15*
presto ⎱ **fra poco** ⎰	*bientôt*
a momenti ⎱ **fra breve** ⎰	*sous peu*

Pour indiquer un moment de la journée :	
per tempo ⎱ **di buon'ora** ⎰	*de bonne heure*
presto	*tôt*
tardi	*tard*
nottetempo	*pendant la nuit*

Pour indiquer la fréquence :			
sempre	*toujours*	**di tanto in tanto**	
ognora	*toujours, sans cesse*	**ogni tanto**	*de temps en temps*
spesso, [sovente]	*souvent*	**di quando in quando**	
per lo più	*le plus souvent*	**di tratto in tratto**	
ad ogni momento ⎱ **ad ogni poco** ⎱ **ad ogni tratto** ⎰	*à tout instant* *à tout moment*	**mai**	*jamais*
		di rado, raramente	*rarement*
a volte ⎱ **talvolta, talora** ⎰	*parfois, quelquefois*	**di solito**	*d'habitude*
		ora ... ora...	*tantôt... tantôt*

Pour indiquer le déroulement chronologique :			
finora	⎱ *jusqu'à maintenant* ⎰ *jusqu'ici*	**intanto**	⎱ *cependant* ⎰ *en attendant*
fino ad allora	⎱ *jusqu'alors* ⎰ *jusque-là*	**frattanto**	*pendant ce temps*
		dopo	*après*
avanti, innanzi	*auparavant*	**poco dopo**	*peu après*
poco prima	*peu avant*	**poi** [2]	*puis*
prima	*d'abord*	**quindi**	*ensuite*
dapprima	*au début*	**daccapo**	*de nouveau*
dapprincipio	*au commencement*	**da capo**	*depuis le début*
anzitutto	*avant tout*	**infine** ⎱ **finalmente** ⎰	*enfin*
insieme ⎱ **ad un tempo** ⎰	*en même temps*		

1. **È partito or ora.** *Il est parti tout à l'heure. Il vient de partir.*
Au passé, on emploie **allora allora** : **Era partito allora allora.** *Il venait de partir* (cf. § 195).

2. **Poi** sert aussi à marquer la surprise, à renforcer ce qui est dit : **Questa poi è buffa !** *Ça alors c'est amusant !* **Dire poi che non ci hai pensato !** *Dire que tu n'y as pas pensé !*

Pour indiquer un point de départ :	
dans le présent :	dans le passé :
ormai ⎫ **oramai** ⎬ *désormais*	**da allora in poi** ⎫ *depuis lors* **da allora** ⎬
d'ora in poi *à partir de maintenant* **da oggi in poi** *à partir d'aujourd'hui*	**fin d'allora** *dès lors*
d'ora innanzi ⎫ *dorénavant* **d'ora in avanti** ⎬	

Pour indiquer la durée :		Pour indiquer le rythme :	
ancora ⎫ **tuttora** ⎬	*encore, toujours* *(cf. § 135,4)*	**subito**	*tout de suite*
		lì per lì	*sur le champ*
a lungo		**senz'altro**	*immédiatement*
tanto tempo ⎫		**ad un tratto** ⎫	
molto tempo ⎬ *longtemps*		**d'improvviso** ⎬ *soudain*	
molto		**subitamente** ⎬ *soudainement*	
un pezzo		**improvvisamente** ⎭	
per un pezzo		**all' improvvisto**	*à l'improviste*

139 Remarques sur quelques adverbes et locutions adverbiales de temps

1. Ne pas confondre :

■ **s**u**bito** *tout de suite* avec **ad un tratto (subitamente, improvvisamente)** *soudain :*

Ad un tratto scoppiò il temporale e ci riparammo nel garage.
Soudain l'orage éclata et nous nous abritâmes dans le garage.

Vengo su**bito.** *Je viens tout de suite.*

■ **intanto (frattanto, nel frattempo),** *cependant, pendant ce temps* (adverbe) avec **però, tuttavia** *cependant* « (conjonction de coordination) :*

Intanto l'ince**ndio si propagava in soffitta però nessuno sentiva il fumo.**
Pendant ce temps l'incendie se propageait dans le grenier et pourtant personne ne sentait la fumée.

2. Emploi de **mai** *jamais*

■ Lorsque **mai** suit le verbe, il doit être précédé de la négation **non :**

Non mi ascolti mai. *Tu ne m'écoutes jamais.*

■ Lorsque **mai** précède le verbe, il n'est pas accompagné de la négation :

Mai dimenticherò quest'ingi**uria.** *Je n'oublierai jamais cette insulte.*

⚠ ■ **Mai** peut aussi exprimer une idée de doute ou d'étonnement en renforçant l'interrogation :

Come mai ? *Comment cela ?*

Come mai hai pensato a questa soluzione ?
Comment as-tu pu penser à cette solution ?

Perché mai non dovrei beneficiarne anch'io ?
Pourquoi donc ne devrais-je pas en bénéficier moi-aussi ?

Chi l'ha mai visto al lavoro ? *Qui l'a jamais vu au travail ?*

■ Les expressions construites avec **mai** sont très nombreuses :

Mai e poi mai.	*Jamais, au grand jamais.*
Quanto mai odioso, strano …	*On ne peut plus odieux, étrange …*
Caso mai, semmai …	*Si jamais, au cas où …*
Tutto, ma questo mai.	*Tout mais pas ça.*
Oggi più (meno) che mai.	*Aujourd'hui plus (moins) que jamais.*
Ora più (meno) che mai.	*Maintenant plus (moins) que jamais.*
Meglio tardi che mai.	*Mieux vaut tard que jamais.*
È coraggioso quanto altro/ quanto altri mai.	*Il est courageux comme personne.*
È quanto mai ingiurioso.	*C'est on ne peut plus injurieux.*

3. Locutions adverbiales à retenir

di solito [per il solito]	*d'habitude*
al solito	*d'ordinaire, ordinairement*
non di rado	*assez souvent*
un tempo, una volta	*autrefois*
già	*jadis, autrefois, ex-* (cf. § 143,3)
per sempre	*pour toujours, à jamais* / *une fois pour toutes*
quanto mai	*autant que possible, on ne peut plus…*
quanto prima	*le plus tôt possible*

140 Adverbes et locutions adverbiales de lieu ———————

dove, ove	*où*	**lontano**	*loin*	**su**	*en haut*
laddove	*là où*	**lungi** (litt.)		**giù**	*en bas*
di dove	*d'où*	**davanti**	*devant*	**sotto**	*dessous*
da dove		**dinanzi**		**al disotto**	*au-dessous*
donde (litt.)		**innanzi**		**dappertutto**	*partout*
qui, qua	*ici[1]*	**in faccia**	*en face*	**dovunque**	*n'importe où*
quaggiù	*ici-bas*	**di faccia**		**per ogni dove**	
lì, là[1]	*là-bas*	**di fronte**		**altrove**	*ailleurs*
laggiù		**dirimpetto**		**d'altrove**	*d'ailleurs*
colà (litt.)		**dietro**	*derrière*	**in disparte**	*à l'écart*
lassù	*là-haut*	**avanti**	*en avant*	**a parte**	*à part*
costì	*là-bas (où vous êtes)*	**indietro**	*en arrière*	**da parte**	*de côté, à part / de la part de*
costà	*chez vous*	**addietro**			
ivi (litt.)	*là*	**intorno**	*autour*	**in cima**	*au sommet*
quivi (litt.)		**attorno**	*alentour*	**in capo**	*au bout*
vi, ci	*y*	**torno torno**	*tout autour*	**in mezzo**	*au milieu*
		tutt'intorno		**in fondo**	*au fond*

———————————————

1. *Je suis là.* **Sono qui.** *Je ne suis jamais allé là-bas.* **Non sono mai andato là.**

ne	*en, de là*	**dentro**	*dedans*	**sopra**	*dessus*
vicino ⎞		**fuori**	*dehors*	**al disopra**	*au-dessus*
accanto ⎠ *près*		**via**	*au loin*	**addosso**	*dessus, sur soi*
presso ⎞					
allato ⎠ *à côté*					

N.B.

• Ne pas confondre l'adverbe **d'altrove** et la conjonction **d'altronde** :

Queste merci non sono italiane. Vengono d'altrove.
Ces marchandises ne sont pas italiennes. Elles viennent d'ailleurs.

D'altronde non ci capisci niente. *D'ailleurs tu n'y comprends rien.*

• Traduction de *on y* : Vi si trova gente. Vi si incontrano dei giovani.

141 Remarques sur quelques adverbes de lieu ⸺⸺⸺

1. Plusieurs adverbes de lieu sont employés avec des verbes dont ils modifient ou précisent le sens.

■ **su :**

> **portar su**
> *monter (quelque chose)*

> **andare (venire) su** (= **salire**)
> *monter*

■ **giù :**

> **portar giù**
> *descendre (quelque chose)*

> **andare (venire) giù** (= **scendere**)
> *descendre*

■ **fuori :**

> **portar fuori**
> *sortir (quelque chose)*

> **andare (venire) fuori** (= **uscire**)
> *sortir*

■ **dentro :**

> **portar dentro**
> *rentrer (quelque chose)*

> **andare (venire) dentro** (= **entrare**)
> *entrer*

■ **via :**

> **portar via**
> *emporter*

> **andare via** (= **partire**)
> *s'en aller, partir*

⚠ Avec **buttare** *jeter* et **mandare** *envoyer*, **via** renforce le sens des verbes :

> **buttar via** *jeter avec violence, au loin, à terre*

> **mandar via** *renvoyer, repousser, rejeter*

Via peut être employé sans le verbe (sous-entendu) :

> **Accese il motore e via.**
> *Il alluma le moteur et s'en alla.*

> **Pagò il conto e via.**
> *Il paya l'addition et s'en alla.*

2. Ne pas confondre **su** adverbe et **su** préposition :

> **Dove si è cacciato ? È su, in camera, sdraiato sul letto.**
> *Où s'est-il « fourré » ? Il est là-haut, dans sa chambre, étendu sur son lit.*

3. **Vi, ci** et **ne** peuvent être adverbes ou pronoms (cf. § 60,2) :

> **Non ci vede.** *Il ne nous voit pas.*
> *Il n'y voit pas.*

> **Non vi credono.** *Ils ne vous croient pas.*
> *Ils n'y croient pas.*

> **Ne porterò a tutti.**
> *J'en apporterai à tout le monde.*

> **Ne uscì mezz'ora dopo.**
> *Il en sortit une demi-heure plus tard.*

142 Adverbes et locutions adverbiales d'affirmation, de négation et de doute

Affirmation	
sì	oui
già	oui, certes
davvero / proprio \	vraiment
affatto (cf. § 143)	tout à fait, absolument
non ... affatto	pas du tout, absolument pas
appunto	précisément
per l'appunto	justement
nientemeno	rien de moins
niente di meno	rien que cela
certo	certes
di certo / per certo \	certainement
sicuro sicuramente di sicuro	sûrement
senza dubbio / senza meno \	sans aucun doute
senz'altro	incontestablement
senza fallo	sans faute

Négation	
no	non
non	ne
punto (litt.)	ne... point, nullement
mica	pas
non già	certes pas
niente, nulla	rien
nient'affatto	pas du tout
mai	jamais
neppure, neanche / nemmeno \	même pas, non plus
neanche per sogno !	jamais de la vie !
tutt'altro	au contraire ! / loin de là !

Doute	
perché ?	pourquoi ?
non è vero ?	n'est-ce pas ?
forse	peut-être
magari (cf. § 189)	à la rigueur / pourquoi pas ?

143 Remarques sur quelques adverbes d'affirmation et de négation

⚠ **1.** L'expression italienne **senza dubbio** signifie *sans aucun doute*. La locution adverbiale française *sans doute* se traduit en italien par **forse**.

> **Non preoccuparti. Ti restituirà i documenti senza dubbio prima della partenza.**
> *Ne t'en fais pas. Il te rendra sans aucun doute tes papiers avant le départ.*

2. Emplois de **non**

- Ne pas confondre **no** (*non*, contraire de **sì** *oui*) et **non** qui est employé avec un verbe, un adjectif, un adverbe, etc. :

> **È lui ? No, non è lui.**   **Dir di no non è tanto facile.**
> *Est-ce lui ? Non, ce n'est pas lui.*   *Dire non n'est pas si facile.*

- Traduction de *ne... que...* :

> *Il ne pense qu'à s'amuser.* {
> **Pensa solo (soltanto, solamente) a divertirsi.**
> **Non pensa che a divertirsi.**
> **Non pensa ad altro che a divertirsi.**

Altro che est notamment employé avec **essere, avere, fare, mancare** :

> **Non c'era altro che una pattumiera.** *Il n'y avait rien d'autre qu'une poubelle.*

> **Non hanno che/Hanno solo il calcio per passare il tempo.**
> *Ils n'ont que le football pour passer le temps.*

Non fanno altro che giocare a carte. *Ils ne font que jouer aux cartes.*

[Non] ci mancherebbe altro. *Il ne manquerait plus que cela.*

On rencontre aussi **se non** :

Non si vedevano se non le dune e la sabbia a perdita d'occhio.
On ne voyait que les dunes et le sable à perte de vue.

■ Il n'existe pas d'équivalent italien au *ne* explétif français :

Temo che venga.	**Temevo che capisse tutto.**
Je crains qu'il ne vienne.	*Je craignais qu'il ne comprît tout.*

Ti converrà partire prima che il vigile ti veda.
Il te faudra partir avant que l'agent de police ne te voie.

⚠ Si on emploie la négation **non,** on exprime l'idée contraire :

Temo che non venga.	**Temevo che non capisse tutto.**
Je crains qu'il ne vienne pas.	*Je craignais qu'il ne comprît pas tout.*

3. Emplois de **già**

■ **Già** peut signifier *déjà, naguère, ex-* :

Via Roma, già chiamata via Toledo, è la principale via di Napoli.
La Via Roma, autrefois appelée via Toledo, est la principale rue de Naples.

Già ministro degl'interni è diventato primo ministro.
Ex-ministre de l'Intérieur, il est devenu Premier Ministre.

■ Il est aussi utilisé :

— pour approuver :

Già. *Oui (certes, c'est cela).*

— pour renforcer l'affirmation ou la négation :

Già, tutti lo sanno. *Tout le monde le sait bien.*

Già, tutto è chiuso a quest'ora. *Bien sûr, tout est fermé à cette heure-ci.*

Non già ch'io speri di arricchirmi ... *Non pas que j'espère m'enrichir ...*

■ Il peut avoir le sens de *d'ailleurs* :

Già mi sono rivolto a loro inutilmente.
D'ailleurs, je me suis adressé à eux inutilement.

Già non saprebbe rispondere.
D'ailleurs, il ne saurait pas répondre.

4. Tournures très usitées avec **sì** et **no**

dir di sì	**dir di no**	**rispondere di sì**	**rispondere di no**
dire (que) oui	*dire (que) non*	*répondre (que) oui*	*répondre (que) non*
credere di sì	**credere di no**	**pensar di sì**	**pensar di no**
croire que oui	*croire que non*	*penser que oui*	*penser que non*
parer (sembrar) di sì		**parere (sembrare) di no**	
sembler que oui		*sembler que non*	

5. Emploi de **neppure, neanche** et **nemmeno** : cf. § 190, 2 N.B

6. Emplois de **affatto, del tutto, mica** et **punto**

■ Ces trois adverbes peuvent renforcer la négation :

Non sono affatto (mica, punto) convinto.
Je ne suis pas du tout (nullement, point) convaincu.

■ **Affatto** peut renforcer l'affirmation et signifie alors *tout à fait* :

È affatto vero.   **È affatto indispensabile.**
C'est tout à fait vrai.   *C'est tout à fait indispensable.*

⚠ Dans les phrases affirmatives on pourra remplacer **affatto** par la locution adverbiale **del tutto** : **è del tutto vero, è del tutto indispensabile.**
Par contre, dans les phrases négatives, **affatto** signifie *pas du tout* et **del tutto** *pas entièrement, pas tout à fait* :

Siamo d'accordo ? *Nous sommes d'accord ?*

Nient'affatto. *Pas du tout.*

Non del tutto. *Pas tout à fait.*

■ **Punto** est surtout employé en Toscane :

Non ci vedo punto. *Je n'y vois point.*

Non sta punto bene. *Il ne va pas bien du tout.*

■ **Mica** est d'un emploi plutôt familier :

Non ne voglio mica. *Je n'en veux pas du tout.*

Non ti sarai mica offeso ? *Tu n'es pas fâché au moins ?*

7. Emploi de **mai** : cf. § 139,2

EXERCICES EXERCICESEXERCICESEXE

1 Remplacez les expressions suivantes par la forme adverbiale correspondante :

con lentezza - con facilità - con agilità - con timidezza - con rapidità - con difficoltà - con forza - con coraggio - con intelligenza - con gentilezza - con prudenza - con brutalità - con stupidità - con allegria - con imprudenza - con dolcezza - con crudeltà - con tristezza - con generosità - con tenerezza - con abilità - con calma - con spontaneità.

2 Complétez les séries en donnant l'adverbe qui correspond aux substantifs et aux adjectifs suivants : ©
Exemple : chiarezza/chiaro → chiaramente.

lettera/letterale ;
amicizia/amichevole ;
verità/vero ;
verosimiglianza/verosimile ;
inverosimiglianza/inverosimile ;
serietà/serio ;
amore/amorevole ;
sottigliezza/sottile ;
cattiveria/cattivo ;
barbarie/barbaro ;
cura/accurato ;
leggerezza/leggero ;
agevolezza/agevole ;
difficoltà/difficile ;
viltà/vile ;
pericolo/pericoloso ;
mano/manuale ;
bocca/orale ;
fretta/frettoloso ;
fedeltà/fedele ;
odio/odioso ;
minaccia/minaccioso ;
timore/timoroso ;
violenza/violento.

3 Reliez chaque adverbe ou locution adverbiale à son contraire (dans certains cas il existe plusieurs solutions) :
Exemple : nobile → ignobile ; facilmente → a stento, a mala pena, a fatica, difficilmente.

tardi	male
a lungo	troppo
bene	per tempo
peggio	presto
poco	per poco tempo
basso	meglio
su	molto
no	alto
forse	giù
poi	certo
piano	spesso
raramente	sì
di rado	prima
sotto	sopra
una volta	debolmente
forte	rapidamente
da vicino	di recente
su	da lontano
dietro	davanti
qua	giù
vicino	alla rinfusa
qui	lontano
dentro	laggiù
sempre	mai
in ordine	fuori
adagio	lì
in cima	ieri
domani	in fondo

4 Traduisez :

1. Parlerò chiaro e tondo. A che cosa serve parlare di nascosto ? 2. Infilò risoluta le scale. 3. Sono errori che costano cari a tutti. 4. La neve cade abbondante in febbraio. 5. La pioggia cade fitta fitta. 6. In fondo in fondo si somigliano. 7. Quasi quasi cadevo. 8. Mai mi uscirà di mente un tale esempio. Non

è vero. Dici sempre la stessa cosa. 9. Ti dico addio per sempre. 10. Un capo di Stato non aveva mai risposto così.

5 Traduisez :

1. Questo paese ha appena scoperto le risorse del turismo. 2. Mia madre aveva appena aperto la porta quando arrivò il postino con un telegramma. 3. Ho giocato a caso. 4. Bevilo volentieri altrimenti fa male. 5. Ci vado subito. Tornerò dopodomani. 6. L'attrice firmò l'autografo e poi via. 7. Dovunque andrai troverai le stesse difficoltà. Gente disonesta ce n'è dappertutto. 8. Si mettono sempre in disparte poi fanno il loro lavoro in fretta e in furia. 9. Gli inquirenti (enquêteurs) non gli hanno trovato niente addosso. 10. A partire dalle sei, gli usignoli cantavano a gara.

6 Traduisez : ©

1. Où es-tu ? Je suis là. 2. Tu n'es jamais là quand je t'appelle. 3. Là-bas il fait froid. 4. Là-haut il n'y a plus personne. 5. D'où venez-vous ? 6. Je ne sais pas d'où il vient. 7. Nous sommes loin du but (il fine). 8. Tu as compris à l'envers. 9. Il fait de plus en plus chaud. 10. Quand on l'a trouvé il était à demi-mort.

7 Traduisez : ©

1. Je ne peux pas faire autrement. 2. Ils crient à qui mieux mieux. 3. Nous nous préparons en cachette. 4. Ils se sont accusés réciproquement. 5. Ils chantent à tue tête. 6. Tous rient à gorge déployée. 7. Entrez donc, je vous en prie. 8. Autrefois je jouais mieux. 9. D'habitude il rentre chez lui à 20 heures. 10. J'irai travailler ailleurs. D'ailleurs je serai mieux payé.

LES FORMES ALTEREES ET DERIVEES

8

I   Les suffixes
i suffissi

II Les mots dérivés
le parole derivate

I. LES SUFFIXES

144 *Formes altérées : suffixes italiens, suffixes français*

En italien, comme en français, on peut modifier le sens d'un mot à l'aide de suffixes diminutifs (**diminutivi**), augmentatifs (**accrescitivi**) ou péjoratifs (**spregiativi**) ajoutés au radical des adjectifs, des noms, des verbes et des adverbes.

En italien, les suffixes sont plus nombreux et plus fréquemment employés qu'en français, de sorte qu'on ne trouvera pas toujours l'équivalent français des formes italiennes.

Ex : **una donna** → **una donnetta**   *une petite femme*
                     una donnina   *une gracieuse petite femme*
                     un donnone   *une grande* (ou *grosse*) *femme, une matrone*
                     una donnaccia *une sale femme, une méchante femme*

> **N.B.**
> • Certains mots acceptent beaucoup de suffixes : **un cane** *un chien,* **un cagnetto** (ou **un cagnolino**) *un petit chien,* **un cagnettaccio** *un sale petit chien,* **un cagnone** *un gros chien, un molosse,* etc. ; **la casa** *la maison :* **la casina, la casetta, la casettina, la casuccia, la casona** (fém.), **il casone** (masc.), **la casaccia,** etc.

145 *Principaux suffixes diminutifs*

1. Diminutifs simples

-ino : **un ragazzino, una ragazzina**	*un petit garçon, une petite fille*
-etto : **un ragazzetto, una ragazzetta**	*un garçonnet, une fillette*

et, avec une nuance de grâce ou de fragilité (**vezzeggiativi**) :

-ello : **un asino** → **un asinello** *un joli petit âne*	
-uccio : **un regalo** → **un regaluccio** *un petit cadeau*	
una bocca → **una boccuccia** *une petite bouche (d'enfant)*	

>
> **N.B.**
> Ne pas confondre le suffixe diminutif **-etto** avec le suffixe **-eto** qui désigne uniquement un champ planté d'arbres ou couvert de plantes : **un oliveto** *une oliveraie,* **un frutteto** *un verger,* **un vigneto** *un vignoble*[1], **un canneto** *un champ de roseaux.*

---

1. On dit aussi **la vigna** ; *le plant de vigne* se dit **la vite.**

2. Diminutifs composés

-ettino :	un libro → un librettino	*un petit livre*
	fresco → freschettino	*plutôt frais, frisquet*
-icino :	un posto → un posticino	*une petite place*
	una febbre → una febbricina	*une petite fièvre (un peu de température)*
	una porta → una porticina	*un portillon*
	una parte *un rôle* → una particina	*un bout de rôle*
	una bolla → una bollicina	*une petite bulle*
	un corpo → un corpicino	*un petit corps (d'enfant)*
-ellino :	un fiore → un fiorellino	*une petite fleur*
	un porco → un porcellino	*un porcelet*
-icello :	un prato → un praticello	*un petit pré (agréable)*
	un fiume → un fiumicello	*une riante petite rivière*
	un vento → un venticello	*un bon petit vent, une brise*
	una nave *un navire* → una navicella spaziale	*une navette spatiale*
-olino :	fresco → frescolino	*frisquet*
-erello :	una vecchia → una vecchierella	*une bonne petite vieille (expression affectueuse)*
	una pioggia → una pioggerella	*une petite pluie, une ondée agréable*
	(et una pioggerellina)	
-icciolo (icciuolo) :		
	un corpo → un corpicciolo	*un petit corps (d'enfant)*
	un porto → un porticciolo	*un petit port*
-uccino : un letto → un lettuccino		*un douillet petit lit*
-uccetto : un cappuccio *un capuchon* → Cappuccetto rosso		*le petit chaperon rouge*
-ottolo : una via → un viottolo *un sentier*		

N.B.

• Le suffixe **-ino** employé avec des noms féminins donne parfois des noms masculins :

una nuvola *un nuage* → **un nuvolino** (et **una nuvoletta**) *un petit nuage*
una tavola *une table* → **un tavolino** *une petite table*

• Le suffixe diminutif **-uccio** (ou **-uzzo**) peut avoir un sens péjoratif :

un libruccio *un mauvais petit livre*, **un medicuzzo** *un mauvais médecin*
una cameruccia *une pauvre petite chambre, une chambre pauvre, minable*

Mais ce suffixe permet aussi d'insister sur la petitesse, la fragilité, ou d'exprimer une certaine compassion, de l'indulgence ou de l'amusement (**vezzeggiativo**) :

paglia *paille* ↪ **la pagliuzza** *le fétu de paille*
via *rue* → **la viuzza** *la ruelle*
uccello *oiseau* → **un uccelluccio** *un pauvre petit oiseau, un frêle oiseau*
peccato *péché* → **un peccatuccio** *un péché mignon*
femmina *femme* → **una femminuccia** *une petite bonne femme (se dit d'un enfant)*

• Les mots se terminant par **-on(e)** prennent les suffixes **-cino** et **-cello** :

il bastone → **il bastoncino** *la baguette* ou *le bâton de ski*, **il bastoncello** *le petit bâton*
il camion → **il camioncino** *la camionnette*
lo scarpone (<**la scarpa**) *le soulier de montagne* → **gli scarponcini** *les souliers de montagne pour enfants*
ou *en toile*

i calzoni → **i calzoncini** *le short*
un padrone → **un padroncino** *un petit patron*

146 Formes diminutives des noms d'animaux ———————

1. -otto :

l'aquila (fém.) → **l'aquilotto** *l'aiglon*
la rondine → **il rondinotto** *l'hirondeau*
la lepre → **il leprotto** *le levraut*

2. -acchiotto :

l'orso	→ l'orsacchiotto	*l'ourson*
la volpe	→ il volpacchiotto	*le renardeau*
il lupo	→ il lupacchiotto	*le louveteau*

3. Autres formes :

leone → leoncello *lionceau*   anatra (fém.) → anatroccolo *caneton*
cane → cagnolino *chiot*   pollo → pulcino *poussin*

147 Formes diminutives des verbes

Certains suffixes diminutifs peuvent modifier le sens d'un verbe.

1. Diminutifs gracieux

-erellare :	cantare	→ canterellare	*chantonner*
	saltare	→ salterellare	*sautiller*
	giocare *(jouer)*	→ giocherellare	*fôlatrer*
-ettare :	picchiare *(frapper)*	→ picchiettare	*tapoter*
	scoppiare *(éclater, exploser)*	→ scoppiettare	*crépiter*
-igginare :	piovere *(pleuvoir)*	→ piovigginare	*bruiner*

2. Diminutifs d'approximation

-icchiare :	cantare	→ canticchiare	*fredonner*
	dormire	→ dormicchiare	*sommeiller*
-ucchiare :	mangiare	→ mangiucchiare	*manger du bout des lèvres, grignoter*

148 Formes altérées des adverbes

Certains adverbes acceptent, dans l'usage familier, des suffixes diminutifs :

bene	→ benino *assez bien*, **benuccio**	*plutôt bien, pas trop mal*
presto	→ prestino	*assez vite ou de très bonne heure*
piano	→ pianino	*tout doucement*
un poco	→ un pochino, un pochetto, un pochettino, un pocolino	*un petit peu*
caro	→ È carino, caruccio.	*C'est plutôt cher, « ce n'est pas donné ».*

149 Formes diminutives des prénoms usuels

Les formes diminutives des prénoms ont beaucoup de succès en italien.

Agostino : Gostino, Tino
Alessandro : Sandro, Sandrino
Alessandrina : Sandra, Sandrina
Andrea : Andreuccio, Nino
Antonio : Tonio, Tonino, Nino
         Tino, Antonello, Nello
Bartolomeo : Meo
Battista : Titta
Beatrice : Bice
Carolina : Lina
Caterina : Rina
Clotide : Tilde
Domenico : Menico, Memmo, Menicuccio

Francesca : Cecca, Checca
Giovanna : Gianna, Vanna
Giovanni : Gianni, Nanni, Giovannino
Giovannello : Nello
Girolamo : Mommo, Mimo
Giuseppe : Beppe, Peppe, Beppino, Pino
Giuseppina : Beppina, Peppina
Guido : Guiduccio, Duccio
Isidoro : Doro
Lodovico : Vico
Lorenzo : Renzo
Luigi : Gigi, Gigino, Gino
Luigia : Gigia, Gigina, Gina

Eleonora : Nora
Elisa : Lisa
Enrico : Rico, Riguccio
Eugenia : Genia
Fernando, Ferdinando : Nando, Nandino
Filippo : Pippo
Francesco : Cecco, Checco, Cecchino, Checchino

Margherita : Rita, Ghita
Pietro : Piero, Pierino
Salvatore : Tore, Totino
Teresa : Gegia, Teta
Tommaso : Maso, Masino, Masuccio
Valentino : Tino
Vincenzo : Cencio

Certains diminutifs sont communs à plusieurs prénoms : **Nino, Nello, Tino.**

150 *Principaux suffixes augmentatifs*

-one : un tavolone (<una tavola)	*une grande table*
un paginone (<una pagina)	*une grande page*
un affarone	*une grosse affaire*
un portone (<una porta)	*un portail*
benone	*très bien*
-ona : una grassona	*une grosse femme*
-otto (augmentatif moyen) : **un ragazzotto**	*un jeune garçon robuste, solide*
un palazzotto	*une belle demeure, un bel hôtel particulier*
-occio (avec une nuance familière ou amusée) :	
belloccio	*assez beau, « pas mal »*
grassoccio	*grassouillet*

N.B.
• Les mots en **-one** prennent le suffixe **-cione** : **bastone** → **bastoncione** *gros bâton.*

• **-otto** indique une grandeur moyenne :
un giovanotto *un jeune homme, un solide jeune homme,* **un ragazzotto** *un grand garçon,*
un industrialotto *un petit industriel,* **un paesotto** *un gros village.*
Ce suffixe peut aussi conférer une valeur péjorative : **vecchiotto** *vieillot.*

• Employé avec des noms féminins, le suffixe **-one** donne souvent des noms masculins :
la tavola → il tavolone *la grande table*   la febbre → il febbrone *la grosse fièvre*
la porta → il portone *le portail*   la tela → il telone *la bâche*
la nuvola → il nuvolone *le gros nuage*   la maglia → il maglione *le gros pull-over*
la scarpa → lo scarpone *le soulier de montagne* ou *de soldat*

151 *Suffixes péjoratifs*

1. Suffixes péjoratifs très couramment employés.

-accio : un tempo	→ **un tempaccio**	*un temps exécrable*
una barba	→ **una barbaccia**	*une barbe hirsute*
una carta	→ **cartacce**	*des papiers gras*
un uccello	→ **un uccellaccio**	*un oiseau sinistre, de mauvais augure*
-astro : un giovane	→ **un giovinastro**	*un garnement*
un medico	→ **un medicastro**	*un mauvais médecin, un charlatan*
nero	→ **nerastro**	*noirâtre*
-aglia : la plebe	→ **la plebaglia**	*la populace*
il cane	→ **la canaglia**	*la canaille*
-ume : l'unto *le gras*	→ **l'untume**	*la crasse*
sudicio *sale*	→ **il sudiciume**	*la saleté*
marcio *pourri*	→ **il marciume**	*la pourriture*

N.B.

La valeur augmentative domine dans **il coltellaccio** (<**coltello**) *le coutelas ; le mot* **catenaccio** (<**catena** *chaîne*) a le sens de *verrou*, et dans l'expression **un buon diavolaccio** *un bon petit diable,* l'amusement et l'indulgence l'emportent sur le jugement négatif ; **la boscaglia** (< **bosco** *bois*) traduit *les broussailles.*

2. Suffixes péjoratifs moins fréquemment employés

■ **-onzolo, -ucolo, -acchiolo, -iciattolo, -uncolo :**

Ces suffixes ont souvent à la fois une valeur diminutive et péjorative :

medico	→ **un mediconzolo**	*un mauvais médecin*
poeta	→ **un poetucolo**	*un poète sans talent, un rimailleur*
furbo	→ **un furbacchiolo**	*un petit malin*
uomo	→ **un omiciattolo**	*un tout petit homme*
ladro	→ **un ladruncolo**	*un maraudeur*

■ **-acchio, -acchione, -accione :**

Ces suffixes ont souvent à la fois une valeur augmentative et péjorative :

uomo	→ **un omaccione**	*un colosse rébarbatif, inquiétant*
furbo	→ **un furbacchione**	*un forban, un vaurien*

3. Pour la valeur péjorative que peuvent prendre les suffixes **-uccio, -uzzo** et **-otto,** cf. § 145, 2. N.B.

152 *Suffixes péjoratifs employés avec les couleurs*

Ce sont les suffixes **-astro, -iccio, -igno, -ognolo, -accio :**

bianco	→ biancastro, bianchiccio	*blanchâtre*
giallo	→ gialliccio, giallastro, giallognolo, giallaccio	*jaunâtre*
nero	→ nericcio, nerastro, nerognolo	*noirâtre*
verde	→ verdastro, verdognolo, verdiccio, verdigno	*verdâtre*
rosso	→ rossiccio, rossastro, rossaccio	*rougeâtre*
azzurro	→ azzurrognolo, azzurrastro, azzurriccio	*bleuâtre*

N.B.

Le suffixe **-eo** n'introduit pas de nuance péjorative :
roseo *rosé,* **argenteo** *argenté,* **aureo** *doré,* **cinereo** *cendré,* **plumbeo** *couleur de plomb.*

Ce suffixe est également employé avec les noms de matières :
legno → **ligneo** *en bois,* **marmo** → **marmoreo** *en marbre* ou *qui a l'aspect du marbre,* **ferro** → **ferreo** *en fer,* **carta** → **cartaceo** *en papier.*

153 *Suffixes péjoratifs employés avec les formes verbales*

1. -acchiare :	scrivere	→ scribacchiare	*gribouiller, griffonner*
	gridare	→ gridacchiare	*criailler*
	ridere	→ ridacchiare	*ricaner*
	rubare *(voler)*	→ rubacchiare	*filouter*
	vivere	→ vivacchiare	*vivoter*

2. -icchiare :	leggere	→ leggicchiare	*parcourir des yeux, feuilleter*
	rodere	→ rosicchiare	*grignoter*
	tossire	→ tossicchiare	*toussoter*
	dormire	→ dormicchiare	*sommeiller*
et aussi :	**sonno** *(sommeil)*	→ sonnecchiare	*somnoler*

3. Autres formes :
- **-uzzare :**   **tagliare** *(couper)*   → **tagliuzzare**   *déchiqueter, réduire en miettes*
- **-azzare :**   **correre** *(courir)*   → **scorrazzare**   *courir ça et là*
                  ghignare *(ricaner)*   → **sghignazzare**   *ricaner méchamment*

II. LES MOTS DÉRIVÉS

154 *Création de mots à l'aide d'un suffixe*

L'emploi d'un suffixe permet de créer un mot nouveau à partir d'un substantif, d'un adjectif ou d'un verbe.
— **rivaleggiare** *rivaliser* est formé sur le substantif **rivale** auquel a été ajouté le suffixe **-eggiare**
— **il mormorio** *le murmure* est formé sur le verbe **mormorare** grâce au suffixe **-io**
— **i dolciumi** *les confiseries, les sucreries* est formé sur l'adjectif **dolce** doux, etc.

155 *Le suffixe « -eggiare »*

Le suffixe **-eggiare** permet de créer des verbes à partir :

d'un adjectif :	**verde** *vert*	→ **verdeggiare**	*verdoyer*
	rosso *rouge*	→ **rosseggiare**	*rougeoyer*
d'un nom :	**bocca** *bouche*	→ **boccheggiare**	*haleter, agoniser*
	fianco *flanc*	→ **fiancheggiare**	*flanquer, longer*
	costa *côte*	→ **costeggiare**	*côtoyer*
	tiranno *tyran*	→ **tiranneggiare**	*tyranniser*
	simbolo *symbole*	→ **simboleggiare**	*symboliser*

156 *Le suffixe « -io »*

Avec les mots exprimant le bruit, on emploie le suffixe **-io** qui indique souvent un bruit qui se prolonge :

ronzare	→ **ronzio**	*bourdonnement*
mormorare	→ **mormorio**	*murmure*
calpestare	→ **calpestio**	*piétinement*
scricchiolare	→ **scricchiolio**	*craquement*

et **frullio** *bruissement d'ailes*, **fruscio** *bruit de tissu, froissement*.

> **N.B.**
> • Dans **lavorio** (**lavoro** *travail*), *le suffixe indique un travail lent et continu*, dans **mastichio** (**masticare** *mâcher*), *un mâchonnement laborieux*, etc.
>
> • Comme le **-i** de **-io** est accentué, ces mots font leur pluriel en **-ii** (cf. § 15).

157 *Les suffixes « -ame » et « -ume »*

1. **-ame** indique *une collection, un ensemble :*

il vasellame *la vaisselle*, **il bestiame** *le bétail*, **il pollame** *la volaille*, **il fogliame** *le feuillage*, etc.

2. **-ume** se retrouve dans **i salumi** *les salaisons.* Il a parfois un sens péjoratif :
il sudiciume *la saleté* (cf. § 151,1).

158 Le suffixe « -ata »

Le suffixe **-ata** permet de former des mots qui expriment :

1. Un coup :
    una **bastonata** *un coup de bâton*   una **legnata** *un coup de bâton*
    una **manata** *un coup avec la main*[1]   un'**occhiata** *un coup d'œil*
    una **pedata** *un coup de pied*   una **frustata** *un coup de fouet*
    una **coltellata** *un coup de couteau*   una **fucilata** *un coup de fusil, une fusillade*
    una **gomitata** *un coup de coude*   una **telefonata** *un coup de téléphone*

> **N.B.**
> *Un coup de poing* **un pugno** ; **fare a pugni** *se battre à coups de poings*
> *Un coup de pied* **un calcio** ; **il calcio di rigore** *le pénalty.*

2. Une trace :
    una **pedata sulla ghiaia**   *une trace de pas sur le gravier*
    una **manata sullo sportello**   *une trace de main sur la portière*

3. Le contenu :
    una **manata di riso** *une poignée de riz*   una **bracciata di fieno** *une brassée de foin*
    una **boccata d'aria** *une bouffée d'air*   una **carrellata** *une charretée*
    una **cucchiaiata** *une cuillerée*

4. La durée :
    la **giornata** *la journée*   la **serata** *la soirée*
    la **nottata** *la nuit*   la **mattinata** *la journée*

> **N.B.**
> Un'**annata** *une année de production ;* **annata 1987** *cru 1987.*

5. Ce suffixe se retrouve dans des mots très employés :
    la **risata** *le rire, l'éclat de rire*   **fare una scenata** *faire une scène*
    una **scampagnata** *une partie de campagne*   la **scalinata** *l'escalier monumental*
    la **flipperata** *la partie de flipper*   la **carrellata** *le travelling* (cinéma), etc.

159 Les suffixes « -ato », « -ata » ; « -ito », « -ita » ; « -uto », « -uta »

Les désinences de participes passés servent à former un assez grand nombre de substantifs dérivés abstraits ou concrets indiquant une action ou son résultat.

1. **-ato, -ata :**
    calare *descendre*   → **la calata** *la descente*
    lastricare *paver*   → **il lastricato** *le pavage* (rue, place)
    nevicare *neiger*   → **la nevicata** *la chute de neige*
    grandinare *grêler*   → **la grandinata** *la chute de grêle*

---

1. *Donner un coup de main :* **dare una mano.**

2. -ito, -ita :

salire *monter*	→	**la salita** *la montée*
ruggire *rugir*	→	**il ruggito** *le rugissement*
muggire *mugir*	→	**il muggito** *le mugissement*

3. -uto, -uta :

contenere *contenir*	→	**il contenuto** *le contenu*
cadere *tomber*	→	**la caduta** *la chute*
spremere *presser*	→	**la spremuta di limone** *le citron pressé*

160 Du bon usage des suffixes

⚠ **1.** La riche panoplie de suffixes dont ils disposent offre aux Italiens la possibilité d'introduire des nuances parfois subtiles qu'il faut savoir interpréter en fonction du contexte. Il n'est pas possible d'utiliser tous les suffixes avec tous les mots : certains suffixes sont plus courants que d'autres, certains mots sont plus ou moins habituellement modifiés par des suffixes, etc.

2. Certains mots, se terminant par un suffixe diminutif, ont, à l'issue d'une évolution sémantique, perdu leur valeur diminutive :

frate *frère* (religieux)	**fratello** *frère* (lien de parenté)
suora *sœur* (religieuse)	**sorella** *sœur* (lien de parenté)
padre *père*	**padrino** *parrain*
madre *mère*	**madrina** *marraine*
figlio *fils*	**figlioccio** *filleul*
nipote *neveu* (et *petit-fils*)	**nipotino** *petit-fils*

De même, de nombreuses formes ont perdu leur valeur diminutive d'origine :

il bastone *le bâton*	→ **i bastoncini** *les bâtons de ski*
la bocca *la bouche*	→ **il boccone** *la bouchée*
	→ **il bocchino** *le fume-cigarette*
la coperta *la couverture* (lit)	→ **la copertina** *la couverture* (cahier, livre)
	→ **il copertone** *le pneu*
un cubo *un cube*	→ **un cubetto di ghiaccio** *un cube de glace*
l'ombrello *le parapluie*	→ **l'ombrellino** *l'ombrelle*
	→ **l'ombrellone** *le parasol*
l'orecchio *l'oreille*	→ **gli orecchini** *les boucles d'oreilles*
la palla *la balle* (et *le ballon*)	→ **la pallina** *la petite balle* ou *la bille*
	→ **il pallone** *le ballon*
	→ **il palloncino** *le petit ballon* (pour les enfants et l'alcotest)
	→ **la pallottola** *la balle* (fusil)
la penna |*la plume d'oiseau*	→ **il pennino** *la plume* (du stylo)
|*le porte-plume*	→ **il pennarello** *le crayon feutre*
la prova *l'essai*	→ **il provino** *le bout d'essai* (cinéma, théâtre)
la radio	→ **la radiolina** *la radio, le transistor*
il secchio *le seau*	→ **il secchiello** *le seau à glace*
la spazzola *la brosse*	→ **lo spazzolino (da denti)** *la brosse à dents*
lo specchio *le miroir*	→ **lo specchietto** *le rétroviseur*
la spia *l'espion*	→ **lo spioncino** *le judas* (porte)
una zolla *une motte de terre*	→ **una zolletta di zucchero** *un morceau de sucre*

3. Certains mots prêtent à confusion :

Le bagnino n'est pas une *petite salle de bains* (**bagno** ou **stanzino da bagno**) mais *le maître-nageur* (ou *le plagiste*).

La bustarella (sur **busta** *enveloppe*, diminutif **bustina**) est *le « pot-de-vin »*.

Un camerino n'est pas *une petite chambre* mais *une loge d'artiste*.

La cavalletta est *une sauterelle* et le **cavalluccio marino** *l'hippocampe* (**ippocampo**).

Il gommone (sur **la gomma** *le pneu*) est *un canot pneumatique*.

Un merletto est *une dentelle* et non *un merle*.

Il nasello n'est pas *un joli petit nez* mais *un merlan*.

Il postino n'est pas *une petite place* (**posticino**) mais *le facteur*.

La schedina est *une petite fiche* (**scheda**) mais aussi *la grille du loto*.

La tavolozza n'est ni *une petite table* ni *une petite planche* mais *la palette d'un peintre*.

Il torrone n'est pas *la grosse tour, le donjon* (**torrione**), mais *le nougat*, etc.

4. Assez souvent les Italiens emploient une forme diminutive sans qu'il soit nécessaire de traduire par un diminutif en français :

la mia agendina *mon agenda, l'agenda de poche*, **il tavolino** *la table* (au café), **il giornalino (illustrato)** *le journal illustré* (pour les enfants), et l'on dit indifféremment **la borsa** et **la borsetta** pour *le sac de dame*. **La maestrina** est *la jeune institutrice* ou *l'institutrice stagiaire*, etc.

EXERCICES EXERCICESEXERCICESEXE

1 Indiquez les substantifs ou les adjectifs sur lesquels ont été formés les verbes suivants :

simboleggiare (symboliser) - tiranneggiare (tyranniser) - tesoreggiare (thésauriser) - guerreggiare (guerroyer) - saccheggiare (saccager) - cannoneggiare (canonner) - fiancheggiare (longer) - costeggiare (côtoyer) - boccheggiare (agoniser) - troneggiare (trôner) - verdeggiare (verdoyer) - canticchiare (fredonner) - sonnecchiare (somnoler) - rosseggiare (rougeoyer).

2 Indiquez les verbes sur lesquels ont été formés les verbes suivants :

gridacchiare (criailler) - ridacchiare (ricaner) - leggicchiare (feuilleter) - scribacchiare (écrivailler) - piagnucolare (pleurnicher) - giocherellare (folâtrer) - tagliuzzare (déchiqueter) - rubacchiare (filouter) - dormicchiare (sommeiller) - piovigginare (pleuviner) - salterellare (sautiller) - vivacchiare (vivoter) - tossicchiare (toussoter) - trotterellare (trottiner) - scoppiettare (crépiter) - sghignazzare (ricaner) - scorrazzare (courir ça et là).

3 Complétez : ©

pelame (fourrure) < ... (poil)
bocchino (porte-cigarette) < ... (bouche)
acciarino (canif) < ... (acier)
cartolina (carte postale) < ... (papier)
carbonella (charbon de bois) < ... (charbon)
fagiolino (haricot vert) < ... (haricot)
zucchino (courgette) < ... (courge)
cetriolino (cornichon) < ... (concombre)
viottolo (sentier) < ... (route)
tavolozza (palette) < ... (planche)
vinello (piquette) < ... (vin)
dolciumi (confiserie) < ... (doux)
fare boccacce (faire des grimaces) < ... (bouche)
libretto degli assegni (carnet de chèques) < ... (livre)
salumi (salaisons) < ... (sel)
panettone (« panettone ») < ... (pain)
vasellame (vaisselle) < ... (vase)
specchietto (rétroviseur) < ... (miroir)
spioncino (judas de porte) < ... (espion)
boccone (bouchée) < ... (bouche)
reticella (filet à papillons) < ... (filet)
saponetta (savonnette) < ... (savon)
navicella (navette) < ... (bateau, nef)
braccialetto (bracelet) < ... (bras)
orecchini (boucles d'oreilles) < ... (oreille)
campanello (sonnette) < ... (cloche)

4 Quel mot désigne un coup donné avec

la testa (tête) - il gomito (coude) - una scopa (balai) - la spalla (épaule) - il piede (pied) - una frusta (fouet) - la mano aperta (main) - un bastone (bâton) - un coltello (couteau).

5 Quels substantifs dérivent des verbes suivants ? ©

bere (boire)- grandinare (grêler) - correre (courir) - spremere (presser) - salire (monter) - percorrere (parcourir) - telefonare (téléphoner) - scendere (descendre) - ridere (rire) - nevicare (neiger) - uscire (sortir) - attendere (attendre).

6 Traduisez (exemples tirés d'œuvres littéraires ou d'articles de journaux) :

1. « Un poema vi dico : e poi un po' di tutto : il polpettello, lo scorfanello, il palombetto, l'ostricuccia tanto buona, il gamberetto, il totanuccio, ... e tutto con un sughillo alla marinara ... aglio, olio, pomodoro, peperoncino ... signora, non dico altro ». (Moravia) 2. Cavalieri era una grassottella, bianca e pienotta, coi capelli castani, la boccuccia rotonda e chiusa ; le fossette nelle guance, al mento, nelle manine... Era vestita di flanella rossa, calda, con un grembiule bianco ricamato, con le calzette di lana rossa : aveva un panierino per la colazione ; passava il tempo a guardarsi le braccia... sorridente e rotondetta, gonfiando il bocchino, non capendo nulla, attirando i baci per quell'aspetto di pallottolina bianca rossa e pulituccia. (M. Serao) 3. Netty non aveva forse ancora sessant'anni ; ma a noi pareva vecchina vecchina, gobbina gobbina : una buona faterella di cento anni, col visino chiaro di bimba... Spesso spesso cessavamo di sorriderle per guardare di

sfuggita il cartoccio dei cioccolatini. (V. Brocchi) 4. Lavoratoroni del Nord, un poco d'indulgenza... Il corso di Catanzaro... un corso con una sua aria specialissima sempre un po' festiva e chiacchierina, o chiacchierona di vacanza. (A. Baldini) 5. Si è assistito al ruzzolone del dollaro. 6. Inattesa richiesta del difensore al processone contro la mafia. 7. Nonostante i titoloni dei quotidiani ... sta benone. 8. Niente vale un buon grappino (grappa, eau-de-vie) dopo la braciola (côtelette). 9. La vacanza è rimasta un tantino turbata. 10. Scarponcini da trekking (randonnée) che lasciano traspirare il piede.

7 Traduisez les mots suivants et indiquez sur quel mot et à l'aide de quel suffixe diminutif, augmentatif ou péjoratif ils ont été formés :

omaccione - vocione - vecchierello - cuoricino - camioncino - omicciattolo - omone - porcellino - campicello - scarponcini - colpettino - gabbione - reticella - bianchiccio - poltroncina - pollame - porticciolo - belloccio - sudaticcio - bastoncino - plebaglia - ladruncolo - grassoccio - umidiccio - maglioncino - pennino - omuncolo - freschettino - maluccio - canzoncina - corpaccione - diavolaccio - fogliolina - pezzuccio - prestino - cagnone - cosettina - pioggerellina - rossiccio - tardino - febbrone - librettino - fiumicello - bianchiccio - furgoncino - febbricina - porticina - corpicino - calzoncini - attaccaticcio.

8 Indiquez le nom du petit des animaux suivants :

il cavallo - la capra - la gallina - l'aquila - l'anatra - la mucca - il lupo - il leone - la rondine - il cane - la pecora - la lepre - la volpe - l'orso - il gatto.

COMPARATIFS ET SUPERLATIFS

I   Les comparatifs
i comparativi

II Les superlatifs
i superlativi

I. LES COMPARATIFS

161 Comparatifs d'égalité

L'italien dispose de trois formes pour traduire le comparatif d'égalité (**uguaglianza**) :
così..... come [1]
tanto..... quanto　　　*aussi... que..., comme*
altrettanto.... quanto

> **Non è così onesto come suo padre.**
> **Non è tanto (altrettanto) onesto quanto suo padre.**
> *Il n'est pas aussi honnête que son père.*

La plupart du temps, on ne conserve que le deuxième élément :
> **Non è onesto come/quanto suo padre.**

> **Fra qualche anno, il computer sarà diffuso quanto/come il televisore.**
> *Dans quelques années, l'ordinateur sera aussi répandu que le téléviseur.*

⚠ Devant un adjectif, **tanto... quanto...** et **altrettanto... quanto...** sont invariables ; devant un substantif, ils s'accordent :

> **In quell'epoca avevano tanta (ou altrettanta) pazienza quanto coraggio.**
> *A cette époque-là, ils avaient autant de patience que de courage.*

> **Hanno tante (ou altrettante) cravatte quante camicie.**
> *Ils ont autant de cravates que de chemises.*

> **N.B.**
> Ne pas confondre le comparatif **tanto... quanto...** *autant... que...* avec **tanto... che...** *telle-ment... que...*, qui indique une conséquence (cf. § 127) :
> **Era tanto stanco che si è addormentato al volante.**
> *Il était si (tellement) fatigué qu'il s'est endormi au volant.*

---

1. Ne pas confondre le comparatif **come** (**È freddo come il ghiaccio.** *C'est froid comme de la glace.*) avec la conjonction **siccome** (**Siccome fa freddo ho preso il cappotto.** *Comme (étant donné qu')il fait froid, j'ai pris mon manteau.*). Dans ce dernier cas, on pourra employer **dato che, dal momento che, giacché, poiché** (cf. § 127,2).

162 Comparatifs de supériorité et d'infériorité

⚠ **1.** Pour traduire le comparatif de supériorité **(maggioranza)** et d'infériorité **(minoranza)**, on emploie **più... di...** *plus... que...*, ou **meno... di...** *moins... que...* devant un nom ou un pronom qui n'est pas précédé d'une préposition et quand on ne compare pas deux quantités :

Luigi è più impaziente di Marcello di tornare.
Louis est plus impatient que Marcel de rentrer.
Sono più sportivi dei loro compagni. *Ils sont plus sportifs que leurs camarades.*
Sono meno bravo di te in matematica. *Je suis moins fort que toi en mathématiques.*
Ti sei arricchito più di me. *Tu t'es plus enrichi que moi.*

> **N.B.**
> La préposition **di** se combine avec l'article qui suit :
>
> **Hai ragione, questa macchina è più veloce della mia.**
> *Tu as raison, cette voiture est plus rapide que la mienne.*
>
> **Quella volta i giocatori furono più calmi dell'arbitro.**
> *Cette fois-là, les joueurs furent plus calmes que l'arbitre.*

2. On emploie **più... che...** ou **meno... che...**

- devant un verbe :
  È più facile [1] **parlare che fare.** *Il est plus facile de parler que d'agir.*

- devant un adjectif :
  Questo discorso è più brillante che convincente.
  Ce discours est plus brillant que convaincant.

- lorsqu'on compare deux quantités :
  Possiedo più minicassette che dischi. *Je possède plus de cassettes que de disques.*
  Ci sono meno ragazze che ragazzi. *Il y a moins de filles que de garçons.*

- devant un nom ou un pronom précédé d'une préposition :
  Pensa più alle vacanze che allo studio. *Il pense plus aux vacances qu'à l'étude.*
  Scrive meno spesso a Pietro che a me. *Il écrit moins souvent à Pierre qu'à moi.*

- dans certaines expressions toutes faites :
  più duro che pietra (= più duro della pietra...)
  plus dur que pierre (= plus dur que la pierre...)
  più freddo che marmo
  plus froid que marbre

163 Cas particuliers

1. Traduction de *plus de..., moins de..., davantage de...* :

⚠ - Devant un substantif, *plus (davantage) de..., moins de...* se traduisent par **più** et **meno** sans préposition :

Voglio meno vino e più pane. *Je veux moins de vin et plus de pain.*
Occorrono meno discorsi e più atti. *Il faut moins de discours et davantage d'actes.*

- Devant un nombre, on met la préposition :

Mi è costato più di un milione di lire. *Cela m'a coûté plus d'un million de lires.*
C'erano meno di diecimila spettatori. *Il y avait moins de dix mille spectateurs.*

---

1. Contrairement au français, l'italien n'emploie pas la préposition **di** après **facile, difficile, piacevole,** etc. (cf. § 118)

2. Traduction de *c'est plus (moins)... que... ne... :*

■ La forme la plus employée est **più (meno)... di quanto** suivie du subjonctif :

> **È più lontano di quanto tu creda.** *C'est plus loin que tu ne le crois.*
> **È meno grave di quanto si dica.** *C'est moins grave qu'on ne le dit.*

■ On dit aussi : **più (meno)... che non** suivi du subjonctif : **È più lontano che tu non creda** ou **più (meno)... di quel che** suivi de l'indicatif : **È più lontano di quel che tu credi.**

> **N.B.**
> Attention à la concordance des temps :
>
> **È più lontano di quanto tu creda.** *C'est plus loin que tu ne le crois.*
> **Era più lontano di quanto tu credessi.** *C'était plus loin que tu ne le croyais.*

II. LES SUPERLATIFS

164 *Superlatif relatif*

1. Il se construit comme son équivalent français :

> **È la più dinamica di tutte.** *C'est la plus dynamique de toutes.*
> **È il meno pigro di tutti.** *C'est le moins paresseux de tous.*

 2. Contrairement au français, quand l'article défini a déjà été exprimé, on ne le répète pas en italien avec le superlatif :

> **È il caffè più famoso di Roma.** *C'est le café le plus célèbre de Rome.*

sauf lorsque le nom est précédé d'un démonstratif, d'un possessif ou d'un article indéfini :

> **Questa guida è la più recente ch'io sia riuscito a trovare.**
> *Ce guide est le plus récent que j'aie réussi à trouver.*
>
> **La tua è la più ricca biblioteca privata ch'io conosca.**
> *Ta bibliothèque est la plus riche bibliothèque privée que je connaisse.*
>
> **Ho visitato una mostra di scultura, la più originale ch'io abbia mai vista.**
> *J'ai visité une exposition de sculpture, la plus originale que j'aie jamais vue.*

165 *Superlatif absolu*

Il existe plusieurs façons d'exprimer le superlatif absolu en italien.

1. En faisant précéder l'adjectif de **molto, assai** ou **tanto** :

> **È un romanzo molto/assai/tanto commovente.** *C'est un roman très émouvant.*

> **N.B.**
> • **Molto** (adverbe) est invariable :
>
> **Ci sono molti** (adj.) **quadri. Sono molto** (adv.) **belli.**
> *Il y a beaucoup de tableaux. Ils sont très beaux.*
>
> • Ne pas traduire **assai** par *assez* qui se dit **abbastanza** ou **piuttosto** :
> **È assai caldo.** *C'est très chaud.*
> **È abbastanza/piuttosto caldo.** *C'est assez chaud.*

2. En ajoutant le suffixe **-issimo, a, i, e** à l'adjectif :

un film bellissimo   **delle scene bellissime**
un très beau film   *de très belles scènes*

N.B.
• Avec les adjectifs masculins qui se terminent par **-co** ou **-go**
— lorsqu'ils font leur pluriel en **-chi** ou en **-ghi,** on conserve le son dur en intercalant un **h** entre le **c-** et le suffixe **-issimo :**

ricco	→ ricchissimo	antico	→ antichissimo
largo	→ larghissimo	lungo	→ lunghissimo

— lorsqu'ils font leur pluriel en **-ci** ou en **-gi,** notamment avec les adjectifs « **sdruccioli** », on ne conserve pas le son dur :

simpatico	→ simpaticissimo	pratico	→ praticissimo
amico	→ amicissimo	nemico	→ nemicissimo

• Avec les adjectifs qui se terminent par **-io** (**-ia** au féminin)
— si le **i** n'est pas accentué, il disparaît devant le **i** de **-issimo :**

savio	→ savissimo	sobrio	→ sobrissimo

— si le **i** est accentué, on le conserve :

pio	→ piissimo

Exception : **ampio** → **amplissimo.**

• Le suffixe **-issimo** peut aussi s'accoler à des substantifs :
il campionissimo *le très grand champion*
Lei è padronissimo di non rispondere. *Vous êtes entièrement libre de ne pas répondre.*

3. En ajoutant le suffixe **-errimo** aux adjectifs suivants :

celebre	→ celeberrimo	integro	→ integerrimo	misero	→ miserrimo
salubre	→ saluberrimo	acre [1]	→ acerrimo	aspro	→ asperrimo

Ces formes sont littéraires. On emploiera plutôt : **molto celebre, molto integro, molto misero, molto aspro, molto salubre,** etc.

4. En redoublant l'adjectif :

È partito mogio mogio. *Il est parti tout penaud.*
Era tornato ad essere calmo calmo. *Il était redevenu très calme.*
Una pioggia fitta fitta. *Une pluie très drue.*
Un borghese piccolo piccolo. *Un bourgeois tout petit.* (film de M. Monicelli)

5. En utilisant certains préfixes à valeur superlative :

■ **stra** :

È stragrande. *C'est très grand, énorme.*
Un motore strapotente. *Un moteur surpuissant.*
Sono strapagati. *Ils sont archipayés.*
Questi spaghetti sono stracotti. *Ces spaghetti sont très (trop) cuits.*
È già strapieno. *C'est déjà archi-plein.*

■ **arci-** :

Sono arciricchi. *Ils sont très riches, archi-riches.*
Sono arcicontenti. *Ils sont très contents.*

■ **iper-** :

È iperattiva. *Elle est hyper-active.*

---

1. Dans le sens figuré de *âpre* : **Divennero acerrimi nemici.** *Ils devinrent d'âpres ennemis.* Dans les autres cas, on dit **molto acre : una medicina molto acre** *un médicament très âcre.*

6. A l'aide d'expressions à valeur superlative :

una gran bella cosa *une très belle chose*
una gran brutta cosa *une chose très laide*
pieno zeppo *très plein, plein à craquer, bondé*
stanco morto *très fatigué, mort de fatigue*
essere stufo raso (pop.) *être très las, en avoir assez*
essere bagnato fradicio *être mouillé, trempé jusqu'aux os*
essere ubriaco fradicio *être ivre-mort*
nuovo lampante, nuovo di zecca *très neuf, flambant neuf*

166 Comparatifs et superlatifs irréguliers

1. Formes

ADJECTIFS		COMPARATIFS		SUPERLATIFS	
alto	*haut*	**superiore**	*supérieur*	**supremo** ou **sommo**	*suprême, très grand*
basso	*bas*	**inferiore**	*inférieur*	**infimo**	*infime*
buono	*bon*	**migliore**	*meilleur*	**ottimo**	*excellent*
cattivo	*mauvais*	**peggiore**	*pis, pire*	**pessimo**	*exécrable*
grande	*grand*	**maggiore**	*plus grand*	**massimo**	*très grand*
piccolo	*petit*	**minore**	*plus petit*	**minimo**	*très petit*

Questo vino è ottimo. *Ce vin est très bon, excellent.*
il migliore dei mondi *le meilleur des mondes*
Il danno è stato minore del previsto. *Les dégâts ont été moins importants que prévu.*

2. Emploi

■ L'emploi de ces formes n'est pas obligatoire. On peut dire : **più basso, molto alto, più grande, meno grande,** etc. Cependant **migliore, peggiore, maggiore** sont couramment utilisés.

Notons les différences de sens pour ces cas particuliers :

È più basso di me.
Il est plus petit que moi.
È più grande di me.
Il est plus grand que moi.
È più cattivo di me.
Il est plus méchant que moi.

È inferiore a me.
Il est inférieur à moi.
È maggiore di me.
Il est plus âgé que moi.
È peggiore di me.
Il est pire que moi.

■ Emploi de **maggiore** et **minore** :
— Devant un substantif, **maggiore** signifie *plus de* et **minore** *moins de* :
per maggior sicurezza
pour plus de sûreté
La seconda volta ci sono riuscito con minor fatica.
La seconde fois, j'y suis arrivé avec moins de peine.

— **Maggiore** et **minore** traduisent *aîné* et *cadet* : **fratello minore** *frère cadet*, **sorella maggiore** *sœur aînée*.

Mais : **film vietato ai minori di 13 anni** *film interdit aux moins de 13 ans.*

■ Emploi de **massimo** et de **minimo** :
massimo *très grand* et **minimo** *très petit*, peuvent être employés

— comme superlatifs relatifs :

Agisce con la massima prudenza.   **Scusarsi è il minimo che si possa fare.**
Il agit avec la plus grande prudence.   *S'excuser est la moindre des choses.*

— comme substantifs : *le maximum, le minimum.*

Il motore è al massimo.   **Non accontentarti di fare il minimo.**
Le moteur est à son maximum.   *Ne te contente pas de faire le minimum.*

167 Comparatifs et superlatifs adverbiaux

1. Le superlatif des adverbes se forme de la même manière que celui des adjectifs :

Hai fatto molto bene.⎫ *Tu as très bien fait.*
Hai fatto benissimo. ⎭

L'ho riconosciuto molto facilmente.⎫ *Je l'ai reconnu très facilement.*
L'ho riconosciuto facilissimamente.⎭

N.B.
• Employé comme un substantif, le superlatif abverbial est précédé de l'article :

È il meglio che io possa fare. *C'est le mieux que je puisse faire.*
Ha fatto il peggio che si possa immaginare. *Il a fait le pire qu'on puisse imaginer.*
Pagherò il meno possibile. *Je paierai le moins possible.*
Ti aiuterò il più possibile. *Je t'aiderai le plus possible.*

• Employés à la place de **migliore** et **peggiore**, les adverbes **meglio** et **peggio** sont invariables :

Sarebbe la peggio (peggiore) delle cose. *Ce serait la pire des choses.*

Per un lavoro di questo tipo, questo prodotto è meglio (migliore) dell'altro.
Pour ce type de travail, ce produit est meilleur que l'autre.

• Expressions à retenir :

la politica del peggio *la politique du pire*
essere uniti per il peggio e per il meglio *être unis pour le meilleur et pour le pire*

2. Traduction de *le plus..., le moins...* :

Qui vous téléphone le plus souvent ? Moi. **Chi vi telefona più spesso ? Io.**
C'est lui qui marche le moins rapidement. **È lui che cammina meno velocemente.**

Traduction de *le plus... possible, le moins... possible* :

Mâche le plus lentement possible.
Mastica più lentamente che sia possibile/che potrai.
Revenez le plus tôt possible.
Tornate più presto che potrete/che sia possibile.

3. Traduction de *le mieux... le plus mal*[1]*...* :

Un cadeau pour celui qui écrira le mieux. **Un regalo per chi scriverà meglio.**
Joseph est celui qui joue le plus mal. **Giuseppe è quello che gioca peggio.**

4. Traduction de *plus, davantage, moins ; le plus, le moins* :

J'en veux davantage (encore). **Ne voglio di più. / Ne voglio più.**
Choisis ce qui te plaît le plus (davantage). **Scegli quello che ti piace di più (più).**
Après la retraite il a moins voyagé. **Dopo la pensione ha viaggiato di meno (meno).**

---

1. Quelques expressions avec **peggio** et **meglio** : **avere la meglio** *avoir le dessus* ; **avere la peggio** *avoir le dessous* ; **fare alla peggio** *faire tant bien que mal, à la va comme je te pousse* ; **a peggio andare, alla peggio** *au pis aller* ; **nel meglio di** *au beau milieu de.* **Il meglio è nemico del bene.** *Le mieux est l'ennemi du bien.*

1 Cochez la ou les formes qui conviennent : ©

1. Pietro è intelligente ☐ come ☐ quanto ☐ tanto ☐ così suo fratello.

2. La farina è così bianca ☐ come ☐ quanto ☐ così il gesso (plâtre).

3. Il sugo di pomodoro è tanto rosso ☐ come ☐ quanto ☐ così il sangue.

4. Ho comprato ☐ tanto ☐ tante ☐ tanti ☐ altrettanto ☐ altrettante pere ☐ quanto ☐ quanti ☐ quante ☐ come mele.

5. Il padrone non è così simpatico ☐ come ☐ tanto ☐ quanto ☐ quanti i camerieri.

6. Ci saranno ☐ tanto ☐ tanti ☐ quanti ☐ quante regali ☐ quanto ☐ quanti ☐ tanti invitati.

7. Sono ☐ tanto ☐ tanti ricchi ☐ quanto ☐ quanti ☐ che non conoscono neanche il valore dei loro averi.

8. Furono così stupiti ☐ quanto ☐ come ☐ così ☐ che non reagirono neanche.

9. Parla ☐ come ☐ quanto ☐ così uno che non rispetta nessuno.

10. Mia moglie non ha ☐ tanto ☐ tanti vestiti ☐ quanto ☐ quante ☐ quanti ne ha sua sorella.

2 Cochez la ou les formes qui conviennent : ©

1. Il rugby è più violento ☐ che il ☐ quanto ☐ del calcio.

2. Il diamante vale più ☐ del ☐ che ☐ come il rubino.

3. Si sta meglio a Roma ☐ di ☐ che a Palermo.

4. Pietro è più laborioso ☐ che ☐ di ☐ come Giovanna.

5. Sono più alto (grand) ☐ che ☐ di te.

6. Quest'appartamento è meno vasto ☐ che ☐ di ☐ del mio.

7. È meno interessante guardare ☐ di ☐ che giocare.

8. Perché hai invitato più ragazzi ☐ di ☐ delle ☐ quante ☐ che ragazze ?

9. Sono più dinamici ☐ di ☐ che onesti.

10. Coloro che riescono hanno più nemici ☐ di ☐ degli ☐ che amici.

3 Traduisez :

1. C'est aussi moderne qu'en Amérique. **2.** Il faudrait (ci vorrebbero) moins de lois (legge) et plus de réalisations. **3.** Il veut moins de beurre et davantage de fromage. **4.** J'ai trouvé l'adresse (indirizzo) de plus de vingt producteurs. **5.** C'est plus injuste (ingiusto) que tu ne le crois. **6.** Ce sera moins beau que vous le dites. **7.** C'était moins facile que nous ne le croyions. **8.** Ce fut plus lent que nous ne le pensions. **9.** Vous êtes le commerçant (negoziante) le plus sympathique du quartier. **10.** C'est le magasin (negozio) le moins cher de cette rue.

4. Traduisez en employant toutes les possibilités que vous connaissez :

1. C'est très laid (brutto). **2.** Beaucoup de poésies sont très belles. **3.** Il fait très humide dans ce pays. **4.** Ce n'est pas assez chaud. Je veux un café très chaud. **5.** Ces palais sont très anciens. **6.** Ces fillettes sont très sympathiques. **7.** Ces hommes politiques sont très antipathiques. **8.** Une méthode (metodo) très pratique. **9.** C'est un fonctionnaire très intègre et très sérieux. **10.** Choisis la meilleure bouteille. Je veux un excellent vin.

5 Même exercice :

1. C'est un auteur très célèbre. **2.** Qui traduit (tradurre) le plus vite ? **3.** Choisis ceux qui chantent le mieux. **4.** Il n'y en a pas assez. Donne-m'en davantage. J'en veux beaucoup. **5.** Depuis quelques jours il mange moins. **6.** Attends le plus longtemps possible. **7.** Le mieux est l'ennemi du bien. **8.** Comme il fait très froid je prendrai un pull-over (maglia, fém.) comme le tien. **9.** Beaucoup de gens (gente) ont eu très peur (paura). **10.** Peu de gens ont trouvé la meilleure réponse (risposta).

LES PREPOSITIONS

168 Principales prépositions

a (cf. § 169)	à	**oltre**	outre, au-delà de, plus de
con (cf. § 172)	avec	**tra, fra**	entre, parmi
da (cf. § 171)	de, par, chez, depuis		dans (temps, cf. § 185)
di (cf. § 170)	de	**avanti** [1]	avant
in (cf. § 173)	dans	**durante**	durant
per (cf. § 174)	par, pour, pendant, à cause de	**dopo**	après
dentro	dans, à l'intérieur de	**senza**	sans
entro	dans (temps)	**salvo**	
presso	près de, chez	**tranne**	sauf, excepté
dietro	derrière	**eccetto**	
su **sopra**	sur	**nonostante** **malgrado**	malgré
sotto	sous	**secondo**	selon
contro	contre	**mediante**	au moyen de, à l'aide de
verso	vers	**lungo**	le long de
attraverso	à travers	**ecco**	voici, voilà

⚠ **1.** Attention aux sens différents de **dentro** et **entro** :

L'avevo messo dentro il cassetto. *Je l'avais mis dans le tiroir.* [sens local]
Questo lavoro va finito entro il mese. *Ce travail doit être fini dans le mois. (avant la fin du mois, d'ici à la fin du mois)* [sens temporel]

2. Fra et **tra** ont le sens de :

▪ *entre, parmi, au milieu de* :

essere fra/tra l'incudine e il martello *être pris entre l'enclume et le marteau*
Il cane cerca fra/tra le macerie. *Le chien cherche au milieu des décombres.*

▪ *dans* (au sens temporel) :

Si comincia fra/tra mezz'ora. *On commence dans une demi-heure.*

3. Lungo :

Ho camminato lungo la spiaggia. *J'ai marché le long de la plage.*

N.B.

il lungofiume *la rive du fleuve,* **il lungomare** *le bord de mer*
il lungarno, il lungotevere, il lungopo, il lungosenna
le quai (les quais) de l'Arno, du Tibre, du Pô, de la Seine

---

1. **Avanti** n'est plus guère utilisé que dans l'expression **avanti Cristo (a. C.)** *avant Jésus-Christ. Après J.-C.* se dit **dopo Cristo (d. C.).**

4. Ecco :

Eccolo. *Le voici/voilà.* **Eccoli.** *Les voici/voilà.* (masc.)

Eccola. *La voici/voilà.* **Eccole.** *Les voici/voilà.* (fém.)

5. Oltre :

È costato oltre un miliardo. *Cela a coûté plus d'un milliard.*

Non andare oltre il cancello. *Ne va pas au-delà de la grille.*

6. Mediante :

Pagai mediante assegno bancario. *J'ai payé au moyen d'un chèque bancaire.*

Trovò il posto mediante il mio appoggio. *Il trouva son emploi grâce à mon appui.*

7. Presso :

Cerco un alloggio presso la stazione. *Je cherche un logement près de la gare.*

nei pressi di *aux alentours de, dans les environs de*

Presso traduit *chez* dans les expressions du type : **presso i greci, presso i latini** *chez les Grecs, chez les Latins.*

Abita presso i genitori. *Il habite chez ses parents.*

edito presso Mondadori *publié chez Mondadori.*

Et, dans le langage de la poste : **presso Bianchi** *c/o Bianchi.*

Mais on dit :

Quello che ammiro di più in lei è l'onestà.
Ce que j'admire davantage chez elle, c'est l'honnêteté.

Ho letto questo verso in Dante. *J'ai lu ce vers chez Dante.*

> **N.B.**
> Plusieurs de ces prépositions simples (**dietro, dentro, sopra, sotto, oltre**) peuvent être suivies d'une autre préposition : cf. §§ 169,3 et 170,3.
> **Passerò dietro la chiesa (dietro alla chiesa).** *Je passerai derrière l'église.*
> **Guardate dentro l'armadio (dentro all'armadio).** *Regardez dans l'armoire.*

169 La préposition « a »

1. Formes

Lorsqu'elle est suivie d'un article, il y a contraction de la préposition et de l'article : **al, ai, all', allo, agli, alla, all', alle** (cf. § 7).

2. Emplois

■ L'endroit où l'on va :

Andranno a Firenze poi a Torino. *Ils iront à Florence puis à Turin.*

andare al cinema *aller au cinéma* mais **andare a teatro** *aller au théâtre*

andare a scuola *aller à l'école*

andare a passeggio *aller se promener*

⚠ On l'emploie toujours après les verbes de mouvement suivis d'un infinitif (cf. § 178) :

Andrò a trovarla domenica. *J'irai la trouver dimanche.*

Siamo corsi ad aiutarli. *Nous avons couru les aider.*

- L'endroit où l'on est :

Vivo a Roma. *Je vis à Rome.*

Ti aspetto a casa. *Je t'attends à la maison.*

Mais :

Trascorrono l'estate in campagna, in riva al mare, in montagna.
Ils passent l'été à la campagne, au bord de mer, à la montagne.

Restiamo a casa ou **in casa.** *Restons à la maison.*

- Le temps :

Appuntamento alle 8 davanti all' E.P.T.
Rendez-vous à 8 heures devant le syndicat d'initiative.

ai nostri giorni *de nos jours*

Mais : **essere in orario** *être à l'heure ;* **in primavera** *au printemps.*

- Le but :

Si destina a diventare avvocato. *Il se destine au Barreau.*

Come faccio a dirgli la verità ? *Comment vais-je faire pour lui dire la vérité ?*

- Le prix et la peine, la sanction :

a quindicimila lire il chilo *à quinze mille lires le kilo*

condannato a dieci anni di carcere *condamné à dix ans de prison*

- La caractéristique, la manière d'être :

una gonna a pieghe *une jupe plissée*

una cravatta a pallini *une cravate à pois*

imparare a memoria *apprendre par cœur*

una bistecca ai ferri *un beefsteak au gril*

un uovo al tegamino *un œuf au plat*

una testa a pera (ou **a forma di pera**) *une tête en forme de poire*

un terreno piantato ad alberi fruttiferi *un terrain planté d'arbres fruitiers*

atteggiarsi a padrone *se donner des airs de patron*

restare a bocca aperta *rester bouche bée*

camminare a occhi chiusi *marcher les yeux fermés*

- La distribution :

a uno a uno, a due a due, a tre a tre
un par un, un à la fois, deux par deux, trois par trois

a decine, a centinaia, a migliaia *par dizaines, par centaines, par milliers*

- **a** introduit l'infinitif de narration :

E tutti a ridere (a piangere, a gridare, a correre).
Et tous de rire (de pleurer, de crier, de courir).

- On l'emploie enfin :

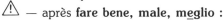

— après **fare bene, male, meglio :**

Hai fatto bene (male, meglio) a tacere. *Tu as bien (mal, mieux) fait de te taire.*

— dans certaines expressions toutes faites :

Perché prenderlo a modello ? *Pourquoi le prendre comme modèle ?*

Siamo stati noi a trovare la soluzione. *C'est nous qui avons trouvé la solution.*

È solo coraggioso a parole. *Il n'est courageux qu'en paroles.*

A voler essere sinceri ... *Si l'on veut être sincère ...*

N.B.

La préposition **a** est de plus en plus employée. On la trouve :

— dans de nombreuses locutions adverbiales (cf. §§ 134, 138, etc.) :

a caso *par hasard,* **a contatto con** *en contact avec,* **ad esempio** *par exemple,* **al fine di** *dans le but de,* **a favore di** *en faveur de,* **a goccia a goccia** *goutte à goutte,* **a nome di** *au nom de,* **a poco a poco** *peu à peu,* **a suo tempo** *en son temps,* **due volte al giorno, all'anno** *deux fois par jour, par an,* **allo scopo di** *dans le but de,* **a stento** *avec peine,* etc.

— dans des expressions où elle tend à remplacer d'autres prépositions :

le critiche ai (= contro i) partiti *les critiques contre les partis*
la lotta al (= contro il) terrorismo *la lutte contre le terrorisme*
guardarsi allo (= nello) specchio *se regarder dans le miroir,* etc.

— après quelques verbes d'usage courant (préposition *de* en français) :

affrettarsi a *se hâter de,* **avvicinarsi a** *s'approcher de,* **convincere uno a fare qualcosa** *convaincre quelqu'un de faire quelque chose,* **ispirarsi a** *s'inspirer de,* **essere obbligato (costretto) a** *être obligé de,* etc.

3. Prépositions composées avec **a** :

accanto a | **vicino a** |	*à côté de*	**incontro a** **di fronte a**	*au-devant de* *face à*
davanti a | **innanzi a** |	*devant*	**in fondo a** **in capo a**	*au fond de* *au bout de*
intorno a	*autour de*	**in cima a**	*au sommet de*
dietro a	*derrière*	**in riva a**	*au bord de*
dentro a	*au-dedans de*	**addosso a**	*sur (quelqu'un)*
in mezzo a	*au milieu de*	**fino, sino a**	*jusqu'à*
in seno a	*au sein de*	**rispetto a** |	
in faccia a | **dirimpetto a** |	*en face de*	**riguardo a** | **insieme a**	*par rapport à* *avec*

N.B.

• Les prépositions **dietro** et **dentro** s'emploient indifféremment avec ou sans la préposition **a**.

• On rencontre aussi **davanti** non suivi de la préposition **a** : **Davanti San Guido,** poésie de G. Carducci.

• **Insieme** se construit avec **a** ou **con** :

È uscito insieme con/ad Enrico. *Il est sorti avec Henri.*

170 La préposition « di »

1. Formes

Lorsqu'elle est suivie d'un article, il y a contraction de la préposition et de l'article : **del, dell', dello, dei, degli, della, dell', delle** (cf. § 7).

2. Emplois

 ■ La propriété :

Di chi è questa chiave inglese ? *A qui est cette clé à molette ?*

È dell'idraulico. *Elle est au plombier.*

- La matière :

un paio di scarpe di cuoio *une paire de souliers en cuir*

una giacca di lana *une veste en laine*

- La qualité :

un uomo di cuore *un homme de cœur*

una donna di spirito *une femme d'esprit*

- Le contenu :

una tazza di caffè *une tasse de café*

un bicchiere di vino *un verre de vin*

- Le lieu d'où l'on vient (sans article en italien) et l'origine :

È appena uscito di prigione. *Il vient de sortir de prison.*

Parte di casa alle 6. *Il part de la maison à six heures.*

di città in città *de ville en ville*

- Le moyen :

coperto di fiori *couvert de fleurs*

coperto di mosaici *couvert de mosaïques*

- Le temps :

di giorno, di notte *le jour, la nuit*   **d'estate, d'inverno** *l'été, l'hiver*

di giorno in giorno *de jour en jour*   **di anno in anno** *d'année en année*

- Expressions à retenir :

ricco di, povero di *riche en, pauvre en*

essere di moda *être à la mode*

a tempo di primato *en un temps record,* **di volata** *au sprint*

salsa di pomodoro *sauce tomate*

prendere di (ou **in**) **contropiede** *prendre à contrepied*

dare del cretino a uno *traiter quelqu'un de crétin*

dare del tu *tutoyer*

Questo cibo non sa di niente. *Cet aliment n'a aucun goût.*

■ L'infinitif est précédé de la préposition **di** après les verbes exprimant une opinion, un désir, un espoir, une crainte, une tentative, etc. Pour l'infinitif sans préposition, cf. § 118[1].

Dans ce cas, **di** se traduit en français par :

— la préposition *de* :

dire di *dire (à quelqu'un de)*   **prevedere di** *prévoir de*

provare di *essayer de*   **tentare di** *tenter de*

Ti dico di tornare. *Je te dis de revenir.*

⚠ — la préposition *à* :

cercare di *chercher à*   **chiedere di** *demander à*

Cerca di capire. *Il cherche à comprendre.*

N.B.

Non mi riesce di partire in orario. *Je n'arrive pas à partir à l'heure.*

1. **Vietato fumare.** *Il est interdit de fumer.*

— pas de préposition :

ardire, osare di *oser*   **degnarsi di** *daigner*

desiderare di *désirer*   **sperare di** *espérer*

Non si degnano di parlare con noi. *Ils ne daignent pas parler avec nous.*

Spero di rivederti. *J'espère te revoir.*

— la conjonction *que* suivie d'une proposition complétive :

affermare di *affirmer que*   **dire di** *dire que*

capire, comprendere di *comprendre que*   **negare di** *nier que*

confessare di *avouer que*   **sapere di** *savoir que*

credere di *croire que*   **sembrare di** *sembler que*

dichiarare di *déclarer que*   **stimare di** *estimer que*

Mi sembra di conoscerla. *Il me semble que je la connais.*

Dice di essere straniero. *Il dit qu'il est étranger.*

N.B.
Certains verbes français sont, contrairement à l'italien, suivis d'une préposition :

Sogna calma e serenità. *Il rêve de calme et de sérénité.*
Che cosa hai sognato ? *De quoi as-tu rêvé ?*
Testimoniò sorpresa. *Il témoigna de la surprise.*

■ Avec les pronoms personnels :

Devant les pronoms personnels, les prépositions **su, sopra, sotto, dopo, prima, senza, contro, dietro, dentro, verso** sont toujours suivies de **di** ; la préposition **fra** peut être ou non suivie de **di** :

Sopra di noi c'è il direttore. *Au-dessus de nous il y a le directeur.*

Dopo di me il diluvio. *Après moi le déluge.*

Senza di te non posso far niente. *Je ne peux rien faire sans toi.*

Non hanno niente contro di lui. *Ils n'ont rien contre lui.*

Sia detto fra (di) noi. *Soit dit entre nous.*

3. Prépositions composées avec **di**

prima di	*avant de*	**a dispetto di**	*en dépit de*
nel mezzo di	*au milieu de*	**ad onta di**	
fuori di	*hors de*	**per via di**	
all'infuori di	*en dehors de*	**per causa di**	*à cause de*
invece di	*au lieu, à la place de*	**per cagione di**	
in mancanza di	*faute de*	**per conto di**	*pour le compte de*
a forza di	*à force de*	**al fine di**	*dans le but de*
a furia di		**allo scopo di**	
a favore di	*en faveur de*	**nei confronti di**	*à l'égard de*
a nome di	*au nom de*	**nei riguardi di**	
per mezzo di	*au moyen de*		

Verremo prima di Natale. *Nous viendrons avant Noël.*

In mancanza di tordi si mangiano merli. *Faute de grives on mange des merles.*

Non sono venuto per via della pioggia. *Je ne suis pas venu à cause de la pluie.*

Invece di ridere faresti meglio a scusarti. *Au lieu de rire, tu ferais mieux de t'excuser.*

Invece di Giulio è venuta la sorella. *Au lieu de Jules, c'est sa sœur qui est venue.*

N.B.
• **Nel mezzo di** est plus précis que **in mezzo a** :
nel mezzo del cortile *au milieu de la cour*
in mezzo alla folla *au milieu de (parmi) la foule*

• **Fuori** s'emploie normalement avec **di**, mais on le trouve aussi sans préposition :
Abita fuori città. *Il habite en dehors de la ville.*
Sono fuori pericolo. *Ils sont hors de danger.*
È un quartiere fuori mano. *C'est un quartier éloigné du centre.*

171 La préposition « da »

1. Formes
Lorsqu'elle est suivie d'un article, il y a contraction de la préposition et de l'article : **dal, dall', dallo, dai, dagli, dalla, dall', dalle** (cf. § 7).

2. Emplois
⚠ ■ L'éloignement, la provenance, le point de départ dans l'espace ou le temps :
Vengo da Mosca. *Je viens de Moscou.*

Andremo a Parigi e poi da lì partiremo per il Brasile.
Nous irons à Paris puis, de là, nous partirons pour le Brésil.

Ti ho visto dalla finestra. *Je t'ai vu de ma fenêtre.*

La cena viene servita dalle otto in poi. *Le dîner est servi à partir de huit heures.*

■ Le lieu où l'on est :
Ci ritroveremo tutti da Pietro alle 6. *On se verra tous chez Pierre à 6 h.*

■ Le lieu par où l'on passe :
I ladri sono passati dal tetto. *Les voleurs sont passés par le toit.*

⚠ ■ La différence :
La mia radiolina è diversa dalla tua. *Ma radio est différente de la tienne.*

Non è riuscito a distinguere la copia dall'originale.
Il n'est pas arrivé à distinguer la copie de l'original.

■ L'agent :
Questo statua è stata scolpita da Michelangelo nel 1528.
Cette statue a été sculptée par Michel-Ange en 1528.

■ La cause :
Tremano dalla paura. *Ils tremblent de peur.*

Piange dalla gioia. *Il pleure de joie.*

■ L'usage, la destination :
la carta da lettere *le papier à lettres ;* **il biglietto da visita** *la carte de visite*
Ha tanto coraggio da salire in cima. *Il a assez de courage pour monter au sommet.*
Non troverà tanto denaro da finanziare l'operazione.
Il ne trouvera pas assez d'argent pour financer cette opération.

■ L'obligation [1], avec l'infinitif :

Ho ancora molti debiti da rimborsare.
J'ai encore beaucoup de dettes à rembourser.

Il ministro è da considerarsi responsabile dell'errore.
Le ministre doit être considéré comme responsable de l'erreur.

⚠ ■ Le détail caractéristique, la manière d'être :

la signorina dai capelli turchini
la demoiselle aux cheveux turquoise (la fée de Pinocchio)

Ti ho riconosciuto dalla voce. *Je t'ai reconnu à ta voix.*

Per Carnevale mi travestirò da zingaro.
Pour le Carnaval je me déguiserai en bohémien.

Si è comportato da galantuomo. *Il s'est conduit en honnête homme.*

Fu un pranzo da principe. *Ce fut un repas de prince.* (digne de …)

⚠ ■ La valeur :

un biglietto da cinquantamila lire *un billet de cinquante mille lires*

■ Expressions à retenir :

da una parte … dall'altra ; da un lato … dall'altro
d'une part … d'autre part (de l'autre) ; d'un côté … de l'autre

dal punto di vista economico *du point de vue économique*

⚠ **Cosa farai da grande ?** *Que feras-tu quand tu seras grand ?*

Da principio [2] non osò protestare. *Au début il n'osa pas protester.*

in modo da *de façon à* ; **tanto da** *de telle sorte que*

È una cosa da ridere. *C'est risible.*

da un giorno all'altro *d'un jour à l'autre*

3. Prépositions composées avec **da** :

fin da ⎱	*dès*	**Ha sofferto fin dall'inizio.**
sin da ⎰		*Il a souffert dès le début.*
lontano da ⎱	*loin de*	**Lontano dagli occhi lontano dal cuore.**
lungi [3] **da** ⎰		*Loin des yeux loin du cœur.*
di qua da	*en deçà de*	**di qua dal fiume** *en deçà du fleuve*
di là da	*au-delà de*	**di là dal ponte** *au-delà du pont*

4. Emplois comparés de **di** et **da**

■ On emploie **di** devant un nom sans article et **da** avec l'article :

Muore di fame (di sete, di freddo). ⎫
Muore dalla fame (dalla sete, dal freddo). ⎬ *Il meurt de faim (de soif, de froid).*

Uscirà di scuola fra un'ora. *Il sortira de l'école dans une heure.*

È uscito da una scuola privata. *Il est sorti d'une école privée.*

---

1. On entend aussi : **Abbiamo molto a aspettare.** *Nous avons beaucoup à attendre.* Mais il vaut mieux employer la préposition **da.**
2. **Dal principio** ou **fin dal principio** signifie *dès le début* :
Fin dal principio si sentì a disagio. *Dès le début, il se sentit mal à l'aise.*
3. **Lungi da** est une forme plus littéraire que **lontano da,** mais on la rencontre encore souvent.
Lungi dal chiedere perdono andò in collera. *Loin de demander pardon, il se mit en colère.*

- Devant les adverbes de lieu, on emploie indifféremment **di** ou **da** :

  Di/da dove viene questa macchina ? *D'où vient cette voiture ?*

  Viene da/di lontano. *Elle vient de loin.*

  Partenza da qui alle 7. Partenza di qua alle 7. *Départ d'ici à 7 heures.*

  Viene di/da fuori. *Il vient de l'extérieur.*

- On emploie **di** pour indiquer l'usage, le contenu, **da** pour indiquer la destination :

Ho rovesciato una tazza di caffè.	**Ho rotto una tazza da caffè.**
J'ai renversé une tasse de café.	*J'ai cassé une tasse à café.*
la cassetta delle lettere	**gli occhiali da sole**
la boîte aux lettres	*les lunettes de soleil*

- **Di** indique le moyen, **da** l'agent :

La parete è coperta di arazzi.	**La statua è coperta da un telone.**
Le mur est couvert de tapisseries.	*La statue est recouverte d'une bâche.*

172 La préposition « con »

1. Formes

On emploie encore les articles contractés **col (con il)** et **coi (con i)** (cf. §§ 7 et 8). Les autres formes de **« preposizioni articolate »** sont tombées en désuétude.

2. Emplois

- L'accompagnement :

  Non stare sempre con Paola. *Ne reste pas toujours avec Paule.*

  Per me una bistecca al sangue con insalatina verde.
  Pour moi, un beefsteak saignant avec de la salade.

- La manière :

  Dovrà lavorare con maggior impegno. *Il devra travailler avec plus de zèle.*

  Mi ha parlato con voce commossa. *Il m'a parlé d'une voix émue.*

  Sono rimasta con[1] **la bocca aperta.** *Je suis restée bouche bée.*

- La caractéristique :

  un giovane con[2] **i capelli neri** *un jeune homme aux cheveux noirs*

- Le moyen :

  Aprirò la porta con un cacciavite. *J'ouvrirai la porte avec un tournevis.*

  trattare con le buone o con le cattive *traiter par la douceur ou par la force*

- La cause :

  Con il freddo che fa, nessuno esce. *Avec le froid qu'il fait, personne ne sort.*

---

1. Ou **a bocca aperta** (cf. § 169,2).
2. Ou **dai capelli neri** (cf. § 171,2).

173 La préposition « in »

1. Formes

Lorsqu'elle est suivie d'un article, il y a contraction de la préposition et de l'article : **nel, nell', nello, nei, negli, nella, nell', nelle** (cf. §§ 7 et 8).

2. Emplois

■ La situation :

— dans l'espace :

Abito in via Garibaldi. *J'habite rue Garibaldi.*

Si sono radunati in piazza. *Ils se sont assemblés sur la place.*

⚠ — dans le temps (cf. § 40,1) :

Il viaggio si svolge nel mese di giugno. *Le voyage se déroule au mois de juin.*

Nacque nel 1975 (nel '75). *Il est né en 1975.* **Tornò nell '88.** *Il revint en 88.*

N.B.
L'italien emploie la préposition dans des cas où le français ne l'emploie pas : **in quell'anno** *cette année-là.*

■ La matière, comme **di** :

una statua in/di legno *une statue en bois*

una scultura in/di marmo *une sculpture en marbre*

N.B.
On peut aussi employer le suffixe **eo** : **ligneo, marmoreo,** etc.

■ Dans de nombreuses expressions (cf. § 6,5) :

venire in macchina, in bicicletta *venir en voiture, à bicyclette*

avere in mente *avoir à l'esprit, en mémoire*

portare in braccio *porter dans ses bras*

in (ou **a) nome di** *au nom de*

giocare in quattro *jouer à quatre ;* **venire in cinque** *venir à cinq*

Non ho fatto in tempo a ... *Je n'ai pas eu le temps de ...*

In men che non si dica. *En moins de temps qu'il ne faut pour le dire.*

dottore in lettere *docteur ès lettres*

andare in giro per negozi *faire du shopping*

Il gioco consiste nel ... *Le jeu consiste à ...*

174 La préposition « per »

1. Formes

Les articles contractés formés avec **per** ne sont plus usités (cf. § 8).

2. Emplois

■ Le but :

Lo farò per Lei. *Je le ferai pour vous.*

L'ho detto per divertirmi. *Je l'ai dit pour m'amuser.*

■ Le moyen :

Spedirò la lettera per via aerea. *J'enverrai la lettre par avion.*

Tutto è stato concluso per telefono. *Tout a été conclu par téléphone.*

⚠ ■ La cause :

L'aereo non è potuto atterrare per la nebbia.
L'avion n'a pas pu atterrir à cause du brouillard.

■ Le futur imminent avec **stare** (cf. § 95) :

Stavo per scriverti. *J'allais t'écrire.*

■ Le lieu par où l'on passe :

Ci siamo incontrati per strada. *Nous nous sommes rencontrés en chemin.*

Si passerà per Venezia [1]. *On passera par Venise.*

Passeggeremo per le vie di Milano. *Nous nous promènerons dans les rues de Milan.*

⚠ ■ La durée [2] :

Ho aspettato per giorni e giorni. *J'ai attendu pendant des jours et des jours.*

Nevicò per una settimana. *Il neigea pendant une semaine.*

■ L'attribution :

Ci porti un gelato per uno. *Apportez-nous une glace pour chacun.*

■ Expressions à retenir :

— **per altro** *par ailleurs*, **per amore o per forza** *de gré ou de force*, **per caso** *par hasard*, **per colpa mia** *par ma faute*, **per di più** *qui plus est*, **per esempio** *par exemple*, **per niente** *pas du tout*, **per sempre** *pour toujours, à jamais*, **spacciarsi per** *se faire passer pour*, **per tempo** *de bonne heure, à temps*.

— **per** suivi de l'infinitif peut traduire *avoir beau* (**avere un bel**) :

Per piangere che tu faccia non soddisferò i tuoi capricci. (ou **Hai un bel piangere ...**)
Tu as beau pleurer, je ne satisferai pas tes caprices.

Per cercar che fecero non trovarono niente. (ou **Ebbero un bel cercare ...**)
Ils eurent beau chercher, ils ne trouvèrent rien.

— On emploie indifféremment **cominciare, finire con** ou **per** *commencer, finir par*.

175 La préposition « su »

1. Formes

Lorsqu'elle est suivie d'un article, il y a contraction de la préposition et de l'article : **sul, sull', sullo, sui, sugli, sulla, sull', sulle** (cf. § 7 et 8).

2. Emplois

■ La situation dans l'espace de manière plus ou moins précise :

Il taccuino è sul tavolo. *Le carnet est sur la table.*

---

1. Ou **da Venezia**.
2. Ne pas confondre :
Ha lavorato per due anni. *Il a travaillé pendant deux ans.* **La casa è stata costruita in due anni.** *La maison a été construite en deux ans.* **La casa sarà terminata fra due mesi.** *La maison sera terminée dans deux mois* (cf. § 185).

La finestra dà sul giardino. *La fenêtre donne sur le jardin.*

un villino sul mare *une villa au bord de la mer*

N.B.

Ho letto sul giornale … *J'ai lu dans le journal …*

L'ho incontrato sul treno. *Je l'ai rencontré dans le train.*

Mais : **Ci vediamo in piazza.** *On se retrouve sur la place.*

- La situation dans le temps :

  sul far della notte *à la tombée de la nuit*

  sulla fine del Cinquecento *vers la fin du XVIe siècle*

- La fréquence :

  una volta su tre *une fois sur trois*

- La durée approximative :

  Il rumore è durato sulle tre ore. *Le bruit a duré environ trois heures.*

- Le prix ou le poids approximatif :

  Costa sui duecentomila dollari. *Cela coûte dans les deux cent mille dollars.*

  Pesa sugli ottanta chili. *Il pèse dans les quatre-vingts kilos.*

- L'âge approximatif :

  una signora sui trenta *une femme d'une trentaine d'années*

- La manière :

  una giacca su misura *une veste sur mesure*

  un dipinto eseguito su modello antico
  une peinture exécutée d'après un modèle ancien

- Le thème :

  una conferenza su Pirandello *une conférence sur Pirandello*

- Expressions à retenir :

su due piedi *immédiatement, sur le champ,* **comandare su tutti** *commander à tout le monde,* **parlare sul serio** *parler sérieusement,* **stare sulle spine** *être sur des charbons ardents,* **andare su tutte le furie** *se fâcher, voir rouge,* **arrampicarsi su per la facciata** *grimper le long de la façade,* **arrampicarsi sugli specchi (sui vetri)** *perdre son temps, défendre une cause perdue.*

EXERCICES EXERCICESEXERCICESEXE

1 Cochez la/les bonne(s) réponse(s) : ©
1. L'ho fatto ☐ da ☐ di ☐ ∅ solo.
2. È un lavoro ☐ di ☐ da specialista.
3. Hanno telefonato ☐ di ☐ da una sta-zione sciistica.
4. ☐ Di ☐ da ☐ il giorno fa caldo ma ☐ da ☐ di notte la temperatura scende sotto zero.

5. È un allievo ☐ all' ☐ dell' ☐ dall' ☐ con una intelligenza straordin*a*ria.

6. Non la riconosci ? È la ragazza ☐ dei ☐ ai ☐ dai ☐ coi ☐ con i capelli rossi (roux).

7. ☐ Di ☐ da questa parte si va a Roma, ☐ dell' ☐ dall'altra, si va a Bologna.

8. Quest'orol*o*gio funziona ☐ di ☐ da dieci anni.

9. Circolate. Non c'è niente ☐ di ☐ a ☐ da ☐ ∅ vedere.

10. Non c'è più niente ☐ di ☐ da ☐ ∅ ☐ a sperare.

2 Même exercice : ©

1. ☐ Di ☐ da principio non mi fidavo poi ho cambiato idea.

2. ☐ A ☐ di ☐ da chi è questo coltello ?.

3. È la colpa ☐ del ☐ dal ☐ al chirurgo.

4. Ho ancora molto ☐ a ☐ da ☐ di ☐ ∅ aspettare

5. Credevo ☐ a ☐ di ☐ ∅ *e*ssere in ritardo.

6. Non ho avuto il tempo ☐ di ☐ da ☐ a risp*o*ndere.

7. Hanno cercato ☐ a ☐ di ☐ ∅ ingannarti.

8. È vietato ☐ da ☐ di ☐ ∅ calpestare le aiuole.

9. Sarebbe un peccato ☐ a ☐ di ☐ ∅ non fare questo vi*a*ggio.

10. Fu l'*a*rbitro ☐ di ☐ a ☐ ∅ calmare i gioc*a*tori.

3 Choisissez la bonne traduction (cf. aussi §§ 185-187) :

1. Je ne l'ai pas vu depuis deux mois.
Non l'ho visto ☐ da ☐ fra ☐ fanno ☐ dopo due mesi.

2. Je vous attends depuis une heure.
Vi aspetto ☐ da ☐ per ☐ fra un'ora ☐ fa.

3. J'ai attendu pendant deux jours.
Ho aspettato ☐ da ☐ fra ☐ per due giorni.

4. Je reviendrai dans trois heures.
Tornerò ☐ da ☐ per ☐ in ☐ fra due ore.

5. Nous nous verrons après le repas.
Ci vedremo ☐ fra ☐ dopo ☐ da il pranzo.

6. J'ai oublié mes lunettes de soleil.
Ho dimenticato gli occhiali ☐ di ☐ da ☐ dal ☐ per il sole.

7. Si tu vas à la papéterie, prends-moi du papier à lettre.
Se vai in cartoleria pr*e*ndimi carta ☐ per ☐ da ☐ di l*e*ttere.

8. A qui est ce chat ? C'est le chat de la concierge. Il est différent du mien.
☐ A ☐ di ☐ da ☐ chi ☐ cui è questo gatto ? È il gatto ☐ di ☐ della ☐ dalla portin*a*ia. È diverso ☐ del ☐ dal mio.

9. D'où vient-il ? Il vient du centre ville.
☐ Da ☐ di dove viene ? Viene ☐ del ☐ dal centro città.

10. Il passe de ville en ville avec sa camionnette.
Passa ☐ da ☐ di città in città ☐ con il ☐ dal camioncino.

4 Traduisez (exemples tirés de journaux ou d'œuvres littéraires) :

1. Notizie dall'It*a*lia. **2.** Dal nostro corrispondente. **3.** (Publicité pour des chaussures) Una salute di ferro, una forma di campione, un'agilità da acr*o*bati, una linea da fare inv*i*dia, un cuore da leone : X̄ è per chi vuole *e*ssere sempre in forma. **4.** È un argomento di per sé appassionante. **5.** Ha visto la morte da presso. **6.** Passi pure ! Prego, dopo di Lei. **7.** Ha promesso una visita per dopo le elezioni. **8.** Poveretto ! È più di là che di qua. **9.** Chiudi la porta. Di là fanno troppo rumore. **10.** Ventotto v*i*ttime per il tifone. **11.** È morto per un attacco cardiaco. **12.** Viaggi per nave. **13.** Le ricerche tra le mac*e*rie sono durate per tutta la notte. **14.** Ā 20 anni dalla morte si ricorda la scomparsa di ... **15.** Ha vissuto due anni da prigioniera. **16.** Da tre giorni era barricata in casa. Tre agenti entrano travestiti da operai. **17.** Mostra del fai-da-te (bricolage) dal 5 al 8 genn*a*io. **18.** L'inflazione può scendere al 4,5% entro la fine dell'88. L'*i*ndice è salito dello 0,7%. **19.** Fin*i*sce un mese tutto da dimenticare. **20.** In trono da bambino, giardiniere da v*e*cchio.

5 Traduisez : ©

1. Ils cherchent dans les décombres.
2. Elle a mis des fleurs dans ses cheveux.
3. Entre lui et nous il y a une différence. **4.** On part dans une heure.
5. On en reparlera dans un mois.
6. Nous nous promenons le long des quais de l'Arno. **7.** Ne marche pas le long du ruisseau (ruscello). Tu risques de tomber.
8. Regarde. Il est au milieu des joueurs. **9.** Ce que j'aime chez mon médecin, c'est son calme. **10.** Il prend ses exemples chez les meilleurs auteurs.

6 Traduisez :

1. Je vais me coucher. 2. Il a bien fait de se taire (tacere). 3. De nos jours tout change vite. 4. De ton temps c'était plus facile. 5. Il s'amuse à marcher les yeux fermés. 6. C'était un gâteau en forme de pyramide. 7. J'apprends tout par cœur. 8. Il est intervenu en faveur de son ami. 9. Il a écrit dans le but de faire connaître le problème. 10. Il y avait un espion au sein du groupe.

7 Traduisez : ©

1. Allons jusqu'au bout de la rue. 2. Il est monté au sommet du Mont Blanc. 3. Je me promène au bord de la rivière. 4. Par rapport à l'année dernière il y a des progrès. 5. Il a parlé au nom de son père. 6. Le magasin est en face de l'église. 7. Je me mettrai au bout de la table. 8. Il s'entraîne dans le but de gagner le championnat. 9. Il ferait mieux de réfléchir. 10. C'est un terrain planté d'oliviers et d'amandiers (mandorlo).

8 Traduisez : ©

1. A qui est-ce ? C'est à toi ? 2. J'irai de maison en maison. 3. Il dort le jour et travaille la nuit. 4. C'est un aliment riche en glucides et pauvre en graisses (grasso). 5. Ce n'est plus à la mode. 6. Il m'a traité d'idiot. 7. Il emploie encore la forme « loro ». 8. Cela n'a aucun goût. 9. J'espère te rencontrer là-bas. 10. Je cherche à comprendre.

9 Traduisez :

1. Elle est partie à cause du froid. 2. Il n'a pas daigné me regarder. 3. Il dit qu'il est riche. 4. Il avoue qu'il a menti. 5. Je passerai après toi. 6. Sans moi tu ne pourras rien. 7. Nous ne pouvons rien contre lui. 8. Avant de partir il a regardé le journal télévisé (telegiornale). 9. Au lieu d'aller à droite il est allé à gauche. 10. A force de mentir il a découragé tout le monde.

10 Traduisez :

1. Je reviens de Paris. 2. Depuis qu'il est marié il est triste. 3. Je passerai par le balcon. 4. Le dessin a été exécuté (eseguire) par un architecte. 5. Il a beaucoup de choses à dire. 6. Cela ne dépend pas de moi. 7. C'est un chien à l'oreille cassée. 8. Tu trembles de froid ou de peur ? 9. J'ai assez de courage pour me battre. 10. Viens chez nous, tu seras mieux.

11 Traduisez : ©

1. C'est un objet d'un million. 2. Quand il était enfant il était gai. 3. Peux-tu me faire la monnaie (spicciolare) d'un billet de 50 000 lires ? 4. Au point de vue économique, c'est un succès. 5. Recommence à partir du début. 6. Il n'est pas malade au point de ne pouvoir travailler. 7. Il a agi de façon à être compris. 8. Le public doit s'abstenir de fumer. 9. Le jeu consiste à toucher (colpire) la cible (bersaglio). 10. Ils ont commencé par refuser puis ils ont fini par accepter.

12 Traduisez : ©

1. Avec le bruit qu'il y a, on n'entend rien. 2. Il appelle d'une voix forte. 3. C'est l'homme au chapeau de paille. 4. Cette année-là ce fut pire (peggio). 5. A ce moment-là on entendit une explosion (scoppio). 6. Ils dorment à six dans une pièce (stanza). 7. Je n'ai pas réussi à ouvrir la porte à temps. 8. Je vais lentement à cause du verglas (ghiaccio). 9. Il est sur le point de partir. 10. En chemin j'ai rencontré le curé (parroco).

13 Traduisez :

1. J'ai lu pendant des heures. 2. Prenez une pioche (zappa) chacun. 3. Il se fait passer pour un étudiant. 4. Nous nous levons de bonne heure. 5. Il se met en colère pour un rien. 6. Ils se quittèrent pour toujours. 7. Il est tombé par ma faute. 8. J'ai eu beau insister, ils ne m'ont pas écouté. 9. Je l'ai retrouvé par hasard. 10. Tu me le diras de gré ou de force.

DIFFICULTES ET PIEGES

Dans ce chapitre sont réunies par ordre alphabétique, sans tenir compte des catégories grammaticales, les difficultés qui rendent parfois difficile la compréhension de l'italien ou la traduction du français en italien.

Pour les autres difficultés, qui conduisent à commettre des erreurs, se reporter à l'INDEX page 237.

176 Aimer (traduction de -)

Pour traduire le français *aimer*, on peut employer **piacere, amare** ou **voler bene.**

1. Piacere

Pour exprimer « le plaisir procuré par quelque chose », on emploie **piacere** qui s'accorde avec le sujet :

J'aime le football.   *J'aime les parties de football.*
Mi piace il calcio.   **Mi piacciono le partite di calcio.**

Pour exprimer le contraire *(déplaire, ne pas aimer)*, on emploie la forme négative de **piacere** plutôt que le verbe **dispiacere :**

Je n'aime pas le jazz.   *Je n'aime pas ces propos.*
Non mi piace il jazz.   **Non mi piacciono questi discorsi.**

Le verbe **dispiacere** traduit *regretter* (cf. § 193).

2. Amare et voler bene

Le verbe **amare** est employé de préférence pour une personne ou un idéal :

Je t'aime.   *Il faut aimer sa patrie.*   *Ils aiment la justice.*
Ti amo.   **Bisogna amare la patria.**   **Amano la giustizia.**

Pour les personnes on emploie souvent aussi **voler bene :**

Je t'aime.   *Dis-le encore que tu m'aimes.*
Ti voglio bene.   **Dillo ancora che mi vuoi bene.**

Mais on entend de plus en plus fréquemment :

J'aime les spaghetti aux fruits de mer. **Amo gli spaghetti ai frutti di mare.**
au lieu de : **Mi piacciono gli spaghetti …**

177 Aller, être sur le point de (traduction de -)

1. Le français *aller*, employé dans le sens de *être sur le point de*, se traduit par **stare per** (cf. § 95) :

Nous allons partir. **Stiamo per partire.**

N.B.
Lorsque, dans une subordonnée, le verbe français est à l'imparfait, on le traduit par un conditionnel en italien :

Il disait qu'il allait revenir tout de suite. **Diceva che sarebbe tornato s̲ubito.**

Je pensais qu'on allait rire. **Pensavo che avremmo riso.**

2. On rencontre aussi **stare lì lì per** ou **e̲ssere lì lì per** :

Stava lì lì per starnutire. *Il était sur le point d'éternuer.*

⚠ **3.** Pour traduire les expressions *je vais vous expliquer, nous allons voir*, qui n'expriment pas un mouvement, on emploie le futur ou le présent avec **ora** ou **adesso** :

Je vais vous expliquer. **Ora/adesso vi spiegherò, ora vi spiego** [1].

Nous allons voir. **Ora/adesso vediamo, vedremo.**

N.B.
Ne jamais employer **andare** lorsqu'il n'y a pas déplacement. On ne doit pas confondre :
Je vais au commissariat de police dire ce que j'ai vu. **Vado in questura a dire quello che ho visto.**
et : *Je vais vous dire ce que j'ai vu.* **Ora vi dico (vi dirò) quello che ho visto.**

178 « Andare a ». La préposition « a » et les verbes de mouvement

⚠ Lorsque **andare** et les verbes de mouvement (**venire** *venir*, **c̲orrere** *courir*, **salire** *monter*, **scendere** *descendre*, **affrettarsi** *se hâter*, etc.) sont suivis d'un verbe, on emploie la préposition **a** :

Vado ad impostare una l̲ettera. *Je vais poster une lettre.*

Va a pr̲endere il biglietto. *Va prendre le billet.*

N.B.
• L'emploi de la préposition **a** est obligatoire même si l'infinitif complément est éloigné du verbe de mouvement :
Tornate s̲ubito a restituire quello che avete preso.
Retournez immédiatement rendre ce que vous avez pris.
È salito suo malgrado e di malavo̲glia ad abbracciare lo zio.
Il est monté malgré lui et à contrecœur embrasser son oncle.
• Pour la traduction de *aller (je vais vous dire...)*, cf. § 177,3.
• Pour les emplois idiomatiques de **andare**, cf. § 98.

179 Arriver (traduction de -)

1. Dans le sens de *se produire* (événements), on peut utiliser les verbes **accadere, avvenire, succe̲dere** ou **capitare** :

Ce sont des choses qui arrivent à beaucoup de gens.
Sono cose che acc̲adono a molti.

Comme cela arrive souvent, personne ne vint l'aider.
Come spesso avviene, nessuno venne ad aiutarlo.

Quoi qu'il arrive, téléphone-moi. **Qual̲unque cosa succeda, telefonami.**

Ce malheur est arrivé (s'est produit) une fois de plus.
Questa disgra̲zia è capitata di nuovo.

---

1. On peut dire aussi : **Ora vo̲glio spiegarvi.**

Capitare traduit aussi le français *tomber (bien* ou *mal)* :

Tu es arrivé au mauvais moment (tu es mal tombé) : *ils sont tous malades.*
Sei capitato male[1] : **sono tutti malati.**

⚠ **2.** Dans le sens de *arriver à, réussir à,* on emploie le verbe **riuscire** :

Je n'arrive pas à ouvrir la porte. **Non riesco ad aprire la porta.**

Je ne suis pas arrivé à connaître la vérité. **Non mi è riuscito sapere la verità.**

N.B.
• Ne pas confondre ces verbes avec **arrivare** ou **giungere** :

Appena arrivato (giunto) a casa, si coricò. *A peine arrivé chez lui, il se coucha.*

• Familièrement, on peut employer **farcela** pour traduire *arriver, réussir à* :

Ce la farà ? *Réussira-t-il ?*
Ce la farai da solo ? *Tu t'en sortiras tout seul ?*

180 Assez (traduction de -)

1. Basta ! *Assez !*

J'en ai assez de vos bavardages ! **Basta con le chiacchiere !**

2. Abbastanza, alquanto, piuttosto
C'est assez chaud. **È abbastanza caldo.**

C'est assez (plutôt) ennuyeux. **È alquanto (piuttosto) noioso.**

Dans ce dernier cas, on pourra aussi employer le diminutif :

C'est assez ennuyeux. **È noiosetto.**   *C'est plutôt scabreux.* **È scabrosetto.**

3. Discretamente traduit *assez bien* :

Il joue assez bien du violon. **Suona discretamente il violino.**

Comment travaille-t-il ? Assez bien (pas mal). **Come lavora ? Discretamente.**

N.B.
Assai signifie *beaucoup, très (molto).*

181 Aucun (traduction de -)

⚠ Pour traduire *aucun* (pronom ou adjectif), on emploie **nessuno** :

Aucun n'a répondu. **Nessuno ha risposto.**

Ils n'ont trouvé aucun survivant. **Non hanno trovato nessun superstite.**

N.B.
Alcuno a un sens affirmatif :

Alcuni sono partiti. *Quelques-uns sont partis.*

Ho portato alcuni dischi. *J'ai apporté quelques disques.*

Alcuno ne prend une valeur négative que dans les propositions négatives :

Non c'è nessun (ou alcun) motivo perché tu sia licenziato.
Il n'y a aucun motif pour que tu sois licencié.

ou après **senza : Agisce senza alcun (nessun) ritegno.** *Il agit sans aucune retenue.*

---

1. **Un malcapitato** *un malchanceux, un malheureux* (quelqu'un qui arrive au moment inopportun).
Il malcapitato cadde nelle scale proprio il giorno dello sciopero degli ospedali.
Le malheureux tomba dans les escaliers justement le jour de la grève des hôpitaux.

182 Aussi (traduction de -)

Ne pas confondre *aussi* adverbe et *aussi* conjonction.

1. *Aussi* adverbe se traduit par **anche** ou **pure** :

J'en veux aussi. **Ne v̲oglio anch'io.**

Il viendra lui aussi. **Verrà pure lui.**

2. *Aussi* conjonction se traduit par **perciò, quindi, così** :

Je ne me sens pas bien, aussi resterai-je à la maison.
Non sto bene, perciò/quindi/così resterò a casa.

Il n'est venu qu'une fois, aussi ne l'ai-je pas reconnu.
È venuto una sola volta, quindi/perciò/così non l'ho riconosciuto.

> **N.B.**
> Le contraire de **anche** est **neanche, neppure** ou **nemmeno** :
>
> **Neanche/neppure/nemmeno Vitt̲orio ha capito.**
> *Victor n'a pas compris non plus. Même Victor n'a pas compris.*

183 Ça (traduction de -)

1. Dans certains cas, *ça* (contraction de *cela*) est traduit par le démonstratif :

Ça vous va bien. **Questo vi sta bene.**
Ça, je le crois. **Questo lo credo.**
Ça alors ! **Questa poi !**
Ça c'est une surprise ! **Questa è una sorpresa (questa sì che è una sorpresa).**

2. Mais, dans de nombreuses expressions, le français *ça* ne se traduit pas directement :

Ça sent mauvais. **Puzza.**	*Ça dépend.* **Dipende.**
Comment ça va ? **Come va ?**	*Ça va bien.* **Va bene.**
Ça va comme ci comme ça. **(Va) così così.**	*Ça coûtera cher.* **Costerà caro.**
Ça suffit. **Basta.**	*Ça y est.* **Ecco fatto. Ci siamo.**
Ça t'apprendra. **Così impari.**	*C'est toujours ça.* **È già qualcosa.**
Ça m'est égal. **Per me fa lo stesso.**	

184 C'est (traduction de -)

1. Réponse à la question : *Qu'est-ce ? Qu'est-ce que c'est ?* **Che cos'è ?**

C'est un livre. **È un libro.**   *C'est un crayon.* **È una matita.**

⚠ **2.** Réponse à la question : *Qui est-ce ?* **Chi è ?**

C'est moi.   C'est toi.   C'est lui.   C'est nous.   C'est vous.   Ce sont eux.
Sono io.   Sei tu.   È lui.   Siamo noi.   Siete voi.   Sono loro.

L'auxiliaire **essere** peut évidemment se mettre à tous les temps :

Qui était-ce ? C'était moi. **Chi era ? Ero io.**

3. Réponse à la question : *Qui (fait quelque chose) ?*

Qui a parlé ? Qui est-ce qui a parlé ? **Chi ha parlato ?**

C'est moi. **Io.** *C'est lui.* **Lui.** *C'est elle.* **Lei.**

C'est nous. **Noi.** *C'est vous.* **Voi.** *Ce sont eux, ce sont elles.* **Loro.**

C'est moi qui ai parlé. **Ho parlato io.**

4. Traduction de *c'est moi qui... :*

C'est moi qui parle.   *C'est toi qui le dis.*   *C'est lui qui l'a cassé.*
Parlo io.   **Lo dici tu.**   **L'ha rotto lui.**

On dit également :

C'est lui qui a crié.   *C'est moi qui ai tiré.*   *C'est le ministre qui a démenti.*
È stato lui a gridare. Sono stato io a sparare. È stato il ministro a smentire.

Et on entend aussi :
C'est moi qui commande. **Sono io che comando** à côté de **Comando io.**

5. Traduction de *c'est à moi de... :*

⚠ A la question : *A qui est-ce de... ? A qui le tour ?* **A chi tocca... ?,** on répond en
employant les verbes **toccare** ou **spettare** suivis de la préposition **a** :

C'est à moi de jouer.   *C'est à mon tour de payer l'addition.*
Tocca a me giocare.   **Tocca a me pagare il conto.**

C'est à toi de résoudre le problème.   *C'est à nous de décider.*
Spetta a te ris<u>o</u>lvere il problema.   **Spetta a noi dec<u>i</u>dere.**

> **N.B.**
> • **Tocca a** traduit l'idée de « suivre un tour » (c'est un droit autant qu'un devoir).
> **Spetta a** exprime davantage une idée de devoir, d'obligation.
> Mais la différence n'est pas toujours très sensible, notamment pour **toccare** qui peut traduire
> l'idée d'*incomber*, d'*appartenir* :
>
> **Tocca a te fare il necess<u>a</u>rio.**   **Mi tocca partire ora.**
> *Il t'appartient de faire le nécessaire.*   *Je dois partir maintenant.*
>
> • On rencontre aussi le verbe **stare** suivi de la préposition **a** :
> **Non sta a noi risp<u>o</u>ndere.**   *Ce n'est pas à nous de répondre.*

185 Dans, en (traduction de -, pour exprimer le temps) ————

1. *En une minute il y a soixante secondes.* **In un minuto ci sono sessanta secondi.**

2. *J'ai compris en dix minutes.* **Ho capito in dieci minuti.**
Le palais a été construit en trente ans. **Il palazzo è stato costruito in trent'anni.**

3. *En l'an 2000 j'aurai trente ans.* **Nel 2000 (nel duemila) avrò trent'anni.**
Il est né en 1968 (en 68). **È nato nel 1968 (nel '68).**
Elle est morte en 1987 (en 87). **È morta nel 1987 (nell' 87).**

4. *Les travaux commenceront dans deux ans et seront achevés en deux ans.*
    I lavori cominceranno fra due anni e saranno compiuti in due anni.
⚠ Avec un futur, **fra** traduit l'attente, **in** exprime le temps nécessaire.

5. *Payez dans la semaine (avant la fin de la semaine).* **Pagate entro la settimana.**
Entro (ou **dentro**) indique la limite à ne pas dépasser.

Pour traduire le français *il faut,* on peut employer **bisognare, occorrere** ou **ci vuole.**

1. Bisognare :

■ Dans les phrases affirmatives, le verbe **bisognare** indique « une obligation, une nécessité absolue » :

Bisogna agire. *Il faut agir.*

Bisogna pagare i debiti. *Il faut payer ses dettes.*

■ Dans les phrases négatives, **bisognare** exprime une interdiction :

Non bisogna stare con le mani in mano.
Il ne faut pas rester là à se tourner les pouces (les bras ballants).

N.B.
Le verbe **bisognare** ne peut être suivi immédiatement d'un substantif, il faut intercaler le verbe **avere** :

Bisogna avere pazienza. *Il faut (avoir) de la patience.*

Bisogna ch'io abbia tempo di tornare.
Il faut que j'aie le temps de revenir. (Il me faut le temps de revenir.)

2. Occorrere :

Occorrere peut s'employer avec un verbe et, à la différence de **bisognare**, avec un substantif, pour traduire une idée de nécessité :

■ Avec un verbe :

Occorre prenotare il posto. *Il faut réserver sa place.*

Occorre che tu prenda il libretto degli assegni.
Il faut que tu prennes ton carnet de chèques.

⚠ ■ Avec un substantif (on fait l'accord avec le sujet réel) :

Occorre un biglietto.   Occorrono molti documenti. Mi occorre un consiglio.
Il faut un billet.   Il faut beaucoup de papiers.   Il me faut un conseil.

N.B.
• Le participe présent substantivé, **l'occorrente**, est parfois employé :

Non si preoccupi. Siamo partiti con l'occorrente.
Ne vous inquiétez pas. Nous sommes partis avec tout ce qu'il faut (le nécessaire).

• La différence est nette entre **bisognare** et **occorrere**, surtout dans les phrases négatives :
Occorre un diploma ? No, non occorre.
Faut-il un diplôme ? Non, ce n'est pas nécessaire.

Bisogna parlarne ? No, non bisogna dirne una sola parola.
Faut-il en parler ? Non, il ne faut pas (il est interdit d') en dire un seul mot.

3. Ci vuole :
⚠ L'expression **ci vuole** ne se construit qu'avec des substantifs et s'accorde avec le sujet. Elle équivaut à **occorrere** :

Ci vuole tempo ci vuole coraggio. *Il faut du temps et du courage.*

Ci vogliono dei giovani robusti. *Il faut des jeunes gens robustes.*

Quanto ci vuole per andare a Parigi ? Ci vogliono sei ore con il treno.
Combien de temps faut-il pour aller à Paris ? Il faut six heures par le train.

N.B.
Il a fallu, il m'a fallu... se traduira par : **è stato necesario, ho dovuto...**

4. Autres traductions de *il faut* :

On peut employer :

- **(mi) tocca**[1] :

    Mi tocca partire per primo.   **Ti tocca rispondere a quest'accusa.**
    Il faut que je parte le premier.   *Il faut que tu répondes à cette accusation.*

- **conviene** ou **si deve** :

    Conviene prendere una decisione. *Il faut (il convient de) prendre une décision.*

    È tardi. Si deve tornare a casa. *Il est tard. Il faut rentrer à la maison.*

- des expressions comme **è necessario** *il est nécessaire de,* **è opportuno** *il est opportun de,* **è lecito** *il est permis de,* **è giocoforza** *il est indispensable de.*

    È giocoforza rinunciare. *Il faut renoncer.*

    È lecito interrogarsi sulla fondatezza di...
    Il est permis de (il faut) s'interroger sur le bien-fondé de...

5. Traduction de *comme il faut* :

- Lorsqu'on parle d'une personne : **per bene, a modo, come si deve.**

    C'est quelqu'un de bien, comme il faut.
    È una persona per bene/come si deve/a modo.

- Lorsqu'on parle du comportement de quelqu'un : **come si deve, a dovere, a modo.**

    Il ne s'est pas conduit comme il faut. **Non si è condotto come si deve.**

6. Traduction de *il s'en faut, peu s'en faut, peu s'en fallut* :

    Peu s'en fallut qu'il ne mourût. **Mancò poco che non morisse.**

    Peu s'en fallut qu'il ne tombât. **Per poco non cadde.**

> **N.B.**
> **Ci manca molto.** *Il s'en faut de beaucoup.*
> **Ci manca poco.** *Peu s'en faut.*

187 Il y a (traduction de -)

1. Dans le sens quantitatif, on emploie **c'è** qui se conjugue et s'accorde :

    Il y a un client. **C'è un cliente.**
    Il n'y a rien. **Non c'è niente.**
    Il y avait du monde. **C'era gente.**
    Il y a peu de magasins. **Ci sono pochi negozi.**
    En une heure il y a soixante minutes. **In un'ora ci sono sessanta minuti.**

> **N.B.**
> • **Ci** est parfois remplacé par **vi** : **ci sarà** ou **vi sarà** *il y aura.*
>
> • Ne pas confondre :
>
> **È un cliente.**   **C'è un cliente.**
> *C'est un client.*   *Il y a un client.*
>
> **Che cos'è ?**   **Che cosa c'è ?**
> *Qu'est-ce ?*   *Qu'y-a-t-il ?*

---

1. L'emploi de **mi tocca** *il me faut,* qui implique une obligation, est différent de celui de **tocca a me** *c'est à mon tour de* (cf. § 184,5).

- Aux temps composés, on emploie l'auxiliaire **essere,** et le participe passé s'accorde :

C'è stato un incidente stradale.　　**Ci sono stati due feriti.**
Il y eu un accident de la route.　　*Il y a eu deux blessés.*

- Traduction de *il y en a… :*

Il y en a un. **Ce n'è uno.**
Il y en a trois. **Ce ne sono tre.**
Il y en avait une seule. **Ce n'era una sola.**
Il y en aura davantage. **Ce ne sarà di più.**
Il y en aura d'autres. **Ce ne saranno altri.**

2. Dans le sens temporel :

 ■ Le temps écoulé depuis un fait passé et achevé se traduit par **fa** qui se place après le complément de temps et qui est invariable :

> *Mon frère est parti il y a trois ans.* **Mio fratello è partito tre anni fa.**
>
> *Le palais a été construit il y a un siècle.* **Il palazzo fu costruito un secolo fa.**

Cette forme marque un moment précis dans le temps.

> **N.B.**
> On rencontre aussi la forme plus rare **orsono** (ou **or sono) :**
> **È arrivato qui dieci anni fa/orsono.** *Il est arrivé ici il y a dix ans.*

 ■ Lorsque *il y a* est suivi de la conjonction *que (cela fait… que, depuis),* on traduit par **da** ou par **è** (variable)… :

> *Il y a trois ans que j'étudie l'italien (= J'étudie l'italien depuis trois ans).*
> **Studio l'italiano da tre anni** / ou : **Sono tre anni che studio l'italiano.**

> **N.B.**
> - En français comme en italien, *il y a* et **fa** ne s'emploient qu'avec le présent. Pour transposer l'action dans le passé, les deux langues ont recours à un adverbe :
> *Il y avait trois ans qu'il était parti. (= Il était parti trois ans auparavant)*
> **Era partito tre anni prima** ou : **Erano tre anni ch'era partito.**
>
> - Pour traduire des phrases du type :
> *Il y avait trois ans qu'il était parti quand je suis arrivé.* (ou : *Il était parti depuis trois ans…*)
> il suffit de modifier le temps du verbe : **Era partito da tre anni quando sono arrivato.**

188 « Lei » et « Loro » (Emploi de la forme de politesse) ——

1. Formes des pronoms sujets et compléments de la forme de politesse

	SUJET		COMPLÉMENT	
			FORMES FAIBLES	FORMES FORTES
SINGULIER	Lei (Ella)	DIRECT	La	Lei
		INDIRECT	Le	a Lei
PLURIEL	Loro	DIRECT	Le	Loro
		INDIRECT	Loro	a Loro

Che cosa ne pensa, Lei ? *Qu'en pensez-vous ?*
Dovrà pagare Lei. *C'est vous qui devrez payer.*
La prego di seguirmi, Signore. *Je vous prie de me suivre, Monsieur.*
La prego di aspettarmi, Signora. *Je vous prie de m'attendre, Madame.*
Le darò la risposta stasera, Signora. *Je vous donnerai la réponse ce soir, Madame.*
Le chiedo scusa, Signore. *Je vous prie de m'excuser, Monsieur.*
Non sono d'accordo con Lei. *Je ne suis pas d'accord avec vous.*

2. Emploi de **Lei, Loro, voi** et **tu**

■ **Lei**

— En italien, lorsqu'on s'adresse à une personne que l'on vouvoierait en français, on emploie la forme de politesse **(Lei)**. On s'adresse à « Sa Seigneurie »[1], c'est-à-dire qu'on lui parle à la troisième personne **(dare del Lei)** :

Come sta Lei ?	**Come si chiama Lei ?**	**Lei ha ragione.**
Comment allez-vous ?	*Comment vous appelez-vous ?*	*Vous avez raison.*

— La plupart du temps, **Lei** est sous-entendu :

Come sta ?	**Come si chiama ?**	**Ha ragione.**

■ **Loro** et **voi**

Loro étant le pluriel de **Lei,** on devrait en principe utiliser cette forme dans tous les cas où l'on s'adresse à plusieurs personnes à qui l'on dit **Lei** lorsqu'on leur parle individuellement[2]. Dans la vie courante, on utilise le **voi**[3] et la forme **Loro** est employée lorsqu'on veut montrer une déférence particulière à l'égard de ses interlocuteurs (dans l'hôtellerie notamment).

Quando arriveranno Loro ? *Quand arriverez-vous ?*

Se (Loro) preferiscono, possono tornare più tardi.
Si vous le préférez, vous pouvez revenir plus tard.

■ Tutoiement et vouvoiement

L'usage du tutoiement **(dare del tu)** est très largement répandu en Italie : on se tutoie entre collègues, entre étudiants dès la première rencontre, etc. D'ordinaire, un auteur tutoie son lecteur lorsqu'il s'adresse à lui et on tutoie aussi les destinataires des messages publicitaires :

Metti una tigre nel motore. *Mettez un tigre dans votre moteur.*

3. Formes verbales de la forme de politesse

■ Comme il s'agit d'une troisième personne (forme **Lei** au singulier, forme **Loro** au pluriel), les verbes sont conjugués en conséquence :

Lei ha torto. Loro hanno torto. *Vous avez tort.*

⚠ ■ A l'impératif, on emploie les formes du subjonctif présent *(que Monsieur, que Madame...)* :

Entri.	**Sia.**	**Abbia.**	**Dica.**	**Si alzi.**	**Pensi a sé.**
Entrez.	*Soyez.*	*Ayez.*	*Dites.*	*Levez-vous.*	*Pensez à vous-même.*

---

1. Dans des textes archaïques ou dans des formules stéréotypées (cartons d'invitation, formules officielles), on lit **V.S. (Vostra Signora)** ou la **S.V. (la Signoria Vostra)**. Dans ce contexte, on emploie aussi **Ella** lorsqu'on s'adresse à de hautes personnalités.
2. Pensons au français : *Que désirent ces Messieurs (ces messieurs et dames) ?* (L'italien ancien employait aussi la forme **Lor Signori**.)
3. Cette forme est aussi employée au théâtre pour s'adresser à une seule personne et, concurremment au **Lei**, dans la correspondance commerciale. Dans le sud de l'Italie, **voi** est d'un usage courant à la place de **Lei**. Notons enfin que, par réaction contre une forme d'origine étrangère (le **Lei** calque en effet le « *Usted* » espagnol), le fascisme avait préconisé le remplacement systématique de **Lei** par **voi**.

4. Accord des adjectifs

Lei est, grammaticalement parlant, une forme féminine, mais on fait l'accord avec le sexe de la personne à laquelle on s'adresse [1] :

Lei è troppo buono (Signore).
Vous êtes trop bon (Monsieur).

Lei è troppo buona (Signora).
Vous êtes trop bonne (Madame).

Signore, l'ho aspettato a lungo. *Monsieur, je vous ai attendu longtemps.*
Signora, l'hanno chiamata al telefono. *Madame, on vous a appelée au téléphone.*

⚠ **5.** Adjectifs et pronoms possessifs de la forme de politesse

Les possessifs correspondant à la forme de politesse sont évidemment ceux de la 3e personne :

Ecco la Sua posta. *Voici votre courrier.*
Sono Sue queste cartoline ? *Ces cartes postales sont-elles à vous ?*

N.B.
• A l'écrit, on trouve souvent la majuscule avec le possessif et le pronom personnel :
In risposta alla Sua lettera del... *En réponse à votre lettre du...*
Anticipatamente ringraziandoLa... *En vous remerciant par avance...*

• On doit veiller à écarter tout risque d'ambiguïté :
Ho visto il Signor Martini con la sorella di Lei. *J'ai vu Monsieur Martini avec votre sœur.*
Si l'on disait **sua sorella,** on pourrait penser qu'il s'agit de la sœur de Monsieur Martini.

189 Magari

Magari peut être adverbe, conjonction ou interjection.

1. Adverbe :
■ Sens de **forse, anche :**
Magari riuscirà a vincere di nuovo.
Peut-être réussira-t-il même à gagner une fois de plus.
■ Sens de **almeno :**
Potevi magari dire che avresti pagato dopo.
Tu aurais pu dire au moins que tu paierais après.

2. Conjonction (sens de **quand'anche, anche se**) :
Conoscerò la verità magari me ne dovessi pentire.
Je connaîtrai la vérité même si je dois le regretter.

3. Interjection :
Magari potessi viaggiare ! *Si au moins je pouvais voyager !*
Ti piacerebbe avere una macchina ? Magari.
Tu aimerais avoir une voiture ? Bien sûr ! (Volontiers !)
Magari nevicasse domani !
Plût au ciel qu'il neige demain ! (Dieu fasse qu'il neige demain !)

---

1. Toutefois, on fait parfois l'accord au féminin même lorsqu'on s'adresse à un homme. C'est le cas notamment avec les formes dont on a parlé (cf. note 2, p. 223) : **Ella è pregata di...** *Vous êtes prié de...* **V.S. è invitata a intervenire a...** *Vous êtes invité à participer à...*

190 Même (traduction de -)

Ne pas confondre *même* adjectif et *même* adverbe :

1. Adjectif :

Ce n'est pas le même prix. **Non è lo stesso (il medesimo) prezzo.**
Ce n'était pas le même tarif. **Non era la stessa/la medesima tariffa.**

2. Adverbe :

Il y aura même des chanteurs. **Ci saranno anche/pure/perfino dei cantanti.**
Perfino tend à être remplacé par **anche** même s'il rend une nuance particulière : la surprise, l'étonnement :

Hanno acquistato tutto, perfino quello che non valeva niente.
Ils ont tout acheté, même ce qui ne valait rien.

Era assente perfino il preside.
Même le proviseur était absent (= lui qui est toujours présent).

N.B.
• *Même... pas* se traduit par **neanche, nemmeno** ou **neppure** :
— S'ils précédent le verbe, on n'emploie pas de négation :
Neanche/neppure/nemmeno gli scienziati sanno rispondere.
Même les savants ne savent pas répondre.

— S'ils suivent le verbe, la négation **non** est obligatoire :
Non ha risposto neanche/neppure/nemmeno la segretaria.
Même la secrétaire n'a pas répondu.

La segretaria non ha neanche/neppure/nemmeno risposto.
La secrétaire n'a même pas répondu.

• **Anzi** traduit *et même* :
Non andrò a lavorare, anzi resterò a letto.
Je n'irai pas travailler, et même je resterai couché.

191 On (traduction de -)

Pour traduire le français *on*, l'italien dispose de nombreuses possibilités.

1. Verbe employé à la forme réfléchie

Qui si mangia bene. *Ici on mange bien.* **Si sa che...** *On sait que...*

Si dice che... *On dit que...* **Si è scritto che...** *On a écrit que...*

Si comincerà a giocare alle 14. *On commencera à jouer à 14 h.*

N.B.
• Comme il s'agit d'une tournure réfléchie, le verbe s'accorde avec le sujet :
Si vede la cupola di San Pietro. *On voit le dôme de Saint-Pierre.*
Si vedono i tetti della città. *On voit les toits de la ville.*
Si può vedere la cupola. *On peut voir la coupole.*
Si possono vedere i tetti. *On peut voir les toits.*

• L'italien ne traduit pas le pronom français explétif *le* :

Come si vede. *Comme on le voit.*   **Come si dice.** *Comme on le dit.*

mais on traduit le pronom *le* non explétif :

Lo si vide entrare. *On le vit entrer.*

• Dans les phrases du type : *on est jeune, riche, vieux,* etc., l'adjectif, le participe ou le substantif se met au pluriel :

Quando si è giovani si è spensierati. *Quand on est jeune on est insouciant.*
Quando si è intelligenti non si reagisce in questo modo.
Quand on est intelligent on ne réagit pas de cette manière.

Aux temps composés, on emploie l'auxiliaire **essere** :

> **Si è già detto tutto su questo problema.** *On a déjà tout dit sur ce problème.*
> **Finalmente si è scoperta la verità.** *On a enfin découvert la vérité.*
> **Si sono vendute molte ostriche per Natale.**
> *On a vendu beaucoup d'huîtres pour Noël.*

> **Gli si è detto che...**   **Le si è detto che...**   **Si è detto loro che...**
> *On lui a dit (à lui) que...* *On lui a dit (à elle) que...* *On leur a dit que...*

2. Place du pronom réfléchi

- Il se met après la négation :

> **Non si parla così.** *On ne parle pas de cette façon-là.*
> **Non si leggono più i capolavori del passato.**
> *On ne lit plus les chefs-d'œuvre du passé.*

- Avec un autre pronom :

— Il se place devant **loro** et **ne** :

> **Si dice loro di riflettere.** *On leur dit de réfléchir.*
> **Se ne mangia ogni sabato.** *On en mange tous les samedis.*
> **Se ne vedono tanti !** *On en voit tellement !*

— Il se place après les autres pronoms :

> **Le si dice di riflettere.** *On lui dit (à elle) de réfléchir.*
> **Ci si tornerà domani.** *On y retournera demain.*
> **Ci si alza ogni mattina alle otto.** *On se lève tous les matins à huit heures.*

3. Autres tournures

- On peut employer la première ou la troisième personne du pluriel :

> **Preferiamo lavorare con gente che conosciamo bene.**
> **Preferiscono lavorare con gente che conoscono bene.**
> *On préfère travailler avec des gens que l'on connaît.*

Dans le premier cas, le locuteur se considère comme faisant partie du groupe désigné par **noi** (« Nous préférons travailler et moi aussi »). Dans le deuxième, il prend ses distances [1].

- On peut également employer la deuxième personne du singulier [2] :

> **Appena arrivi, sei accolto dagli organizzatori.**
> *Dès qu'on arrive, on est accueilli par les organisateurs.*

- On peut parfois employer **la gente** (toujours au singulier) :

> **La gente parla senza sapere.** *On parle (les gens parlent) sans savoir.*

ou **uno** :

> **Se uno vuol essere sicuro di entrare deve arrivare in anticipo.**
> *Si l'on veut être sûr d'entrer, il faut arriver en avance.*

- Enfin, la forme passive permet d'éviter certaines ambiguïtés :

> **La porta fu aperta in silenzio.**   **La porta si aprì in silenzio.**
> *On ouvrit la porte silencieusement.*   *La porte s'ouvrit silencieusement.*

Certaines formules passives sont très usitées :

> **Fu fatta entrare.** *On la fit entrer.*
> **Fu chiamato (invitato) a testimoniare.** *On l'appela (invita) à témoigner.*
> **Il medico fu mandato a chiamare.** *On appela le médecin.*

---

1. La nuance entre les deux formes est assez sensible : **Lo stimiamo molto.** *On l'estime* (nous l'estimons, et moi aussi) *beaucoup.* **Lo stimano molto.** *On* (ils, les autres) *l'estime beaucoup.* (Moi je n'ai rien à dire à ce sujet.)
2. Beaucoup plus rare est l'emploi de la deuxième personne du pluriel : **Quando arrivate.**

192 Personne (traduction de -)

Personne se traduit par **nessuno** (cf. § 71,2).

⚠ Lorsque **nessuno** précède le verbe, on n'emploie pas de négation :

Nessuno verrà. *Personne ne viendra.*

Mais si **nessuno** suit le verbe, la négation **non** est obligatoire :

Non è venuto nessuno. *Personne n'est venu.*

193 Regretter (traduction de -)

1. Pour traduire l'expression de politesse *je regrette, je suis désolé*, on emploie **mi dispiace** et, avec une nuance plus accentuée, **mi rincresce** *(cela me fait de la peine)* :

Mi dispiace di avere un quarto d'ora di ritardo.
Je regrette d'avoir un quart d'heure de retard.

Mi rincresce di apprendere che siete raffreddati.
Je regrette d'apprendre que vous êtes enrhumés.

> **N.B.**
> A la place de **dispiace**, on trouve la forme **spiace** : **mi spiace, ci spiace,** etc.
> Dans le langage administratif et commercial, on utilise les formules : **sono spiacente, siamo spiacenti di** *je regrette, nous regrettons (nous sommes au regret de)...*

L'expression **mi duole** est un peu plus affectée :

Mi duole farLe noto che... *J'ai le regret, je suis au regret de vous faire savoir que...*

2. « Regretter le passé, quelque chose ou quelqu'un » se traduit par **rimpiangere** :

È puerile passare il tempo a rimpiangere la giovinezza.
Passer son temps à regretter sa jeunesse (à pleurer sur sa jeunesse perdue) est puéril.

3. « Regretter une faute, une action », en éprouvant du remords ou de l'amertume, est exprimé par **rammaricarsi** :

Non serve a niente rammaricarti la tua imprudenza.
Regretter ton imprudence ne sert à rien.

> **N.B.**
> On peut également employer le verbe **pentirsi** *se repentir* :
> **Non si pente di quanto ha fatto.** *Il ne regrette pas ce qu'il a fait.*

194 Rien (traduction de -)

Le français *rien* se traduit par **niente** ou **nulla** (cf. § 73,1).

⚠ Lorsque **niente** ou **nulla** précède le verbe, on n'emploie pas de négation :

Niente/nulla mi fa paura. *Rien ne me fait peur.*

Mais si ces pronoms suivent le verbe, la négation **non** est obligatoire :

Non ho paura di niente/di nulla.

Niente peut aussi traduire *pas de* : **Per me niente vino.** *Pour moi, pas de vin.*

⚠ **1.** Si le verbe est au présent, on emploie le passé composé accompagné des expressions **appena, poco fa, proprio ora** ou **or ora** :

Il vient d'arriver. 〈 È appena arrivato.
È arrivato poco fa.
È arrivato proprio ora (ou or ora).

2. Si le verbe est au passé, on emploie le passé antérieur accompagné des expressions **appena, poco prima, proprio allora** ou **allora allora** :

Il venait d'arriver. 〈 Era appena arrivato.
Era arrivato poco prima.
Era arrivato proprio allora (ou allora allora).

EXERCICES EXERCICESEXERCICESEXE

1 Traduction de aimer : ©

1. J'aime la glace au chocolat. **2.** Je n'aime pas ce livre. **3.** Nous n'aimons pas les sports violents. **4.** Il n'aime rien ni personne. **5.** Je n'aime pas répéter les mêmes choses. **6.** Elle aime les films d'horreur (dell'orrido). **7.** Il aime les romans policiers (giallo). **8.** Ils aiment les matches de football. **9.** Je t'aime. **10.** Je ne l'aime plus.

2 Traduction de être sur le point de : ©

Transformez les phrases suivantes selon le modèle : Muore→Sta per morire.
1. Cadano. **2.** Partiamo. **3.** Si alza. **4.** Rispondono **5.** Commette un errore. **6.** Prende l'aereo. **7.** L'aereo atterra. **8.** Il treno parte. **9.** Muoiono. **10.** Si tuffa dal trampolino (tremplin).

3 Traduction de aller, andare **et les verbes de mouvement :** ©

1. Je vais voir un film italien. **2.** Allez voir cette exposition (mostra). **3.** Ils allèrent sans attendre (senza indugio) jouer dans la cour (cortile). **4.** Je cours l'embrasser. **5.** Descends vite voir qui (chi) a sonné. **6.** Dépêche-toi de revenir ici. **7.** Monte tout de suite prendre ta valise. **8.** Viens voir ça. **9.** Viens tout de suite (subito) m'aider. **10.** Allez-y plus tard. **11.** Il est monté se coucher sans rien nous dire. **12.** Le train va partir. **13.** L'avion allait décoller. **14.** Je vais tout vous expliquer. **15.** Nous allons voir qui a raison. **16.** Il allait sortir quand le téléphone sonna (squillare). **17.** Tu vas voir. Il va encore se mettre en colère. **18.** Et maintenant qui va payer ? **19.** Vas-y doucement. **20.** Elle a couru dans toute la ville (per le vie della città) pour retrouver son chien.

4 Traduction de arriver : ©

1. Qu'arrive-t-il ? **2.** Qu'est-il arrivé ? **3.** Qu'arrivera-t-il ? **4.** Je t'aiderai quoi qu'il arrive. **5.** L'accident (incidente) est arrivé en mon absence. **6.** Je suis arrivé au bon moment. **7.** Ici il n'arrive jamais rien. **8.** Je n'arrive pas à dormir. **9.** Ils n'arrivent pas à retrouver le sourire. **10.** Tu n'y arriveras pas. **11.** Il est arrivé en voiture. **12.** Il n'arrive pas à se justifier.

5 Traduction de assez : ©

1. Ne crie plus ! Assez ! **2.** C'en est assez ! **3.** J'en ai assez de travailler. **4.** Voulez vous encore des pâtes ? Non, merci j'en ai eu assez. **5.** C'est assez froid ? **6.** C'est assez (plutôt) salé. **7.** C'est assez grave. **8.** C'est assez triste.

6 Traduction de aucun : ©

1. Il n'y a aucun problème. **2.** Il n'y avait aucune solution. **3.** Il n'y a eu aucun survivant (superstite). **4.** Aucun employeur (datore di lavoro) n'a répondu. **5.** Aucun n'est revenu. **6.** Aucune n'a souri. **7.** Elle parle sans aucune prudence. **8.** Il n'y a plus aucun espoir (speranza, fém.). **9.** Il n'a aucune responsabilité dans cette affaire (faccenda). **10.** Aucune personne ne m'a jamais parlé sur ce ton.

7 Traduction de aussi, non plus, même pas : ©

1. Viens toi aussi. **2.** Il joue lui aussi du violon (suonare il violino). **3.** Mon père aussi viendra. **4.** Prends-en aussi. **5.** Il n'a pas vu la marche (scalino) ; aussi est-il tombé. **6.** Même ma mère n'a pas compris. **7.** Tu viens toi aussi ? Non, je n'irai pas moi non plus. **8.** Il étudie bien, aussi a-t-il de bonnes notes (voto). **9.** Nous sommes aussi intelligents qu'eux. **10.** Il n'est pas aussi gai que son frère.

8 Traduction de ça : ©

1. Ça va ? **2.** Ça me va bien. **3.** Ça dépendra. **4.** Ça y est. **5.** C'est toujours comme ça. **6.** Ça m'étonne. **7.** Ça brûle (scottare). **8.** Ça va mieux. **9.** Ça alors ! **10.** Ça va couci-couça.

9 Traduction de c'est : **cf. exercices 13, 14, 15 p. 111**

10 Traduction de en **et** dans : **complétez par** fra, dentro **ou** in **à la forme qui convient.** ©

1. Lo spettacolo comincia ... un quarto d'ora. **2.** Il festival si svolgerà ... qualche giorno. **3.** Devi rispondere ... il mese. **4.** Ho capito ... un batter d'occhio (un clin d'œil). **5.** ... Cinquecento la civiltà italiana era splendida. **6.** È nata ... 1976. **7.** Il poeta ha scritto la sua opera ... due anni. **8.** Ho fatto questa prima parte del lavoro ... quindici giorni. Riprenderò il lavoro ... dieci giorni e vi prometto che tutto sarà terminato ... la fine del mese.

11 Traduction de il faut : **complétez par la forme verbale ou l'expression qui convient.** ©

1. ... studiare. **2.** ... stare attenti. **3.** ... prendere l'ombrello. **4.** ... due ore per fare questo lavoro. **5.** ... l'ombrellone. **6.** ... ancora due milioni. **7.** Non si sono comportati come ... **8.** Quante ore ... per visitare gli uffizi di Firenze ? **9.** È un ragazzo ... **10.** Ci ... fare il lavoro degli altri.

12 Traduction de il y a : ©

A. **1.** Il y a quelqu'un ? **2.** Il y a deux agents de police. **3.** Il y avait trop de bruit. **4.** Il y avait des chats et des chiens. **5.** Il y a trop de gens. **6.** Il y avait trop de touristes. **7.** Où y-a-t-il des souris (topolino) ? Il y en a partout. **8.** Où y-a-t-il de la poussière ? (polvere). Il y en a partout. **9.** Il y a eu des dégâts (danno). **10.** Il y a eu un incendie (incendio).

B. **1.** Il est mort il y a deux ans. **2.** Il y a deux ans qu'il est malade. **3.** Il y a une semaine qu'il est absent. **4.** Il m'en a parlé il y a une semaine. **5.** Il m'a invité il y a dix jours. **6.** Il y avait trois mois qu'il ne payait plus son loyer (affitto). **7.** Il y avait deux mois qu'il avait commencé à étudier l'italien. **8.** Il y avait trois jours qu'il m'avait écrit. **9.** Il y avait un mois qu'il avait pris sa décision. **10.** Il y avait plusieurs jours qu'il n'allait pas bien.

13 Emploi de Lei **et de** Loro : **mettez les phrases suivantes à la forme de politesse.** ©

A. **1.** Come stai ? **2.** Cosa fai ? **3.** Cosa dici ? **4.** Dove sei ? **5.** Che cos'hai ? **6.** Perché non mangi ? **7.** Come ti chiami ? **8.** Come si chiama tuo fratello ? **9.** Che cosa scrivi ? **10.** Perché parti oggi ? **11.** Capisci questo ? **12.** Hai capito ? **13.** Mangia un po' di formaggio. **14.** Scrivi il tuo nome. **15.** Parti con me. **16.** Pulisci le tue scarpe. **17.** Per favore non guardare. **18.** Mi raccomando, non ripetere queste parole. **19.** Non uscire stasera. **20.** Non venire con noi.

B. **1.** Devi rispondere tu. **2.** Potresti farlo tu. **3.** Vuoi entrare ? **4.** Puoi spiegarmi perché ... ? **5.** Abbi pazienza. **6.** Sii gentile. **7.** Non aver paura. **8.** Non essere impaziente. **9.** Fammi visitare la tua casa. **10.** Ti dico di aspettare. **11.** Ti inviterò. **12.** Ti aiuterò. **13.** Ti scriverò. **14.** Ti farò un regalo. **15.** Ti renderò la tua borsa. **16.** Te lo dirò. **17.** Te lo confermerò.

C. **1.** Ecco tuo padre. **2.** Ecco i tuoi genitori. **3.** Ecco i tuoi colleghi. **4.** Ti ho visto con i tuoi amici. **5.** È tua questa chiave ? **6.** Ho fotografato la signora Rossi con tua sorella. **7.** Ho giocato con un mio amico e con tua madre.

8. Pettinati. **9.** Lavati. **10.** Te ne ricordi ? **11.** Te ne rendi conto ? **12.** Tu sei troppo violento. **13.** Ti ho visto ieri. **14.** Pensaci ancora. **15.** Rendimelo. **16.** Spiegamelo. **17.** Occupati di te stesso. **18.** Guarda dove metti il piede. Guarda davanti a te. **19.** Se ti interroga rispondigli che non è vero. **20.** Se ti telefona non dargli la soluzione.

14 Traduction de même : ©

1. C'est la même règle du jeu. **2.** Donne-moi la même cravate. **3.** Je veux le même pull que toi. **4.** Il a la même chemise que son frère. **5.** Ces deux appareils (apparecchio) sont différents. Mais non ! Ce sont les mêmes !. **6.** Je vois même sans lunettes (occhiali, masc.) **7.** Même le médecin s'est trompé. **8.** Ils ont détruit même les berceaux (culla, fém.). **9.** Il a pris même mes vieux souliers. **10.** Même ses parents n'ont pas voulu l'aider. **11.** Même le boulanger (fornaio) ne veut pas lui faire crédit. **12.** Même ses amis ne sont pas venus l'applaudir. **13.** Le responsable n'a même pas daigné me recevoir. **14.** Même nous, nous ne comprenons pas. **15.** Ce professeur est trop sévère, il impressionne les élèves, et même il les décourage. **16.** Nous ne sommes pas mécontents de cette conclusion, nous sommes même rassurés (rassicurare). **17.** Pour nous c'est la même chose. **18.** Il m'a blessé (ferire) sans même s'en apercevoir. **19.** Étudie quand même ! **20.** Depuis cette année, elle n'est plus la même.

15 Traduction de on : ©

A. **1.** Ici on parle italien. **2.** Dans ce restaurant (trattoria) on mange bien. **3.** On mange du jambon de Parme. **4.** On mange des spécialités florentines. **5.** Faisons comme on fait d'habitude. **6.** On visitera un musée. **7.** On visitera les musées de la ville. **8.** On a bu du bon vin. **9.** On a goûté (assaggiare) des gâteaux originaux. **10.** On a vu que rien n'a (essere) changé. **11.** On m'a dit que tu me cherches. **12.** On a pu aller au cinéma. **13.** On a voulu comprendre. **14.** On n'a rien compris. **15.** Quand on est entraîné (allenare) on court plus vite. **16.** Quand on est courageux on intervient tout de suite. **17.** On a tout vu. **18.** On m'a parlé de toi. **19.** On ne paiera pas. **20.** On ne paiera pas les billets.

B. **1.** On s'amusera. **2.** On ne s'amusera pas beaucoup. **3.** On en trouve dans tous les magasins. **4.** On en a déjà acheté. **5.** On en veut. **6.** On m'a dit de partir. **7.** On leur a dit d'écrire. **8.** On a dit à ma sœur d'attendre et on lui a dit que rien n'était prêt. **9.** On a répondu à mon père qu'on lui écrirait plus tard. **10.** On y retournera. **11.** On y repensera demain. **12.** On se coiffe tous les matins. **13.** On l'a fait entrer dans le salon (salotto). **14.** On l'a invitée à se taire. **15.** On appela l'infirmière pour le calmer. **16.** On leur dit de travailler mais ils refusent. **17.** On leur promet beaucoup et on ne leur donne rien. **18.** On a compris la principale difficulté. **19.** On a découvert un nouveau médicament (farmaco). **20.** On a étudié de nouvelles hypothèses (ipotesi).

16 Traduction de personne, rien : ©

1. Il ne veut rien. **2.** Je n'ai vu personne. **3.** Personne ne m'a vu. **4.** Rien ne me plaît. **5.** Qu'y a-t-il ? Rien ! **6.** Qui est là ? Personne ! **7.** Personne ne s'en souviendra. **8.** Personne n'a répondu. **9.** Personne n'a rien dit. **10.** Rien ne va bien !

17 Traduction de regretter : ©

1. Je regrette que tu sois malade. **2.** Je regrette de ne pas être parti. **3.** Je ne regrette rien. **4.** Cela ne sert à rien de regretter ton enfance. **5.** Je regrette l'époque où je ne travaillais pas. **6.** J'ai le regret de devoir vous répondre ainsi. **7.** Je regrette de t'avoir offensé. **8.** Tu regrettes ce que tu as dit ? **9.** Vous le regretterez. **10.** Je regrette cette erreur.

18 Traduction de venir de : ©

A. Traduisez : 1. Il vient de partir. **2.** Il vient de mourir. **3.** Ils viennent de téléphoner. **4.** Tu viens de le dire. **5.** Le magasin vient de fermer. **6.** La partie vient de commencer. **7.** Nous venons de comprendre le problème. **8.** Nous venons de nous en apercevoir. **9.** Nous venons de te répondre. **10.** Il vient de me le dire.

B. Mettez les phrases précédentes à l'imparfait puis traduisez.

NOTIONS DE PROSODIE

196 Comment compter les syllabes ?

1. Considérons le premier vers de la *Divine Comédie* de Dante Alighieri :

Nel mezzo del cammin di nostra vita

Il compte onze syllabes (**sillabe**) :

Nel	mez-	zo	del	cam-	min	di	no-	stra	vi-	ta
1	2	3	4	5	6	7	8	9	10	11

et le dernier accent tonique tombe sur la 10e syllabe : **vi̲ta**.

2. Hiatus, élision, diérèse

Examinons les deux vers suivants :

**Cu̲neo possente e paziente e al vago
declivio il dolce Mondovì ridente.** (Giosuè Carducci, **Odi Ba̲rbare, Piemonte**)

Ces deux vers présentent de nombreux hiatus (rencontre de deux voyelles à l'intérieur d'un même mot ou entre deux mots).

- Dans certains cas, il y a élision :

Les groupes **neo** (**Cu̲neo**) et **te e** (**possente e**) ainsi que les groupes de trois voyelles **te e al** (**paziente e al**) et **vio il** (**declivio il**) ne comptent que pour une syllabe.

- Dans d'autres, il y a diérèse : chaque groupe comprenant une voyelle compte pour une syllabe. Ainsi, le groupe **ien** (**paziente**) compte pour deux syllabes.

- Ces deux vers comptent onze syllabes :

Cu	neo	pos-	sen-	te e	pa	zi-	en-	te e al	va-	go
1	2	3	4	5	6	7	8	9	10	11

de-	cli-	vio il	dol-	ce	Mon-	do-	vì	ri-	den-	te
1	2	3	4	5	6	7	8	9	10	11

Le dernier accent tonique tombe sur la 10e syllabe : **va̲go, de̲nte**.

Considérons enfin le vers suivant :

Più è tacer che ragionar onesto (Dante, **Divina Comme̲dia, Paradiso, XVI**)

Il compte onze syllabes : les voyelles **ù** et **è** ne s'élident pas :

Più	è	ta-	cer	che	ra-	gio-	nar	o-	ne-	sto
1	2	3	4	5	6	7	8	9	10	11

197 Le vers italien

1. Un vers italien est caractérisé par le nombre de pieds et par la place de la dernière syllabe accentuée :

— un **endecasillabo** (*hendécasyllabe*) est un vers dont la dixième syllabe est accentuée : tous les vers cités au §196 sont des **endecasillabi** ;
— un **decasillabo** (*décasyllabe*) est un vers dont la neuvième syllabe est accentuée ;
— un **settena̲rio** (*septénaire*) est un vers dont la sixième syllabe est accentuée, etc.

2. Le vers peut être « **piano** », « **sdrucciolo** » ou « **tronco** » :
— **piano** si le dernier mot est **piano** (accentué sur l'avant-dernière syllabe) ;
— **sdrucciolo** si le dernier mot est **sdrucciolo** (accentué sur l'antépénultième) ;
— **tronco** si le dernier mot est accentué sur la dernière syllabe.

> **E il naufragar m'è dolce in questo mare** est un **endecasillabo piano** (m**a**re).
> (Giacomo Leopardi, **L'infinito**)

> **E sulle eterne pagine** est un **settenario sdrucciolo** (p**a**gine).
> **Cadde la stanca man** est un **settenario tronco** (m**a**n).
> (Alessandro Manzoni, **Il cinque maggio**)

3. Accents rythmiques :
Les accents rythmiques donnent une cadence particulière au vers.
Par exemple, l'**endecasillabo** peut être scandé de trois façons différentes selon que les accents rythmiques se trouvent sur les syllabes 6 et 10, 4, 7 et 10 ou 4, 8 et 10.

> **Con l'altro se ne va tutta la gente** (Dante, **Divina Commedia**, Purgatorio, VI, v. 4)
>   6   10
> **Per me si va nell'eterno dolore** (Dante, **Divina Commedia**, Inferno, III, v. 2)
>   4   7   10
> **Siede la terra dove nata fui** (Dante, **Divina Commedia**, Inferno, V, v. 97)
>   4   8   10

4. Principaux types de vers :

	DERNIÈRE SYLLABE ACCENTUÉE	ACCENTS RYTHMIQUES	
endecasillabo *hendécasyllabe*	10e	6-10/4-7-10/4-8-10	Voir vers cités ci-dessus
decasillabo *décasyllabe*	9e	3-6-9	Già le spade respingon le spade (A. Manzoni, Il conte di Carmagnola.)
novenario *ennéasyllabe*	8e	2-5-8/4-6-8	Dal Libano trema e rosseggia su 'l mare la fresca mattina. (G. Carducci, **Jaufré Rudel.**)
ottonario *octosyllabe*	7e	3-7	Chi vuol esser lieto sia Di doman non c'è certezza. (L. de' Medici, **Trionfo di Bacco ed Arianna.**)
settenario *septénaire*	7e	1-6/2-6/3-6/4-6	Non sai che santuario (2-6) al ver nell'alma alzai (2-6) e che io nel vero antistite (4-6) sempre d'esser giurai (3-6) (Ugo Foscolo, **La verità.**)
senario *sénaire*	6e	2-5	Ho l'anima invasa dal tempo che fu. (G. Pascoli, **Mai più.**)

Les vers les plus employés sont l'**endecasillabo** et le **settenario**. Le **quinario** (5e syllabe accentuée, accents rythmiques sur les 1-4 et 2-4), le **quadrisillabo** et le **trisillabo** sont très rares.

On dit que deux vers riment quand ils présentent des sons identiques à partir de leur dernière voyelle tonique : **amore** rime avec **valore, dolore, autore** et **attore, facile** avec **gracile,** etc [1]. Les rimes peuvent être **baciate** (*plates* ou *suivies*), **alternate** (*croisées*), **incrociate** ou **chiuse** (*embrassées*), **incatenate** (*enchaînées*) ou **rinterzate** (rimant de **terzina** en **terzina** (*tercet*), selon un schéma propre à la versification italienne).

1. Les rimes **baciate** suivent le schéma AABB :

O cavallina, cavallina storna	A
che portavi colui che non ritorna ;	A
tu capivi il suo cenno ed il suo detto !	B
Egli ha lasciato un figlio giovinetto ;	B
il primo d'otto tra miei figli e figlie ;	C
e la sua mano non toccò mai briglie.	C

G. Pascoli, **La cavalla storna.**

2. Les rimes **alternate** suivent le schéma ABAB :

Le donne, i cavalier, l'arme, gli amori	A
le cortesie, l'audaci imprese io canto	B
che furo al tempo che passaro i Mori	A
d'Africa il mare, e in Francia nocquer tanto	B

L. Ariosto, **Orlando Furioso,** I, v.1-4.

3. Les rimes **incrociate** suivent le schéma ABBA :

Erano i capei d'oro a l'aura sparsi	A
che 'n mille dolci nodi gli avvolgea	B
e 'l vago lume oltra misura ardea	B
di quei begli occhi ch'or ne son sì scarsi.	A

F. Petrarca, **Canzoniere,** XC.

4. Les rimes sont **incatenate** quand le deuxième vers d'une **terzina** rime avec le premier et le dernier de la suivante : ABA BCB CDC DED :

Di quella costa, là dov'ella frange	A
più sua rattezza, nacque al mondo un sole	B
come fa questo talvolta di Gange.	A
Però chi d'esso loco fa parole	B
non dica Ascesi che direbbe corto	C
ma Oriente, se proprio dir vuole.	B

Dante, **Divina Commedia Paradiso,** XI.

5. Les rimes sont **rinterzate** quand les vers d'une **terzina** riment vers à vers (**ripetute** ABC ABC) ou en ordre contraire (**invertite** ABC CBA) avec les vers de la suivante, etc. :

Or volge, Signor mio, l'undecim'anno	A
ch'io fui sommesso al dispietato giogo	B
che sopra a' più soggetti è più feroce.	C
Miserere del mio non degno affanno	A
riduci i pensier vaghi a miglior luogo	B
rammenta lor com'oggi fosti in croce.	C

F. Petrarca, **Canzoniere.**

---

1. En principe, la rime se trouve à la fin du vers. Notons une curiosité prosodique : la **rimalmezzo** ou **rima interna** (*rime batelée*) lorsque le dernier mot d'un vers rime avec un autre mot se trouvant à l'intérieur du vers suivant : **Passata è la tempesta :** /Odo augelli far festa, e la gallina,/tornata in su la via,/che ripete il suo verso. (G. Leopardi, **La quiete dopo la tempesta**).

199 Les principaux types de strophes

1. Le **distico** (*distique*) est formé de deux vers :

Nella Torre il silenzio era già alto.
sussurravano i pioppi del Rio Salto.
> G. Pascoli, **La cavalla storna.**

2. La **terzina** (*tercet*) est formée de trois vers :

Godi, Fiorenza, poi che se' sì grande
che per mare e per terra batti l'ali
e per lo 'nferno tuo nome si spande !

Tra li ladron trovai cinque cotali
tuoi cittadini onde mi ven vergogna
e tu in grande orranza non ne sali.
> Dante, **Divina Commedia, Inferno XXVI, v.1-6.**

3. La **quartina** (*quatrain*) est formée de quatre vers :

I cipressi che a Bolgheri alti e schietti
van da San Guido in duplice filar
quasi in corsa giganti giovinetti
mi balzarono incontro e mi guardar.
> G. Carducci, **Davanti San Guido.**

4. La **sestina** (*sizain*) est formée de six vers :

Ei fu. Siccome immobile,
dato il mortal respiro,
stette la spoglia immemore
orba di tanto spiro,
così percossa, attonita
la terra al nunzio sta.
> A. Manzoni, **Il cinque maggio, v.1-6.**

5. L'**ottava** (*octave*) est formée de huit vers, les six premiers à rime croisée, les deux derniers à rime plate :

Dirò d'Orlando in un medesmo tratto
cosa non detta in prosa mai, né in rima ;
che per amor venne in furore e matto,
d'uom che sì saggio era stimato prima ;
se da colei, che tal quasi m'ha fatto
che 'l poco ingegno ad or ad or mi lima,
me ne sarà però tanto concesso
che mi basti a finire quanto ho promesso.
> L. Ariosto, **Orlando Furioso, I, v.9-16.**

200 Les principales compositions poétiques. Ballade, chanson et sonnet

1. La **ballata** (ou **canzone a ballo**) est composée d'une *reprise* (**ripresa**) et d'un certain nombre de *stances* (**stanze**). La **ripresa** peut avoir quatre, trois, deux ou un vers. Dans le premier cas la ballade est **grande,** dans le deuxième, elle est **mezzana,** dans le troisième **minore,** et **piccola** dans le dernier. Elle est **minima** si le vers de la **ripresa** est un septénaire et **stravagante** si la **ripresa** a cinq vers. La **stanza** comprend deux parties : une première divisée en deux *pieds* qui ont le même nombre de vers, et une deuxième appelée **volta** qui a la même structure métrique que la **ripresa.**

■ Exemple de **ballata mezzana** :

Per una ghirlandetta		A
ch'io vidi, mi farà	ripresa	B
sospirare ogni fiore		C
I' vidi a voi, donna, portare	1e piede	D
ghirlandetta di fior gentile,		E
e sovr'a lei vidi volare	2e piede	D
un angiolel d'amore umile ;		E
e 'n suo cantar sottile		E
dicea : « Chi mi vedrà	volta	B
lauderà 'I mio signore. »		C
Dante, **Rime.**		

■ Exemple de **ballata grande** :

Volgendo gli occhi al mio novo colore,		A
che fa di morte rimembrar la gente,	ripresa	B
pietà vi mosse ; onde, benignamente		B
salutando, teneste in vita il core.		A
La fraile vita ch'ancor meco alberga,		C
fu de' begli occhi vostri aperto dono,	1e piede	D
e de la voce angelica soave.		E
Da lor conosco l'esser ov' io sono ;		D
ché, come suol pigro animal per verga,	2e piede	C
così destaro in me l'anima grave.		E
Del mio cor, donna, l'una e l'altra chiave		E
avete in mano ; e di ciò son contento,	volta	F
presto di navigare a ciascun vento ;		F
ch'ogni cosa da voi m'è dolce onore.		A
F. Petrarca, **Canzoniere, LXIII.**		

2. La **canzone** est composée d'un certain nombre de *stances* de longueur *égale* sans **ripresa** et de même structure métrique, et se termine par un *congé* (**commiato** ou con-**gedo**). Chaque strophe se compose de trois parties (**la fronte** divisée en deux **piedi**, la **chiave** formée d'un seul vers, la **sirima** qui peut se diviser en deux **volte**). Le *congé* reprend la structure métrique de la **sirima** (plus la **chiave**) ou simplement les trois derniers vers.

Di pensier in pensier, di monte in monte	1e piede		A
mi guida Amor ; ch'ogni segnato calle			B
provo contrario a la tranquilla vita			C
		fronte	
Se 'n solitaria piaggia, rivo, o fonte,	2e piede		A
se 'n fra duo poggi siede ombrosa valle,			B
ivi s'acqueta l'alma sbigottita ;			C
e come Amor l'envita	chiave		C
or ride, or piange, or teme, or s'assecura :	1ª volta		D
e 'l volto che lei segue ov' ella il mena			E
si turba e rasserena,			E
e in un esser picciol tempo dura ;		sirima	C
onde a la vista uomo di tal vita esperto	2ª volta		F
diria : questo arde, e di suo stato è incerto.			F
F. Petrarca, **Di pensier in pensier.**			

Voici le **congedo** de cette **canzone** :

Canzone, oltra quell'alpe,	G
là dove il ciel è più sereno e lieto,	H
mi rivedrai sovr' un ruscel corrente	I
ove l'aura si sente	I
d'un fresco et odorifero laureto :	H
ivi è 'l mio cor, e quella che 'l m'invola ;	K
qui veder poi l'imagine mia sola.	K

3. Le **sonetto** est composé de deux **quartine** et de deux **terzine**. Les vers des quatrains riment entre eux, et il en est de même pour les vers des tercets. Les rimes des quatrains peuvent être **alternate** (ABAB ABAB) ou **chiuse** (ABBA ABBA).
Pour les tercets, il y a deux ou trois rimes : quand il y en a deux, elles sont **alternate** *(croisées)* : CDC DCD ; quand il y en a trois, elles sont **ripetute** *(répétées)* : CDE CDE ou **invertite** *(inversées)* : CDE EDC.

Pace non trovo, e non ho da far guerra ;	A
e temo, e spero ; et ardo, e son un ghiaccio ;	B
e volo sopra 'l cielo, e giaccio in terra ;	A
e nulla stringo, e tutto 'l mondo abbraccio.	B
Tal m'ha in pregion, che non m'apre né serra ;	A
né per suo mi riten né scioglie il laccio ;	B
e non m'ancide Amore, e non mi sferra,	A
né mi vuol vivo né mi trae d'impaccio.	B
Veggio senza occhi, e non ho lingua, e grido ;	C
e bramo di perir, e cheggio aita ;	D
et ho in odio me stesso, et amo altrui.	E
Pascomi di dolor, piangendo rido ;	C
egualmente mi spiace morte e vita :	D
in questo stato son, donna, per vui.	E

F. Petrarca, **Canzoniere.**

N.B.

Il existe d'autres compositions :

• La **sestina** comprend six strophes de six hendécasyllabes. Les mots qui terminent les six premiers vers reviennent à chaque strophe et le premier vers de chaque strophe se termine par le même mot que le dernier vers de la strophe précédente. La **sestina** a un congé où la rime se trouve au milieu et à la fin de chaque vers.

• Le **strambotto** (ou **rispetto**, en Toscane) est formé d'un quatrain et de deux distiques qui reprennent l'idée des quatrains avec des rimes alternées.

• Le **stornello** est formé d'un **quinario** ou d'un **settenario** (dans lequel on évoque un nom de fleur) suivi de deux hendécasyllabes.
Fior tricolore
tramontano le stelle in mezzo al mare
e si spengono i canti entro il mio cuore.
G. Carducci.

• Ajoutons le **madrigale**, l'**epigramma**, l'**ode**, l'**inno**, le **ditirambo**, l'**elegia**, le **carme**, l'**idillio**, l'**egloga**, le **brindisi**, etc.

INDEX

CORRIGÉ DES EXERCICES

L'article (page 24)

1 A. un il - un il - una la - una la - un il - uno lo - un l' - un il - un l' - una la - uno lo - uno lo - un il - una la - uno lo - un l' - un il - un l' - un l' - una la.

B. dei/i (cappelli) - dei/i (berretti, casquettes) - delle/le (berrette, bonnets) - delle/le (giacche, vestes) - dei/i (giubbotti, blousons) - degli/gli (smoking) - degli/gli abiti da sera - dei/i (fazzoletti, mouchoirs) - degli/gli (occhielli, boutonnières) - delle/le (scarpe, souliers) - degli/gli (stivali, bottes) - degli/gli (zoccoli, sabots) - dei/i (calzini, chaussettes) - delle/le (camicie, chemises - (degli/gli (scialli, écharpes) - degli/gli (anelli, bagues) - dei/i (soprabiti, manteaux) - degli/gli (impermeabili) - degli/gli (ombrelli, parapluies) - delle/le (gonne, jupes).

2 l' - lo - lo - l' - lo - i - l' - il - l' - lo - gli - l' - lo - l' - lo - l' - l' - il.

3 1. Sono la signora Rossi. **2.** Ho un appuntamento con la signora Grimaldi. **3.** Buona sera, signor Direttore. **4.** A domani, signora direttrice. **5.** Devo incontrare il signor Preside. **6.** I sindacati non sono d'accordo con le proposte del signor Ministro. **7.** Non sono ancora le otto. Sono soltanto le sei e mezzo(a). **8.** È a casa da mezz'ora. **9.** Compra mezzo chilo di ciliegie per il pranzo. **10.** Ho una casa a sud di Lione.

4 1. Milano è a nord di Firenze. **2.** Il Rodano è ad ovest di Marsiglia. **3.** Strasburgo è ad est di Parigi. **4.** Non andrò a teatro domani, preferisco andare al cinema. **5.** Non so giocare né a scacchi né a dama. **6.** Gioca a tennis da dieci anni. **7.** Di solito trascorriamo le vacanze in montagna, quest'anno andremo in riva al mare. **8.** È entrata in punta di piedi ed ha sorpreso tutti gli amici. **9.** Se vuoi, posso portarti in centro. **10.** Non scrivere né a matita né a penna. Batti il testo a macchina.

5 alla/alle - dello/degli - alla/alle - alla/alle - alla/alle - all'/agli - sulla/sulle - sul/sui - sull'/sugli - nell'/nelle.

6 sulla/sulle - sullo/sugli - dell'/degli - dell'/delle - dello/degli - della/delle - del/dei - sull'/sulle - nella/nelle - dell'/degli.

7 dallo/dagli - dal/dai - dalla/dalle - dalla/dalle - nella/nelle - nel/nei - nell'/negli - nello/negli - dall'/dalle - dall'/dagli.

8 1. Non c'è problema. **2.** Dammi (del) pane, (del) vino e (del) formaggio. **3.** Papa Pio VII è stato imprigionato da Napoleone. **4.** Non dimenticare le chiavi come ieri. **5.** Non parte mai senza il gatto. **6.** Sono passato col verde. **7.** È andato negli Stati Uniti. **8.** È uno studio sulla lotta di classi. **9.** Nessuno ha sentito l'S.O.S. lanciato da quella nave. **10.** Gli eroi danno buoni esempi.

Le nom (pages 34-35)

1 attrice - cagna - padrona - imperatrice - sorella - giornalista - regina - signora - dottoressa - eroina - moglie - cantante - artista - madre - studentessa - duchessa - gallina - autrice.

2 signore - porco - poeta - padre - eroe - insegnante - cliente - maiale - scrittore - lettore - stregone - dio - uomo - cane - re - studente - gallo - duca.

5 1. la mela e il melo. **2.** la susina e il susino. **3.** il fico e il fico. **4.** la mandorla e il mandorlo. **5.** l'arancia (ou l'arancio) e l'arancio. **6.** il dattero e il dattero. **7.** la ciliegia e il ciliegio. **8.** la pera e il pero. **9.** l'oliva e l'olivo. **10.** il limone e il limone.

6 insetti - lombrichi - ragni (araignées) - formiche (fourmis) - bachi da seta (vers à soie) - ragnatele (toiles d'araignées) - formicai (fourmilières) - farfalle (papillons) - scorpioni - api (abeilles) - scarabei - cicale - alveari (ruches) - mosche - pulci (puces) - vespe (guêpes) - zanzare (moustiques) - pidocchi (poux) - bruchi (chenilles) - ronzii (bourdonnements) - scarafaggi (cafards) - cavallette (sauterelles) - ali - insetticidi.

10 1. il grido della vittima. **2.** il videodisco e il videogioco.. **3.** il foglio bianco dell'album. **4.** la foglia verde dell'albero. **5.** il personaggio principale del romanzo. **6.** la traccia di polvere ed il goccio d'olio. **7.** il principale premio letterario. **8.** il giornalista occidentale e la giornalista asiatica. **9.** il viso solcato da una ruga verticale. **10.** l'indagine scientifica è durata a lungo.

12 le migli<u>a</u>ia di spettatori - le dita rotte - le foto divertenti - le p<u>a</u>ia di scarpe - le mani sporche - le r<u>a</u>dio l<u>i</u>bere - le centin<u>a</u>ia di v<u>i</u>ttime - le ali ferite - le uova fresche - gli dei dell' antichità greca - i bracci del fiume - i buoi nelle stalle - gli u<u>o</u>mini moderni - le br<u>a</u>ccia muscolose - i membri delle associazioni - le armi nucleari - le fondamenta del t<u>e</u>mpio - le membra malate - le risa dei bambini - i fondamenti delle teorie - le an<u>a</u>lisi ch<u>i</u>miche.

13 1. Non sento più il pianto di tuo f<u>i</u>glio. **2.** Ai suoi tempi si trovava lavoro **3.** Questi parchi proteggono numerose specie di animali. **4.** C<u>i</u> sono soltanto tre c<u>i</u>nema in questa città. **5.** Il dentista ha trovato due c<u>a</u>rie. **6.** Le r<u>a</u>dio locali mettono in onda d<u>i</u>schi recenti. **7.** Ha girato due film su (delle) tribù africane. **8.** Le compagnie a<u>e</u>ree hanno diminuito le tariffe. **9.** I d<u>i</u>plomatici e gli ostaggi sono stati liberati. **10.** Le atlete soviet<u>i</u>che sono molto muscolose.

14 1. Le banche regionali sono din<u>a</u>miche. **2.** I programmi radiofonici non c<u>a</u>mbiano spesso. **3.** Le arti marziali sono di moda. **4.** (Degli) studi recenti hanno mostrato che le mura d<u>a</u>tano dal d<u>e</u>cimo secolo. **5.** Gli episodi c<u>o</u>mici sono numerosi in questa comm<u>e</u>dia. **6.** Gli u<u>o</u>mini pol<u>i</u>tici sono accompagnati dalle m<u>o</u>gli quando vanno all'estero. **7.** Psicologi e psichiatri c<u>u</u>rano le nevrosi. **8.** Queste parole provoc<u>a</u>rono appl<u>a</u>usi e urla. **9.** Gli add<u>i</u>i f<u>u</u>rono lunghi e pat<u>e</u>tici. **10.** (Dei) lung<u>h</u>i convogli aspettano sui binari deserti.

15 il l<u>i</u>mite - il significato - la calma - lo studio - l'intervento - l'aiuto - il tentativo - l<u>a</u> spia - l'<u>o</u>rdine - l'<u>o</u>bbligo - l'<u>o</u>lio - la sfida - il dente - il negoziato - l'invito - la cornice - la scelta - il disegno - il gelo - il racconto.

Les adjectifs qualificatifs (pages 41-42)

1 ipocrita - onesto - sporco - gentile - sincero - disonesto - pulito - pesante - leale - fedele - allegro - sottile - forte - audace - triste - astuto - d<u>e</u>bole - t<u>i</u>mido - contento - furbo - misero - lungo - scontento - sciocco - avaro - largo - temer<u>a</u>rio - efficace - generoso - alto - coraggioso - pigro - cattivo - profondo - ubbidiente - disubbidiente.

5 1. le gu<u>a</u>rdie forestali **2.** i profeti b<u>i</u>blici **3.** le <u>a</u>cque gl<u>a</u>uche **4.** gli

orologi giapponesi **5.** i canti malinconici **6.** i lavori p<u>u</u>bblici **7.** i concorrenti asi<u>a</u>tici **8.** le polemiche discut<u>i</u>bili **9.** le città natie **10.** gli st<u>o</u>rici contempor<u>a</u>nei.

6 1. il t<u>e</u>mpio greco **2.** la tesi an<u>a</u>rchica **3.** il sond<u>a</u>ggio pol<u>i</u>tico **4.** il serv<u>i</u>zio giornal<u>i</u>stico **5.** il prodotto ch<u>i</u>mico **6.** il mos<u>a</u>ico bizantino **7.** l'ambiente econ<u>o</u>mico **8.** la caratter<u>i</u>stica f<u>i</u>sica **9.** il m<u>u</u>seo greco e la scoperta archeol<u>o</u>gica **10.** il dio mitol<u>o</u>gico.

7 1. invernali **2.** pugliese **3.** torinese **4.** orari **5.** pazzesca **6.** spiritosa **7.** medioevale **8.** rinascimentali **9.** tur<u>i</u>stici **10.** montuosa.

9 1. Santo Padre - san Pietro **2.** santa fam<u>i</u>glia - beata V<u>e</u>rgine - san Giuseppe **3.** sant'Anna **4.** san Giovanni - san Luca - san Marco - san Matteo **5.** san Marco - santo patrono **6.** sant'Angelo **7.** sant'<u>A</u>ngelo bel **8.** begli <u>a</u>ngeli **9.** bei palazzi **10.** bell'articolo.

10 quel/bello - quell'/bel - quel/bello quei/begli - belle/bell' - quegli/bei quei/bei - quegli/belli - quegli/begli - bel/quei.

11 bel - bell' - belli - begli - bello - bel.

Les adjectifs démonstratifs (pages 46-47)

1 quel/quei (fiori) - quell'/quelle (aiuole) - quella/quelle (zolle) - quell'/quegli (aratri) - quel/quei (buchi) - quella/quelle (vanghe) - quella/quelle (seghe) - quell'/quelle (ortensie) - quel/quei (bambù) - quell'/quegli (oleandri) - quella/quelle (ginestre) - quello/quegli (spighi) - quel/quei (rosai).

4 quell' - quegli - questo/quel - quel - quella - quegli - quell' - quei - quelle - quel.

5 1. Ho trovato una borsa. Di chi è questa borsa ? **2.** Questi esercizi sono f<u>a</u>cili e questi esempi scelti bene. **3.** Mi ricordo di quegli anni. In quei tempi vivevo felice. **4.** Devo pagare il fitto questa settimana. **5.** Nuotiamo fino a quello sc<u>o</u>glio. **6.** In quest' <u>e</u>poca niente è imposs<u>i</u>bile. **7.** Eccola finalmente quella risposta che aspetto da molto tempo. **8.** Quest'atteggiamento non è simp<u>a</u>tico. **9.** Quella primavera fu molto fredda. **10.** Non dimentico quell'estate. Sono stato molto malato.

6 quella - quegli - quell' - quell' - quel quello - quegli - quella - quell' - quelle.

Les adjectifs possessifs (page 52)

3 il suo - le sue - sua - la sua - il suo -

4 ∅ - ∅ - il - dal - il - i - la - il - la - le - la - i - la - ∅ - i - ∅∅ - ∅ - il - alle - ∅/i/ai.

7 1. Cara amica, ha torto. 2. Ho avuto l'onore d'incontrare il vostro signor padre a Ginevra. 3. Un mio collega è stato vittima di un attentato. 4. Sua Santità Giovan Paolo II andrà a Varsavia fra due anni. 5. Dio mio ! Che disordine ! 6. Venite a casa mia lunedì prossimo. 7. A parer mio tornerà a casa sua. 8. Hanno agito a mia insaputa. 9. Ha risposto a modo suo. 10. Per colpa tua ho pagato la multa.

Les adjectifs numéraux (page 62)

4 quinto - ottavo - nono - quattordicesimo - sedicesimo - diciassettesimo - ventesimo - ventunesimo - trentottesimo - quarantaseiesimo - cinquantunesimo - settantesimo - ottantottesimo - centesimo - penultimo - ultimo - per la ennesima volta - gli uni e gli altri - tutti e due - tutte e quattro - è a cento miglia dal credere che è malato - È una cifra con otto zeri - Ha diciott'anni. - Il suo ottavo compito è ottimo. - atto quarto, scena seconda - i primi tre - le ultime cinque.

5 ottavo - primo - terzo - terzo - del Settecento - del Trecento.

8 1. È una bella coppia. 2. Tornerò fra una decina di giorni. 3. Una dozzina di fazzoletti. 4. Ci sono centinaia di feriti. 5. Migliaia di dimostranti occupano la piazza. 6. Un terzo di whisky, un terzo di succo di limone e un terzo di ananas. 7. Vuole il 25% dell'utile. 8. Ne voglio la metà. 9. La spiaggia è lunga due chilometri. 10. Una tavola lunga due metri larga un metro.

Les adjectifs indéfinis (pages 65-66)

1 alcune lettere - alcuni biglietti - alcune ore - (c'erano) alcuni ritardatari - alcuni anni (fa) - (ci sono) alcuni problemi - alcuni giorni - alcune amiche - alcune centinaia - alcune paia.

2 ragazzo ha - qualche ragazza/ragazzo gioca - tutte le colture sono - qualche albero è - in qualsiasi situazione - alcuni scolari/alcune scolare - qualche giornale - ogni liceo ha - pochi alunni - certe biblioteche hanno molti libri - per molti mesi nessuna amica.

3 qualche romanzo - qualche poesia - qualche capitolo - qualche verso - qualche spiegazione - c'è qualche errore - qualche titolo recente - (manca) qualche foglio - (c'è) qualche novità - qualche minuto.

6 1. Nessun uomo è perfetto. 2. Nessuna soluzione è valida. 3. Nessun errore sarà perdonato. 4. Ha commesso alcuni furti/qualche furto ma non ha alcun/nessun rimorso. 5. Ho altrettante cravatte quante camicie. 6. Pago la mia assicurazione ogni mese. 7. Cambio macchina ogni tre anni. 8. Ecco un regalo per ogni bambino. 9. Non è un autore qualunque/qualsiasi : ha avuto un premio letterario. 10. Ho preso una rivista qualsiasi per passare il tempo.

Les adjectifs interrogatifs et exclamatifs (page 68)

2 quanti - quante - quanto - quanti - quante - quanti - quanta - quanto - quanti - quante.

5 quanti - quanto - quanto - quante - quante - quanta.

Les pronoms personnels (pages 78, 79, 80)

2 1. Chi è ? Siamo noi. 2. Chi era ? Ero io. 3. Chi è d'accordo ? Io. 4. Chi vuole rispondere ? Noi. 5. Io ed i miei amici siamo in viaggio. 6. Questo disegno l'ho fatto io./Sono stato io a fare questo disegno. 7. Questo quadro è bello. L'ha dipinto lui. 8. Anche loro sono stanchi. 9. Il sindaco ci ha invitati me e mia moglie. 10. Io e mio marito prendiamo l'aereo.

3 li - le - lo - la - (portar)li - (legger)le - (pulisci)la - (riempi)li - (interrogando)lo - (leggendo)li.

4 le - gli - ci - loro (ou gli telefona) - le - loro - (telefonar)le - (scriver)gli - (regala)gli - (regala)le - (rispondete)ci - (rispondi)le - (rispondi)gli - (di)gli/gli - (dil)le - (veder)la - (dir)ci - (dam)mi - (date)mi - (fate)mi - (fam)mi.

5 (rendi)melo - (rendi)celo - (rendete)melo - (rendete)celo - (porta)glielo - (porta)glielo - (telefona)melo - (telefona)glieli - (fam)melo - (leggi)mela.

6 (leggete)mela - (descrivi)melo - (descrivete)celo - (parlar)mene - (parlar)gliene - (parlar)gliene - (abituar)tici - (preoccupar)tene - (preoccupar)vene - (preoccupar)sene.

8 Il fallait laisser : lei - sé - lui - sé - sé - loro - a se stesso - lei - sé - sé.

9 1. Ci (vi) penserò. **2.** Ci rifletteremo. **3.** Ci penseranno. **4.** Mi ci abituo. **5.** Me ne rallegro. **6.** Finiamola. **7.** Ti dico che non c'è più vino. **8.** Non ce n'è più. **9.** Mi ha detto che non c'è più latte ma io so bene che ce n'è ancora. Ne troverò. **10.** Scandali ce ne sono dappertutto.

14 lo - la - gli - le - li - le.

Les pronoms démonstratifs (pages 84-85)

1 quello - quella - quella - quello - quelli - quelli - quelli - quelle - quelle - quelli.

3 1. Sa quello/quel/ciò che vuole. **2.** Non sanno più quello/quel/ciò che si deve rispondere. **3.** Questo non m'interessa. **4.** Prendi questo o quello. È uguale. **5.** Ho comprato questi oggi e quelli ieri. **6.** Tengo molto a queste due statue. Questa l'ho trovata a Parigi ; quella viene da Roma. **7.** Questi sono i miei migliori amici. **8.** Ho chiesto l'indirizzo ad un vigile urbano e questo/questi me lo ha indicato. **9.** Hanno fatto una bella carriera : questo/questi è diventato chirurgo e quello generale. **10.** Guardati da costui.

4 questo - questa - questo - questa - queste - queste - questi - questi - questa - questa.

5 quello - quelli - quella - quello - quelli - quelli - quelli - quella - quelle - quelli.

Les pronoms possessifs (page 87)

2 mio/loro - sua - nostra/loro - miei - miei/tuoi - loro - sua - vostri/nostri - suo - suoi.

3 1. Di chi è questa maglia ? È mia. Ma no, è mia. La tua è gialla. **2.** Di chi sono queste chiavi ? Non lo so. Le mie sono nella mia tasca. **3.** Siamo fortunati. Il loro albergo non è riscaldato. Invece il nostro è confortevole. **4.** Il vostro giardino è più vasto del mio. **5.** I nostri amici sono meno rumorosi dei vostri. **6.** Non prendere questa sciarpa. È nostra. **7.** Non toccate questi stivali. Sono nostri. **8.** Raccogli questo asciugamano. È tuo. **9.** Non è il pullman dei turisti spagnoli. Il loro è bianco. **10.** Tutte queste valigie si somigliano. È difficile non sbagliare. Le nostre e le vostre hanno lo stesso colore.

Les pronoms relatifs (pages 92-93)

1 su cui/sulla quale - chi/quale - chi/quale - chi - chi - chi - i cui - in cui/che - dove/in cui/nel quale/ - chi/chi.

3 in cui - in cui/nelle quali - di cui - la cui - le cui - di che - che - che - il che - il che.

4 che - che - di cui/del quale - che - di cui/dei quali - cui/a cui/alla quale - cui/il quale - cui/il quale... che - la cui - il cui.

Les pronoms indéfinis (page 97)

5 non - ∅ - non - ∅ - non - non - non - non - non - ∅ - ∅.

6 1. alcuni verranno - nessuno verrà - alcune verranno - chiunque verrà. **2.** chiunque verrà - qualcuno verrà - nessuna verrà - pochi verranno. **3.** nessuno è venuto - alcuni sono venuti - certi sono venuti - qualcuno è venuto. **4.** ognuno pensa al futuro - qualcuno pensa al futuro - tante pensano al futuro - chiunque pensa al futuro.

Les pronoms interrogatifs et exclamatifs (page 100)

2 chi - chi - cui - cui - che - chi - cui - che - che - chi - chi.

Les auxiliaires (pages 110-111-112)

10 1. Le spese sono aumentate. **2.** I loro redditi sono calati. **3.** La popolazione è diminuita nel corso dei secoli. **4.** È dimagrito (dimagrato) di dieci chili per la malattia. **5.** L'emigrazione è sempre esistita. **6.** Da quando è in pensione è ringiovanita. **7.** L'esperienza non è servita a niente. **8.** L'acqua è penetrata in cantina. **9.** Dicono che il clima è (sia) cambiato. **10.** La mostra mi è piaciuta ma il manifesto non mi è piaciuto.

11 è - siamo - sono - avete - hanno - ha - è - ha - è - hanno.

12 hanno - siamo - è - ha - ha - ho - è - hanno - ha/è - è.

13 1. Chi è ? Sono io. **2.** Chi è ? Siamo noi. **3.** Chi è ? È mio fratello. **4.** Chi è ? Sono le mie sorelle. **5.** Chi era ? Era lui. **6.** Chi era ? Erano i miei amici. **7.** La prossima volta sarai tu. **8.** La prossima volta saranno loro. **9.** Che cos'è ? **10.** Che cosa vuoi ?

14 1. Chi ha rotto il bicchiere ? Io.
2. Hai preso la mia penna ? No, non l'ho presa (ou : Non sono stato io a prenderla). **3.** Avete risposto voi al telefono ? (ou : Siete stati voi a rispondere al telefono ? Sì, abbiamo risposto noi (ou : Siamo stati noi a rispondere). **4.** Ha telefonato lui ? **5.** Ha risposto mia madre (ou : È stata mia madre a rispondere). **6.** Ho riattaccato io (ou : Sono stato io a riattaccare). **7.** Io lavoro (di) più. **8.** Noi rischiamo meno.

15 1. A chi tocca giocare ? Tocca a me. **2.** Gioca la tua carta. Tocca a te giocare. **3.** Non spetta a te prendere questa responsabilità. **4.** Spetta a loro prendere questa decisione. **5.** Toccava a lui giocare, non toccava a te. **6.** Spetterà a loro pagare le spese. **7.** Di chi è quest'ombrello ? È mio. **8.** Di chi sono queste cartoline ? Sono nostre. **9.** È tuo questo pacco ? No, è di mio zio. **10.** Questi fazzoletti sono nostri. Rendiceli.

16 1. c'è **2.** ci sono **3.** c'è **4.** ci sono **5.** c'è **6.** ci sono **7.** c'è **8.** ci sono **9.** ci sono **10.** ci saranno.

17 1. ci sarà **2.** c'erano **3.** c'era **4.** ci (vi) fu **5.** se avessi - c'era **6.** c'è ancora ? - ce n'è **7.** ci sono ancora - ce ne sono ancora **8.** ci saranno - ce ne saranno **9.** c'era - ce n'era **10.** ce n'era.

18 1. Questo è bastato per una volta. **2.** Tutto mi è piaciuto. **3.** Questo non mi è piaciuto/mi è dispiaciuto. **4.** Questo mi ha sorpreso/stupito. **5.** Ci è dispiaciuto non poter seguirvi. **6.** La tua partenza mi è dispiaciuta. **7.** Questo è parso (sembrato) strano. **8.** Questo è parso (sembrato) naturale. **9.** Ci è voluta molta pazienza. **10.** Ci sono voluti molti sforzi.

Les conjugaisons régulières (pages 120-121)

1 Attention à : modifichi modifichiamo modifichino - giochi giochiamo giochino - sprechi sprechiamo sprechino - lasci - tracci - mangi - scii sciino.

3 entri/entrino - venda/vendano - apra/ aprano - punisca/puniscano - paghi/paghino - tema/temano - dorma/dormano - pulisca/puliscano - mangi/mangino - creda/credano - copra/coprano - finisca/finiscano.

5 raccontassi - credessi - soffrissi - capissi - raccontassi - credessi - soffrissimo -

capissi - raccontasse - credesse - soffriste - capisse - raccontassero - credessero - soffrissero - capissero.

8 non suonare - non suonate - non vendere - non vendete - non fuggire - non fuggite - non punire - non punite.

11 Attention au h devant -erò, etc., et à la chute du i (comincerò), etc.

12 pagherò - spiegherò - lascerò - rinuncerò - mangerai - supplicheranno - scieremo - stancheremo - ci imbarcheremo/ giudicherà.

15 mangiai - tornasti - sbagliò - entrammo - aspettaste - ricominciarono - ripetei - credesti - vendette - combattemmo - cedeste - vendettero/venderono - partii - finisti - dormì - mentimmo - tossiste - ubbidirono. - disubbidiste - riflettesti.

17 io mangiassi - tu tornassi - riflettesse - vendessimo - partiste - dormissero - che capissimo - capissero - tu pagassi - pagassimo - tu ricominciassi - ricominciassero.

18 desto/sveglio - logori - scalzo - stracarico - asciutta - sazia - marci - storpio - fermo - pesto.

Les verbes irréguliers (pages 139-140)

1 sto facendo - state facendo - stai dicendo - stanno finendo - sta dormendo - sto riflettendo - sta morendo - sta bevendo - sta scrivendo - stanno mettendo a posto.

3 andrai/andrete - berrò/berrai/berrà - cadrò/cadrà/cadrete - condurrò/condurremo - darò/darai/daremo/daranno - diremo/diranno - dovrai/dovrete - farò/farai - morrà (ou morirà)/morranno/moriranno - porrò/porrai/porranno - potrà/potrete - rimarrò/rimarranno - saprai/saprete - terrà/terremo - trarrò/trarranno/trarrete - varrai/varrà/varranno - verrà/verremo/verranno - vivrò/vivrai/vivrà - vorrò/vorrai/vorranno.

7 usciamo - uscite - dobbiamo - devono - sapete - sanno - diciamo - dicono - fanno - fate.

8 dammi/dammelo - dateci/datecelo - dalle/daglielo - dagli/daglielo - stammi - statemi - fammi/fammelo - fateci/fateceli - fagli/faglielo - falle/faglielo.

9 tenete - tiene - scelgono - scegliamo - scioglie - sciogliete - cogli - cogliamo - traete - trae - raccogliamo - raccogliete - valgono - vale - vogliamo - vuoi - volgete

- volgi - saliamo - salite - venite - viene - pongono -poniamo - proponte - propone - supponete - rimanete - rimane - potete - può.

10 nascosti - chiesto - risposto - redatto - proposto - difeso - vissuto - rotto - scritto - mosso.

11 ho chiuso/sono partito - ha morso - sono scesi - abbiamo speso - hanno alluso - hanno cinto - abbiamo cotto - ha dipinto - hanno costruito/l'hanno distrutta - abbiamo letto/abbiamo pianto.

12 mi sono accorto - l'ha scorta - è venuto, ha visto, e ha vinto - l'hanno stretto/lo hanno strangolato - hanno scelto e colto - mi sono rivolto - lo hanno condotto - mi è parso - sono rimasti - ha tratto.

13 conobbi - crebbe - ruppe - piacque - nacque - mise - lessi - fu - ebbi - furono.

14 vieni - non venire - di'/dì - intervieni - dica - non dica - fa'/fà - faccia - non fare - non esca.

15 esci - non uscire - bevi - bevete - beva - dammi - mi dia - di'/dì - dica - fammi.

Les verbes pronominaux (page 144)

5 1. Mi congratulo con te. 2. Si tuffa da quel trampolino. 3. Si è comunicato prima di morire. 4. Le sue idee si sono evolute. 5. Si è ammalato il giorno della partenza. 6. Si vergogna di non sapere parlare italiano. 7. Non si sono degnati di rispondere alle nostre domande. 8. Mi dispiace che partiate. 9. Hanno sbagliato. 10. Non riesce a ricordarsi l'indirizzo.

8 1. Ho troppo lavoro. Non ce la faccio più. 2. Per il dolore è svenuto. 3. Diffidiamo/non ci fidiamo dei consigli. 4. Si fida della pubblicità. 5. I colori dell'affresco sono svaniti. 6. Le rose appassiscono/avvizziscono presto. 7. I prigionieri sono evasi. 8. La torre è crollata. 9. Le popolazioni sono insorte. 10. L'aereo è precipitato al suolo.

Les verbes impersonnels (page 146)

1 piove - è (ha) piovuto - non pioverà più - nevica - è (ha) nevicato - tuona - grandina - non è (ha) grandinato - diluvia - gela.

3 bisogna - bisogna - bisogna - occorre/ci vuole - occorrono/ci vogliono - bisogna - occorre/ci vuole - occorrono/ci vogliono - occorre/ci vuole - bisogna.

La syntaxe du verbe (page 158-159)

4 (tu) verrai - (voi) verrete - (tu) partirai - pioverà - nevicherà - (tu) ricomincerai - (tu) darai - aiuterete - aiuterà - aiuterò.

6 (tu) venissi/accoglierei - veniste/accogliere - (tu) partissi/arriveresti - piovesse/prenderei - nevicasse/andremmo - ricominciassi/saresti condannato - dessi/darei - aiutaste/ve ne sarei - aiutasse/sarei - darebbero/aiutassi.

11 1. saresti arrivato... se tu avessi preso. 2. saresti arrivato. 3. sarebbe tornato. 4. pagheremmo. 5. avremmo pagato... se avessimo scelto. 6. avrei pagato. 7. avrebbe rimborsato. 8. avrebbe rimborsato... se non fosse stata. 9. verrebbe se avesse tempo. 10. seguirei.

12 (cinq premières phrases).
1. Bisognerebbe che tu facessi...
2. Vorrei che tu dessi una mano...
3. Mi farebbe piacere che tu rileggessi...
4. Ti piacerebbe che io venissi...
5. Desidererebbe che rifaceste...

Les conjonctions (pages 169-170)

1 1. siccome / dato che 2. siccome / dato che 3. però / tuttavia / pure / eppure 4. anche / pure 5. neanche / neppure 6. anche / pure 7. neanche / neppure 8. anche 9. neanch('io) 10. quindi / così.

2 1. anche / pure 2. tanto da 3. in modo da 4. purché 5. finché 6. finché 7. quindi / così 8. se 9. se 10. né... né...

9 1. Aspetterò finché non tornerai. 2. Aspetterò finché non mi telefonerà. 3. Lo interrogherò finché non mi risponderà. 4. Ho resistito finché ho potuto. 5. Quando piove e non ho niente da fare vado al cinema. 6. Siccome non mi hanno scritto e non mi hanno telefonato non ho saputo niente. 7. Appena ho letto questo testo ho capito tutto. 8. Tale quale è questo manoscritto non può essere publicato. 9. Sei stanco perché non dormi abbastanza. 10. Ti telefono affinché tu mi dia un'informazione.

Les adverbes (pages 182-183)

2 letteralmente - amichevolmente - veramente / davvero - verosimilmente - inverosimilmente - seriamente / sul serio - amorevolmente - sottilmente - cattivamente - barbaramente - accuratamente -

leggermente - agevolmente - difficilmente - vilmente - pericolosamente - manualmente - oralmente - frettolosamente - fedelmente - odiosamente - minacciosamente - timorosamente - violentemente.

6 **1.** Dove sei ? Sono qua. **2.** Non sei mai qui / qua quando ti chiamo. **3.** Laggiù fa freddo. **4.** Lassù non c'è più nessuno. **5.** Da dove (di dove - éviter donde) venite ? **6.** Non so da dove / di dove viene (ou venga). **7.** Siamo lontani dal fine (traguardo). **8.** Hai capito alla rovescia. **9.** Fa sempre più caldo. **10.** Quando l'hanno trovato era mezzo morto.
7 **1.** Non posso fare altrimenti. **2.** Gridano a gara. **3.** Ci prepariamo di nascosto. **4.** Si sono accusati a vicenda. **5.** Cantano a squarciagola. **6.** Tutti ridono a squarciagola. **7.** Entri pure (forme lei). Entrate pure prego (forme voi). **8.** Una volta (un tempo) giocavo meglio. **9.** Di solito torna a casa alle 20. **10.** Andrò a lavorare altrove. D'altronde sarò pagato meglio.

Les formes altérées et dérivées (pages 192-193)

3 pelo - bocca - acciaio - carta - carbone - fagiolo - zucca - cetriolo - via - tavola - vino - dolce - bocca - libro, etc.

5 bevuta - grandinata - corsa - spremuta - salita - percorso - telefonata - discesa - riso - nevicata - uscita - attesa (sala d'attesa).

Les comparatifs et superlatifs (page 200)

1 come / quanto - come - quanto - tante ... quante - come - tanti ... quanti - tanto ... che - che - come - tanti ... quanti.

2 del - del - che a - di - di - del - che - che - che - che.

Les prépositions (pages 212-213-214)

1 da - da - da - di giorno ... di notte - dall' (et : con un'intelligenza) - dai / con i / coi - da questa parte ... dall'altra - da - da - da.

2 da principio - di chi è ? - del - da - di - di - di - Ø - Ø - a calmare.

5 **1.** Cercano tra le macerie. **2.** Ha messo (si è messa) dei fiori tra i capelli. **3.** Tra lui e noi c'è una differenza (ou l'expression idiomatique : ci corre). **4.** Si parte fra un'ora. **5.** Se ne riparlerà fra un mese. **6.** Passeggiamo sui lungarni. **7.** Non camminare lungo il ruscello. Rischi di cadere. **8.** Guarda. È (sta) in mezzo ai giocatori. **9.** Ciò / quel / quello che mi piace nel mio medico è la sua calma. **10.** Prende gli esempi presso i (trae gli esempi dai) migliori autori.

7 **1.** Andiamo in fondo alla strada. **2.** È salito in cima al monte Bianco. **3.** Passeggio in riva al fiume (fiumicello). **4.** Rispetto all'anno scorso ci sono progressi. **5.** Ha parlato in nome / a nome di suo padre. **6.** Il negozio è di fronte alla chiesa (in faccia della, dirimpetto alla) chiesa. **7.** Mi metterò in capo alla tavola (mieux : a capotavola). **8.** Si allena allo scopo di vincere il campionato. **9.** Farebbe meglio a riflettere. **10.** È un terreno piantato ad olivi e a mandorli.

8 **1.** Di chi è ? È tuo ? **2.** Andrò di casa in casa. **3.** Dorme di giorno e lavora di notte. **4.** È un alimento ricco di glucidi e povero di grassi. **5.** Non è più di moda. **6.** Mi ha dato dell'idiota. **7.** Dà ancora del « loro ». **8.** Questo non sa di niente. **9.** Spero di incontrarti laggiù / lì / là. **10.** Cerco di capire.

11 **1.** È un oggetto da un milione. **2.** Da ragazzo era allegro. **3.** Mi puoi spicciolare un biglietto da 50.000 lire ? **4.** Dal punto di vista economico è un successo. **5.** Ricomincia da capo. **6.** Non è tanto malato da non poter lavorare. **7.** Ha agito in modo da essere compreso. **8.** Il pubblico deve astenersi dal fumare. **9.** Il gioco consiste nel colpire il bersaglio. **10.** Hanno cominciato col / con il rifiutare poi hanno finito con l'accettare.

12 **1.** Col rumore che c'è non si sente niente / nulla. **2.** Chiama con voce forte. **3.** È l'uomo dal (con il) cappello di paglia (la paglietta). **4.** In quell'anno fu peggio. **5.** In quel momento si sentì uno scoppio. **6.** Dormono in sei in una sola stanza. **7.** Non sono riuscito ad aprire la porta in tempo. **8.** Vado lentamente (piano) per il ghiaccio / per via del ghiaccio. **9.** Sta per partire. **10.** Per strada ho incontrato il parroco

Difficultés et pièges (pages 228-229-230)

1 **1.** Mi piace il gelato al cioccolato / alla cioccolata. **2.** Non mi piace questo libro. **3.** Non ci piacciono gli sport violenti. **4.** Non ama niente né nessuno. **5.** Non mi piace / mi dispiace ripetere sempre le stesse cose, etc.

2 **1.** Stanno per cadere. **2.** Stiamo per partire. **3.** Sta per alzarsi. **4.** Stanno per rispondere. **5.** Sta per commettere un errore.

3 1. Vado a vedere un film italiano. 2. Andate / vada a vedere questa mostra. 3. Andarono senza indugio a giocare nel cortile. 4. Corro ad abbracciarlo. 5. Scendi presto a vedere chi ha suonato. 15. Adesso vediamo chi ha ragione. 16. Stava per uscire quando squillò il telefono. 17. Vedrai. Si metterà ancora in collera. 18. E adesso chi paga ? 19. Vacci piano. 20. È corsa per le vie della città per ritrovare il cane.

4 1. Che cosa succede ? 2. Che cosa è successo / accaduto ? 3. Che succederà ? 10. Non ci riuscirai / non ce la farai. 11. È arrivato in macchina. 12. Non riesce a giustificarsi.

5 1. Non gridare più / smettila di gridare. Basta ! 2. Basta ! 3. Ne ho abbastanza / sono stufo (familier) di lavorare. 7. È piuttosto grave.

6 1. Non c'è nessun problema. 2. Non c'era nessuna / alcuna soluzione. 4. Nessun datore di lavoro ha risposto. 8. Non c'è più nessuna speranza.

7 3. Anche mio padre verrà. 4. Prendine anche tu. 5. Non ha visto lo scalino così / quindi è caduto. 6. Perfino mia madre non ha capito. 10. Non è così allegro come suo fratello.

8 7. Scotta. 8. Va meglio. 9. Questa poi ! 10. Va così così.

10 1. fra 2. fra 3. entro 4. in 5. - nel 6. nel 7. in 8. in ... fra ... entro.

11 1. bisogna 2. bisogna 3. bisogna 4. occorrono / ci vogliono 5. occorre / ci vuole 6. occorrono / ci vogliono 7. si deve 8. occorrono ci vogliono 9. come si deve 10. occorre.

12 A. 1. C'è qualcuno ? 2. Ci sono due vigili. 3. C'era troppo rumore. 4. C'erano dei gatti e dei cani. 5. C'è troppa gente, etc.
B. 1. È morto due anni fa. 2. È malato da due anni. 3. È assente da una settimana. 4. Me ne ha parlato una settimana fa. 5. Mi ha invitato dieci giorni fa. 6. Non pagava più il fitto da tre mesi. 7. Aveva cominciato a studiare l'italiano due mesi prima. 8. Mi aveva scritto tre giorni prima. 9. Aveva preso la sua decisione

un mese prima. 10. Non stava bene da più giorni.

13 A. 1. Come sta ? 2. Cosa fa ? 3. Cosa dice ? 4. Dov'è ? 5. Che cos'ha ? 6. Perché non mangia ? 7. Come si chiama ? 8. Come si chiama suo fratello ? 9. Che cosa scrive ? 10. Perché parte oggi ? 11. Capisce questo ? 12. Ha capito ? 13. Mangi un po' di formaggio. 14. Scriva il suo nome. 15. Parta con me. 16. Pulisca le sue scarpe. 17. Per favore non guardi. 18. Mi raccomando non ripeta queste parole. 19. Non esca stasera. 20. Non venga con noi.

14 1. È la stessa / medesima regola del gioco. 2. Dammi la stessa cravatta. 3. Voglio lo stesso pullover / la stessa maglia di te. 4. Ha la stessa camicia di suo fratello. 5. Questi due apparecchi sono diversi. Ma no ! sono gli stessi. 6. Vedo anche / perfino senza occhiali, etc.

15 A. 1. Qui si parla italiano. 2. In questa trattoria si mangia bene. 3. Si mangia del prosciutto di Parma. 4. Si mangiano delle specialità fiorentine. 5. Facciamo come si fa di solito. 6. Si visiterà un museo. 7. Si visiteranno i musei della città. 8. Si è bevuto / abbiamo bevuto del buon vino. 9. Abbiamo assaggiato dei dolci originali. 10. Si è visto che non è cambiato niente / che niente è cambiato, etc.

16 1. Non vuole niente / nulla. 2. Non ho visto nessuno. 3. Nessuno mi ha visto. 4. Niente / nulla mi piace. 5. Che cosa c'è ? Niente ! 6. Chi c'è ? Nessuno ! 7. Nessuno se ne ricorderà. 8. Nessuno ha risposto. 9. Nessuno ha detto niente. 10. Niente va bene / non va bene niente.

17 1. Mi dispiace che tu sia malato. 2. Mi dispiace / mi rincresce di non essere partito. 3. Non rimpiango niente, etc.

18 A. 1. È partito appena / or ora. 2. È morto appena / è morto or ora. 3. Hanno telefonato appena / or ora. 4. L'hai detto appena / or ora, etc.
B. 1. Era partito appena / era partito allora allora. 2. Era morto appena / era morto allora allora. 3. Avevano telefonato appena / avevano telefonato allora allora. 4. L'avevi detto appena / l'avevi detto allora allora, etc.

TABLE DES MATIÈRES (INDICE)

Imprimé en France par I.M.E. – 25110 Baume-les-Dames
Dépôt légal : 06/2008
Collection n°96 – Édition n°22
13/4686/5